国家传统文化典籍整理工程之
辛亥革命武昌起义文献整理与研究

国家传统文化
典籍整理工程

辛亥革命武昌起义
报刊资料续编

国家图书馆　辛亥革命武昌起义纪念馆
湖北省图书馆
编

国家图书馆出版社

图书在版编目(CIP)数据

辛亥革命武昌起义报刊资料续编 / 国家图书馆等编. —北京:国家图书馆出版社,2023.3

ISBN 978-7-5013-7519-6

Ⅰ.①辛… Ⅱ.①国… Ⅲ.①武昌起义-史料 Ⅳ.①K257.406

中国版本图书馆 CIP 数据核字(2021)第 217499 号

书　　名　辛亥革命武昌起义报刊资料续编
著　　者　国家图书馆　辛亥革命武昌起义纪念馆　湖北省图书馆　编
责任编辑　王锦锦
封面设计　陶　雷

出版发行　国家图书馆出版社(北京市西城区文津街 7 号　100034)
(原书目文献出版社　北京图书馆出版社)
010-66114536　63802249　nlcpress@nlc.cn(邮购)
网　　址　http://www.nlcpress.com
印　　装　河北三河弘翰印务有限公司
版次印次　2023 年 3 月第 1 版　2023 年 3 月第 1 次印刷

开　　本　787×1092(毫米)　1/16
印　　张　46.5
书　　号　ISBN 978-7-5013-7519-6
定　　价　800.00 元

《辛亥革命武昌起义报刊资料选编·续编》编纂委员会

《辛亥革命武昌起义报刊资料选编·续编》
专家顾问

严昌洪　陈　力　崔志海　李细珠

李　玉　孙燕京　阳海清

“国家传统文化典籍整理工程”出版成果

总　序

书籍是文明得以积累习得和历久不绝的有形物质。中华民族引以为豪的四大发明，就有两项与书籍密切相关，造纸术和印刷术的领先，让中国的文化生产和积累在很长一段时间居于世界前列。世界四大文明中，唯有中华文明五千年来一脉相承、从未中断，一个重要的原因就是中华民族有用文字记载历史，通过不断整理著述传承文化的优良传统。

这些祖先留给我们的书籍，浩如烟海。据初步统计，目前仅全国3000余家收藏机构收藏的汉文古籍就超过20万种，逾3000万册件。这些文献典籍镌刻着五千年来中华民族的精神追求、精神特质和精神脉络，形成中华民族历经磨难而绵延发展的精神密码。它们维系着中华文明的薪火相传，跨越时空、超越国度，富有永恒的魅力和持久的价值。

中国的大多数朝代都较为重视对这些传统文化典籍的保存和整理，特别是在政治清明、经济繁荣和文化发展的时期，都曾由官方组织对国家藏书进行大规模整理，编纂大型典籍。所谓“盛世修典”，征诸史书，历历可见。如唐代玄宗朝编纂《大唐开元礼》《初学记》和《唐六典》；北宋太宗、真宗朝编纂《太平御览》《太平广记》《文苑英华》和《册府元龟》；明成祖朝编纂《永乐大典》；清康熙朝编纂《古今图书集成》，乾隆朝编纂《四库全书》等。这些典籍的编纂和整理，对继承和弘扬中华民族优秀文明成果，推动文化的繁荣发展起到了积极作用。

中华人民共和国成立后，特别是改革开放以来，党和政府对古籍整理事业给予高度重视，古籍整理和出版工作成绩斐然。据统计，仅1949—2003年间整理出版的古籍就有约15000余种，其中“二十四史”

与《清史稿》点校本、《资治通鉴》等史学巨著，《全唐诗》《全宋词》《全清词》等文学总集，《中华大藏经》等宗教经典，《大中华文库》（汉英对照）等外译工程，都可称为新中国文化事业的盛事。这些文献典籍整理成果，不仅成为人们了解、学习和认同中华优秀传统文化的重要载体，也使中华优秀传统文化得以为今天所用，为现实服务，在怡情养志、涵育文明方面焕发出新的生命力。

国家图书馆是国家古籍保护中心，馆藏宏富，撷英集萃，近4000万册件馆藏文献中，古籍收藏逾160万册件。自1909年京师图书馆初创，百余年来，历代国图人始终秉承“传承文明，服务社会”的宗旨，不遗余力地多方搜采、细致整理、精心保护文献典籍。近年来，在党和政府的大力支持下，国家图书馆组织实施了“中华再造善本工程”“中华古籍保护计划”“民国时期文献保护计划”等多个大型典籍整理出版项目，在中华优秀传统文化的保存保护、挖掘阐发、传播推广和展示利用方面积累了海量数据和丰富经验。

根据习近平总书记关于系统梳理传统文化资源，让书写在古籍里的文字活起来，推动中华优秀传统文化创造性转化、创新性发展的要求，国家图书馆依托文献收藏优势和文献整理专业能力，从坚定中华优秀传统文化自信、坚守中国特色社会主义文化立场、坚持社会主义核心价值观引领的高度，于2016年7月策划启动“国家传统文化典籍整理工程”，得到文化和旅游部、财政部的大力支持。

“国家传统文化典籍整理工程”将联合全国各级各类图书馆、博物馆等文献收藏机构和高校、科研院所等研究机构，根据已有文献积累及其整理情况，选择国家内政外交重大关切或与百姓民生联系紧密的选题，对有关领域文献典籍进行全面调查收集和系统梳理。在此基础上，编制专题典籍联合目录、整理出版典籍丛书、组织开展典籍整理研究，以期为研究人员利用文献典籍，开展学术研究提供便利，同时也为中华优秀传统文化的传承和发展奠定丰厚的文献基础,为解决现实问题提供历史借鉴。

在选题参与单位和专家学者黾勉从事、不辞劳苦的努力下,项目成果将陆续出版。借此机会,对参与单位的大力支持和专家学者的无私指导表示感谢!由于项目选题涉及领域广泛,在文献的搜集整理过程中,难免有疏漏、不妥之处,敬请方家批评指正,也欢迎广大读者提出宝贵意见。我们真心希望,能够有更多机构参与到这一工程中来,与我们携手,让经过数千年岁月洗礼的中华优秀传统文化在典籍保护与整理工作中绵延不坠、发扬光大。

国家图书馆

2018年秋于北京

《辛亥革命武昌起义报刊资料续编》

凡　例

一、本书所收资料时段，上溯 1904 年 6 月科学补习所成立，下迄 1913 年 9 月二次革命失败，以期系统、全面反映武昌起义的酝酿、爆发、结果及直接影响。

二、本书所收资料内容，以 1911 年 10 月爆发的武昌起义为中心；对起义前后的相关重大事件和重要人物，则选录较有代表性、系统性的资料。内容重复者，优先收录《湖北官报》资料；对同一事件的不同报道与评论，均予收录。

三、本书所收资料形式，包括专电、通电、奏折、上谕、内阁文书、通告、新闻、评论、照片、图片等。

四、本书所收资料来源于当时 5 种影响较大的时政类中文报刊，包括《大汉报》《湖北官报》《临时政府公报》《民报》《盛京时报》等。

五、本书所收资料，均按日期顺序编排。同一日期下，按来源报刊名称音序排列。

六、本书所收资料，以影印方式呈现。资料下方，以简体汉字著录该资料基本信息，包括作者姓名、标题、报刊名称、出版时间、卷期号、版次、页码等。原报刊标题有明显讹误者，著录时径予改正，不另作说明；原报刊标题模糊未能释读的文字，以“□”代替；如无标题，则由编者根据资料首句或主要内容自拟标题。出版时间依报刊所载照录，兼有公元、干支、年号等多种纪年方式者，择其居前者著录，并在其后括号内统一著录公元纪年。原报刊卷期号、页码统一转换为阿拉伯数字。其著录之例如：

论武昌失守事. 盛京时报，宣统三年八月二十三日（1911 年 10 月 14 日），第 1481 号：第 1 张第 1 版.

编者

2023 年 1 月

目　录

川督錫　奏委員辦理川漢鐵路片

再川漢鐵路欽奉　硃批仍著　奴才督飭趙爾豐妥愼籌辦等因查蘆漢路工歷年上稟　宸謨而在事諸臣莫不合謀殫力時逾一紀幸將告成今以川漢之費大工艱有加於彼奴才材質駑下誠不足當茲鉅任然旣仰蒙　重畀亦惟有求才自輔資羣策而納嘉言閫閾感發其情員司宜求其要務使集款按年有著則考工分段易完現已令趙爾豐交卸永甯道篆來省專辦公司與之日夕討論並令前委會辦之龍茂道沈秉堃補用道蔡乃煌候選主事羅度等併力匡襄兼與川省京籍官紳往復詢商考求得失用期集思廣益惟公事繁賾尚應添員贊助查有已革廣

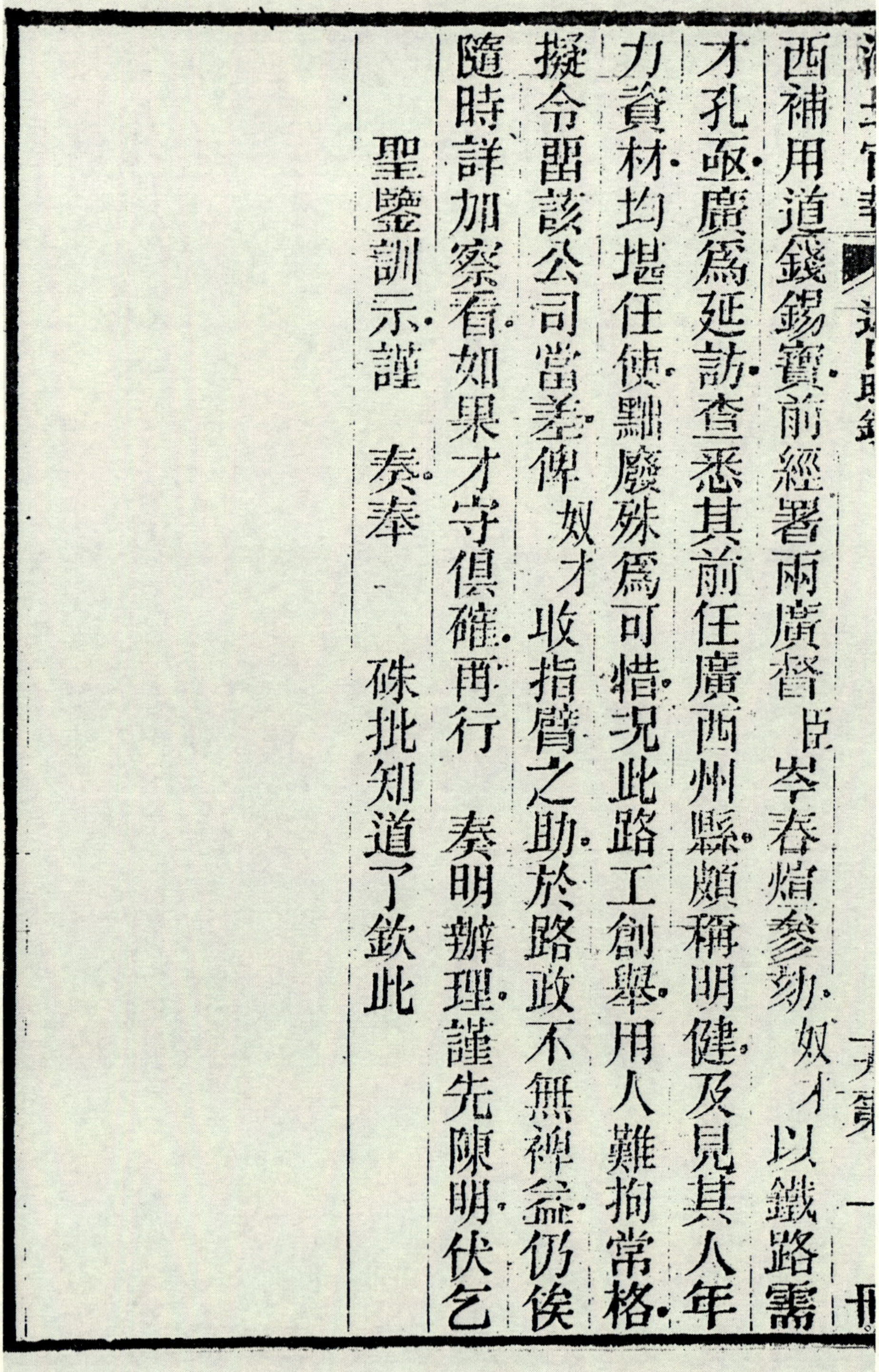

西補用道錢錫寶前經署兩廣督臣岑春煊參劾奴才以鐵路需才孔亟廣爲延訪查悉其前任廣西州縣頗稱明健及見其人年力負材均堪任使黜廢殊爲可惜況此路工創舉用人難拘常格擬令留該公司當差俾奴才收指臂之助於路政不無裨益仍俟隨時詳加察看如果才守俱確再行奏明辦理謹先陳明伏乞

聖鑒訓示謹奏奉硃批知道了欽此

川督锡奏委员办理川汉铁路片．湖北官报，光绪三十一年三月初一日（1905 年 4 月 5 日），第 1 册：近日邸抄：19.

辯正謬誤

正捷報紀粵漢鐵路仍雇用日本工程師並西園寺侯武昌運動之誤

正月二十日時報載捷報之說云　香帥近向武昌附近鐵鑛中一日人云粵漢鐵路中國收歸自造以前合興公司所雇用之日本工程師將來依舊由中國雇用俾資熟手云云並謂西園寺侯近來亦曾謁見　督憲竭力運動等語查美國合興公司承辦此路僅在廣東造有鐵路百餘里合興公司是否雇用日本工師湖北實未聞知將來鐵路工程師自不能不雇用外國人惟有擇其藝精而價廉者用之此時要在廢約何必汲汲挽留數洋工師耶

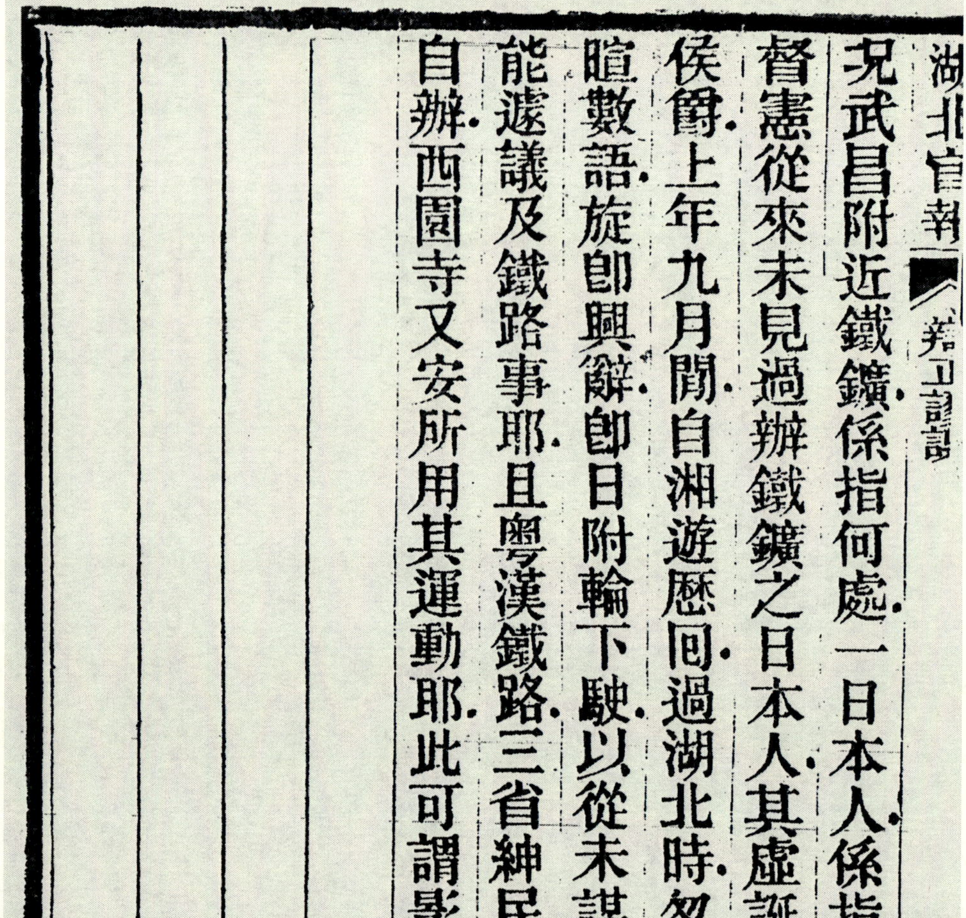

湖北官報　辨正謬誤

兒武昌附近鐵鑛。係指何處。一日本人。係指何人。均無可考。且督憲。從來未見過辦鐵鑛之日本人。其虛誕可知。至日本西園寺侯爵。上年九月閒。自湘遊歷回過。湖北時。匆匆與　督憲一面。寒暄數語。旋卽興辭。卽日附輪下駛。以從未謀面之人。立談之頃。何能遽議及鐵路事耶。且粵漢鐵路。三省紳民。同心合力。志在收回自辦。西園寺又安所用其運動耶。此可謂影響俱無矣。

正捷报纪粤汉铁路仍雇用日本工程师并西园寺侯武昌运动之误.湖北官报，光绪三十一年三月初一日（1905年4月5日），第1册：辩正谬误:62.

從社會主義論鐵道國有及中國鐵道之官辦私辦

（社會主義本譯民生主義鐵道原稱鐵路今以篇中術語多仍日譯故此二者亦幷從之）

縣解

緒論

近日粤漢鐵路廣東有官辦商辦之爭。就事而論。必右商而左官。世論因或致疑於鐵道國有之主義。夫鐵道國有與今所謂官辦不爲同物。至易知者也。然而商辦者其與鐵路國有之本旨相衝突。又無能爲之辯護者也。然則商辦之弊害果無窮乎。其救之方法云何。當爲研究者也。

今便宜先示余輩所主張之要點如左。

（一）鐵道國有者以抑制私營自然獨占事業者之專橫而達社會上目的以鐵道經營之權歸屬於國家及公

共團體之政策也(二)國家及共團體之經營此者以爲公共設備而參以官業之性質者也(三)官辦鐵道者以之爲收稅之一方法即財政學上所謂準公共經濟之事與鐵道國有性質上不同者也(四)商辦鐵道路者反於鐵道國有論之精神然當不得已而行之時則宜施最嚴之公共監督以殺其專橫者也

又此所謂鐵道國有論社會主義者之鐵道國有論也。其他以軍事上財政上經濟上利害而言鐵道國有者。如其說則國有者誠無異於官辦。世往往有溷社會主義者之鐵道國有論與非社會主義者之鐵道論以爲一者則必反疑吾說之支離。所不能無先爲之辨者也。

(一)鐵道國有之理論

(I)鐵道國有以抑制私營自然獨占事業者之專橫爲目的而其抑制之原因則以欲致社會上幸福然所謂自然獨占事業者何鐵道營業所以爲自然獨占事業者何其專橫之事實的證明其抑制之之各方法皆當研究者也今擷諸家之學說如左。

(甲)自然獨占事業之義。 付於此當先明獨占事業之性質次言自然的獨占事業。

(子)獨占事業。Monopolies 獨占者對於競爭而言者也美國學者依利 R. T. Ely 下其定義曰「獨占者不受競爭掣肘之事業也」即特有左右其價格之力之從事於一種業務者之有統一之活動之謂也惟其不受競爭之掣肘故能有左右其價格之能力而非爲有統一之活動則自不能無競爭蓋獨占之事本不限於一人而多人爲獨占之事必爲有統一之活動此如美洲社會信託之制(即託辣斯)會社可至數十而其活動皆受同一之統制不得有岐異也又如所謂普爾 Poor 欽巴因 Combine 之屬畧如中國所謂「行」者而嚴過之萃同業之人支配於一組織之下不許其團體員間自爲競爭而其大者團體員以外可與競爭者久已無有則其團體爲有統一之活動而獨攬左右値格之力矣雖合多人以爲之然其行動無異一人獨占也蓋溯獨占之語源百年以前不過專賣之義而今日所謂獨占生產之屬非其所語所以然者當時大工業制度未起得爲獨占者僅依於國家恩惠爲專賣者而止耳迨自由學派與以大資本營大工業者盛同時專賣之事業大抵廢絕而獨占者乃多由於聯合其意義亦全變矣故於往者獨占事業多由國家之許容而成立以其許容之反射作用使餘人不得與之競爭今之獨占則全不因於國家且與國家立於反對之地位此其特質也抑言獨占事業者不必爲絕對的獨占即其爲獨占事業之目的物有代用品者亦得云獨占例之瓦斯事業者爲獨占事業固亦不妨有石油之代用品不被獨占者存也（山內正瞭解說依利氏經濟學概論一〇三頁及國家學會雜誌第一八二號五五頁以下馬場鍈一論文）

(丑)自然的獨占事業　獨占事業分爲人爲的獨占事業　Artificial Monopolies 及自然的獨占事業 Natural Monopolies 人爲的獨占事業以人力使爲獨占即如以信託使成獨占之類是也。自然的獨占事業者則因於其事業之性質使不得不爲獨占蓋其始採放任主義令爲競爭之事絕對自由然其事業性質上本不能競爭苟爲競爭必招損害遂使營其業者大半彫喪其幸不敗者遂專其業無復敢與爲競者矣故學者云自由競爭之末必生自然獨占蓋謂此也。從依利氏之分類則自然獨占者有三種其一、則鐵道之類。其二、應於市街需要各種集中之事業即自來水瓦斯電燈電車之屬也。其三、則自然財源之買占也。此如美洲斯丹達石油公司及石炭組合占有石油石炭出產之源遂得支配此二種貨物價格之能力其最著之例也。三者皆自然獨占事業也。依利氏更舉自然獨占事業之特質曰。自然獨占事業異於他種獨占事業者有三(一)占有於其事業所最必要之特殊地點或線路(二)方其所供給貨物若任務以增加爲必要時得投少許資本而多獲効果(三)其所供給貨物若任務不得離設備之所而用之所謂占有地點線路者。其適於此事業之地點線路唯一之時占有之者為自然獨占事業不待言矣即令其線路地點本有數四而其中之一特有利便勝其餘者因占有之而成獨占其屬此種亦明也此如其線路一由平陸他皆非鑿山通路不可則占有此路競者誰復能與之競乎所謂增投少許資本而多獲効果者即其收益增加率比於資本增加率甚大於工業多見之所謂不得與設備分離而用者則如電信業是彼地雖有電信局不能代此地傳信則此地之電信局遂成獨占雖明知此地通信之費數倍他所然而他所之設備不存於此無能用之也由是三者其事業性質終不能不為獨占是所謂自然的也於此更有不可不審者自然獨占事業今日大抵有地域的限界其所謂無競爭只限於一地方至於將來或發生世界的自然獨占事業不可知爾（經濟學概論一〇四頁及五二〇二頁以下）

(乙)鐵道營業者自然獨占事業也　近世學者無不主張此說蓋從上依利氏所舉自然獨占事業之三特質以觀則占有特殊線路者營鐵道者所不得不為者也需用多時增少資本而多得效果者又營鐵道者之常態也鐵道之軌路停車

場其他營造物皆固定者也雖多用之無俟別多投資本即車輛等其利用增加時亦不必多爲增加其役人應之增加矣其增加率亦不甚速要之其支出之增視收入之增皆爲甚僅也不得離其設備而顯其用者鐵道主爲運送不得以歐之鐵道代美爲運送亦不得以美之鐵道供歐洲兩地方交通之用又甚易知者也故此三特質皆鐵道所已具者也即其事業不容競爭者也顧或有欲以强制競爭之法施之其所用方法凡四種然皆不見其益日人關一氏嘗駁其說無以復也其一曰使各鐵道競爭此其費多而益寡率必歸於合同而止其二曰使在一鐵道間爲競爭此說令人各得行其車於公其鐵道之上或令此公司之車得行於他公司鐵路之上由前之術則其運轉之術不齊終不可安全亦無以與私營之公司競由後之術則强公司以其路供他公司之用終不可得行徒懸空文耳其三曰使牽引與運送之事分離於是線路敷設及機關車運轉爲公司之事而車輛則運送者自備之使運送者與鐵道營業者爲競爭然實際運送者往往不能自有車即有車亦不盡適於用久之必復委託其事於鐵道公司而此法

爲無効其四曰設他種交通機關以與鐵道競爭。然非鐵道不能運送之場合多。故得爲競爭者非鐵道亦得爲之之場合耳其效至僅（國家學會雜誌二百八十八號二十二頁以下關一氏論文）蓋强制競爭者已與自由競爭不同猶不能行於鐵道營業則自然獨占者眞鐵道之固有而不可免之性質也

(丙)鐵道事業獨占者之專橫。　既獨占而無與競爭者則其價上下惟意所如所欲與者則特優之其不已順者則苦之無所不至此爲事理所當然不足怪者也誠亦知彼之價格不能騰至無窮藉令使人不復能任則亦誰復爲運送特雖未達此不能底之境而公司已因其價格之騰獲非常之不當利得於是其資本每蓄愈富無形之掠奪習以爲常因肆其淫威而恫喝一世方盛之都市可使即頹不毛之地可使立盛如依利所擧美洲西部之鐵道公司。故高穀物之儎費使農業必悉賣其穀於鐵道公司。不敢復論價聞之不髮指者幾何。不惟此也。彼資本家以數百年外界之刺激已失人性之常知有金錢而已爲得是金錢流無數人之血曾所未恤也既獲不當之厚益復朘削勞働者鐵道職工大抵貧困其營業

既惟利是視遂不惜以公衆利益爲犧牲千九百年美國之鐵道殺人七千傷人三萬三千八百依利評之曰普法戰爭普人死傷猶不如此之鉅也今之人不此之懼而懼戰爭不亦傎乎蓋此之專橫從自由獨占之事業性質出者不特鐵道爲然矣

(丁)抑制專橫之方法　鐵道營業者之專橫既久爲世所病於是乃有思抑制之方法者而依利氏別之爲三主義(1)競爭主義 Competition 即前所述强制競爭之制是也其有損無益已如前述(2)政府監督主義 Government Regulation 此主義爲矯前主義之弊而起然苟令檢點稍有不周則各公司必舞文弄欺以蔽塞聰明而監督之實乃幾無有顧當未得實行國有政策之頃則此主義之行要爲有益於社會者不可爭者也(3)政府所有主義 Government owneership 即國有主義也(此字既譯政府又譯國家頗不免於朧混然 Go-vernment 之義本兩岐故譯之者亦有參差)此制之最良者而吾輩所倡者也華格納 Wagner 嘗曰苟不有特以國有爲非之理由則鐵道爲國有可也此其足以抑制專橫固無疑義但限於特有不可行之理由始不宜行之耳　經濟學概

論一一三頁以下瀧本美夫解說華格納財政學二七四頁

(II)國有者以其經營之權歸屬於國家或公共團體之謂也國有鐵道之政策以國家握其全國各線路之經營之權利爲目的者也故其線路雖尙未有人經營者國家猶得以爲國有而兼言公共團體者公共團體爲國家三部分若其線路僅爲一地交通設者國家自身不經營之而令其下之公共團體爲經營至當之事也蓋從公共團体之性質於營一地方之事業往往較國家爲易適合於其地之情勢故也

(III)國有鐵道之歷史。　各國對於鐵路之政策有兩主義。曰英美主義。曰大陸主義。英美自來皆採放任之策。故其鐵道無國有者。歐洲大陸諸國率採鐵道國有之政策。然其規劃不同。其効之呈。或遲或速。於墺嘗悉鐵道以爲官有。然至千八百九十五年以府藏空匱。遂賣之於民。期他日更買之而巳。法國。始欲採國有主義。劃國中線路爲數區。使私人經營之。經過若干年。無償以其鐵道納諸國家。然其後公司以爲苦。不樂經營。乃更與以補助。且延其期。故今日法之鐵道爲國有者僅七線中之一。他六者之爲國有。猶待數十年以後也。意大利之鐵道。亦初爲國有。千八百八十五年以國庫竭遂賣之於兩大公司。然約六十年後更復買之。且其監督權綦嚴也。於德國有鐵道之成効最著。始各邦未聯合時已各設官線逮勝法結合爲聯邦遂以償金買收私線完國有之實。各國以爲模範焉。於比自始採國有政策。然中道嘗一變之許私人爲經營。初猶稍有競爭。繼則合同。終於獨占。遂妄騰運費操縱全國之事業。使一仰已鼻息。弊害百出不可極紀。終由政府買收之而後已。要之歐洲各國無不以國有鐵道政策爲然者。然行之則往往爲財政所奪。故每劃久遠之策。期終達之而止。於美近亦有倡鐵道國有之議。然未見實行也。日本自來國有民有之鐵道相參雜。至今歲始提出鐵道國有法案。一時爭議蠭起。卒遂得通過兩院成法律。稍長之鐵道大抵被買收。期十年間畢其功。則國中大鐵道悉爲國有矣。（華格納財政學二一七五頁小林丑三郎比較財政學一〇五〇頁以下）

(IV) 鐵道國有之利益　鐵道既國有。則凡獨占事業專橫之弊悉去。故其對乘客及運貨者運費得廉設備得固其對職工保護得完全要之使一國之人民皆得食交通機關之益而不受其害也國家固非恃鐵道以謀收入之增進其經營皆以適應社會之需要而止不如貲本家經營之惟利是視也其有收益爲國家之饒亦即以爲國民之福利不如貲本家之獲益以擴張其勢力對於他營業使屈下媚悅已對於勞働者益事壓制也其筦理者不以媚悅貲本家爲容身之術而以其所事爲公務之一種則不得媮慢其營業之方法壹皆爲公之事項表彰於外受他機關之監督無來一機關專擅之虞即不能爲政治上社會上害毒此數者鐵道國有之社會上眞之利益也　（未完）

县解.从社会主义论铁道国有及中国铁道之官办私办（未完）.
民报,1906年5月1日,第4号.

第肆號

時評八

△粵漢鐵路之廣東自辦

學人

自去歲美人允贖粵漢鐵路後。三省議分段各辦。於是湖南廣東皆力鬪官辦之說。而謀自籌欵築路。於是二千里之線路。除湖北一小部分皆出滿洲勢力之外。此亦在吾國民爲一可喜之現象也。湖南之辦法。籌畫已久。計當極完善。然以遠處。未悉其詳。廣東則以有官紳之爭。公司瞬息成立。爲衆所注目。然余有深望於辦事諸公而不能已於言者。

夫今日所以一般歡迎自辦者。以官辦之多弊也。官辦之弊何則。曰。對於一般人民不信。其所任用貪而無恥。其對於乘車者絕不注意其安全愉快。其執役者依倚官力凌辱詐索無所不至。此數者爲凡官辦一切事業之通病。不特鐵路爲然。抑使僅有此弊。猶可暫容者也。然滿洲政府對於鐵道。尙有陰險之政策二。刻不可忍者。(一)以爲箝制漢人之具。握有交通之機關。則雖有暴動。彼運兵轉糧。皆恃鐵道革命黨雖强。不能爲患也。(二)以爲媚外之具。一旦有求助於外國之事。則以路礦爲報酬。此於近頃。證跡歷歷。人所共知也。此二者實滿洲從來主張官辦之深心也。彼自倡辦鐵路以來。無一不出於此旨。而其損於人民否。初不暇顧矣。

至於自辦。則後之二弊可免。不待言也。而前之四弊。亦可以自辦而免之乎。抑自辦有當生他弊之處否乎。是則一存於創辦者之賢否與公共監督嚴若緩者也。監督之事。將有別論詳之。吾今但欲就於辦法有所陳述而已。

廣東今已定商辦而組織股份公司。股份公司之運用全恃章程。而章程既未外布。不能豫評其得失。然就近日之現象有極危險而若爲衆所不知者數四。苟於其始事不爲審慎。則將有貽無窮之悔者。故襍陳之於左。

(甲)權限　近日各有志者率能稱道權限二字。然其實往往有不然若。此如公司中有董事局。應辦應商各事宜。皆秉承焉。而其權限以內。所已爲行爲。雖股東會議不能取消之也。然近日往往有以爲多數無所不可爲。遂以爲無論已行未行。皆得變之。惟多數之意嚮是視。此固大不可也。反之又有以羣衆之勢力壓迫三數人。使不得伸其意。若是者。亦爲不知多數之効力之範圍而侵及董事及少數股東之權利是決不可久者也。

(乙)組織　現公司定招股四百萬。然則股東必至多。從之股東會議時必至淩雜無狀。又現在一人而認數十萬股者恒有之。如是則有少數股東挾過半議決權餘人不得與於決議之處。股東合議爲公司之最高機關。其組織若稍不完。必至起內訌而不可收拾。付於前之弊。補救至難。計惟有定通知日期較長。且廣認代理之制。可稍殺其弊。於後者則有制限議決權之法。皆當先規定於章程中者也。(以上商律公司律第三節第四節第六節第七節參照、〇商律滿政府所定不足遵用、然其法理多本歐美、故定章程時取以爲參考、亦無不可、)

(丙)業務執行　此爲董事局之責任。然最當注意者。董事從於章程固可各持異見然當知此爲以公司機關之資格而行動不可利用規定以遂其私公司之進轉敏捷全賴董事籍以意氣自相找則不惟傷公司之利益且以是爲貽官以口實而搖自辦之基礎予他省以鑒誡甚不可也

以上所言。有感輒書。固非以是爲辦路之最要。此外更無他足事者。然亦敢信此爲辦事諸子所當趣反省。苟其輕而置之。後害恐不可量也。至於公司辦法之詳。後此尙當以研究所得。詒於父老。若以之得有裨於路事。則非惟吾廣東食其福。亦吾漢族全體之慶也。

粤人．粤汉铁路之广东自办．民报，1906年5月1日，第4号．

時評

△粵漢鐵路商辦問題之未解決

漢民

粵路以代表人被辱。益持商辦之說。旬月之間。集股金千萬。路事舉行。在於指顧。吾國民之偉力。世界所驚服也。而近者聞以三數莠人。弄權漁利。求援緊於顯官而蔑視股東之衆。股東持正訐之。和而應者若港若漢若閩。以暨外洋各埠。莫不叶然同聲。而若輩以得總督之助。意不少絀。總督固欲翻商辦之局。嘗逮革商衆之代表人示威嚇手段者也。事過操切。衆怒難犯。不得遂其欲。則僞爲轉圜。若反予商衆以助力者。然其故念未忘。其嫌隙未化。而商衆中有少數人可爲之傀儡者。正所快意之事。故力爲主張飾詞。以聳清廷之聽。清諭累下。則又大半模稜。憂其事者。謂商辦之局。殆將終裂。嗟乎。此雖不祥且過計之言。然少數弄權者。旣有所恃。其勢不可遽下。多數守正者。惘於現在將來之弊失。亦宜其不輕服從。如是相持。安望能善其事耶。大抵粵路之能否有成。純視總督之即否去位。吾人即該督平日行事觀之。蓋剛愎自用。而私慾極盛人也。清廷不從其借欵之建議。而釋其所欲捕殺之人。或非全不爲粵路計者。而但以嬖寵該督故。又不欲助長民氣。則苟且因仍。企遂竣事。而不料該督怙過愈甚。即破壞全路以復其前日官辦之議。亦在所不辭。以該督與紳民交訟。而大不勝。使以左宗棠曾國荃輩當之。必且拂衣去位。而該督猶靦顏戀棧。其氣節之卑可想。而且外假包涵之名。而陰實利用其弱點。小人之智。何愛於國。粵東之毒不除。清廷用人之粃政致之也。夫一總督去。他總督承之。無毫末損於清廷也。而鐵路告成。政府必有利焉。而他人未嘗有纖芥之嫌於路事於粵人者。則尙望其不爲無益多損之舉動。以大拂輿論。而今日啓爭之問題。或可以解決。雖然。清政府其能有此意識具此決斷乎。語曰前沈後不揚。吾不敢爲粵人賀矣。

吾人就干此事。而更欲促國民之反省者。厥有三端。其一曰清政府無施行法律之資格也。清政府慕維新之名數年。而比始從事於編訂法律。吾國中一部之輿論。亦旣彈冠相慶。或且以爲立憲之嚆矢。其愚謬不足置辯。但據其已編勒頒布者。首爲商法公司律一種。此法之支離疎陋。吾人亦姑置之。然旣名爲彼之商律。則固有强行力。而當一般適用者。粵漢鐵路。集股金至二千萬。爲商辦股分有限公司之始祖。旁觀者方謂政府之繩以法律者若何嚴密。商人之遵法而行者宜若何詳愼。今聞粵省所由以少數人而激起多數之反對者則實由違反商律。私舉總辦之一事。按之商律六十二條云。「公司已成。初次招衆股東會議。時由衆股東公舉董事數人名爲董事局。」而七十七條云「公司總辦或總司理人司事人等。均由董事局選派」。是則總辦之發生由於董事局。董事之公舉在於公司已成。法文甚明。毫無疑義。今問若輩之總辦副辦其果依六十二條及七十七條之定章以發生者乎。雖鐵路公司招股章程。有「辦事人員自總辦司理董事及一切查賬管賬等。均照商家規則由股衆東惟舉」一條。然所指總辦與董事之名目。既不分明。其不合於商律者。亦斷然無效。而粵東所謂善堂紳董者。乃貿然集得七十二行代表數十人。擬舉一種權理人。爲公司律並其招股章程所無者。既舉權理人數日。則又以爲總副辦等職。(至忽而改短會期。使會者不衆。在會場有限於善堂人投票之揭示。手段卑劣。可謂小人之無忌憚。尤不足道者) 其舉動顯然違律。而若輩覆各埠之電。自爲辯護謂「七十二行商善堂本為創辦人。公司未成立。創辦人自有公舉總辦副辦之責。」此語不知所自來。商律自第十一條規定創辦人之責任。並無公舉總副辦之文。惟十八條云。「公司招股已齊。創辦人應即定期招集各股東會議。即由衆股東公舉一二人作為查察人。」係在未注册開辦以前。然其事與若輩所稱截然不符也。若輩電文又云。「是日至省者百餘人。為七十二行之代表人。即全省商民代表。股分以省城為多數。由衆公舉。於商律亦無不合。」夫既云七十二行為創辦。則其代表人乃創辦人之代表耳。乃因其為七十二行之代表。遂認為全省商民代表。更解釋之為即多數股東。是純以若輩心理之作用。而認為事實。謂一手可以遮萬人之目也。自謂於商辦亦無不合。其實合於商律何條。若輩能自解釋乎。然所謂善堂紳董者。其流品極雜。其智識汙下。不解遵守法律。猶可言也。粵督清廷方面重臣。其對於清廷所頒定之法律。自定遵奉惟謹。乃其所以為善堂紳董等辯護者。無一言及其事之合律與否。而一味痛心疾首於反對之人。指為劣紳攬權。於中運動。而畀以阻撓。內外報紙。及商人輿論。皆斥為無根。其最可笑者。則電覆清廷云。「原總副辦鄭官應黃景棠等。是否詰實可靠。應以交股之踴躍與否爲斷。前于舉定時。善堂所收二成小股僅二百餘萬。旬日間竟增至四百餘萬。九善堂七十二行商所舉之總副辦等。如果商情未洽。不爲衆人信服。其交股何能如此踴躍。」夫交股之踴躍。自以喜望總公司之成立爲最大原因。而其或以期限附而惟恐後時。或以道路之隔而匯金始至者。皆旬日間增交二百餘萬之原因也。其與總副辦之信用絲毫無關。果如該督所云。則凡反對彼私舉違法者。必不交小股。或已交小股者。即更不能爲反對私舉違法者乎。吾知粵商固有爲反對而不願交小股者矣。而其且反對且交小股者。則以爲此私舉違法者之運命不長。固無害於鐵路之前途也。又以爲股東當自盡其義務。（股東繳交股金爲其義務。）而一面行使其權利（商律第十九條之如股東查出公司創辦人不遵照第十六條聲明各項辦理及有他項弊竇者。衆股東可以解散不認。）不相妨也。更進一步。即如該督言交股踴躍可爲總副辦實可靠之證。然究何解於其爲私舉違法乎。夫在私舉違法者。猶粉飾自文。斷然企自附於商律。而不敢以收股之踴多。總副辦之身家殷實爲解。而該督則一置商律於不問而强詞奪理至是。是其程度又在所謂善堂紳董者下也。雖然。猶可爲該督解曰。是既怙惡而徇私。其罔法以欺其上。不足怪者。若清廷之對於此事。則距其欽定商律也曾無幾時。而諭旨之下。已視如弁髦。其閏月二十日之諭云。「昨有旨諭令督商籌辦如果原商各商結實可靠即責成該署督認眞督飭妥籌辦理」不問其私舉違法與否。而獨問所舉之人如何。且以商辦之公司。而私舉之人。得由總督以爲可靠。遂使督飭開辦。試問商律所規定者伊何。寧有結實可靠。而遂可以違法私舉者耶。又寧有得地方行政官之認許。而遂可違背法律而不顧者耶。且於前日既曰準歸商辦。而今前後日督飭籌辦。（總督有認私舉之人爲可靠。遂得督飭開辦之權。是豈得曰用人理財。官不干涉。蓋隱然破商辦之局。而將施以從前官督商辦之故智矣。） 此官督商辦之章程。亦商律中所無者也。或曰。是爲清廷模稜之語。爲清國官文公牘之慣技。設或商民始終不服。商部言官奏劾私舉各商確不可靠。則清廷或再諭令公舉亦未可知。然吾人以爲清廷必不當下此騎牆之諭非懼其增忍吏善堂之氣燄乃惡其輕蔑法律而蹂躪商權也私舉違法者如果爲總督所認可及不爲商部言官所攻則遂可以聽之其罔法已如上所論即果爲總督不認爲商部言官所攻而幸得再由商人公舉是亦止有行政官之權力而已安有所謂商律哉總之以異族之政府而有專制之惡根惟欲惟其言而莫之違初不知規律法制之爲用故率先蹂躪之而僉人之文飾惡吏之專横皆其所弊借夫商律適用於商人爲私法之關係於彼政府權力非直接爲限制者也而淸廷上下俱已蔑棄之若是豈其如古者土耳其人排外之思想謂其所設定之法律不爲異種人民適用耶不然則是可知其無執行法律之能力也而愚者尙希望以立憲無論其不能致即致此其成效亦可覩矣

其次曰吾國民之程度遠勝於彼族政府而後此不可放其責任也吾人日夜望吾國民增進能力以革此政府而改造之者以此政府爲極不良之政府而非國民心理之表現也而世顧有反之而望此政府以開明專制者彼必謂政府之能力遠勝於我國民非此不足以爲治也而望政府者厚而視國民者輕雖然吾人嘗試與之言曰滿族人程度實優於我漢人制治圖存非仍保存此滿人之政府不可則度其

人雖極亡本不敢爲是言是不徒有所憚於輿論抑實際之與人以共見者不可太誣也粵漢鐵路之集欵。聞官辦之名。則塞耳而不願聽。聞商辦之名。則數旬而股金集二千餘萬。謂是僅爲經濟之問題而無社會之感情於其間不可也公司既立其敢於撓法營私者。不過其極少數而且實爲總督之所愚。而海內外執法以爭者皆是。顧還視清政府。則祇今猶不知商律何用。私舉違法者何謂也。夫較人之程度高下莫若視其法律之智識能力如何如彼政府弁髦商律不啻兒戲是直無法律之智識能力也其編纂法典首在緣飾外人之觀聽而其次以爲一般欲趨附異族之學子覊縻其條文作何意義殆於不問至遇法律關係之問題起則不惟不知所以解釋即其模稜兩可之說亦軼出於範圍是眞所謂以其昏昏使人昭昭也聞者或以粵督之爲漢人。而舉動不法亦如彼。以爲純然政治之關係而種族無預焉。是甚非探本之論也。夫今日所謂爲滿政府者謂主權之在彼也非無漢人驅策於權力爲之奔走如僕隸如犬馬其行動由於主人之意思非其意思也不肖之徒爲虎作倀而賢者不樂效忠焉異族爲制必然之勢彼以作顯官有人而沾沾爲漢族喜者既爲無識之尤而滿政府之汙點亦不能分謗於漢人也嗟夫吾人栖息於異族專制政府之下而求其權利之鞏固其事殆不可望而吾國民之責任亦愈重大吾人既知今玆政府不足與言而革新改造乃吾輩之責愼無躬自菲薄而生種種倚賴政府之惡性根也

其三曰徒事要求者其目的之貫徹難是亦緣於政府之不可信任也粵漢鐵路之敷設權本已喪諸外人之手而內外士氓聲嘶力竭以收回自辦爲請政府乃始認眞交涉僅而得之可謂要求之效果矣未幾而借欵苛捐之議起商團之代表被辱大局復危粵人乃以全省爭之而盾之以二千萬股金之巨力惡吏之謀始敗政府亦不能不委其事於商是又要求之效果矣繼以事在草創官吏復乘其弱點以少數人爲傀儡而搆出私舉違法之活劇政府顢頇則謬曰督飭籌辦弁髦成法蹂躪商權前途之危乃甚於昨粵省紳商今雖爭之而未得一當蓋其所望之事愈切而所挾之手段未遠要求之效果何時獲收不可知也且更進於是使粵紳商之訟果直私舉者果爲惡受罰而得由商衆依律舉人政府仲裁極其量不過止此而能保

後此之抵吾隙而企破壞吾事者之不再見如今日耶。得臣猶在憂未艾也。則或堅持「民害不去大股不交」之說。以去該總督。達此希望。而後來者庶不致輕蹈故轍。然謂風潮以此永熄。商人之權利以此悉受法律保護。而不復被侵漁。事屬將來。未可猝究。故即區區一鐵路商辦問題。而民與政府乃須日構爭而無寧息。其根本之原因何在。想吾國民未必夢夢也。夫國民所欲要求於政府之事。可大別之爲二。其一直接關於彼之政權者。又其一則非直接關於彼政權者。二者之閒。其遂所求之難若易。不可以道里計。蓋政權者滿洲所恃以爲生活者也。要求而直接有影響於是。實無異蹙彼族之生活以爲漢人利也。滿族雖駑下。然於其生活之問題。則固研究至久。其必能拌死以護存之也。而反是者既非直接關係於其政權。則爲其所不必爭。而且時得藉之爲恩威而用以自利。故往往而聽也。悠謬之徒。不此之辨。見夫國人所要求。如粵漢鐵路前茲之二節。政府未嘗不從。以爲凡要求之必有明效大驗。又譏乎士論「惟於鐵路礦務及其他交涉事有所抗爭。而內治之根本無敢言。徒事枝葉。終無所濟」。又曰「要求者如誨孩童。授以業。量其腦力所能受者。而責以答案。一度不答。再度不答。而威以夏楚焉。若其必不能作答者。責之至死。猶之無益。」合兩言以觀之。吾不知論者所謂內治之根本者果奚屬。吾意殆不能舍政權之所在而別求之也。夫直接而及於滿洲之政權。此吾人所謂滿洲生命所恃者。提出此等條件。論者得無謂以其腦力所不能受而責之死。無益乎。而論者又明明曰「語滿人爾其還我河山。此責彼以所必不能應者也。」此所引皆見新民叢報第四年三號中國今日萬不能行共和立憲制之理由篇還我河山。必不指塊然之土地。毋亦所謂為內治之根本政權之行使之變更而已。然則欲完論者之後說。則其所稱內治之根本者。誠不免予人以迷惑。蓋論者一面倡導要求。一面愛憐政府首鼠兩端而不自知其矛盾也。吾人固以為內治之根本。其要求為蹙滿人之生命。而彼必不能受者。故必欲實行革命以解決此為本之問題。抑吾曾論張之洞之賣礦。謂吾人能光復舊物。權自我操之。為本而不能。則以要求遏其輕贈朋友之手段為次策。次策者或疑為舍本圖末。則誠哉本之不可不務。而奈時機之尚未至何。夫粵漢鐵路問題。其非直接關於滿洲之政權。盡人所見也。前之舉國主張收回利權。後之全省集注商辦。要求之力又不得謂不至也。然且成效僅此諺所謂一波未平一波又起者正有無窮之危險在耳而況屬漢滿生死之問題內政之根本政權之關係而謂可以勸告要求得之耶傳曰非我族類其心必異詩曰無信人之言人實迋汝吾欲吾國民每事誌此二語永矢弗諼也

汉民．粤汉铁路商办问题之未解决．民报，1906年7月25日，第6号．

●鄂督飭屬保持路礦主權（湖北） 張香帥近日札飭各屬署謂鐵路礦山爲我國自有之主權不容稍事含混邇查有無恥華商甘爲外人之倀將礦股路票售與洋商輾轉爲之隱飾非特利源耗溢而已路礦主權隨之而失種種交涉由此而生言之實堪痛恨茲當竭力整頓自治之際此等弊端亟宜挽回除飭關道向各領事官聲明禁阻外特此札示遵行務宜於所屬境內嚴密查察如遇此等事件將該華商拘署治以應得之罪并聲明洋商契約票股之據作廢仍須隨時稟報云云

鄂督饬属保持路矿主权（湖北）. 盛京时报, 光绪三十二年九月十七日（1906 年 11 月 3 日）, 第 11 号: 第 1 张第 3 版.

●漢口報被封（湖北） 鄂省漢口刊行漢口報本月上旬由張宮保飭停出版封禁並捕經理人監禁

汉口报被封（湖北）. 盛京时报, 光绪三十二年十月十六日（1906 年 12 月 1 日）, 第 34 号: 第 1 张第 3 版.

專件

湖廣總督密札各司文

湖廣總督部堂爲密札飭知事據洋員稱會匪有大黨一曰哥老會則隱伏於長江一帶而王勝爲首一曰三合會則蔓延於兩粵黔閩各省而孫文爲首兩會旋又合一改名曰同盟會孫文爲會首王勝副之專言排滿革命到處勾結匪黨各省之入會者如湖南通省已十之六該省哥老會匪計分三帮一曰紅帮流氓居多一曰藍帮一曰黑帮其中俱係紳商固長沙頭目係富商宗黃又名夏靈年四十歲該處會黨營兵約有五百岳州亦有巡警五百人綠營三千人而湖北全省會首爲劉家運武漢爲桂林管理學堂新軍何道之弟沙市爲油皮富商曹玉英年二十九歲其武昌官場營兵及槍砲廠之會黨凡三分之一西七月間會議一次即有武官二十五人兵丁多名在內當兩會合盟之前該匪首等曾至英法日本等國乞助允認因有□國人□□□□□□□□□□□□□□□□等爲之分投武昌長沙九江南昌南京福州廣州桂林貴陽等處與各該匪頭目潛謀不軌孫文已向新加坡高林浦香港等埠華商集資三百萬元大半存放□□銀行購有軍械甚夥本擬趁九月秋操起事而王勝因長江匪目尚未齊備改期年底未知確否等語復據華員查報情形亦大略相同內閣查革命黨由前年湘省破壞改爲秘密會黨向係主持破壞主義萌芽兆於東瀛蔓延漸逼內地其會員多數在長江流域組織以鞏固其根基而中江租界及高昌廟等處遂爲逋逃藪大旨以湘鄂爲根據地東連江西南及嶺嶠以圖西取巴蜀順流北下滬師出幾使首尾不能兼顧集權湘垣爲總埠設立總會會所另闢東西南北四分埠埠立分會南埠以湖南郴州爲分會所直通廣東樂昌坪市下及韶關粵省而湖南實永各屬隸焉東埠以湖南醴陵縣屬之湘東爲分會所與江西袁臨各屬一氣聯絡注重九江湖口(此路最爲岌岌可危)北埠以湖南岳州南青港爲分會所與武漢呼吸相通外練民團內養死黨一旦備警即橫其死力以堵截洞庭門戶鄂省另出一枝直趨武穴田家鎮以收北門鎖鑰其不遽擾長江下游者恐英國別生阻力耳而通州大通襄陽鎮江清江浦各地雖遍布黨羽不過爲他日牽制下游兵力之用其注重却不在此西埠以湖南衡州爲分會所結連粵西遊勇土匪並黔滇苗猺兩帮而湖南常寶各屬隸焉唐火積薪已非一日其會員約分兩大支一外部一內部外部全數均在東南洋名處運動以孫文爲首其次如黃度武柳際貞劉林生等諸人大約以預籌經濟(係在南洋群島華商因受外洋挾制惡望政府不爲保護以致爲伊等所煽動出貲力餉希圖日後事成得特色保護利益)購運軍火(聞該項槍械炸藥等係由□國訂購屯英屬之新加坡擬由英印度鐵路運至雲鎮南關再行設法轉運內地英國不允尙不能啓行俟將來二擇存儲實消息再行續稟)訂立條約(□國□□如□國已經認可獨立互訂條約已指定事成添開有二十餘處商埠並承認保護洋商財產商業教堂等方有機毀照約賠還)等事爲職司不甚來內地另針交通郵便處暗布京鄂偵探政府舉動以運動爲

(未完)

湖广总督密札各司文.盛京时报,光绪三十二年十一月十五日(1906年12月30日),第59号:第1张第2版.

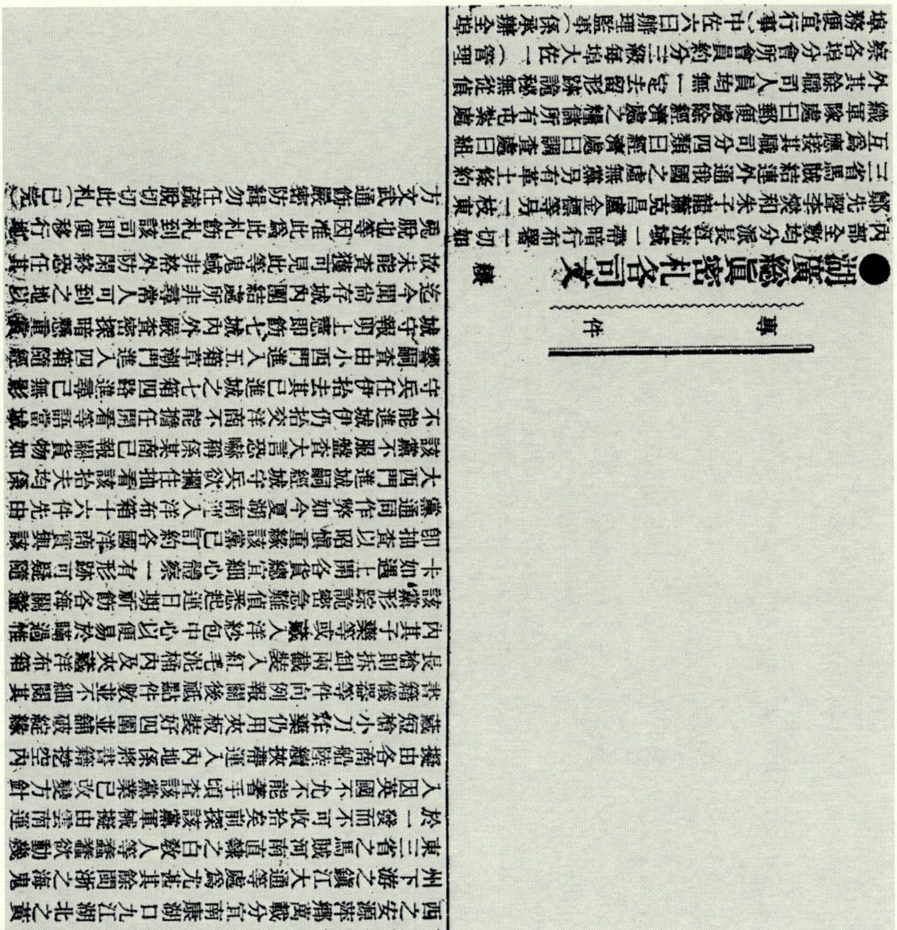

事件

●湖廣總督密札各司文（續）

內部全數均分派長逗流域一帶暗行布署一切如鄭先聲李燮和朱子龍蕭克昌盧金標等另一枝東三省馬賊結連外通俄國之處無黨另有革土條約互爲應接其職司分四類曰經濟處曰調查處曰組織軍隊處曰郵便處除經濟處之糧儲所有屯紮處外其餘職司人員均無一定去留形跡詭秘無從偵察各埠分會所會員約分三級每埠大佐一（管理埠務便宜行事）中佐六曰辦理監事（係承辦全埠事宜）曰參議幹事（係改良各埠辦法議員）曰經濟幹事（係專辦本埠轉運餉項）曰入佛幹事（係在每埠開設客廠收羅往來各色人等並代爲保護傳遞一切名曰間接法如外埠辦事人及各處投入人等不能與本埠辦事人面晤無論商議重件均由該員往返轉達爲一埠總機關界限以重秘密）曰提調幹事（係分派人員安插各會黨羽加何人派辦某處學堂何人派往某地礦山何人派往鐵路何人派往新軍何人派往會塲何人派管河道等事大約聚衆最多以各學界及江西安源機礦爲第一計不下萬餘人其他如各處礦地皆有會塲以湖南瀏陽普濟爲最多其餘江西各地湖南南洲次之他如長江之鹽梟名曰靑帮與各地紅帮會匪無處不通另有各地所招水手划戶專在沿河地方搶刦船隻名曰祿祁帮等均陸續提有資格稍高之人投入各處新軍以湖北常備軍爲第一而南洋次之長江水師亦多其餘各營福建浙江水師又次之兩廣江西湖南軍界亦復不少惟較學界稍遜均歸提調幹事主持）曰書記幹事（係專辦各埠來往信件及册簿等）各有專責不能假借亦不能越俎少佐十二分隸中佐均統轄各地各會匪伏莽潛蹤所在皆有而湖南之南部湘潭醴陵瀏陽平江安化新化南洲及江西之安源萍鄉萬載分宜南康湖口九江湖北之黃州下游之鎭江大通等處爲尤甚其餘閩浙之海鬼東三省之馬賊河南直隸之白教人等蠢蠢欲動幾於一發而不可收拾矣前探該黨軍械擬由雲南運入因英國不允不能著手頃查該黨業已改變方針擬由各商船陸續挾帶運入內地係將書籍挖空內藏短槍小刀炸藥仍用夾板裝好四圍並鋪破綻縫書籍儀器等件向例報關後祗點件數並不細閱其長槍則拆卸兩截裝入紅毛泥桶內及夾藏洋布箱內其子藥等或藏入洋紗包中心以便易於瞞過惟該黨形踪詭密急難偵悉起運日期祈飭各海關釐卡如遇上開各貨總宜細心體察一有形跡可疑隨卽抽査以昭愼重緣該黨已訂約各國洋商實與該黨通同作弊如今夏湖南運入洋布箱十六件先由大西門進城嗣經城守兵欲攔住抽看該抬夫均係該黨不服盤査大言恐嚇稱係某商已報關貨物如不能進城伊仍抬交洋商不能擔任開看等語當城守兵任伊抬去其已進城之七箱四路進尋已無影響嗣査由小西門進入五箱草潮門進入四箱隨經城守報明上憲卽飭七城內外嚴査密探暗懸重賞迄今聞尚存城內團結處所非尋常人可到之地以故未能査獲可見此等鬼蜮非格外防閑終恐任其兎脫也等因准此爲此札飭札到該司卽便移行地方文武通飭嚴密防緝勿任疏脫切切此札（已完）

湖广总督密札各司文（续）. 盛京时报，光绪三十二年十一月十七日（1907 年 1 月 1 日），第 60 号：第 1 张第 2 版.

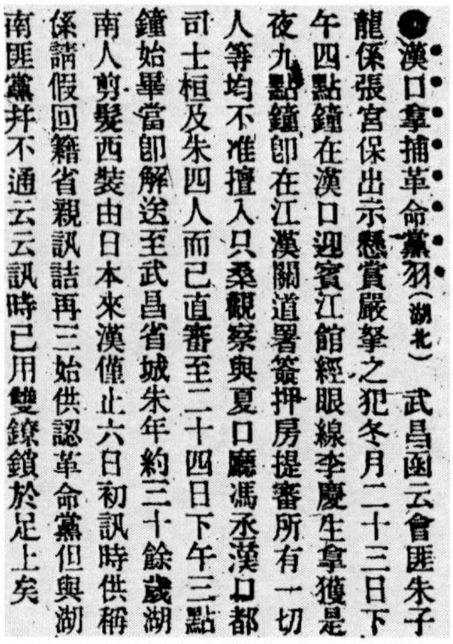

●漢口拿捕革命黨羽（湖北） 武昌函云會匪朱子龍係張宮保出示懸賞嚴拏之犯冬月二十三日下午四點鐘在漢口迎賓江館經眼線李慶生拿獲是夜九點鐘卽在江漢關道署簽押房提審所有一切人等均不准擅入只桑觀察與夏口廳馮丞漢口都司士桓及朱四人而已直審至二十四日下午三點鐘始畢當卽解送至武昌省城朱年約三十餘歲湖南人剪髮西裝由日本來漢僅止六日初訊時供稱係請假回籍省親訊詰再三始供認革命黨但與湖南匪黨并不通云云訊時已用雙鐐鎖於足上矣

汉口拿捕革命党羽（湖北）. 盛京时报，光绪三十二年十二月十七日（1907年1月30日），第82号：第1张第3版.

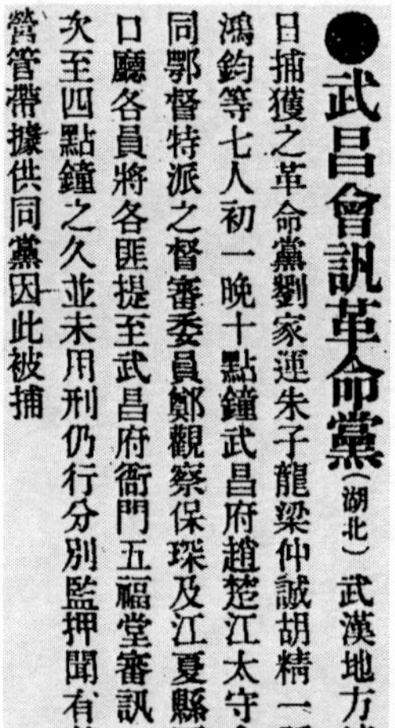

●武昌會訊革命黨（湖北） 武漢地方連日捕獲之革命黨劉家運朱子龍梁仲誠胡精一孫鴻鈞等七人初一晚十點鐘武昌府趙楚江太守會同鄂督特派之督審委員鄭觀察保琛及江夏縣夏口廳各員將各匪提至武昌府衙門五福堂審訊一次至四點鐘之久並未用刑仍行分別監押聞有某營管帶據供同黨因此被捕

武昌会讯革命党（湖北）. 盛京时报，光绪三十二年十二月二十日（1907年2月2日），第85号：第1张第3版.

●鄂督派員調査報館印機（湖北） 鄂督張香帥近以漢口各報館自置印機者雖多而包訂印字館代印者亦不少特派親信委員數人親赴各報館調查是否自印抑係代印以後若無印機之報立言不愼或與官場爲難或妄談交涉釀出事端卽惟代印者擔承科罰云

鄂督派员调查报馆印机（湖北）. 盛京时报，光绪三十二年十二月二十日（1907 年 2 月 2 日），第 85 号：第 1 张第 3 版.

●記湖北近日提訊會黨情形（湖北） 迭次所獲會黨連日在臬署審訊供詞極爲秘密大約皆不承認賞格中所列之名（如劉靜安不認爲劉家運）亦不認與萍醴匪黨通氣惟承認主張革命不認力言革命並不叛逆不過欲 朝廷革專制爲立憲無論皇室爲滿爲漢總須革去專制政體云云又黃州府拿獲革命黨二人一名吳紫荃一名殷子珩昨已由楚泰兵輪解省因吳殷二人刻有孔孟心肝一書在外散布以致被拿其書係木板封面刻孔子孟子之相內容約七千餘言大致引證孔孟成語以發明專制政體之非

记湖北近日提讯会党情形（湖北）. 盛京时报，光绪三十三年正月初九日（1907 年 2 月 21 日），第 96 号：第 1 张第 3 版.

●革命黨供認（湖北） 接鄂督電奏略言拿獲革命黨劉貞一節敬庵迭次研訊已具革命實供其供詞中承認出賣孫汶之民報並聯絡軍學兩界實行預備革命云云

革命党供认（湖北）. 盛京时报, 光绪三十三年正月二十二日（1907 年 3 月 6 日）, 第 107 号：第 1 张第 3 版.

●詳紀湖北緝捕會黨事（湖北） 鄂省官場前曾懸賞緝拿革命黨首王勝陳金嗣經查得均係假名王實名有勝陳實名金標業由鄂督飭知緝捕各弁矣前獲之劉家運胡精一朱子龍等均已嚴訊數次毫無確供已押縣監茲有某領事及某教士出爲干預并向督署索此三犯張宮保答以此案關係重大理應由京發落本部堂未便干預云緝捕哨弁徐升因聞王勝匿迹沙市宜昌一帶遂由馮少竹司馬給洋二千元以作緝捕之費詎徐至沙市洋已用盡仍未拿獲云

详纪湖北缉捕会党事（湖北）. 盛京时报, 光绪三十三年正月二十四日（1907 年 3 月 8 日）, 第 109 号：第 1 张第 3 版.

●兩湖匪徒起事旋平（湖北） 聞湖北之鶴峰長樂與湖南石門慈利交界之下洞堡地方近有會匪饑民聚起事湖南强字營湖北衛昌營已率隊往剿陣斃匪首三人脅從當即解散生擒女匪一名奪獲雙刀數十把鳥槍十一枝其會名爲英雄堂所放飄布上刻同順和發銅元一百文不知何所取義刻下地方已一律安靖

两湖匪徒起事旋平（湖北）.盛京时报，光绪三十三年正月二十五日（1907年3月9日），第110号：第1张第3版.

籌撥經費建諮議局

湖南三司暨局處會詳以諮議局爲省會議事之所湖南議員額定八十二名將來日漸增多即旁聽之員恐亦不少觀瞻所繫既未可過狹規模款項難籌尤不容稍有濫費如欲購地另建則工大費鉅一時難以告成擬將臬將衙署改爲諮議局惟議廳體制與尋常廳堂不同自應採訪式樣定期興修估計約需工料等銀七萬餘兩由司局挪墊所有開局事宜均應預爲籌晝查照鄂省辦法擬定議長一員每月公費銀一百元副議長二員每月公費銀八十元常駐議員十六員每員每月公費銀六十元辦事處書記長一員月薪六十元書記四員每員月薪三十元其議員旅

費擬按程途遠近酌定數目多寡凡輪軌未交通之處須遵陸者每百里給洋四元里數長者照此遞加輪軌交通之處減半核計其款由藩庫鞘纏餘存項下動撥銀六萬兩尚有不敷擬由漕費等款添撥以爲開辦經費仍俟諮議局修理完竣及該局成立之後將所撥用欵分別核實報銷

筹拨经费建谘议局．湖北官报，宣统元年九月十五日（1909 年 10 月 28 日），第 78 期：本省纪事：15.

華路借款

川漢粵漢兩路借款之議證以西八月消息已由英法德美諸國銀行家磋商定局嗣以南皮病篤西十月初旬逝世事爲所梗借款合同一切詳細子目未能亟於議結南皮既往徐菊人尚書繼之主議蜀鄂人士方事力抗遂又從而遷延夫兩年以

前浙路借款華人拒之甚堅已種禁借外款之根脫令前此所訂借欵合同妥爲成立吾意有裨中國及投資各國匪淺爲中國計今日籌欵所謂周妥之良法無外中央政府頒發債券招募公債信能實行得以所借債項發配直隸敷設鐵路暨良水道接濟其他一切急需之工程不亦善乎頃者中國竟藉固有之資本固有之人材刻苦經營滬杭路工卒以告竣中國有自行造路之資格概可知矣惟此路落成之後頗有訾議之者然中國往者所營路事未嘗不受人評彈於今日之浙路庸何傷矧蘇浙路線之敷設估價殊廉全路材料需値至低以極輕之資本速成一路俾股東咄嗟獲利謂之善策誰曰不宜今之貸資中國者設與中國中央政府協議陸續輸欵使之敷設直省鐵路與夫興辦一切工程意必兩有裨益蓋中央政府與直省新立之諮議局並免起困難之交涉此實振興中國路政之良法也中國百度維新必不可拘牽成見令政府處於萬難之地庶足以利用借款大興路政苟外國資本家求用外國工司郵傳部即資以顧問於事固無害也惟外國顧問必其聲稱藉甚

令購有中國債券之全體咸能深服始克有濟觀於南皮所訂規則異日實行稍有效驗耳竊望當局於此項章程更求美善中國鐵路之前途庶有豸乎

华路借款 . 湖北官报 , 宣统元年十月初五日（1909 年 11 月 17 日）, 第 82 期 : 译件 – 外国报 :18–19.

收納鐵路租股情形

湖南新甯縣吳令兆梅具稟謂鐵路股欵令各租戶按租納股隨根交完誠足以集巨欵而速成功惟縣中風氣素未開通創辦伊始必多懷疑觀望不特於租股收繳有碍且恐錢粮正供因而短絀擬出示曉勸一面將奉發四聯單様刊刷蓋印即定、於九月初一日爲始帶收租股擬自開辦之日起凡有完納上忙錢糧者一律照糧帶收租股其下忙錢糧已於上忙完納者即免交股以免查傳騷擾惟此次按糧串編號祇能照未裁之串編列其已裁之串既不交納租股即無庸發給收單可無須按號編列至民間得有收單定章須赴省繳換股票縣中距省遙遠民間每多畏難應如何辦理之處章程並未聲明應請明示以便遵辦奉　陳督帥批仰南布政司照會　湘路公司酌核辦理並候　撫部院核示遵行

收纳铁路租股情形．湖北官报，宣统元年十月三十日（1909 年 12 月 12 日），第 87 期：本省纪事：14.

宜昌府桂守蔭詳川漢鐵路開工日期並呈頌詞稿文

敬稟者竊 知府 昨奉 督部堂陳陸憲電諭以駐宜川漢鐵路公司開工舉行正式禮不克躬親致賀委飭赴會代表等因 知府 已遵照辦理在案伏思 大人注重路政崇隆大工之意自是一事同體茲於十月二十八日該公司舉行開工禮期 知府 亦代擬頌詞親赴公所同時代表以揚開工肇始之美盛所有公司總理李堯琴京堂暨各官商等聆悉之下均皆歡呼感激不日當另有謝牘矣肅此稟聞 附呈頌詞

今日爲川漢鐵路開工大會式宴諸賓交相慶賀 鼎 忝護節篆關山迢遞不克躬與其盛把盞言歡良深引疚因遣桂守爲代表赴會照料敬致意也川楚本唇齒之邦宜昌尤扼要之處曩以道途間阻水陸崎嶇彼此政治工商轉運實業諸大

端殊多隔閡欲求政治維新商務發達轉運利便實業交通自非開辦鐵路別無萬全之策自成都以至武漢綿長三千餘里工大費鉅措施維艱計劃兩朝經營七載幸川省人心固結財力富饒集股履勘爭先恐後在事　諸君子力勝艱鉅奮發有爲川鄂各前督先後維持始終不懈齊心戮力衆志成城路工之興何殊靈臺之作値此世界日闢國政修明路線之短長關繫國勢之强弱保護路權所以匡扶國基將來大功告竣支分黔滇展拓秦隴節節貫通千里一室永享無窮之利共登康樂之階不將超出於列强之上哉願蜀民慨解私囊速勷要舉勿爲浮言所惑勿爲外物所搖行見坦坦平平轉輸不絕轤轤轆轆美不勝收謹祝數言以誌盛會頌曰王道蕩蕩川鄂毗疆地勢雖阻易爲平康人材畢集各盡所長車行轟轟龍旗飄揚懋遷有無商界啇皇行軍轉餉電掣風飈大利溥及四海來王奉　護督部堂楊批據稟已悉希湖北川漢鐵路局轉飭知照此致頌詞存

宜昌府桂守荫详川汉铁路开工日期并呈颂词稿文．湖北官报，宣统元年十二月初五日（1910 年 1 月 5 日），第 94 期：本省公牍:7.

京局來電　各省將軍督撫都統參贊辦事大臣憲鈞鑒

十月初三日

召見軍機　内閣奉

上諭前據各省督撫等先後電奏以欽頒憲法組織内閣開設議院爲請又據資政院奏稱據順直各省諮議局及各省人民代表等陳請速開國會等語當將原摺電交内閣會議政務處王大臣公同閱看旋據該王大臣等各抒所見具說呈進又於本月初二日召見該王大臣等詳細垂詢切實討論意見大致相同溯自分年籌備立憲期限定自

先朝朕仰承

付託之重夙夜競惕無時不以繼志述事爲心既不敢少事遲

迴亦不敢過形急切前經都察院兩次代奏呈請速開國
會均即明白剴切宣諭彼時爲鄭重要政起見誠有不得
不一再審慎者乃揆度時勢瞬息不同危迫情形日甚一
日朝廷宵旰焦思亟圖挽救惟有促行憲政俾日起而有
功不待臣庶請求亦已計及於此第恐民智尚未盡開通
財力又不敷分布操之過蹙或有欲速不達之虞故不能
不驗向背於輿情决是非於廷議今者人民代表籲懇既
出於至誠內外臣工强半皆主張急進民氣奮發衆論僉
同自必於人民應擔之義務確有把握應即俯順臣民之
請用協好惡之公惟是召集議院以前應行籌備各大端
事體重要頭緒紛繁計非一二年所能蕆事著縮改於宣
統五年實行開設議院先將官制釐訂提前頒布試辦預

即組織內閣迅速遵照
欽定憲法大綱編訂憲法條欵並將議院法上下議院議員選舉法及有關於憲法範圍以內必須提前趕辦事項均著同時並舉於召集議院之前一律完備奏請欽定頒行不得少有延誤總之決疑定計惟斷乃成此次縮定期限係採取各督撫等奏章又由王大臣等悉心謀議請旨定奪洵屬斟酌妥協折衷至當緩之固無可緩急之無可再急應即作爲確定年限一經宣布萬不能再議更張爾內外各大臣務當協力進行時艱共濟各省督撫領治疆圻責任尤重凡地方應行籌備各事宜更當淬厲精神督飭所屬妥速籌辦勿再有名無實空言搪塞必使一事有一事之成績一時有一時之進步無論如何爲難總當力副委

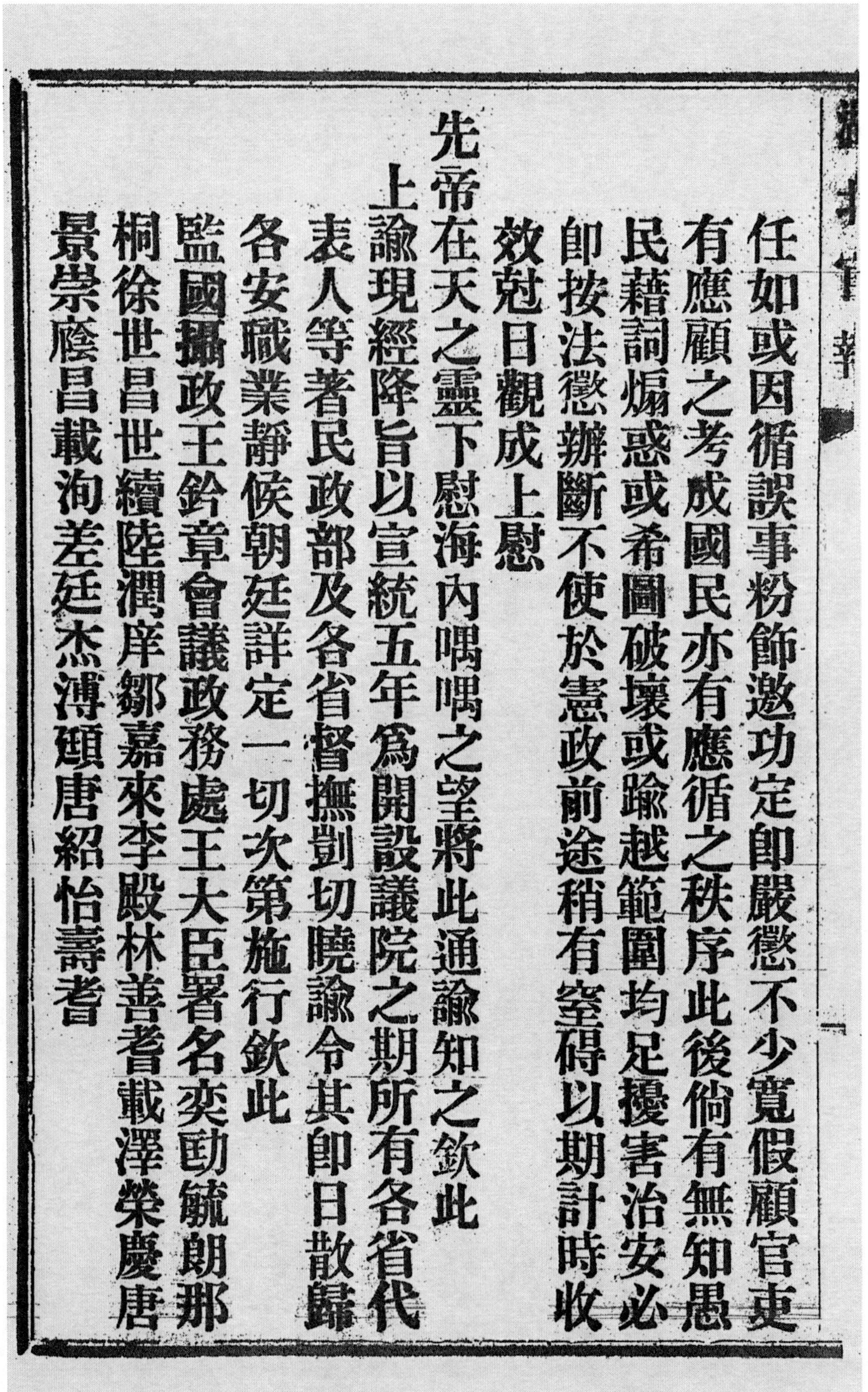
任如或因循誤事粉飾邀功定卽嚴懲不少寬假顧官吏
有應顧之考成國民亦有應循之秩序此後倘有無知愚
民藉詞煽惑或希圖破壞或踰越範圍均足擾害治安必
卽按法懲辦斷不使於憲政前途稍有窒礙以期計時收
效尅日觀成上慰
先帝在天之靈下慰海內喁喁之望將此通諭知之欽此
上諭現經降旨以宣統五年爲開設議院之期所有各省代
表人等著民政部及各省督撫剴切曉諭令其卽日散歸
各安職業靜候朝廷詳定一切次第施行欽此
監國攝政王鈐章會議政務處王大臣署名奕劻毓朗那
桐徐世昌世續陸潤庠鄒嘉來李殿林善耆載澤榮慶唐
景崇廕昌載洵差廷杰溥頲唐紹怡壽耆

清帝关于预备立宪各事宜谕．湖北官报，宣统二年十月初六日（1910 年 11 月 7 日），第 148 册：邸抄:2–3.

憲政雜錄

漢口國會請願同志會陳諮議局書

竊思日俄協約日韓合邦東亞時局日益迫切而憲政籌備具文奉行又其甚者方以破壞籌備清單爲破壞立憲之計時急勢危請求速開國會殆不可一日緩茲値貴局開幕敬援敝會前次決議陳請貴局建議惟速開國會理由甚多茲特舉其大者陳之一國會不速開則中國財政不能整理也今日大部呼號疆臣束手者非此財政問題耶欲整理中國財政必從根本解決現在中國現象一爲財政紊亂一爲經濟困難今日政府派清理財政官實已不能畢其緒夫財政之紊亂失之於侵蝕者顯而易理失之于經理者隱而難清銀行未立金庫未設度支部轄財政而財政不盡轄於度支部各省督撫轄財政而內則限於國家行政之分配外復有藩鹽關各庫之紛歧機關未善執行都非此項問題非國會不能解決也至經濟之困難目前爲不可掩飾賠款既鉅憲政尤繁縱能暫時節流必不能按年退步解決困難除

加賦與募債而外別無他法國會未開稅法難改加賦二字政府知其不可行乃不得已而出於多借外債之一途其勢或有然也夫世界無無國債之國而其國强者其國債亦多是借債亦富國之公例然財政監督各種機關皆未設立而欲鉅募外債不問用途不顧償欵則外債愈多而紊亂愈甚適促之使爲印度波蘭之續耳故欲救經濟之困難必先理財政之紊亂二者同時解決則中國存否則亡可立待而欲救國亡舍國會殆無根本之策此敝會所謂國會不可不速開之理由一也一國會不速開則全國法制不能統一也中國立法之制本未謀及庶人而各部之溝分又自成爲風氣故甲法與乙法相異丙法與丁法又殊甚至同一法律而前後不免衝突頒布者視若無事奉行者苦無適從又或巧詞變通飾言假借法律發布未久而成命又已收回夫立法者行政司法之準也法不立則政不行法律不臻完美則法雖立而政仍不克舉且或致擾亂而速國家之亡各國經幾許之經驗而始知集合全體人民意思以議決立法事件而廢止變更之事又復限以條例故議決有完

全之權而執行無推行之阻今中國政府既不負國家之責而立法機關散隸而無所統一又或一二人所釐定而前後彼此不相貫通故大之阻國家之進步小之亦妨自治之進行長此不決百舉俱廢凡我人民安能負此責任然則欲立行政司法機關必自先立議決機關始欲立完全議決機關而望之不完全議決之資政院不可得也此敝會所謂國會不可不速開之理由二也吾鄂處江漢之要衝漢口尤將來之樞紐憲政籌備所實行者何在諮議局成立所收效者何如籌備之不完全誰負其咎議案之未執行誰任其責敝會懼中國之亡而又懼漢口亡而湖北隨之也同人惴惴不遑自逸以爲國會一開則預算決算定而司農可免仰屋之嗟法律命令定而政策庶無騎牆之失夫而後地方行政乃得以根據中央完全法律以漸次而施行伏希貴局提議公決呈請督部堂代奏速開國會全國幸甚吾鄂幸甚

汉口国会请愿同志会陈谘议局书．湖北官报，宣统二年十月初六日（1910 年 11 月 7 日），第 148 册：宪政杂录 :1–2.

關於國會之電文

北京軍機處鈞鑒　內閣國會爲憲政根本計已定於　先朝事無待於末議顧造端閎大不易圖維老成過爲持重必求謀出萬全政府首當其衝不敢輕於一發其爭執不過數年期限之遲早其關係乃在目前國勢之存亡錫良等疆寄忝膺憂危共切忍視　朝廷爲孤注獨舉中央以責難第外覘世變內審國情立憲既無反汗之理則閣會決無不成立之理與其遲設而失事機不如速設以維邦本用敢推求利弊力破羣疑共竭愚誠披瀝陳之今之致疑於內閣者必曰權責太重權盛則恐挾震主之威責專則慮啓營私之漸不知自古權奸竊國非因在位日久即由兵柄下移今閣臣但代行政本無統馭軍隊之權而責望所歸易與易仆一身進退利害較輕既不能有擅作之福威更不必爲要津之盤踞況有國會以監察財政出納末由自專有審判以擁護法權生殺無從任意不必慮者一或又疑內閣既設君主僅擁虛名豈知不負責任實由神聖不可侵犯之義而生至大權之載諸憲法

者立法行政司法悉歸總攬不過無內閣則職務分之臣下而擔負仍在　朝廷有內閣則統治屬諸一人而功過必歸樞府鞏固君權尊崇主極無逾於此不必慮者二或又疑內閣初立組織者未必皆幹濟之才任非其人終虞覆餗不知世變人才互相陶冶但使部臣同爲閣臣應行政綱協同審擇巳無目前政出多門彼此矛盾之事益以國會監察權限明則責成專雖欲諉卸而不能才力薄則應付窮雖欲把持而不得數經更易以後求才者知非破格不爲功飽嘗憂患之餘任事者亦必審量而後進相磨相激自有一二非常之選因時會構造而成不必慮者三其致疑於國會者或謂議員程度不一言論易涉囂張比年爭路爭鑛迭肆要求允之則政策益紛抑之則風潮更烈一慮也抑知士論沸騰實多激於憂憤與其强爲遏制徒滋事外猜疑何若引就範圍俾知局中曲折及其經驗漸深疑誤盡解尙望與政府相扶相勵力拯艱危今世立憲較久之國內閣國會往往尠紛爭而多匡正其明驗也或謂國會有論劾大臣之權議員將挾私排擊賢者避謗求去不肖者轉得結黨

自固二慮也不知國會彈劾與臺諫異言官風聞入告動機發自一人議院據事直陳同意必謀之多數如果大臣當國衆望交孚則數人對抗之私何能敵全體輿論之公黜陟進退權操君主憲法自有明文國會何能干預至論黨派之發生要以政見爲標準內閣政見與議院合利用適資其交濟內閣政見與議院不合全黨豈聽其轉移乎或謂國會當幼稚時代僅有要求而無擔負財政問題仍難解決三慮也不知國會初設不必急謀財政之擴張先求鞏固財政之信用議員來自田間深知疾苦果財政計畫悉經協贊蠲除擾累力戒虛糜人民已共諒政府之無他迨至行政克堅民信措施深入人心議員目覩計臣拮注之窮外界競爭之烈凡各國通行之租賦中朝未有之稅章未嘗不可審勢因時徐圖興舉即欲廣募國債立應急需恃此樞紐以爲溝通國民既休戚相關何能置國難於不顧日本國會未開歲入僅八千萬元國會既開不及廿載已逾六萬萬元可爲借證以上閣會利弊均無可疑而持議者猶謂軍機處總持行政畧同內閣資政院採集輿論可代國會此又不可

不辨也就軍機處言之樞部未能聯合主義難免背馳且日贊萬幾取決俄頃合謀不及詳究爲難在昔制度因仍尚可權宜應付今則政務繁棘遂覺籌措艱虞時勢厄之爲可不變就資政院言之各國下院議員必由民選所以重人民之責立政府之監今資政院議員互選者由議局發生與人民仍直接關係欽選者以朝官充任與政府有統屬嫌疑藉爲引導議院之機關自無不可謂可替代國會之作用而國會遂可遲設數年則理解殊誤總之閣會權責所關不容假借舍此則主腦不立憲政別無着手之方缺一則輔車無依閣會均有踰轍之害程度不足官與民共之不相磨勵雖百年亦無所進法律難定情與俗礙之互相參考歷數載可望實行此非錫良等之私言實天下臣民所公認者也今日大患在於政務太繁財用日絀有內閣統一政策國帑始可酌盈劑虛有國會協贊歲用要政始不因噎廢食比者日俄協約成後一舉亡韓列强均勢政策皆將一變方針猛厲並進時局危險已遠過於

德宗在位之日緩無可緩待無可待此即閣會尅期成立上下合力猶恐後

時奈何以區區數年期限爭持不決乎錫良等知而不言無以對我　皇上更無以對我　先帝伏懇　聖明獨斷親簡大臣立即組織內閣　特頒明詔定於一二年內開設國會　敕憲政編查館尅期擬呈議院選舉各法　欽定施行大局幸甚再此電由經羲主稿與錫良等往復電商詢謀僉同合併陳明請代奏錫良松壽瑞　趙爾巽袁樹勛李經羲廣福溥良誠勳信勤陳昭常周樹模程德全朱家寶孫寶琦丁寶銓聯魁增韞馮汝騤楊文鼎張鳴岐龐鴻書謹肅

北京軍機處鈞鑒　竊維時事艱難日甚一日　朝廷宵旰憂勞臣民徬徨望治實已迫於積薪厝火不能稍安之勢近來各省士紳伏闕陳言無不以內閣國會同時並舉爲請忠愛之忱良可嘉佩惟夔龍以爲國會與內閣雙方並進雖有輔車相依之象然事有先後必宜循序漸進非可一蹴而幾日本明治維新號稱銳進而設立內閣與召集國會亦尚相距數年良以憲法成立必須各項機關預備完全人人知立憲之實質然後國會召集自收上下相維之效現在內閣未設無行政統一機

關彌德院未設無要政顧問機關審計院未立無歲出歲入綜核之機關行政裁判院未成無裁判行政爭議之機關舉凡憲法上應有之預備未全設施而欲內閣與國會同時並舉是不啻治絲而先使之棼也爲今之計宜於行政機關先求統一俾責任既專政見無從歧出是內閣爲行政樞紐必宜先行組織方足以策進行既有內閣一切憲政預備自可依次程功一面選派通達治體之大員擬議憲法議院法選舉法各草案呈候　欽定頒布數年之後各項機關完備國會可一集而成較之同時並進其難易利鈍何待煩言夔龍愚見竊願我　皇上宸衷獨斷　明詔天下先於明年設立責任內閣將各項機關次第籌設或慮國會未開內閣疑有專擅不知資政院已經成立代議協贊之職已具規模自可以資政院代舉其職俟宣統五年資政院議員任滿彼時內閣早設三年行政諸端均已從容整理代議之職國民亦已熟悉即以是年爲國會召集之期是較原定期限尚已縮短三年如此一爲轉移既收相輔爲用之功復免凌節而施之弊實於大局裨益良多管窺之見是否有當謹請代奏陳夔龍

关于国会之电文．湖北官报，宣统二年十月初六日（1910年11月7日），第148册：关于国会之电文：1–3.

督部堂瑞　劄覆諮議局文

爲劄覆事宣統二年九月二十五日接據北諮議局呈述國會不可不即開之理由請予代奏以定預備立憲之基業等因又於九月二十七日接據北諮議局呈稱議員姚晋圻介紹漢口國會請願同志會會員張國淦等二百二十七人條請建議速開國會經審查報告請予代奏俾速觀成等因先後到本部堂據此查時局艱危非召集國會無以策進行之效非組織內閣無以謀統一之規本部堂前與各省督撫往返電商意見相同業經合詞電　奏籲請在案茲據北諮議局呈稱前情具見忠愛出於至誠情詞懇切佩慰良深惟國會關係全國自應集合全國輿論以示大同

除據情咨商　資政院查核彙辦外爲此併案劄復北諮議局查照并將本部堂會
奏電稿抄錄行知須至劄復者

督部堂瑞札覆谘议局文 . 湖北官报 , 宣统二年十月十一日（1910 年 11 月 12 日）, 第 149 册 : 公牍 :4.

督部堂致北京要電

北京軍機處鈞鑒錫良等前奏請設內閣開國會以救危急近聞有主張仍欲先立內閣遲至宣統五年乃行召集國會者區區愚忱竊抱過慮說者謂日本維新亦先立內閣後開國會遂欲取以為法不知日本改革幕府之後長薩二藩握權專政其基未固故專用壓力緩開國會而民間積憤不平第二倒幕之聲已聞於全國幸政黨人才繼起國會旋開僅保未亂此日本之內容固無可隱諱者也今中國民氣奮發覩日本當年不啻過之而朝中大臣勳業才望較之長薩二黨相去何如豈可復襲其危險之政策哉且國會既開人心擁戴皇室愈固一切顛危傾側意外之變無自而生所謂周雖舊邦其命維新自有上下相維之氣象若又遲以三年夤緣援結以攫要津貪利之臣亦皆乘此三年黷貨營私以肥囊橐失敗之政仍歸咎於君上監督之力終難及於當權　朝廷宜防官邪不宜徒防民氣此錫良等所謂內閣國會不能不同時並立者也如謂機關未備則凡弼德院審計院行政裁判院均有

湖北官報

各國成案可以仿行似非甚難此次沮開國會者或有新進之輩欲遏其後起而自居其功故飾爲進行有序之說以惑上聽耳必謂國會早開則政府權柄將有不能完全之患以懾在位不知憲法大綱業已規定新學良士未盡登庸　朝廷一視大公天下自無偏黨在位者不必親在野者不必疏其崇戴我　大清則一也先後遲速之間安危所係謹披瀝再陳務乞　宸衷獨斷立頒明詔內閣國會同時並舉以慰民望不勝惶悚待命之至謹請代奏錫良松壽瑞　趙爾巽袁樹勛李經羲張鳴岐信勤廣福誠勳溥良陳昭常周樹模程德全朱家寶孫寶琦丁寶銓聯魁增韞馮汝騤楊文鼎龐鴻書謹叩三十日

督部堂致北京要电．湖北官报，宣统二年十月十一日（1910年11月12日），第149册：督部堂致北京要电:1.

關於國會之電文

雲南李制台分致各省電　天津陳制台南京張制台廣州袁制台武昌王護院安慶朱撫台長沙楊撫台蘇州程撫台濟南孫撫台太原丁撫台北京探呈東督錫制台鄂督瑞制台桂撫張撫台鑒（辰）憲政九年之預定十一部同時之進行凡洞見維新癥結者每深憂歎樞府關心而難輕議度支部顧而不先發今朝旨令議覆趙御史摺似欲言發於外藉以折衷補救近日舊政輪廓難存新政支離日甚其大局則在無人無人之病在於欲速而不求根本世風之靡人心之幻因而中之於是强事就人强人就事無人即先辦事無事即先用人種種枝蔓相因而起守舊時之醞釀維新之遺作諸症如一故愈求人才人才愈不出其大難則在無主通來諸部各自爲謀亦若有序而無審國情量國力聯合主斷之人徒委編查館爲細碎調停改革不從重要關鍵入手故文法愈密措理愈難坐此二因智愚同困其妨礙維新阻力甚大即有一二枝節眉目何補大局到得財盡民散事已無救今李以緻細見端正

可並求病本義深慮時不我與馴至外人干預羣沸交騰本蕃憲政以固人心轉因憲政以速國禍此危非一二人口舌可解如各疆臣趁此時會皆能言異旨同直陳無隱并於維新根本各貢條陳　宵旰徬徨苦無辦法倘能　朝廷不居反汗之名隱收變通之益幡然一决或尚可期諸公藎抱憂時義雖孱庸寡識甚願規步偉畫分其緒論狂瞽無當先乞指誨大稿已成即求密示管蠡所及亦必呈政臨電翹盼義叩微

瑞制台覆電　雲南李制台鑒微電敬悉公所持論如激心所欲言而口不能宣者至佩至幸時局如此疆臣亟應建言激入都後語多憂危人目爲狂癡亦不計也來電一節致請尊處主稿挈銜入告疆臣有願聯合者即共列名言而聽固天下之幸言而不聽我輩亦不負職矣議覆趙侍御一摺王聘翁如未復奏激回鄂定稿再行寄奉大稿幸早寄示至盼除會商錫清帥另電通飭外特復激虞

錫瑞兩制台分致各省電　天津陳制台南京張制台廣州袁制台成都趙制台雲

南李制台安慶朱撫台長沙楊撫台蘇州程撫台濟南孫撫台太原丁撫台鑒晨仲帥微電深切洞達同抱焦慮竊謂憲政九年之預定十一部同時之進行中國無此財力半途而廢已可預決非有重要簡單入手之辦法則財盡民散必在意中近查美國變法之始其中央之集權各省之反對更甚於我國後執政者察其不行之故在於各省交通隔絕情勢迥殊遂改從急修鐵路下手數年之後國內貫通一氣不易法而令自行彼之政策足爲我之先導良徵徧詢賢達皆以爲然擬請 朝廷決計借外債數萬萬將粵漢川藏張恰伊黑諸幹路及緊要支路限十年趕造一面借欵一面包工以免將借欵移作他用之患鐵路所用工料悉取於國內外人所得不過利息工價而已此欵留布於民間者十之七八則十年之內可救民窮之困十年以後鐵路陸續告成行政之易亦如破竹民間風氣自開速於教育何止十倍所謂重要簡單入手之辦法似無以易此今中國國大而不得國大之益人多而不得人多之力鐵路果成是取大國而縮小之財聚力完勢增百倍庶可與列强競存於

此不然以今日情隔勢歧民窮財盡之狀欲恃兵力以圖彊非五十年不能收效欲恃政治以自振非三十年不能見功世變之亟恐無此三五十年平和之時代足以容我之緩步也儻諸公意見相同即請合詞入告力持此議仲帥謂　朝廷不易反汗之名隱收變通之益者誠爲名通之論望即熟籌同匡王室錫良瑞澂叩佳

天津陳制台來電　北京錫制台瑞制台鑒頃讀佳電以憲政九年籌備之進行宜另籌重要單簡入手之辦法擬借外債數百兆興造鐵路果使工料悉取於國內外人所得僅祇利息十年以後道路便利脈絡貫通政令頒行聲息響應誠足以起舊時之廢疾鍼一世之膏肓大造我邦曷其有極惟龍硜硜之愚竊以爲舉辦一事既謀其利尤須預防其弊以中國各省財政艱難外人誰不洞悉若空言借款不指定實在抵押彼必不從既因路工借款除以各路抵押外恐無如此鉅數路經抵押則彼已陰持操縱之權以數百兆之債斷非一國所能擔任彼之利於粵漢川藏者必爭認粵漢川藏之款利於張恰伊黑之款者必認借張恰伊黑之款是不啻將國內

隱分區界爲禍何可勝言況我國財權外人久生覬覦今有如此鉅債亦恐易啟干涉將來挾制要求且有太阿倒持之慮然此猶謂借欵之爲難後時之隱患也即令欵項無須抵押各國亦能合籌以二萬里路之鉅工同時並舉以言乎工則現時我國路工畢業富有經驗堪勝工程師者能有幾人必將求材於異地以言乎料則漢陽一廠所造鐵軌安得供如許之求從前各路枕木無不運自外洋今以外人包工欲使盡用中國之料其勢必有所不能若仍運自外洋則所謂工料取之國內借欵僅付利息者恐尚未易遽言至將以防守之費養路之資攤還借欵本利之項如何籌措尚不能不預爲之計往時一省一路之借欵紳民或以未悉內容猶多異議今以經營全國之舉驟增數百兆兩之逋羣情疑阻更在意中鄙意以爲借欵與路誠爲經國要圖若支幹同時並舉收效既恐難期謀始亦殊非易似不如斟酌情勢次第程功現在資政院行將開幕應否將此事由兩公奏交集議以釋羣疑而昭愼重一經議決即可推行管見所及尚祈卓裁龍蒸

廣州袁制台來電　北京探投瑞莘帥張堅帥盛京錫清帥天津陳制台南京張制台成都趙制台雲南李制台安慶朱撫台長沙楊撫台蘇州程撫台濟南孫撫台太原丁撫台鑒仲帥微電已復頃接清帥莘帥佳電以救時急策重要簡單宜從鐵路下手擬大集外債十年趕造用意甚盛鄙意仲帥原電謂大難在無主腦此語最為扼要借債與辦鐵路美國前事可師然凡辦一事必先有一主體而後枝葉有所附麗鐵路為我之鐵路我借債而我築之是主體在我也若今日中國之借債則動機悉出外人並強迫以必借其情形已與美異既借之後對於主體究係若何關係將來若何籌還萬一屆期不能歸還又若何籌措此一層必須通盤計畫免蹈借款自亡之覆轍尊電謂鐵路告成則行政勢必破竹此亦須有主體則政令始有發生之地始有操縱之方若純恃借欵造路簡單政策則吾國內政又從何發生又從何操縱美國維新合衆政體發生操縱自在議院吾國政體不同亦豈可無發生操縱之樞紐恐主體不立則所謂破竹之勢亦在彼而不在此矣竊意借欵築路此不過

行政策之一端應如何解决我輩似可貢厥芻蕘而不能代擔責任諸公卓見云何
事關大局存亡乞從長計議並示復爲禱樹勛蒸

長沙楊撫臺來電　北京探投東三省督憲錫湖廣督憲瑞鈞鑒佳電敬悉崇論閎議直捷痛快尋繹再三欽佩之至重要簡單入手辦法此爲最善時局艱危岌岌不可終日除此實無他策可以挽救應請兩帥就近與政府議決一面主稿通電各省合詞上陳期在必行文鼎極表同情即祈挈銜會奏錄稿賜示謹覆楊文鼎叩眞

太原丁撫台來電　北京錫制台瑞制台鑒佳電敬悉憲政九年之進行應從重要簡單入手擬借外債數萬萬興造鐵路期於絡脈貫通政令頒行捷於影響卓識宏謀良深敬佩但辦事必先籌欵有欵尤須得人如此大建造必得剛明廉介能勝艱鉅者數人方能提綱挈領欵不虛糜否則如津浦之借欵工未及半而欵已先盡權已外操粵漢川漢亦不盡病在無欵或甫動工而先糜鉅欵或未動工而欵先虧倒前車可鑒後患方長事關國家大計交涉重要不得不先事熟籌預防種種流弊現

值資政院開會在邇可否由兩公奏明交議以待多數之解決而釋羣情之惑疑管
窺所及倘乞裁奪寶銓眞

关于国会之电文.湖北官报,宣统二年十月十一日(1910年11月12日),
第149册:关于国会之电文:1–4.

關於國會之電文

瑞制台電　奉天錫制台鑒仲帥效電計達各處復電想已鑒之諸公既多數主張請設責任內閣開國會洵屬探本之論潡復仲帥電其文曰效電敬悉所謂三義非有責任內閣與國會上下相維不能辦到卓見至佩貸欵造路一策潡在京已與濤帥會奏業交部議明知飲鴆冀其愈疾狂瞽之見如是而已然此不過就財政民力一方面著想誠非解決本論今諸公既多數以內閣國會為主體潡極表同情即請公主稿挈銜封章入告總期政見能統一言論能實行同心戮力百折不回雖受譴責亦所忻願各省有前次通電未及者亦請公挈銜電商有贊成者即列名稿成即上以備資政院開院時尚可交議時不可失憂憤同之等語此議想公亦表同情潡十八抵鄂念二接印並聞潡漾

瑞制台電　北京張堅帥天津陳制台南京張制台廣州袁制台成都趙制台安慶朱撫台蘇州程撫台濟南孫撫台太原丁撫台長沙楊撫台鑒尊電先後均悉仲帥

效電想已達所論極佩徵覆仲帥電其文曰效電敬悉所謂三義非有責任內閣與國會上下相維不能辦到卓見至佩貸欵造路一策徵在京已與淸帥會奏業交部議明知飲鴆冀其愈疾狂瞽之見如是而已然此不過就財政民力一方面著想誠非解決本論今諸公既多數以內閣國會爲主體徵極表同情卽請公主稿挈銜封章入告總期政見能統一言論能實行同心勠力百折不回雖受譴責亦所忻願各省前次通電未及者亦請公挈銜電商有贊成者即列名稿成即上以備資政院開院時尚可交議時不可失憂憤同之想諸公憂危審變必共贊成特聞徵漾

長沙楊撫台電　盛京天津廣東成都武昌雲南制台濟南南昌杭州安慶太原蘇州吉林撫台北京張堅帥均鑒近日迭奉各帥電示憂深慮遠切中時弊民窮財盡各省皆然今日之患在繁雜而無秩序衆營並進名爲百事俱舉實恐一事無成責任內閣自是入手方法事權統一然後酌量財力分別情形何項必辦何項可緩各省不必强同庶免彼此矛盾否則疆吏無從措手欲苟安而不可得事機已迫衆論

僉同無論何帥主稿鼎必附名乞速會商合詞上陳無任禱企謹覆楊文鼎叩養

北京張堅帥電　雲南李制台武昌瑞制台廣東袁制台濟南孫撫台長沙楊撫台鑒尊電均敬悉仲帥所論精密周匝盛水不漏固邦本靖亂源圖富强舉不外是危機日迫時不我待諸公政見既同即懇仲憲主稿會諸帥銜乘資政開院以前迅速電奏岐敬當附驥專此電復岐叩敬

盛京錫制台電　武昌瑞制台鑒漾電悉各處復電自以仲帥效電最爲透切請設責任內閣開國會尊意既請仲帥主稿稿成後電商各省贊成者均列名誠爲妥善之辦法惟前電未發各省督撫即由敝處會銜補發以徵同意良敬

天津陳制台電　盛京武昌南京成都廣東雲南制台北京張堅帥太原吉林長沙安慶蘇州撫台鑒仲帥效電海帥禡電慕帥震電堅帥號電俊帥養電均敬悉中國實業不興物力困敝窳敗泄沓庶政無從脩舉竭力搜索急切進行固慮召亂然竟坐視因循將何以拯救危迫不得已則貸外債舉辦要政誠屬濟時急策前接清帥

莘帥來電已畧申鄙見原期熟詳審思以求折衷至當今仲帥議請設內閣開國會洞見本原曷勝欽佩蓋擔任監察均有主持機關自可少所顧慮內閣重要關係協贊統治之大權維持政策之統一裨益政治前途尤非淺鮮國會與內閣對待目前士紳雖少政治經驗但既置之局中俾知困難實況亦必於行政有益惟目今時局已有存亡絕續之勢或下著不穩或投劑過猛恐堅帥所謂內訌外侮引以爲憂者易一境而轉以加厲所望諸帥卓邁之見於入手之初詳思熟審此則龍於顧表同情之中不得不鰓鰓過慮者也仍望隨時賜敎爲荷龍濼

太原丁撫台電　盛京錫制台天津陳制台南京張制台武昌瑞制台吉林陳撫台蘇州程撫台安慶朱撫台鑒仲帥海帥次帥慕帥堅帥俊帥電均悉銓昨復電云仲帥論內閣國會相維之理極爲深切今日國事紛亂强鄰逼迫舍此亦別無下手之方但銓所慮者內閣立而政黨尚未鞏固其能力必仍薄弱國會開而議員未經歷練其議論亦未盡可行當此內憂外患萬端交迫之秋斷非僅務虛名所能補救必

有先立乎其本者乃可收閣會之實效銓前於議復趙御史王布政摺內於建閣開會之外另陳三事以爲根本中之根本摺長難以電達已抄底呈閱但此係銓一人之言現諸公均請仲帥主稿聯銜入告更足以動　聖聽銓亦願附驥時艱至此苟利國家知無不言言無不盡雖觸忌諱亦所不計謹聞頃奉莘帥漾電實獲我心想諸帥藎畫亦必贊成寶銓敬

吉林陳撫台電　各省制台撫台鑒仲帥效電次帥號電海帥禡電慕帥養電俊帥養電均敬悉中國外交內政尙無一定方針內外官民亦多隔閡協約既成韓即旋滅東事岌岌大局隨之此時轉機全視憲政措置若何責任內閣常早經奏陳昨讀仲帥電示尤爲透闢且以國會相維立論經驗理想期相調劑如車兩輪缺一不可實屬闡發無遺至當不易彌深欽佩倘由仲帥主稿常謹當附驥上陳決無異議濤帥筱帥莘帥安帥各電想係此事發起原電未蒙見示可否補請譯送俾備叅考不勝至盼昭常敬

蘇州程撫台電　武昌瑞制台鑒漾電敬悉敝處巳於前日復電仲帥請其主稿聯銜入告尊電同心戮力百折不回二語最爲痛切凡屬同志宜抱定此主義期於成而後巳敝處前於議覆趙御史摺請組織內閣於請變通籌備事項摺請召集國會兩摺同時拜發而國會摺留中可見中央於此事利害時局安危尙未通盤籌算各疆臣聯銜入告倘以多數進言遽邀允許亦是大幸惟是存亡之機間不容髮我公聲望爲中央所仰望先以書函陳述利害細爲解說以爲之疏導或託在京賢達之士警告中央俾無疑訝則將來封章上達時可以少生阻力鄙見瑣碎惟公察奪爲幸德全有

南京張制台電　盛京天津武昌廣東雲南福州成都蘭州制台西安南昌貴陽開封蘇州吉林齊齊哈爾杭州迪化太原濟南長沙安慶撫台北京張堅帥鑒列公數國偉論以責任內閣國會爲不易辦法李仲帥效電推論尤詳以他人巳行之成效爲我國因時之良規用心良苦駿不佞竊嘗體察華夏古今之民情風俗不能無疑

中國向以靜謐爲治輕征薄歛與環球各國不同本朝仁政主於不擾庶人不議民間久無政治思想紳衿自好亦以不與公事爲不二法門將驅而與謀君國謹愿者中無主宰不能建議狡黠者多方運動自便私圖既無政黨之可言復鮮公理之可據聚無數順則良民供有數囂張之鼓煽有要求而無擔負爾時政府應之不能拒之不可上下交爭民心益去脫竟激成當年英法刦圍議院已事將舉國騷然外人乘之藉口平亂君民同阸何以善後此國會之說也內閣全權必恃國會爲對待監督人民程度不齊選舉法亦未備驟開國會政黨從違道謀取舍既鮮的評善者因孰殺之歌而即去措理無從不善者出其權位貲財勾結黨援勢傾人主蕭牆之內曷以禦之此責任內閣之說也查東西各國如英德日本立憲政體兵權外交國之大事悉操於君是主腦仍屬一人以中國今時情勢謂一有內閣 朝廷遂可無爲而治不負責任竊未敢以爲定論蓍著良藥誤投適以殺人鄙意我國地大物博徒以邊遠多未闢之區中原多水旱之事地力不盡人工又疏增華踵事與各國相

追逐不揣其本而齊其末未得貌似形神已疲爲今之計自應就憲政籌備事項劃
其可緩致力所急通籌各省統治之綱分釐各省進行秩序專其責成淸其權限至
魯至道悉循差等庶不至鑿枘之害且免飾虛以應重要之端不外飭吏治與實業
二者蓋吏治修則民志安實業興則民生厚內訌不起外患可弭及時修明刑政整
飭戎務未嘗不可爲善國操切急進仆蹶堪虞自愧迂遠之見無當事情惟外觀時
局內審國俗謹以瀝陳統祈教正駿有

关于国会之电文．湖北官报，宣统二年十月念六日（1910 年 11 月 27 日），第 152 册：关于国会之电文:1−4.

公牘

憲政

督部堂瑞　通飭辦自治研究所札文

爲通飭遵辦事據湖北自治籌辦處稟稱竊維地方自治爲羣治之根源溯自奉文籌辦迄今已逾朞年現在各廳州縣城自治會雖已强半成立而應辦事項如自治研究所鎭鄉自治會廳州縣全屬自治會無一日不在籌備之中職道仰蒙委任受事以來夙夜兢兢對於各屬解釋條文督促籌辦不敢一息懈弛而默察各廳州縣中其熱心從事條理明晰者固屬不乏而不明定章辦法舛誤或且藉口欵絀因循觀望者實居多數即如各廳州縣自治研究所原爲養成自治職員而設現當籌辦期間人民程度幼稚欲收美果必種善因則自治研究所之設尤爲刻不容緩職道到差以來卷查本年五月間即經遴選第一屆畢業學員分赴各廳州縣充當所長飭令商承該管官廳妥速組織以期早日觀成乃節據東湖潛江等縣所長來稟率

以地方官對於茲事漠不注意地方紳董亦相率效尤置不聞問故委派所長迄今已五閱月而於組織方法尚屬畫餅職處爲籌辦全省自治樞機督促進行責無旁貸節經勒限檄催而至再至三幾窮於術引躬負咎悚懼良深我憲台維持憲政不遺餘力前此各屬籌辦城自治會曾蒙嚴札飭催至今各屬城自治會所以能粗具規模者其動機實發於此現在籌辦自治研究所關係同爲重要職道責守所在若任其長此因循不獨貽誤憲政進行抑亦深負憲台委任謹將各廳州縣城自治會尚未成立及鎮自治公所自治研究所尚未舉辦各處開呈清摺仰懇憲台再賜嚴札各廳州縣勒令分途舉辦並飭將組織情形隨時詳報職處查核若逾限並未遵辦或雖遵辦而跡涉敷衍准由職處年終彙案詳請憲台分別情實從嚴懲處俾知儆惕再各府直隸州職司表率且政務清簡於所屬州縣承辦新政事項果能就近督催尤覺事半功倍擬請併札各府直隸州隨時督促所屬州縣將關於籌辦自治飭辦之件依限切實辦理以維要政而利推行等情到本部堂據此查地方自治爲

立憲基礎籌備期限本不容稍有寬假況現在國會縮短至宣統五年即須成立則一切籌備更須兼營并進方能無誤事機各該廳州縣身任地方責無旁貸尤應急起直追豈可置諸緩圖自干咎戾該管府直隸州職司表率有隨時督催之責亦應嚴加策勵藉利推行茲查摺開辦理之未完全各屬尚有數十處之多本應量加懲處以示警惕姑暫寬其既往以勉將來統限於此次文催之日起其有辦理尚未成立各事限十日內一律分途赶辦毋再任意延宕自甘暴棄以取愆尤并將辦理情形隨時報明自治籌辦處以便年終綜核勤惰詳請分別勸懲除通飭外合就札行

札到該　即便遵照趕辦毋違此札

湖北官報　公牘　二

督部堂瑞通饬办自治研究所札文. 湖北官报, 宣统二年冬月初一日(1911 年 1 月 1 日), 第 153 册: 公牍 :1–2.

關於國會之電文

雲南李制台電　盛京錫制台武昌瑞制台北京張堅帥鑒效電寄京諒達淸帥莘帥如已旋節未閱祈飭京局照轉頃讀堅帥號電正與義效電意同論極精當內閣爲根本上簡單入手事分緩急又爲政策上簡單入手必內閣立後乃能決行議可外發策須內定義前請立內閣摺即有對待機關因時同立一語蓋謂內閣既立國會必成今內閣寢議國會被駁大局難支人心愈異較優省分亦恐難持三稔外患相乘尤恐無日有內閣可救目前無國會必難善後效電飆縷亦時會迫之使然非不知國會一事疑阻尤甚也根本不立增危速禍義另電濤朗兩貝勒於閣會疑難利害剖白尤力謀國無所諱請堅帥就近索閱鈔寄諸帥爲荷總之大局若無轉機我輩進難效死退難苟活生當其厄何敢避忌王趙條陳義正議覆即定稿上奏歸本國會附片則陳明中外變政辦法邊地與內地情勢不同大綱可緩條目宜分惟義望淺才庸獨力無濟擬請諸帥聯奏義仍附驥堅帥在京體察近情尤易洞悉重

以閎才大筆仍不可辭稿成寄清帥電商各省公同主定願者列銜茲事體大欲求有濟不獨周折狂瞽無當惟諸帥教之義叩敬

安慶朱撫台電　盛京天津南京武昌成都廣東制台北京張堅帥吉林濟南太原蘇州南昌長沙撫台鑒各電均敬悉責成內閣開國會自係先定主腦以期發生庶政而立內閣尤須政黨鞏固開國會尤須經驗富有各節實均極表同情業電請仲帥主稿會奏並請附驥專此奉達寶宥

齊齊哈爾周撫台電　盛京錫清帥武昌瑞制軍鑒敬電祗悉借欵築路以救危亡爲智謀之士所同認非路無能布置國防非路無由推行庶政交通阻隔氣脈不通不惟中央集權係屬囈談即海陸練軍亦成呆著頃奉來電極表同情將來合詞入告深願附驥惟茲事體大雖由疆臣協謀終仗　朝廷獨斷內閣未立國會不開意見參差局勢散漫恐難集事要須從根本上解決耳管見如此伏望卓裁李仲帥微電望轉譯見示樹模感

歸化廳信將軍電　盛京錫制台武昌瑞制台鑒敬電祗悉同深焦慮時機迫切救濟策無萬全借欵修路以爲憲政入手辦法電示緩急利害洞澈靡遺此中權宜具見苦心籌畫設別圖猛進之方萬一難奏速效將限於民窮財盡再捐何資憂思孰寀舉多莫恃惟有敬表同情先重交通急起自強而裨大局信勤叩感

廸化聯撫台電　盛京錫制軍武昌瑞制軍鑒勘奉敬電謹悉中國地大勢暌憲政機關猝難完備勉圖進行財才均絀竭蹶情狀不卜可知特定限嚴迫怵於反汗勢難中輟來電統籌全局博採羣議擬於繁重難行之中另籌單簡入手之法以鐵路爲交通關鍵就借欵爲興利母財而又諸路同時趕造免致貸欵移作他用工料悉取諸國中以便民間得資補助似此酌量變通移緩就急誠爲綜括靡遺切當不易魁奉職無狀行將去位曷敢侈談大局惟念利害所關情勢迫促未敢過自引嫌且以新省論地居隴蜀上游關塞閒阻密邇强鄰不特未雨綢繆鐵路關係重要即擴充一切內政亦非急通軌路不爲功魁巡邊五載情形頗悉本年春間亦曾彙奏及

之特以茲事體大籌欵維艱未敢輕易發起茲承碩畫併力兼營誠深欽佩應請堅持此議挈銜合詞入告用表同情聯魁豔

蘭州長制台電　武昌瑞莘帥鑒敬電敬悉協約已成日韓合併從此外交處處棘手此刻非改變方針同心努力不足以匡王室而支危局借欵築路實爲當務之急上兵伐謀不僅交通便利有裨憲政已也卓識偉論欽佩靡既執事主稿即請將賤名附於驥尾不勝至願再新疆鐵路於西北極有關繫庚十年前即倡此議並著論說以發明之容即抄寄就正有道仲帥及諸帥電均未拜讀其中要義仍乞電示爲禱庚豔

濟南孫撫台電　盛京天津南京武昌廣州雲南福州成都蘭州制台蘇州西安南昌貴陽開封杭州吉林齊齊哈爾迪化太原長沙安慶撫台北京張堅帥鑒　安帥宥電敬悉所論閣會兩事慮遠思深老成持重至爲企佩惟自九年籌備之期限既偪十一部同時進行各不相謀財殫力絀情勢日彰各省同處困難各部且時有衙

突於是知非特定主腦爲單簡重要辦法無當也仲帥倡議諸公相繼贊和蓋非設責任內閣無以挈統治之機關非開國會無以定輿論之歸宿責任內閣則各部通力合作如指臂之相聯必能酌劑緩急之序政令合一各省折衷有自庶易程督進行至國會祇有議決之權而執行仍在政府士大夫有政治思想者日多國會既可爲羈縻之地且可杜局外之妄論淆亂是非各省諮議局權限不清有國會則權限自定琦竊以爲欲救憲政之困難與謀憲政之進行舍此別無良策至飭吏治興實業自屬不刊之論但閣會不立恐中央無嚴肅之精神各省徒相承以粉飾歷來疆吏何人不講整飭吏治各省亦何嘗不務實業其成效安在曠觀大局時不我與敢抒鄙見尚祈賜教琦勘

成都玉將軍電　盛京錫清帥武昌瑞莘帥鑒敬電悉時艱勢危蒿目徒深二公體國憂民亟籌補救曷勝馳仰憲政前途誠如藎慮財力不及若不分緩急辦法執一進行財盡民散實爲見到之言至借欵築路其中利害封疆各帥關懷大局諒必具

策完全倚諸公商決入告竊願從之岷叩豔

西安恩撫台電　盛京錫制台武昌瑞制台鑒時局孔艱杞憂曷極偉論深切至爲欽佩惟尙有待商之處容俟另陳此覆壽豔

廣東增將軍電　盛京錫淸帥武昌瑞莘帥鑒敬電讀悉籌借鉅欵築全國鐵路流通國脈便利交通救時之策莫捷於此且宏規遠慮乃復不厭周諮電商各省此中利弊當有言之詳者勿煩再爲絮瀆惟其間重要問題猶有鰓鰓過慮者中國財政萬分支絀久爲外人所眞知苟無大欲所存恐不肯輕投鉅資爲我紓難指路借欵勢必債主操權最公平之合同條件苦難辦到所謂留布民間十七八者亦難如願以償斯與東三省雲南鐵路何異現當民氣激昂萬一此議一成全國人民出而反對其風潮劇烈必較湘鄂爲甚縱使無此種種困難如伊黑張恰藏川等處路長費重地曠人稀都會荒瘠工業未興實與美之太平洋鐵路告成即獲交易之利者不能同日而語路成之後貨物稀少路利所入養路猶恐不敷借欵難償其禍患何堪

設想況此十年之中保無枝節橫生亦難逆料如何預計仍望藎籌辱承下問敢貢其愚祺勘

杭州增撫台電　盛京錫制台武昌瑞制台鑒佳電敬悉借債興路本絕大問題現値救亡時代邊陲岌岌言之悚然兩公破羣疑而定政策遠矚高瞻無任欽佩惟吾國借欵與外國不同病重投藥非審定病根不易著手夫借債性質有投之生產者有投之消費者此最重關鍵不可不辨吾國內氣不充但宜指定直接生產用途以辦鐵路爲主銀行爲輔並可推廣實業萬不可用之於消耗之地致救亡適以促亡是借債非亡國借債而不得其人與不得其法與亡國等耳讀原電定十萬萬數額此數旣不能一時用出惹起金融界波瀾且須多耗利子似宜著著切實預算分期募入子母相權然後利多害少議者謂借債過多恐鑄成外人干預財政一大錯是固然然吾國向無監督財政機關即現定債額不加亦足致外人之干預倘以此借欵委其監督權於資政院俟國會開時再移之國會一以堅人民之信用一以杜外

人之覬覦根本計畫無逾於此鄙見如是若夫詳細碩畫諒早有定意尚冀隨時電
示如果議妥入告願附驥以飛事關大局希力圖之增韞豔
承德府誠都統電　盛京錫清帥武昌瑞莘帥鑒敬電祇悉藎籌碩畫具見老成謀
國苦心時際阽危欲圖補救於目前舍此亦遽無善策即請尊處挈銜入告爲幸勳
沁

关于国会之电文．湖北官报，宣统二年冬月初一日（1911 年 1 月 1 日），
第 153 册：关于国会之电文 1–4.

川漢路需兵力

四川川漢鐵路係在湖北宜昌開始動工現已修成百餘里料車可達歸州刻因幹路收歸國有川省士民群起反對刻在成都重慶宜昌開會集議抵抗辦法而宜昌一帶修路工人不下三萬聞有匪徒欲乘機煽動希圖變亂大局連日宜昌地方風聲頗為吃緊該埠道府以兵力單薄深恐變起倉卒特電禀鄂督請示機宜當由萃帥飭兵備處派遣陸軍步隊第四十一標一營管帶戴壽山率隊前往彈壓聞該營業於上月二十九日乘輪前往初四日下午三點鐘始抵宜昌近日一切情況特錄如左

▲駐紮地址　該營於初四日駛抵宜昌後即由該地官紳迎接後指定住址惟該隊一隊駐城內城隍廟前左右二隊則駐於城外東山寺距城約六七里山高廟小三隊難以容納屯紮頗形不便

▲管帶電諭　一營管帶戴壽山到防後即將隊伍駐紮地點電禀萃帥謂前左右三隊駐紮地點狹隘等情據於初七日復接萃帥電諭略謂如隊伍現在狹隘以容納飭宜昌巡防移防他處並將前左右三隊撥駐營房惟撥營仍與屯營無異官佐弁目兵役無公不得外出務須確守軍紀若有因公外出均著一律服裝並佩帶刺刀號牌如服裝不整及穿紫花布褲不得外出

▲軍紀森嚴　管帶戴壽山自蒞營後懸電諭後即傳集四隊官佐申明營規懲罰及防令紀律如有犯者一經嚴究並不寬貸云以故各官無敢怠慢違犯查禁不時點呼官佐目兵非奉公差無一外出者聞宜地人民素稱強悍集之從前綠營恒紀律四處騷擾人民恨入骨髓此次三十一標至該處人民亦日之如前云

▲綠營通敵　該地之綠營換防各營待有二百餘人前日營[illegible]律殺撤茲已屆明[illegible]會同該管營官於本月初七日撤回[illegible]陸軍管帶戴壽山特派前左右三隊前往彈壓尚無他變云

▲路線現狀　川漢鐵路自去歲開工後已造百餘里經費約需一百萬目下工程修築者間斷不　無所趨而惟該地民刁雖不足反抗政府然一般工役動謂係先皇諭旨准歸商辦頃改國有決議條劾否則寧拚一死以報先皇於地下云

川汉路需兵力．盛京时报，宣统三年闰六月初一日（1911 年 7 月 26 日），第 1430 号：第 1 张第 7 版．

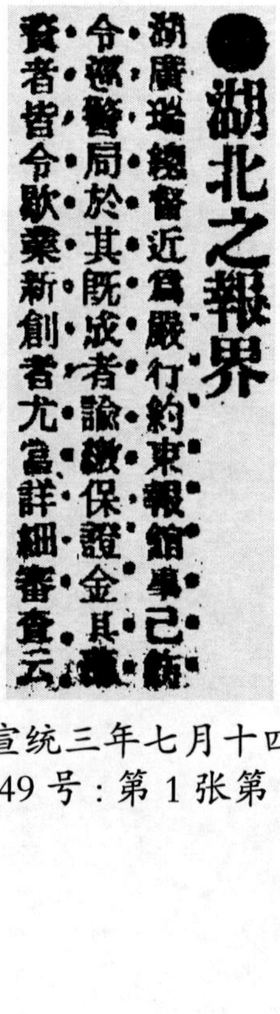

湖北之報界

湖廣瑞總督近爲嚴行約束報館事已飭令巡警局於其既成者諭繳保證金其[illegible]資者皆令歇業新創者尤當詳細審查云

湖北之报界．盛京时报，宣统三年七月十四日（1911 年 9 月 6 日），第 1449 号：第 1 张第 2 版．

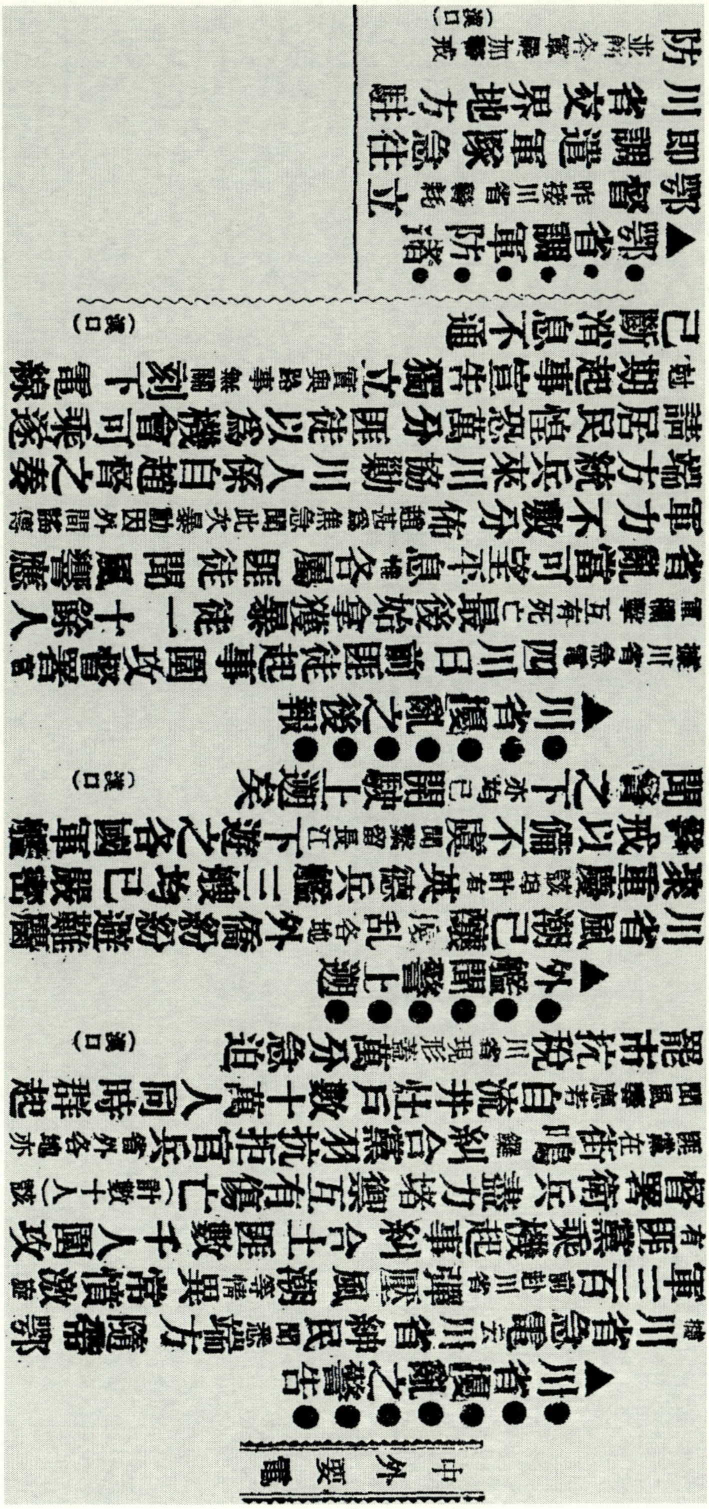

中外要電

▲川省擾亂之警告

據川省急電云川省紳民聞悉端方隨帶鄂軍三百前赴川省彈壓風潮等情異常憤激旋有匪黨乘機起事糾合土匪數千人圍攻督署衛兵盡力堵禦互有傷亡（計數十人）該匪黨在街鳴鑼糾合黨羽抗拒官兵省外各地亦聞風響應若自流井灶戶數十萬人同時群起罷市抗稅川省現形蓋萬分急迫（漢口）

▲外艦聞警上遡

川省風潮已釀變乱各地外僑紛紛避難萃重慶該埠計有英德兵艦三艘均已嚴密警戒以備不虞聞繫留長江下遊之各國軍艦聞警之下亦均已開駛上遡矣（漢口）

▲川省擾亂之後報

據川省急電四川日前匪徒起事圍攻督署官軍攔擊互有死亡最後始拿獲暴徒一十餘人省亂當可望平息惟各屬匪徒聞風響應軍力不敷分佈趙甚爲焦急聞此次暴動因外間謠傳端方統兵來川協勦川人係自趙督之奏請居民惶恐萬分匪徒以爲機會可乘遂尅期起事宣告獨立實與路事無關刻下電線已斷消息不通（漢口）

▲鄂省調軍防堵

鄂督昨接川省警耗立即調遣軍隊急往川省交界地方駐防並飭各軍嚴加警戒（漢口）

川鄂情况之中外要电．盛京时报，宣统三年七月二十二日（1911年9月14日），第1456号：第1张第2版．

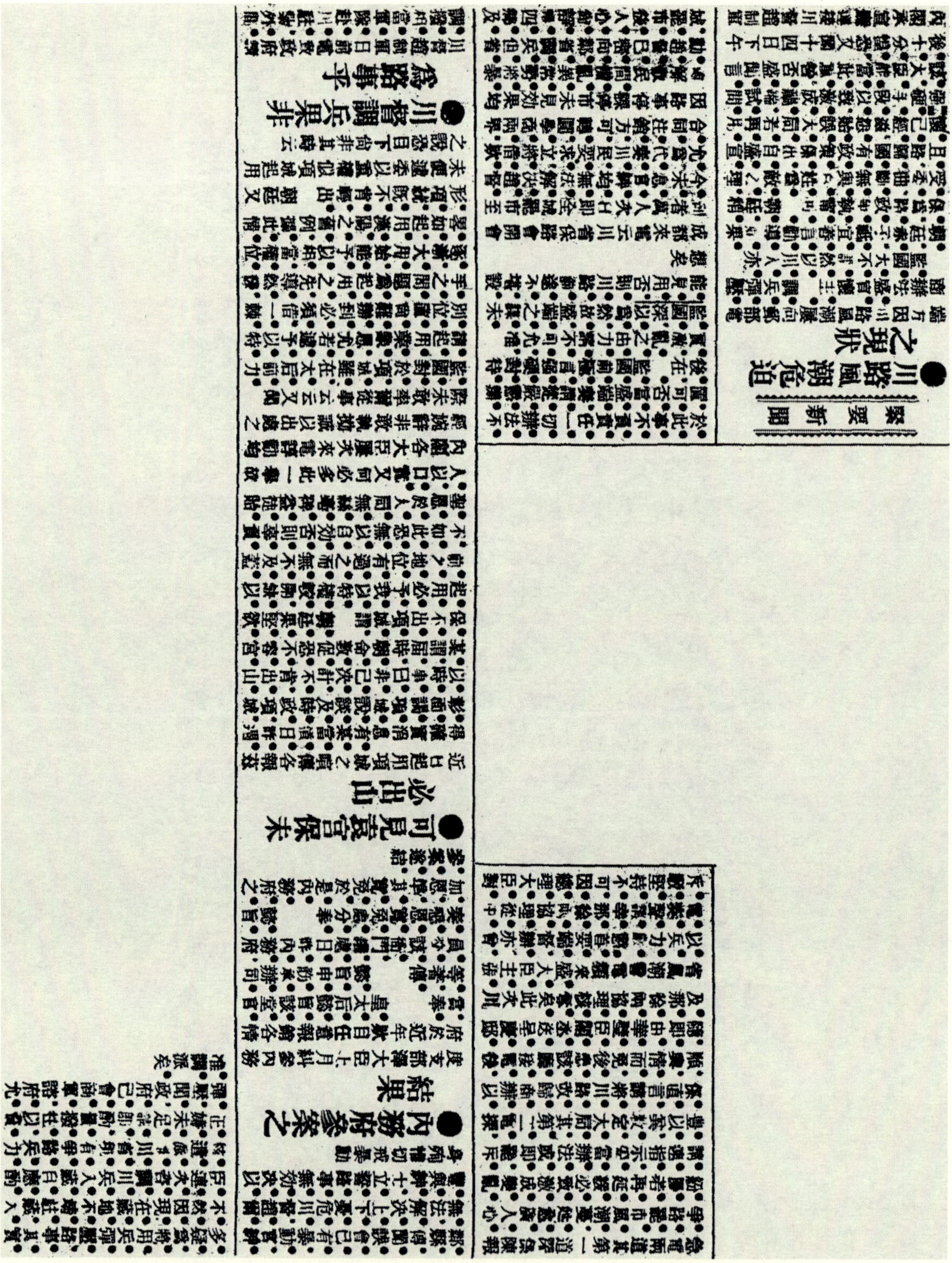

川路情况紧要新闻.盛京时报,宣统三年七月二十二日(1911年9月14日),
第1456号:第1张第2版.

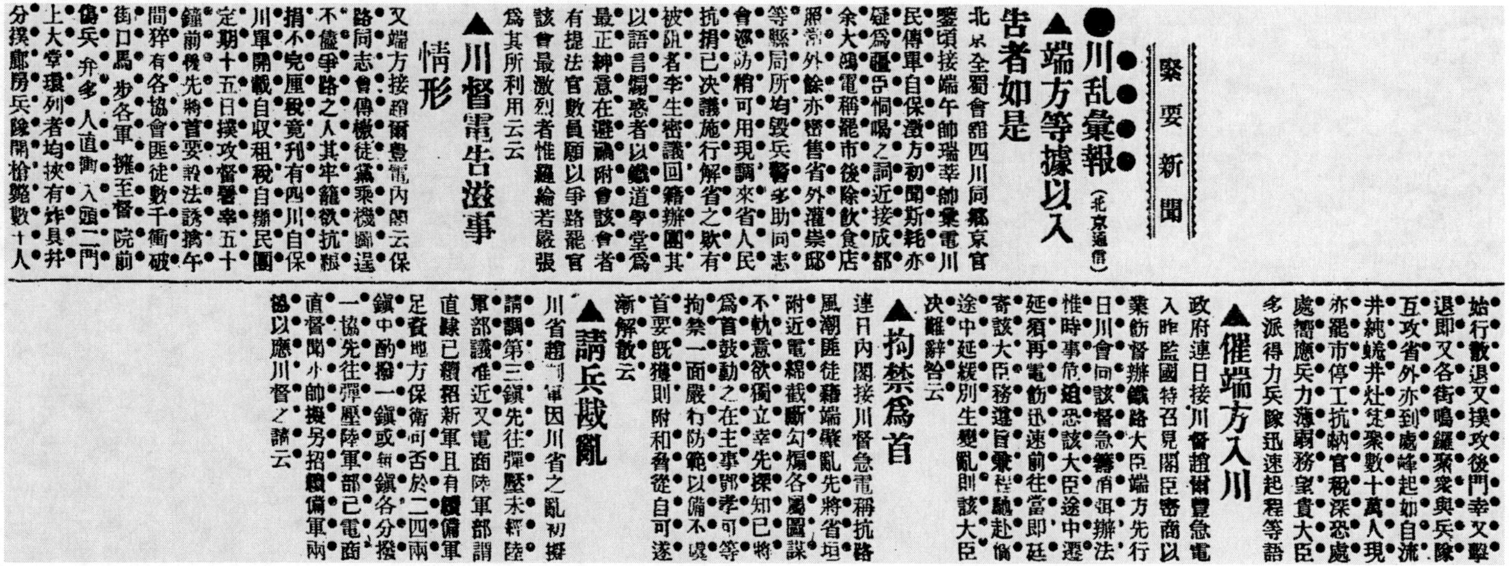
緊要新聞

●川乱彙報●●●●（北京通信）

▲端方等據以入告者如是

北京全蜀會館四川同鄉京官鑒頃接端午帥瑞莘帥彙電川民傳單自保激方初聞斯耗亦疑爲疆吏恫喝之詞近接成都余大鴻電稱罷市後除飲食店照常外餘亦密售省外灌縣邸等縣局所均毀兵警多助同志會逐漸消可用現調來省人民抗捐已決議施行解省之款有被逮者李生密議回籍辦團其以語言煽惑者以鐵道學堂爲最正紳意在避禍附會該會者有提法官數員願以爭路罷官該會最激烈者惟羅綸若嚴張爲其所利用云云

▲川督電告滋事情形

又端方接趙爾豐電內閣云保路同志會傳檄徒黨乘機圖逞不盡爭路之人其宰籠欲抗粮捐不完厘稅竟刊有四川自保川軍開戰自收租稅自辦民團定期十五日撲攻督署幸五十鐘前機先將首要設法誘擒午間猝有各協會匪徒數千衝破街口馬步各軍擁至督院前僞兵弁多人直衝入頭二門上大堂環列者均挾有炸具并分撲廊房兵隊開槍斃數十人始行散退又撲攻後門幸又擊退即又各街鳴鑼聚衆與兵隊互攻省外亦到處峰起如自流井純蛲井灶徒聚數十萬人現亦罷市停工抗納官稅深恐處處響應兵力薄弱務望貴大臣多派得力兵隊迅速起程等語

▲催端方入川

政府連日接川督趙爾豐急電入昨監國特召見閣臣密商以業飭督辦鐵路大臣端方先行日川會同該督急籌消弭辦法惟時事危迫恐該大臣途中遷延須再電飭迅速前往當即廷寄該大臣務遵旨兼程馳赴倘途中延緩別生變亂則該大臣決難辭咎云

▲拘禁爲首

連日內閣接川督急電稱抗路風潮匪徒藉端肇亂先將省垣附近電線截斷勾煽各屬圖謀不軌意欲獨立幸先探知已將爲首鼓動之在主事鄧孝可等拘禁一面嚴行防範以備不虞首要既獲則附和脅從自可漸解散云

▲請兵戡亂

川省趙督因川省之亂初擬請調第三鎮先往彈壓未經陸軍部議准近又電商陸軍部謂直隸已續招新軍且有續備軍足資地方保衛可否於二四兩鎮中酌撥一鎮或無鎮各分撥一協先往彈壓陸軍部已電商直督閣小帥擬另招續備軍兩協以應川督之請云

川乱汇报(北京).盛京时报,宣统三年七月二十七日(1911年9月19日),第1460号:第1张第2版.

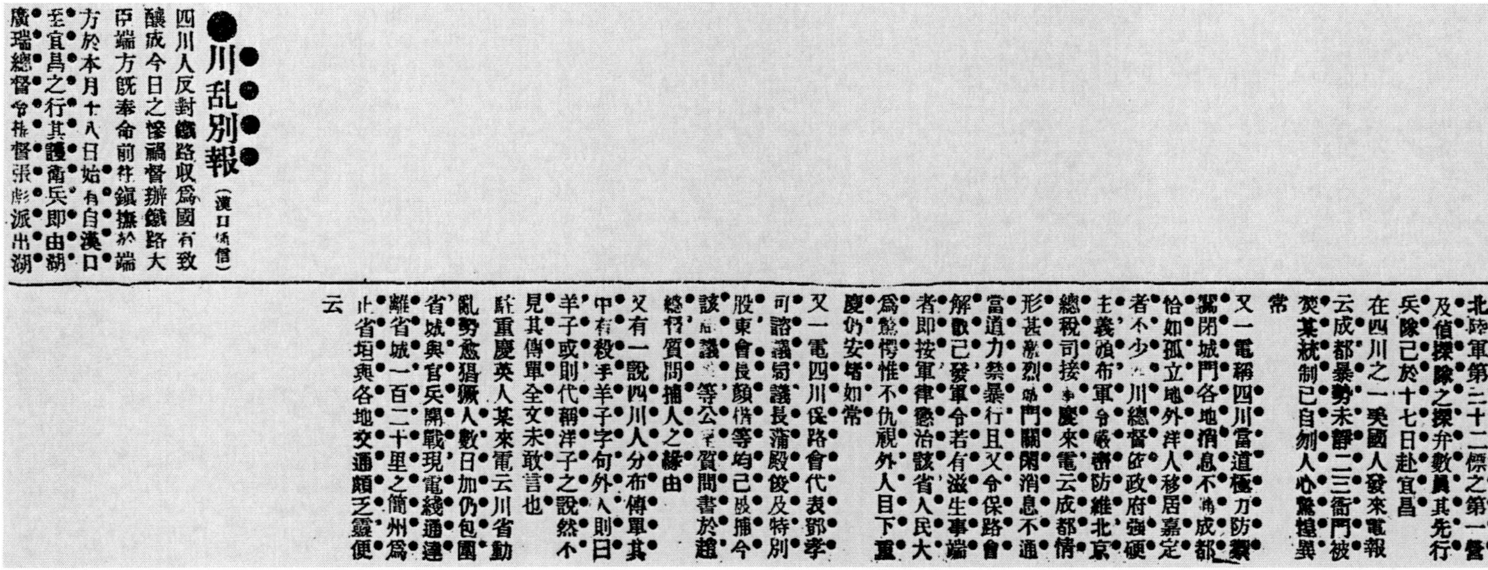

川乱別報（漢口採信）

四川人反對鐵路收爲國有致釀成今日之慘禍督辦鐵路大臣端方既奉命前往鎮撫於端方於本月十八日始自漢口赴宜昌之行其護衛兵即由湖廣瑞總督令統督張彪派出湖北陸軍第三十二標之第一營及偵探隊之探弁數員其先行兵隊已於十七日赴宜昌

在四川之一英國人發來電報云成都暴動未靜二三衙門被焚某統制已自刎人心驚惶異常

又一電稱四川當道極力防禦閉城門各地消息不通成都恰如孤立地外洋人移居嘉定者不少四川總督以政府強硬主義頒布軍令嚴密防維北京總稅司接重慶來電云成都情形甚激烈城門關閉消息不通當道力禁暴行且又令保路會解散已發軍令若有滋生事端者即按軍律懲治該省人民大爲驚愕惟不仇視外人目下重慶仍安堵如常

又一電四川保路會代表鄧孝可諮議局議長蒲殿俊及特別股東會長顏楷等均已被捕令該局議員等公呈質問書於趙總督質問捕人之緣由

又有一說四川人分布傳單其中有殺羊子羊子字句外人則曰羊子或則代稱洋子之說然不見其傳單全文未敢言也

駐重慶英人某來電云川省動亂勢愈猖獗人數日加仍包圍省城與官兵開戰現電綫通達離省城一百二十里之簡州爲止省垣與各地交通頗乏靈便云

川乱别报（汉口）．盛京时报，宣统三年七月二十七日（1911年9月19日），第1640号：第1张第2版．

●端方帶隊入川詳報

昨據漢口某君來函述端午帥擁兵入川事甚詳該函係二十所發特錄如左

川亂亟端午帥遵旨赴川解散路潮已於十八日乘輪起程當未動身時以總公所事務紛繁特電飭前派赴郵度二部皆商之武長鐵路總辦高凌霨總文案王司直等速即回鄂畀以公所鉅任高等已先期偕午帥六弟鈞鄂午帥以入川後鄂路購用基地繳回商股一切事宜須尚鄂省司道大員襄助方能呼應靈通特札湖北勸業道高松如辦理武長宜兩局購用基地並會同高凌霨接收商股諸事部署已畢乃始放行

午帥由武昌乘輪至宜昌原擬換川江公司蜀運輪赴重慶現因蜀通日前擱淺礁壞停班修理值此江水急流之候民船上行殊爲不易決定由旱道入川惟以山路崎嶇道徑荒僻須以重兵護衛特請瑞制軍撥制派八鎮探弁隊百四名帶兵數名爲前站又於三十二標帶中挑選兵士兩隊隨護送赴川

端方带队入川详报. 盛京时报, 宣统三年八月初一日(1911 年 9 月 22 日), 第 1643 号: 第 1 张第 2 版.

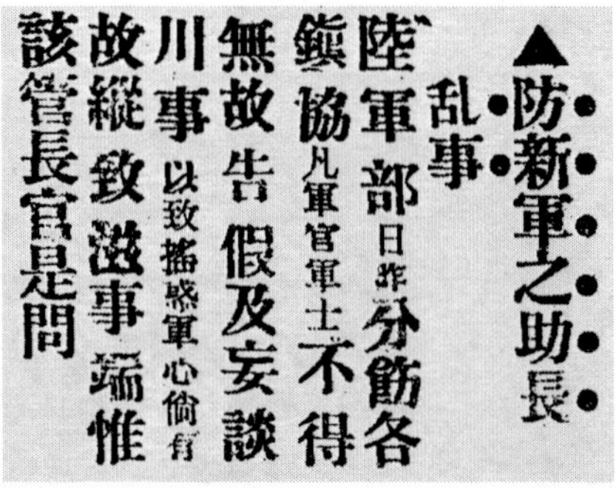

▲防新軍之助長乱事

陸軍部日昨分飭各鎮協凡軍官軍士不得無故告假及妄談川事以致搖惑軍心倘有故縱致滋事端惟該管長官是問

防新军之助长乱事.盛京时报,宣统三年八月初二日(1911 年 9 月 23 日),第 1464 号:第 1 张第 2 版.

▲電請毅軍開赴鄂省

鄂督電請內閣略謂現在鄂省防務吃緊兵力不宜過單請即迅調毅軍全隊來鄂以資補充

电请毅军开赴鄂省.盛京时报,宣统三年八月初三日(1911 年 9 月 24 日),第 1465 号:第 1 张第 2 版.

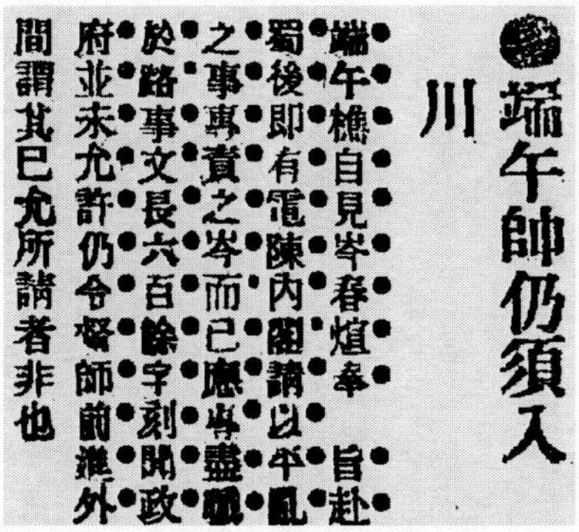

端午帥仍須入川

端午橋自見岑春煊奉旨赴蜀後即有電陳內閣請以平亂之事專責之岑而已應岑盡職於路事文長六百餘字刻閱政府並未允許仍令督師前進外間謂其已允所請者非也

端午帅仍须入川. 盛京时报, 宣统三年八月初三日（1911 年 9 月 24 日）, 第 1465 号 : 第 1 张第 2 版.

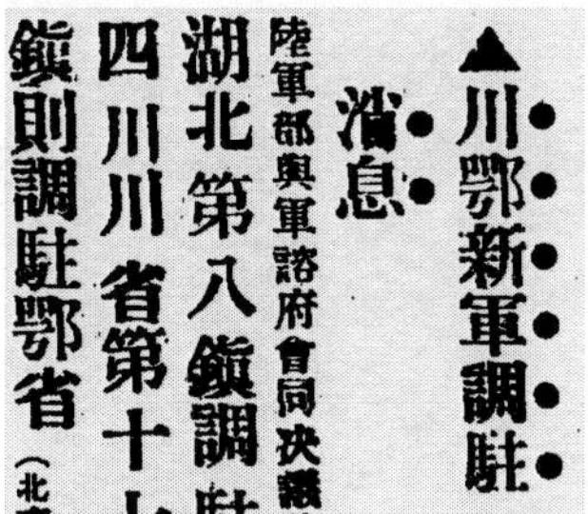

川鄂新軍調駐消息

陸軍部與軍諮府會同決議將湖北第八鎮調駐四川川省第十七鎮則調駐鄂省（北京）

川鄂新军调驻消息（北京）. 盛京时报, 宣统三年八月初五日（1911 年 9 月 26 日）, 第 1466 号 : 第 1 张第 2 版.

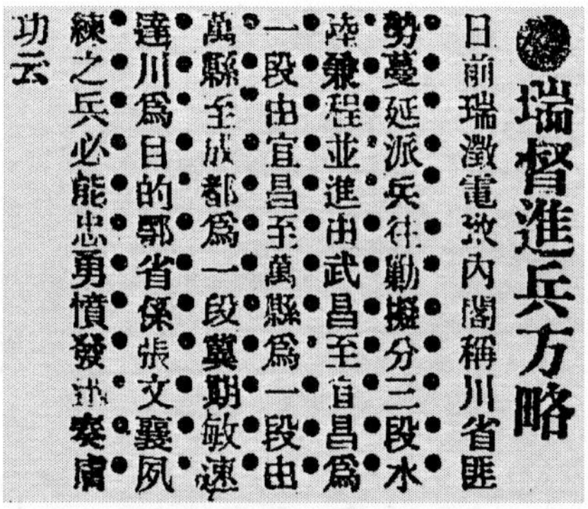

瑞督進兵方略

日前瑞澂電致内閣稱川省匪勢蔓延派兵往勦擬分三段水陸兼程並進由武昌至宜昌爲一段由宜昌至萬縣爲一段由萬縣至成都爲一段冀期敏速達川爲目的鄂省保張文襄夙練之兵必能忠勇憤發以奏膚功云

瑞督进兵方略.盛京时报,宣统三年八月初六日(1911 年 9 月 27 日),第 1470 号:第 1 张第 2 版.

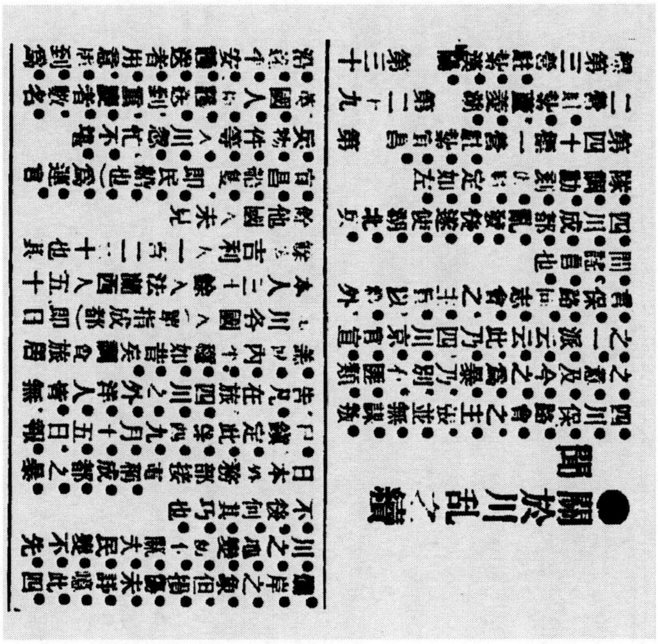

●關於川乱之續聞

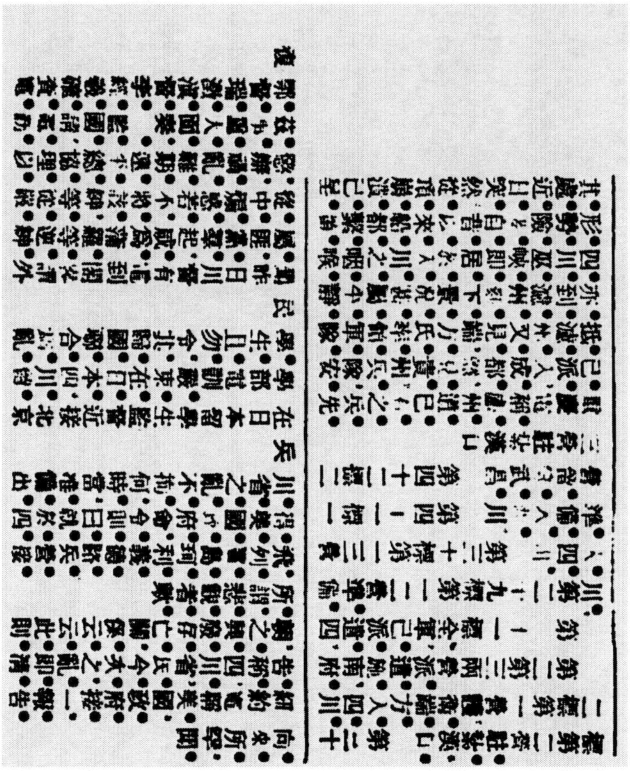

关于川乱之续闻．盛京时报，宣统三年八月初七日（1911 年 9 月 28 日），第 1468 号：第 1 张第 2 版．

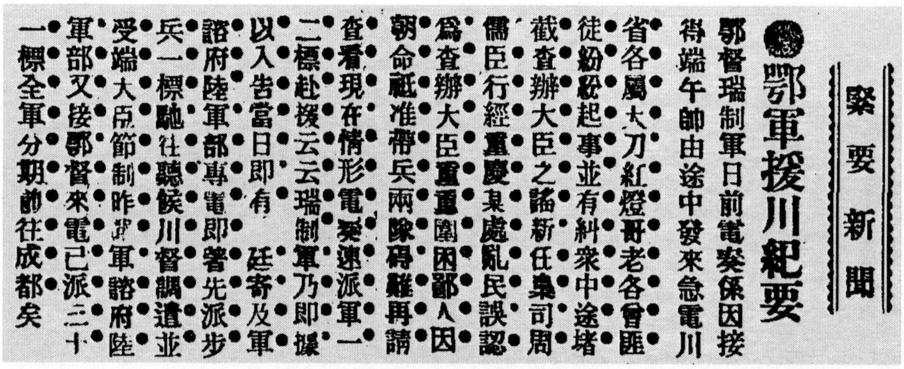

紧要新聞

鄂軍援川紀要

鄂督瑞制軍日前電奏係因接得端午帥由途中發來急電川省各屬大刀紅燈哥老各會匪徒紛紛起事並有糾衆中途堵截查辦大臣之語新任臬司周儒臣行經重慶臬處亂民誤認爲查辦大臣重重圍困鄂人因朝命祗准帶兵兩隊碍難再請查看現在情形電奏速派軍一二標赴援云云瑞制軍乃即據以入告當日即有 廷寄及軍諮府陸軍部專電即著先派步兵一標馳往聽候川督調遣並受端大臣節制昨據軍諮府陸軍部又接鄂督來電已派三十一標全軍分期節往成都矣

鄂军援川纪要．盛京时报，宣统三年八月十二日（1911 年 10 月 3 日），第 1472 号：第 1 张第 2 版．

●鄂軍入川紀聞

月之二十五日二十九標三營管帶張楚材由鄖致該標統帶張景良電云該營於上月二十日拔隊起程乘搭小輪次晨抵仙桃鎮因風濤甚猛當即停泊二十二日雇民船三十隻解纜上駛經劉家溝鄖口小池口等處直至柳關始泊岸晚餐二二十三日五句鐘開駛經鳳老嘴白露湖吳家橋至棘樹舖全營官兵起岸宿營二十四日連夜赶至老河口二十五日即向穀宜進發本月初一日抵鄖沿途頗覺安靜現已將全營分排駐紮要地該處匪徒悉聞風歛跡閭閻得慶安堵云

三十一標全標步隊均由鄖統領承拔帶同入川現聞兵士中臨行逃亡者計八有五十名之多殺遇戰爭難貪得力當經鄖統領余隊官由宜昌途次返鄂招集新兵以沔陽人爲合格蓋該標原係由沔陽州所徵集聞現已招足原額不日即率同赴宜取道入川赶同全標揮隊前往又鄖統領以軍隊入川原以解散路事風潮防範匪徒煽惑查距宜附近之川境尚覺安謐恐大兵過境平民驚異特編撰白話文告派二營掌旗官程某先行沿途張貼飭安生業毋得稍存疑慮云

鄂军入川纪闻．盛京时报，宣统三年八月十五日（1911 年 10 月 6 日），
第 1475 号：第 1 张第 2 版．

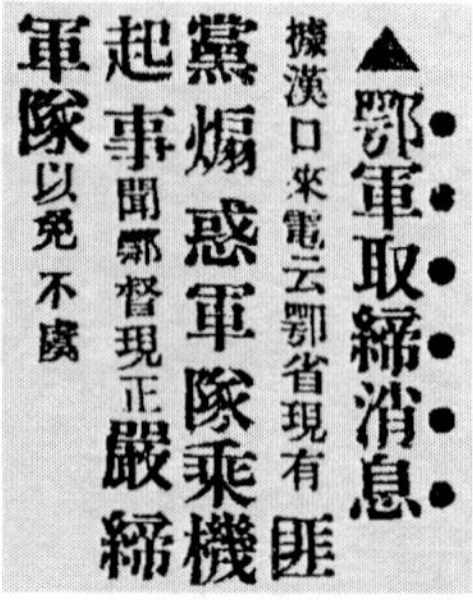
▲鄂軍取締消息
據漢口來電云鄂省現有匪黨煽惑軍隊乘機起事聞鄂督現正嚴締軍隊以免不虞

鄂军取缔消息.盛京时报,宣统三年八月十七日(1911 年 10 月 8 日),第 1476 号:第 1 张第 2 版.

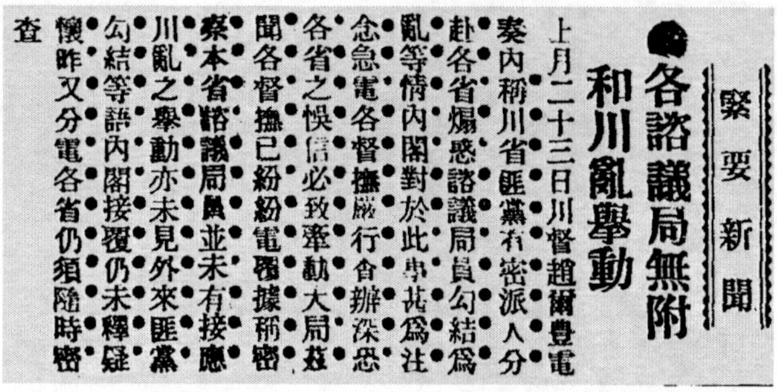
緊要新聞
●各諮議局無附和川亂舉動
上月二十三日川督趙爾豐電奏內稱川省匪黨有密派人分赴各省煽惑諮議局員勾結爲亂等情內閣對於此事甚爲注念急電各督撫嚴行查辦深恐各省之悞信必致牽動大局茲聞各督撫已紛紛電覆據稱密察本省諮議局員並未有接應川亂之舉動亦未見外來匪黨勾結等語內閣接覆仍未釋疑懷昨又分電各省仍須隨時密查

各谘议局无附和川乱举动.盛京时报,宣统三年八月十七日(1911 年 10 月 8 日),第 1476 号:第 1 张第 2 版.

陸軍部不允川省臨時募兵

陸軍部前接川督來電請於川省各州縣趕練防軍以資捍衛等情部以該省亂事尚未肅清民匪混雜殊難分辨臨時募兵流弊滋多斷不可輕易舉辦決定日內電覆該督仍就各省派遣赴川之軍隊會同岑端兩大臣妥擬布置之法至增練防兵一節暫緩再議

陆军部不允川省临时募兵．盛京时报，宣统三年八月十七日（1911 年 10 月 8 日），第 1476 号：第 1 张第 2 版．

鄂軍新近之風潮

湖北炮隊八標左隊兵士以初三日爲各退伍兵祖餞於下午二點半鐘全隊兵士設筵暢飲狂鬨無序事爲隊長偵悉將各兵大加申斥於是激動全隊兵士大爲鼓噪至棚取出馬鎗軍房搶出假彈子數十排連放排槍幸未傷人隨復負鎗至大軍裝房火藥庫奪搶火藥全標震動錫管帶起鳳見勢不佳一面督隊護衛軍裝火藥房一面檄知標營及鎮司令部馬隊喻標統當即派隊彈壓火藥幸未被刦各兵自知勢孤始分途逃去該標以川省多事恐逃兵上駛附和即晚分電各關卡武漢三鎮各營區嚴密拏查

鄂军新近之风潮．盛京时报，宣统三年八月十七日（1911 年 10 月 8 日），第 1476 号：第 1 张第 2 版．

岑春煊電懇收回成命

內閣於十三日早接岑雲階由武昌寄來電奏內稱現川亂日見平復端方已抵成都正可與趙督妥議一切善後事宜若臣再帶隊進發恐川民實深疑慮擬請收回前派統兵入川之成命免致益滋紛擾等情閣臣當將原電迫呈旋奉 硃批川屬地方匪黨時起時伏仍未大平該大臣須飲遵前諭赶程入川會同趙爾豐端方認真剿撫盡絕根株以紓 朝廷西顧之憂等語

另一函云岑西林現在逗遛漢回連次電致政府懇代奏請收中成命其中原因係為會辦名義權限不清此行入川辦理勦撫各事必至受趙端所掣甚或互生意見不獨無裨川事且恐反誤機宜政府深知此中底蘊刻正秘密會議日內必可宣布聞大致不外兩項辦法一係以岑繼任川督一係准其暫緩進行否則別無變通之策

岑春煊电恳收回成命.盛京时报,宣统三年八月十九日(1911年10月10日),第1477号:第1张第2版.

川亂未已

瑞午帥帶兵入川刻已行抵夔州附近聞前路探馬報告夔關地方某山每日有大批亂黨爲數約數千人聚集阻塞驛道聲言襲擊鄂省援軍阻拒端帥前進且均持有槍砲勢甚洶々午帥派差攙足至某處發電分致鄂省瑞制軍張統制宜昌府金守歸州王牧探詢鄂省續派入川之十六協協統鄧承拔等率兵已至何地轉催兼程而進俾亂黨見大部隊伍不戰而潰其分電宜守歸牧者蓋以鄧協統現必率軍行經宜歸一帶可由守牧等就傾轉知也又聞午帥自入川境所遇鎮市均先有諭言云鄂軍前來勦洗所帶皆毒烟砲聞其氣味必死以故商民一概停市閉門軍中持錢無處購買食物卒喜帶有乾粮甚多尚不致於枵腹昨日宜昌行軍軍需局接到隨衛午帥之萱管帶來電當即據情轉電張統制以後續開軍隊務須多帶粮秣云

川乱未已.盛京时报,宣统三年八月二十日(1911年10月11日),第1478号:第1张第2版.

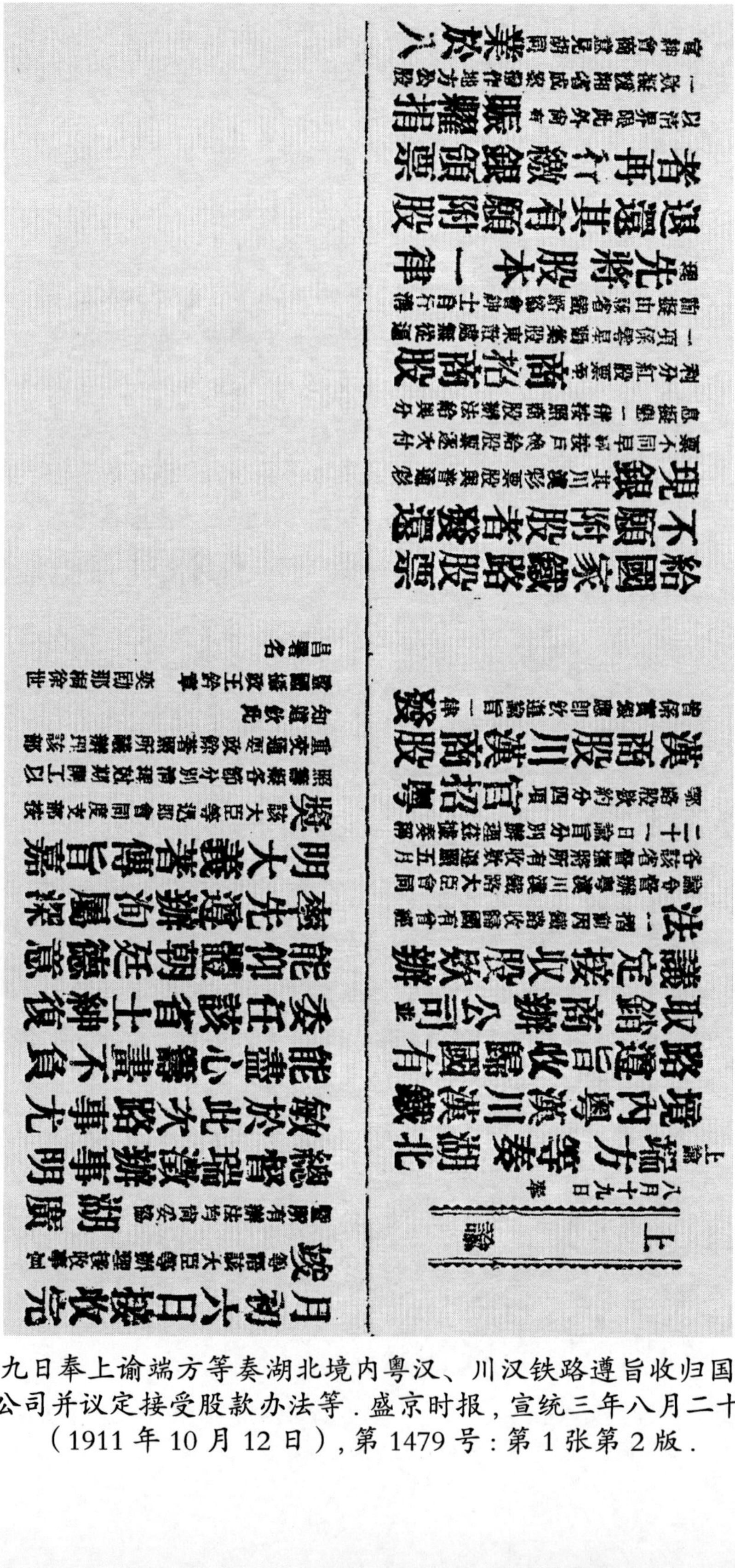

八月十九日奉上谕端方等奏湖北境内粤汉、川汉铁路遵旨收归国有取消商办公司并议定接受股款办法等．盛京时报，宣统三年八月二十一日（1911 年 10 月 12 日），第 1479 号：第 1 张第 2 版．

●鄂督之警電

日昨內閣接湖廣總督瑞制軍來電略謂目下川省亂事仍熾省南一帶又有某某縣城危急之說緣電綫被毀文報不通故難得確實消息前調派之貴州援軍現聞雲貴交界某處因有匪徒數千乘機倡亂經貴州巡撫將前派入川之兵隊中途又撤回數營似此入川軍隊頓形單弱此次川亂亟須早設法蕩平誠恐日久蔓延養成巨患大局可危云云

鄂督之警电.盛京时报,宣统三年八月二十二日(1911年10月13日),第1480号:第1张第2版.

●鄂軍赴川路程記

川省道路崎嶇行軍最難此次鄂軍入川全憑旱道張統制查有前歲護送趙次帥入川之李管帶方策等於路程考較甚熟飭將宜昌至都成必由捷徑分別大小站并宿營地點詳細列表發交各軍官遵守矣茲特採列於左以供地形家之研究

計開行程統領二十八日啟行軍運遠不同而安宿地點不外於此

一由宜昌渡江取道曹家坂抵桃子埡宿營九十里 一由桃子埡至浦子安大山路宿營七十里 一由浦子安至朗坪小路七十里 一由朗坪至野三關上山路五十八里 一由野三關至水菓壩大小路六十里 一由水菓壩至洪岩寺平路八十里 一由洪岩寺至張家槽大路六十五里 一由張家槽至小龍潭大路七十里 一由小龍潭至羅針田代險岩六十里 一由羅針田至圓佛寺六十里大山路代險岩 一由圓佛寺至利川縣六十里 一由利川縣至甘蔭塞六十里 一由甘蔭塞至大石鎮大平路一百里係萬縣屬境 一由大石鎮至長灘井小路九十里 一由長灘井至萬縣山路九十里 一由萬縣至分水鋪大路九十里 一由分水鋪至梁山縣九十里 一由梁山縣至袁壩驛九十里 一由袁壩驛至大竹縣大路九十五里 一由大竹縣至李渡河大路八十里 一由李渡河至新市鎮係渠縣所屬八十五里 一由新市鎮至條燈壩大路一百零五里 一由條燈壩至順慶府大路九十里 一由順慶府至蓬溪縣一百二十里 一由蓬溪縣至太河鎮係太河分府射洪縣所屬百里 一由太河鎮至觀音橋九十三里 一由觀音橋至大桑墩至姚家渡係金堂縣所屬 一由姚家渡至成都省北門外八十里 計由宜抵川共路二千四百二十一里

鄂军赴川路程记.盛京时报,宣统三年八月二十二日(1911年10月13日),第1480号:第1张第2版.

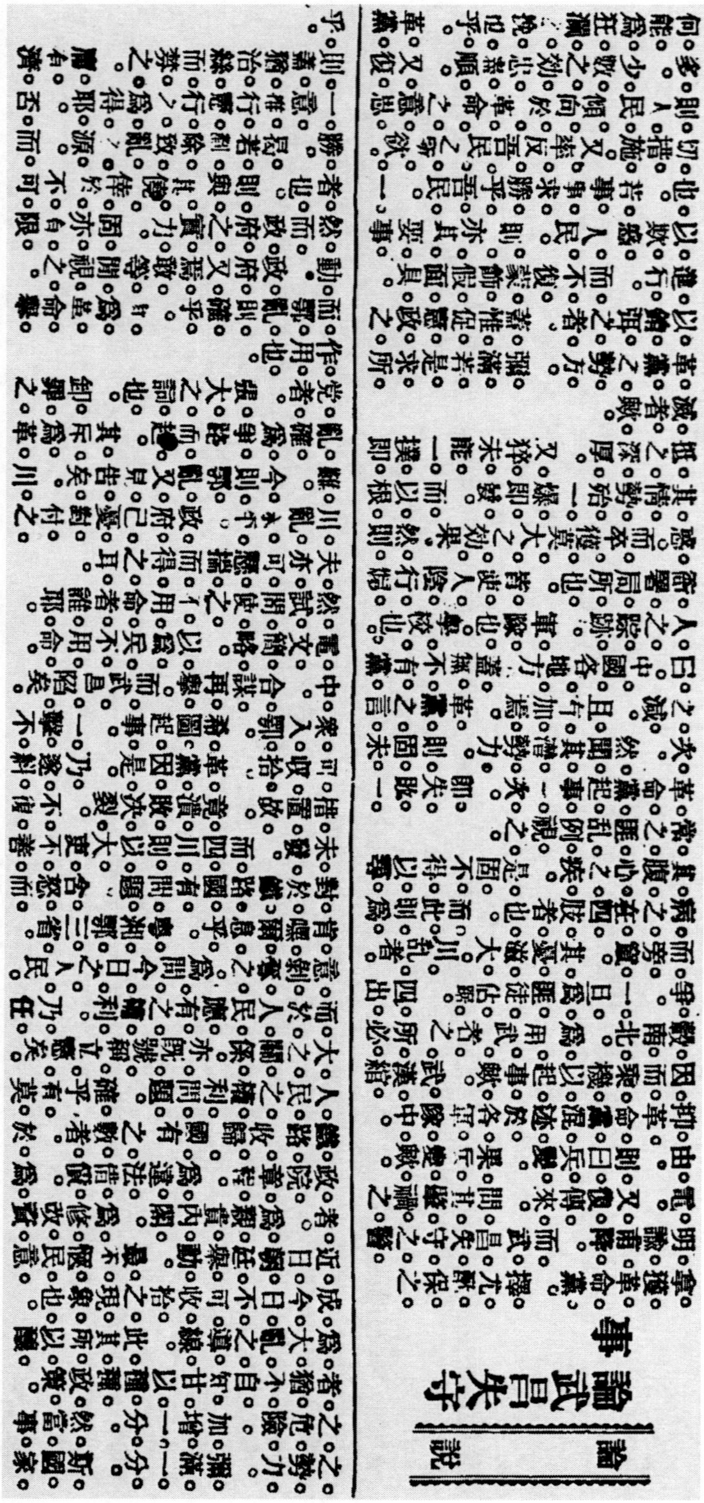

論說

論武昌失守事

拿獲革命黨。擇尤懲保之明諭甫降。而武昌失守之警電。又復傳來。問其肇禍之由。則曰兵變。果兵變歟。抑革命黨混迹於各軍隊中。因而乘機以起事歟。武漢綰轂南北。爲用武者之所必爭。一旦爲匪徒佔踞。四出而旁竄。其憂滋大。川亂者。病之在四肢者也。而此則爲其腹心之疾。是固不得以尋常之匪亂例視之。革命黨起事一次。即失敗一次。然聞其潛勢力。則固未之滅。且日加焉。革黨之言曰。中國各地方。蓋無不有黨人之踪跡。軍隊也。學校也。衙署局所也。皆逆人陰行煽惑。而卒收莫大之効果。然則其情勢殆一爆即發。而以根抵之深厚。又猝未能一撲即滅者歟。

革黨之勢方。彌滿若是。求所以餉餌之者。蓋惟促憲政之進行。而不復蒙飾假面具。以欺惑人民。則亦其要事也。若事事求勝乎吾民。一切措施。又率反吾民之所欲。則人民傾向於革命之意思多。少數之効忠恭順。又復何能爲狂瀾之挽也乎。革黨之勢力。彌滿一分。斯國家之危險。加增一分。然當事者猶不自知。甘以種種政策。爲大亂之導線。此其所以釀成今日不可收拾之現象也。近日朝廷舉動。最不愜民意者。爲親貴內閣。爲修改資政院章程。爲違法借債。爲鐵路收歸國有之數者。於人民之權利問題。確乎有莫大之關係。亦既號稱立憲矣。而於人民應有之權利。乃任意剝奪之。爲問今日之人民。肯嘿爾息乎。粵湘鄂三省。對於鐵路國有問題。含怒而未發。而四川則以大吏不善措置故。竟潰敗決裂。不復可收拾。革黨因是。乃遂料衆入鄂。希圖起事。一擊不中。合謀再舉。而武昌陷矣。電文簡略。以爲兵不用命。然試問使之不用命者誰耶。夫亦可懸揣而得之耳。川亂未平。政府已憂對付之難。今則鄂亂又見告矣。川亂確爲爭路而起。其斥爲革党者。張大之詞也。卸罪之作用也。而鄂亂則確乎爲革命舉動。政府又焉敢等閑視之。然而政府之實力。固亦自限。者也。則與其僥倖於不可勝。曷若剷除致亂之源。而一意推行憲行之爲得耶。否則蕭猶治絲而棼之。庸有濟乎。

论武昌失守事.盛京时报,宣统三年八月二十三日(1911年10月14日),第1481号:第1张第1版.

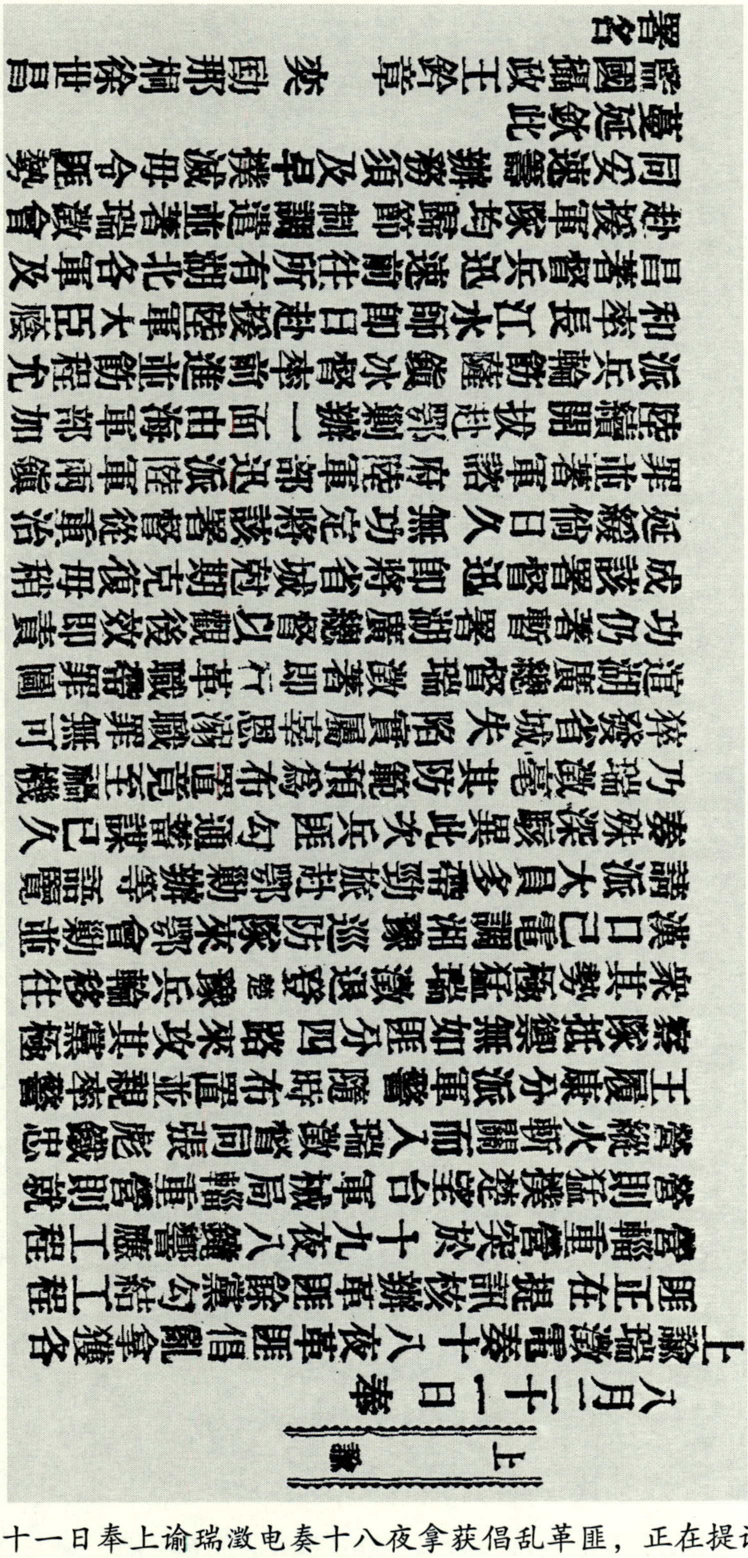
上諭
八月二十一日奉
上諭瑞瀓電奏十八夜革匪倡亂拿獲各
匪正在提訊核辦革匪餘黨勾結工程
營輜重營突於十九夜八鐘響應工程
營則猛撲楚望台軍械局輜重營則就
營縱火斬關而入瑞瀓督同張彪鐵忠
王履康分派軍警隨時布置並親率警
察隊抵禦無如匪分四路來攻其黨極
衆其勢極猛瑞瀓退登楚豫兵輪移往
漢口已電調湘豫巡防隊來鄂會勦並
請派大員多帶勁旅赴鄂勦辦等語覽
奏殊深駭異此次兵匪勾通蓄謀已久
乃瑞瀓毫無防範預為布置竟至禍機
猝發省城失陷實屬辜恩溺職罪無可
逭湖廣總督瑞瀓著即行革職帶罪圖
功仍著暫署湖廣總督以觀後效即責
成該署督迅即將省城尅期克復毋稍
延緩倘日久無功定將該署督從重治
罪並著軍諮府陸軍部迅派陸軍兩鎮
陸續開拔赴鄂勦辦一面由海軍部加
派兵輪飭薩鎮冰督率前進並飭程允
和率長江水師即日赴援陸軍大臣廕
昌著督兵迅速前往所有湖北各軍及
赴援軍隊均歸節制調遣並著瑞瀓會
同妥速籌辦務須及早撲滅毋令匪勢
蔓延欽此
監國攝政王鈐章　奕劻那桐徐世昌
署名

八月二十一日奉上谕瑞瀓电奏十八夜拿获倡乱革匪，正在提讯核办．
盛京时报，宣统三年八月二十三日（1911 年 10 月 14 日），第 1481 号：
第 1 张第 2 版．

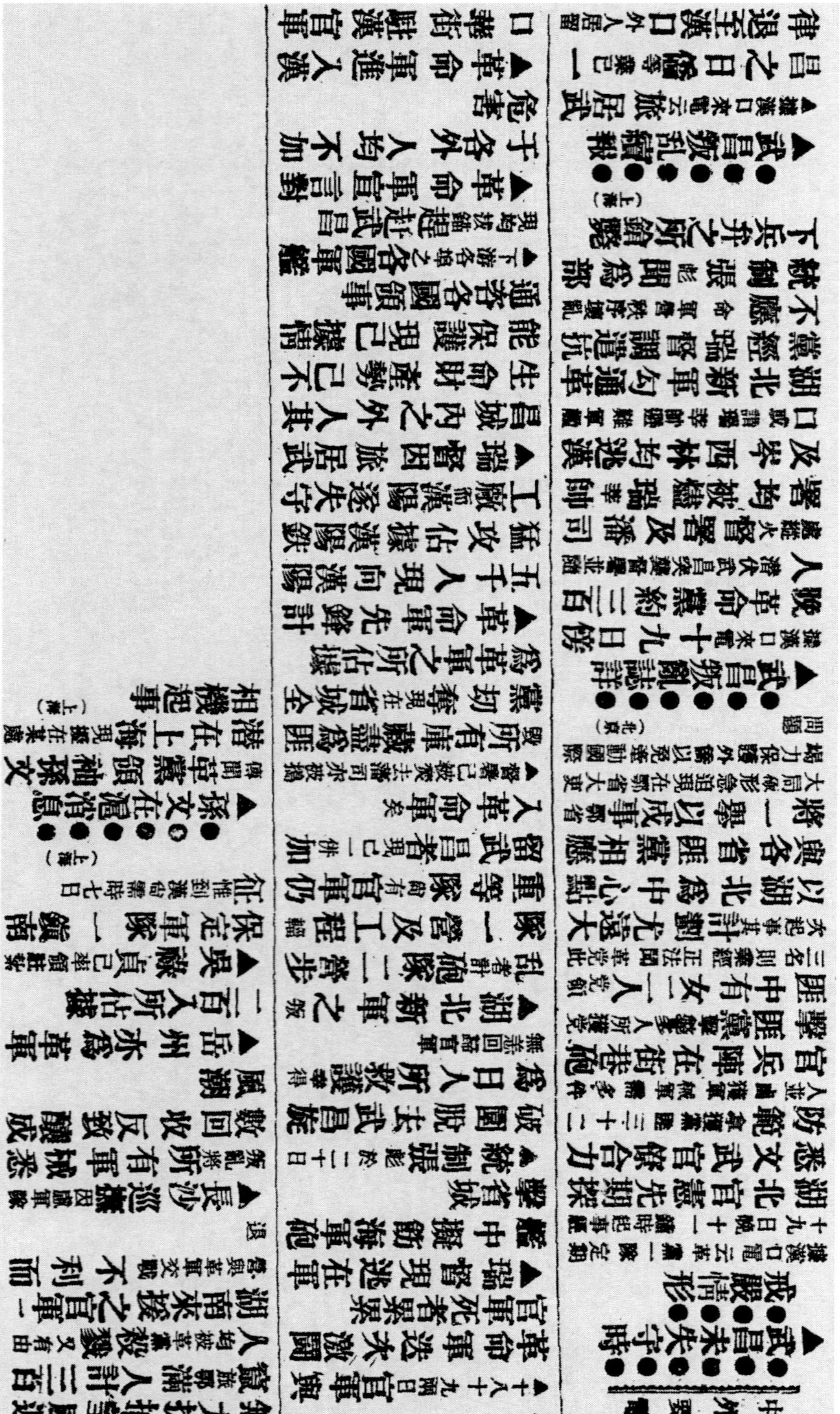

湖北、湖南等地革命情形要电．盛京时报，宣统三年八月二十三日（1911 年 10 月 14 日），第 1481 号：第 1 张第 2 版．

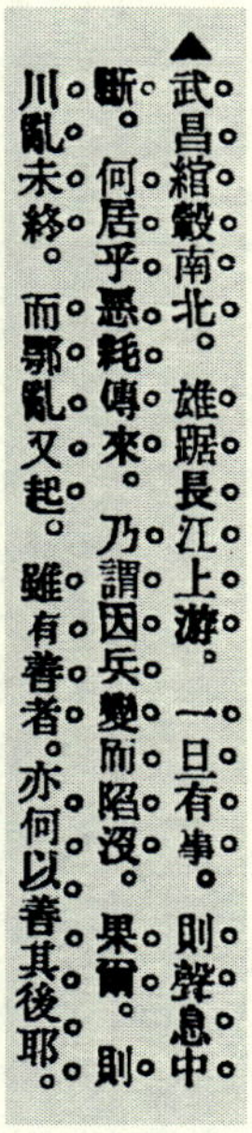

▲武昌綰轂南北。雄踞長江上游。一旦有事。則聲息中斷。何居乎噩耗傳來。乃謂因兵變而陷沒。果爾。則川亂未終。而鄂亂又起。雖有善者。亦何以善其後耶。

武昌绾毂南北，一旦有事，则声息中断．盛京时报，宣统三年八月二十三日（1911 年 10 月 14 日），第 1481 号：第 1 张第 4 版．

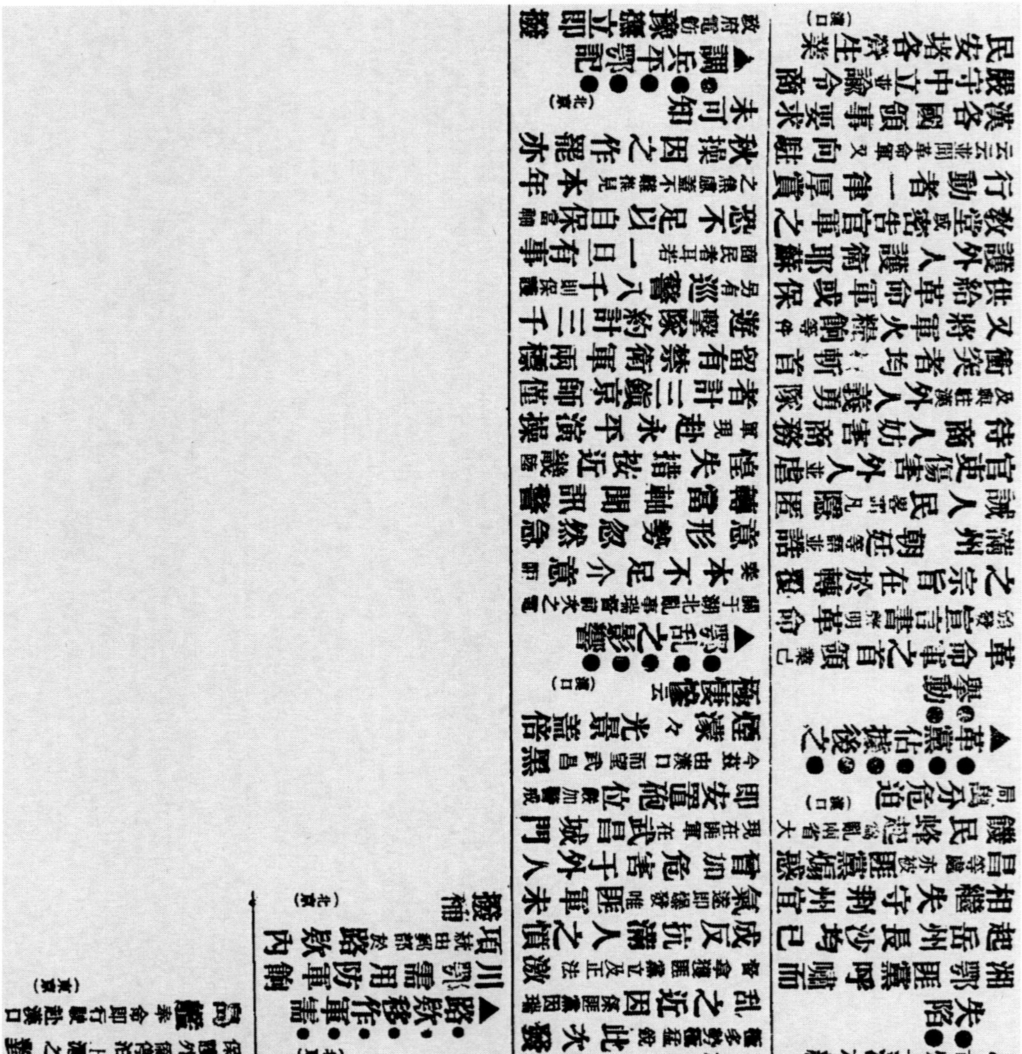

关于武昌起义的紧要新闻. 盛京时报, 宣统三年八月二十四日（1911 年 10 月 15 日）, 第 1482 号: 第 1 张第 2 版.

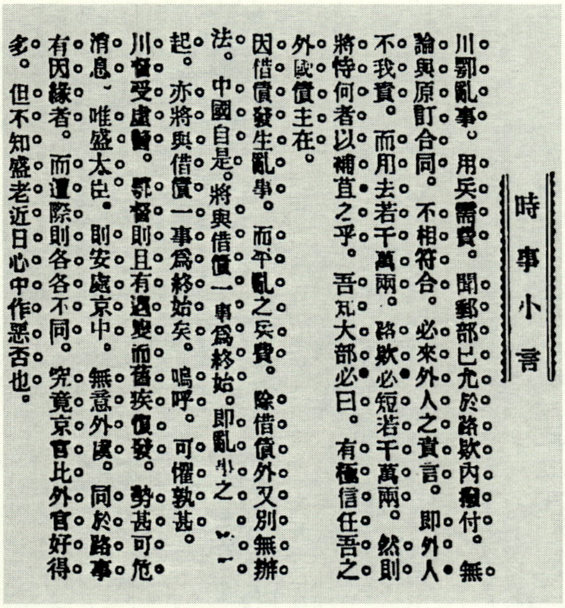

時事小言

川鄂亂事。用兵需費。聞郵部已允於路欵內撥付。無論與原訂合同。不相符合。必來外人之責言。即外人不我責。而用去若干萬兩。路欵必短若干萬兩。然則將恃何者以補苴之乎。吾知大部必曰。有極信任吾之外國債主在。

因借債發生亂事。而平亂之兵費。除借債外又別無辦法。中國自是。將與借債一事爲終始。即亂事之[illegible]一起。亦將與借債一事爲終始矣。嗚呼。可懼孰甚。

川督受處分。鄂督則且有遇變而舊疾復發。勢甚可危消息。唯盛太臣。則安處京中。無意外虞。同於路事有因緣者。而運際則各各不同。究竟京官比外官好得多。但不知盛老近日心中作惡否也。

时事小言．盛京时报，宣统三年八月二十四日（1911 年 10 月 15 日），第 1482 号：第 1 张第 2 版．

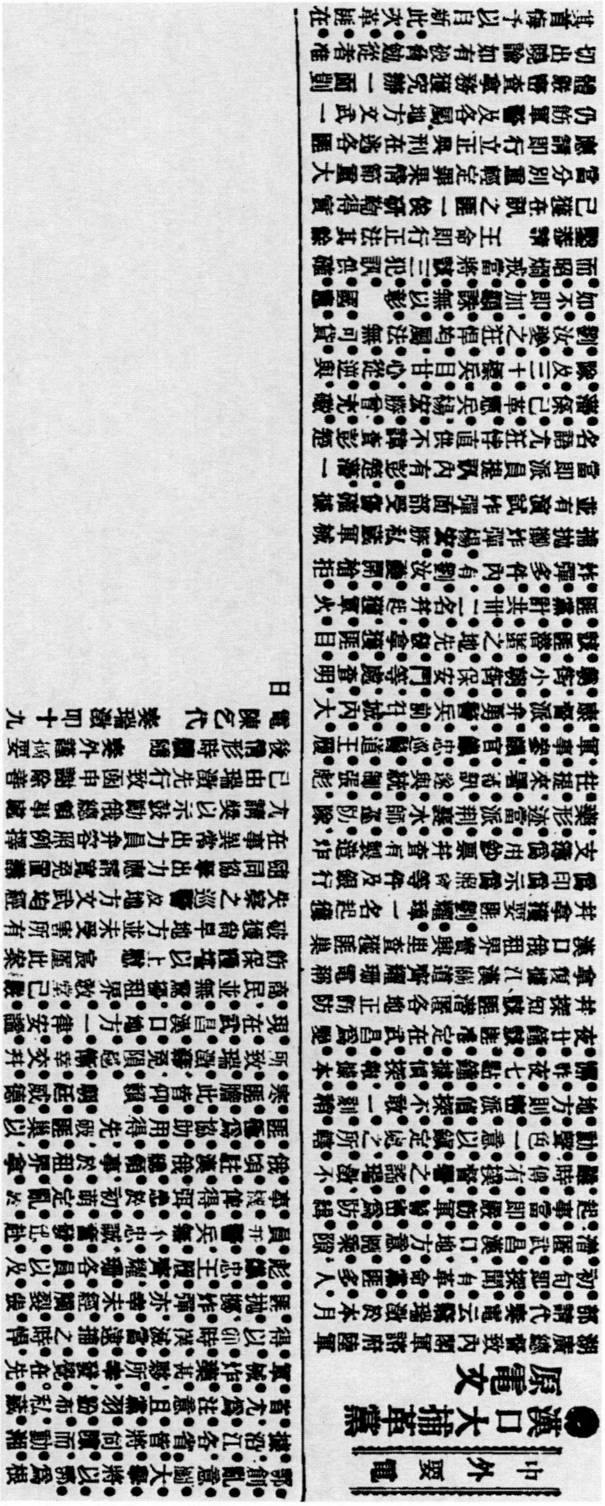

汉口大捕革党原电文．盛京时报，宣统三年八月二十四日（1911 年 10 月 15 日），第 1482 号：第 1 张第 2 版．

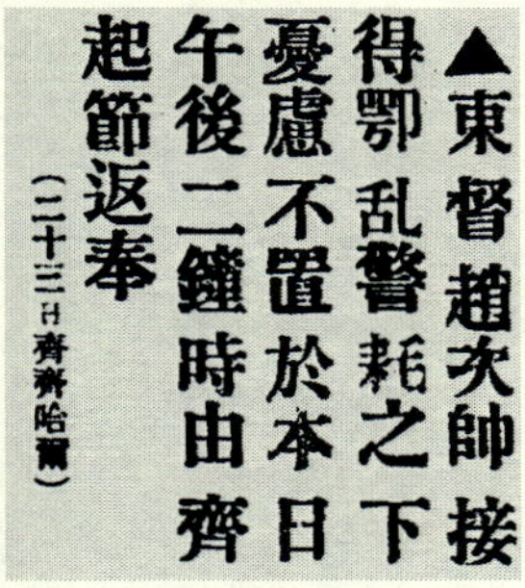

▲東督趙次帥接得鄂乱警耗之下憂慮不置於本日午後二鐘時由齊起節返奉（二十三日齊齊哈爾）

东督赵次帅接得鄂乱警耗由齐起节返奉．盛京时报，宣统三年八月二十四日（1911 年 10 月 15 日），第 1482 号：第 1 张第 4 版．

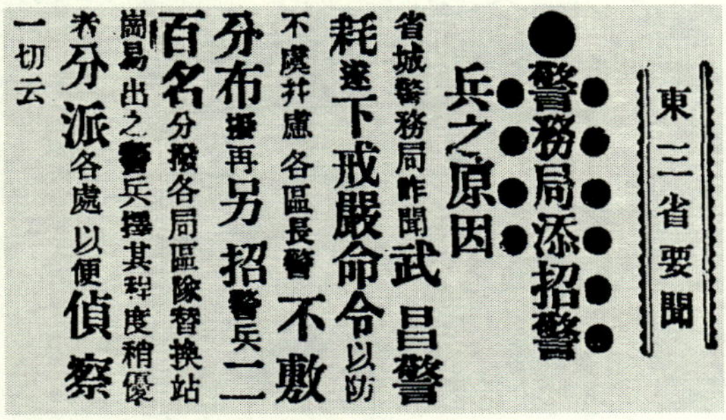

東三省要聞

●警務局添招警兵之原因

省城警務局昨聞武昌警耗遂下戒嚴命令以防不虞并慮各區長警不敷分布擬再另招警兵二百名分撥各局區隊暫換站崗易出之警兵擇其程度稍優者分派各處以便偵察一切云

警务局添招警兵之原因．盛京时报，宣统三年八月二十四日（1911 年 10 月 15 日），第 1482 号：第 1 张第 4 版．

旁观（漫画）. 盛京时报，宣统三年八月二十四日（1911 年 10 月 15 日），第 1482 号：第 1 张第 4 版 .

社說

敬告軍政府　記者十厂

掀天揭地之事業必仗多數人之團結方能見功當軔創之時熱血鼓漲自能萬衆一心見如荼如火之氣象迄大業已成百廢待策衆口紛紜各爭一是從拂莫定善否難決相持不下黨爭遂起國狗瘈矣天地震慴大如法蘭西流血之恐怖小如太平天國諸王之內變皆足令已成之大業歸於消滅此其二也最可慮者滿虜入主中原二百年來雖日以議和爲辭而芟夷蹦蹊之惡心實隱然加厲故近年以來於外交國際之種種失敗胥恃一寧贈朋友之方針任意拋擲我漢族之土地權利漢不少惜今見吾漢族義兵赫舉全國響應自知擅腥之運已終則必出其最後之卑劣手段利用外人之勢力以延其將盡之殘喘非律賓之慘痛歷史可鑒也此其三也雖然可憂者其勢可恃者其理蓋自甲午以來民族民權二大主意灌入中國吾漢人光復之思想已炳然發於中心苦時勢未熟猶忍戴非種不能遽去有時憤思之深無可冒洩乃不免橫潰爲排外之潮流而虜廷卽乘間行其悅外之慣技舉吾漢族所有捧而獻笑而鄰卽以甲午庚子二次之賠欵而論爲數已有六百五十兆之多致吾國今日流民滿地穹蹙達於極點滿政府實階之厲吾漢民飲恨於中非一日矣

未完

十厂．敬告军政府．大汉报，黄帝纪元四千六百零九年八月二十五日（1911 年 10 月 16 日），第 2 号：第 1 张．

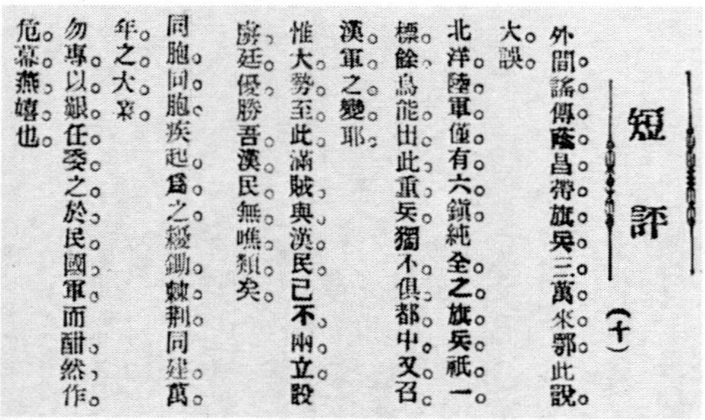

短評（十）

外間謠傳蔭昌帶旗兵三萬來鄂此說大誤北洋陸軍僅有六鎭純全之旗兵祇一標餘烏能出此重兵獨不俱都中又召漢軍之變耶惟大勢至此滿賊與漢民已不兩立設虜廷僥勝吾漢民無噍類矣同胞同胞疾起爲之綏鋤棘荊同建萬年之大業勿專以艱任委之於民國軍而酣然作危幕燕嬉也

外间谣传荫昌带旗兵三万来鄂，此说大误．大汉报，黄帝纪元四千六百零九年八月二十五日（1911 年 10 月 16 日），第 2 号：第 1 张．

要件

中華民國軍政府佈告全國文

粵維我祖軒轅肇開疆土奄有中夏綿歷代聖哲賢豪之締造成茲文明古國凡吾族今日所依止之河山所被服之禮教所享受之文物何一非我先人心血頸血之所遺留故觀城邑宮室則思古人開土殖民之艱觀干戈戎馬則思古人保種敵愾之勤觀典章法制則思古人貽謀教誨之殷駿譽華聲世世相承如一家然父傳之子祖傳之孫斷不容他族干其職姓何物滿奴敢亂天紀挽弓介馬竟服神皋夫滿奴者非他黑水之舊部女眞之遺孽犬種獸性罔通人理始則寇邊抄掠盜我財物繼則羨我膏腴耽我文繡利我國土覬覦神器惟野蠻之不能統文明戎狄之不能統華夏少數之不能統多數故入關之初極肆凶威以爲恐嚇之計我十八行省之父老兄弟諸姑姊妹莫不遭逢淫殺所有孑遺若揚州若江陰若嘉定屠戮之慘紀載可稽又復變法易服使神明衣冠淪爲禽獸而歷代相傳之文教禮俗掃地盡矣乃其焚毀書籍改竄典冊興文字獄羅致無辜穢詞妖言尊曰聖諭戴仇養賊謬曰正經務使人人數典而忘其祖是其害乃中於人心風俗不但誅殺已也嗚呼同胞誰無心知卽不能憶父老之遺聞且請觀夫各省駐防之誰屬重要職權之誰掌其用意可揣知矣二百六十年奸淫奇忍之術言之已不勝言至今日則發之愈遍而出之愈刻也今日者海陸交通外侮日急亦有家室誰不圖存彼以利害相反不惜倒行逆施故開智識則爲破其法律尚武技則爲擾其治安於是百術欺愚一意壓制假立憲之美名行中央集權之勢借舉行新政之名[illegible]之端而乃日修園陵治宮[illegible]賓民暇何一非吾民之膏血飢民遍野呼籲勿靈哀鴻嗷嗷是誰奪其生產而置之死地且矜其寧送友邦弗與漢族之謂見今日獻一地明日割一城今日賣礦明日賣路吾民或爭持則曰干預政權曰格殺勿論甚且舉吾民自辦之路自集之款一網而歸之官嗚呼誰無生命誰無財產而日託諸危殆之地其誰堪之夫政府本以保民而反得其害則奚用此政府爲況乃淫德醜類有玷聲華者耶本政府用是首舉義旗萬衆一心天人同憤白[illegible]所指瓦裂山嶽故一二日間湘鄂贛粵同時並舉皖甯豫陝亦一律響應而西則巴蜀已先克復東南半壁指顧告成是所深望於十八行省父老兄弟戮力共進相與同仇還我邦基雪我國恥永久建立共和政體與世界列強並峙於太平洋之上而共享萬國和平之福又非但安我漢京而已將推此赤心振扶同病凡文明之族降在水火皆爲我同胞之所必憐而救之者嗚呼機不可失時不再來想我神明貴族不乏英傑挺生之士曷勿執竿起義共建洪勳期於直抵黃龍敘勖痛飲則我漢族萬萬世世之榮光矣我十八行省父老兄弟其共勉之

黃帝紀元四千六百零九年八月日佈

中华民国军政府布告全国文．大汉报，黄帝纪元四千六百零九年八月二十五日（1911 年 10 月 16 日），第 2 号：第 1 张．

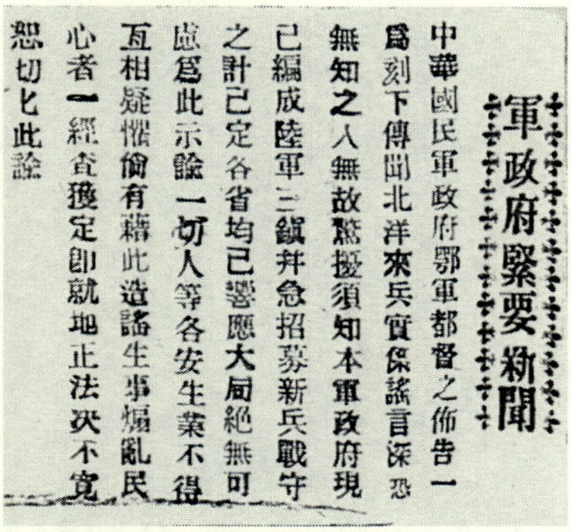

軍政府緊要新聞

中華國民軍政府鄂軍都督之佈告一
爲刻下傳聞北洋來兵實係謠言深恐
無知之人無故驚擾須知本軍政府現
已編成陸軍三鎮幷急招募新兵戰守
之計已定各省均已響應大局絕無可
慮爲此示諭一切人等各安生業不得
互相疑懼倘有藉此造謠生事煽亂民
心者一經查獲定卽就地正法決不寬
恕切切此諭

中华民国军政府鄂军都督之布告一．大汉报，黄帝纪元四千六百零九年八月二十五日（1911 年 10 月 16 日），第 2 号：第 1 张．

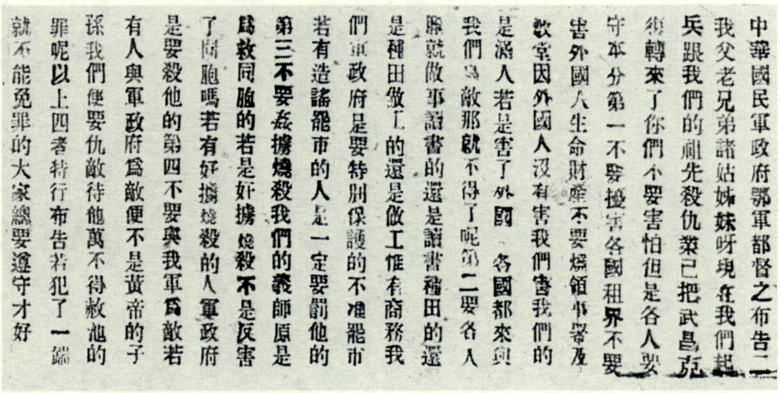

中華國民軍政府鄂軍都督之布告二
我父老兄弟諸姑姊妹呀現在我們起
兵跟我們的祖先殺仇業已把武昌克
復轉來了你們不要害怕但是各人要
守本分第一不要擾害各國租界不要
害外國人生命財產不要燒領事署及
教堂因外國人沒有害我們害我們的
是滿人若是害了外國各國都來與
我們爲敵那就不得了呢第二要各人
照就做事讀書的還是讀書種田的還
是種田做工的還是做工惟有商務我
們軍政府是要特別保護的不准罷市
若有造謠罷市的人是一定要罰他的
第三不要姦擄燒殺我們的義師原是
爲救同胞的若是奸擄燒殺不是反害
了同胞嗎若有奸擄燒殺的人軍政府
是要殺他的第四不要與我軍爲敵若
有人與軍政府爲敵便不是黃帝的子
孫我們便要仇敵待他萬不得赦他的
罪呢以上四者特行布告若犯了一端
就不能免罪的大家總要遵守才好

中华民国军政府鄂军都督之布告二．大汉报，黄帝纪元四千六百零九年八月二十五日（1911 年 10 月 16 日），第 2 号：第 1 张．

▲瑞澂逃矣〇滿政府湖廣總督瑞澂於前夜以五千金雇吉安輪往滬該輪原走長沙已載客滿艙矣瑞向某領事哀求始允卸去長沙之客將瑞及旗員七八十人載上有見瑞者謂其鬚已剃去後又聞江陰有電來鄂我軍已佔江

瑞澂逃矣. 大汉报, 黄帝纪元四千六百零九年八月二十五日（1911 年 10 月 16 日）, 第 2 号: 第 1 张.

瑞莘儒晉京之又一說◎又有云瑞澂自十九日夜逃出鄂垣後杳無踪迹實則瑞澂逃出即於是夜乘小輪奔金陵昨聞已由申晉京矣

瑞莘儒晋京之又一说. 大汉报, 黄帝纪元四千六百零九年八月二十五日（1911 年 10 月 16 日）, 第 2 号: 第 1 张.

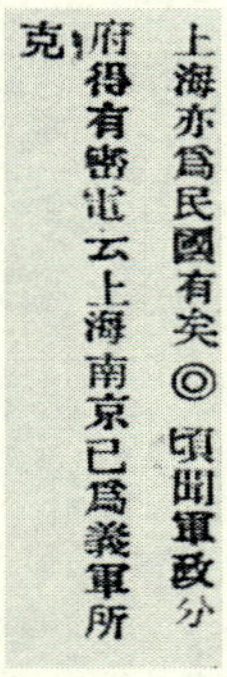

上海亦爲民國有矣◎頃聞軍政分府得有密電云上海南京已爲義軍所克

上海亦为民国有矣.大汉报,黄帝纪元四千六百零九年八月二十五日（1911年10月16日）,第2号:第1张.

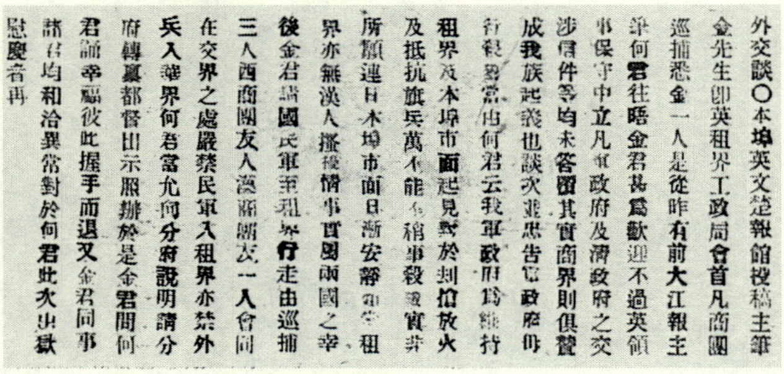

外交談○本埠英文楚報館發稿主筆金先生卽英租界工政局會首凡商團巡捕恐金一人是從昨有前大江報主筆何君往晤金君甚爲歡迎不過英領事保守中立凡軍政府及滿政府之交涉信件等均未答覆其實商界則俱贊成我族起義也談次並忠告官政府毋任殺戮當由何君云我軍政府爲維持租界及本埠市面起見對於刦搶放火及抵抗旗兵萬不能稍事殺戮實非所願連日本埠市面日漸安靜卽租界亦無漢人擾亂情事實爲兩國之幸後金君請國民軍至租界行走由巡捕三人西商團友人滿蘭爾友一人會同在交界之處嚴禁民軍入租界亦禁外兵入華界何君當允向分府說明請分府轉禀都督出示服辦於是金君問何君論辛福彼此握手而退又金君同事諸君均和洽異常對於何君此次出獄慰慶者再

外交谈.大汉报,黄帝纪元四千六百零九年八月二十五日（1911年10月16日）,第2号:第1张.

駐漢軍政分府示 ○租界地方 外人居住 凡我軍隊 勿得擅入 交涉重大 恐生不虞 此次舉義 外人悅服 確守紀律 乃是義師 如敢故違 重懲不恕

驻汉军政分府示.大汉报,黄帝纪元四千六百零九年八月二十五日(1911年10月16日),第2号:第1张.

樂助軍糧 ○昨有民人周忠以滿奴蹂躪漢族我輩不堪其苦今已悉貫滿盈軍政府赫然震怒首起義師上爲祖宗復仇下爲萬民請命不勝鼓舞歡欣特樂輸軍糧五千六百餘石卽由都督發防軍需處收儲出示鼓勸並注册存記俟予爵賞我國民有知其亦聞風思起焉否

陰砲臺環已被拘云

乐助军粮.大汉报,黄帝纪元四千六百零九年八月二十五日(1911年10月16日),第2号:第1张.

△換官票者鑒◎漢口商會在錢業公所備有銅元准軍民人等以官票兌換惟每人以二千爲限

换官票者鉴.大汉报,黄帝纪元四千六百零九年八月二十五日（1911年10月16日）,第2号:第1张.

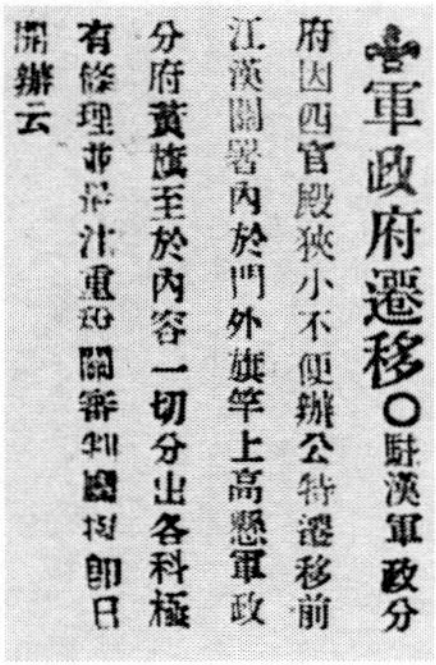

軍政府遷移○駐漢軍政分府因西官殿狹小不便辦公特遷移前江漢關署內於門外旗竿上高懸軍政分府黃旗至於內容一切分出各科極有條理并[illegible]江[illegible]關衙[illegible]即日開辦云

军政府迁移.大汉报,黄帝纪元四千六百零九年八月二十五日（1911年10月16日）,第2号:第1张.

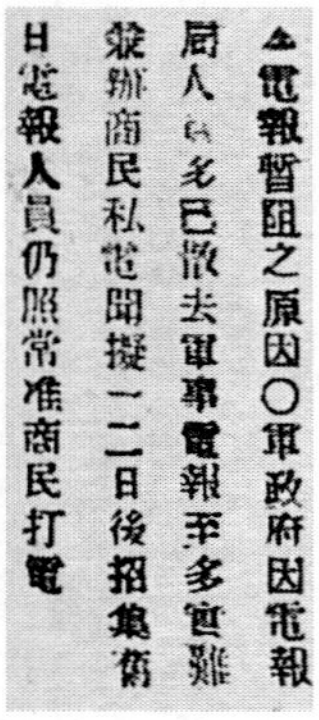

電報暫阻之原因○軍政府因電報局人[illegible]多已散去軍事電報至多實難發辦商民私電開擬一二日後招集舊日電報人員仍照常准商民打電

电报暂阻之原因.大汉报,黄帝纪元四千六百零九年八月二十五日（1911年10月16日）,第2号:第1张.

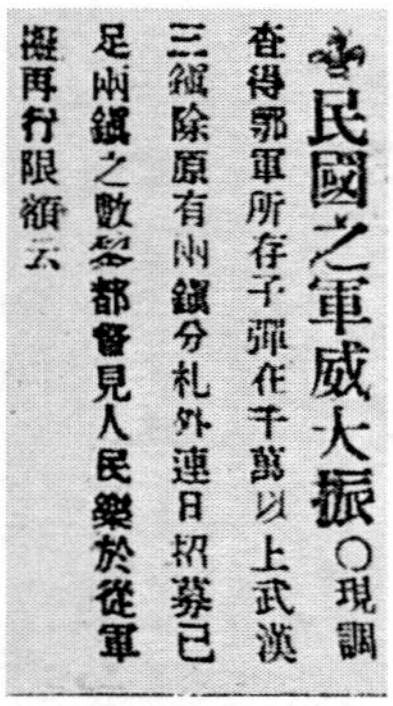

民國之軍威大振○現調查得鄂軍所存子彈在千萬以上武漢三鎮除原有兩鎮分札外連日招募已足兩鎮之數黎都督見人民樂於從軍擬再行限額云

民国之军威大振.大汉报,黄帝纪元四千六百零九年八月二十五日（1911年10月16日）,第2号:第1张.

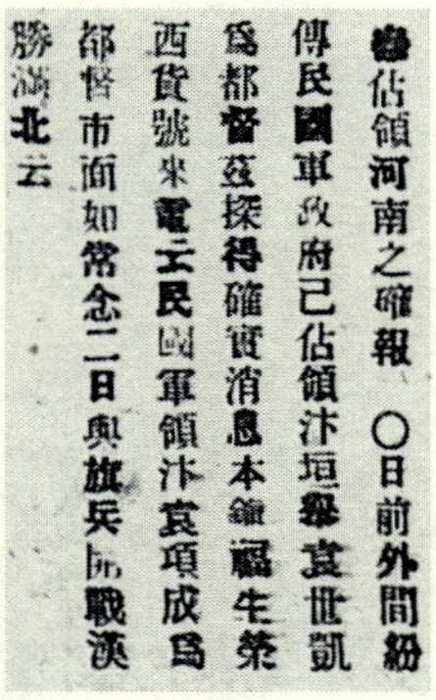

●佔領河南之確報　〇日前外間紛傳民國軍政府已佔領汴垣舉袁世凱爲都督茲探得確實消息本館福生榮西貨號來電云民國軍領汴袁項成爲都督市面如常念二日與旗兵開戰漢勝滿北云

占领河南之确报．大汉报，黄帝纪元四千六百零九年八月二十五日（1911 年 10 月 16 日），第 2 号：第 1 张．

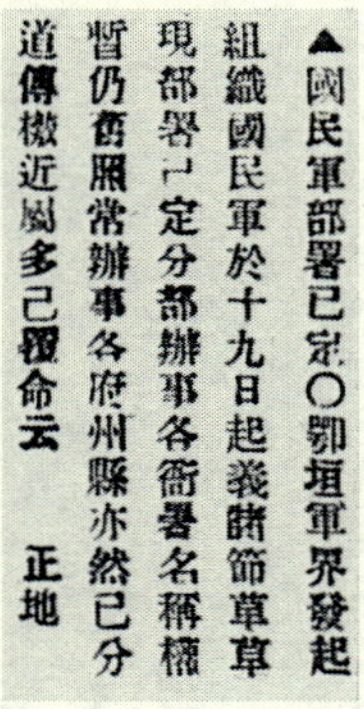

▲國民軍部署已定〇鄂垣軍界發起組織國民軍於十九日起義諸節草草現部署已定分部辦事各衙署名稱標暫仍舊照常辦事各府州縣亦然已分道傳檄近屬多已覆命云　正地

正地．国民军部署已定．大汉报，黄帝纪元四千六百零九年八月二十五日（1911 年 10 月 16 日），第 2 号：第 1 张．

▲城守之嚴密◎十城門均有大隊義軍保守各置機關大砲凡出入均問明來歷城門書有高聲說話四字以審查聲音小貿人等均得出入頗稱便利云

正人

正人．城守之严密．大汉报，黄帝纪元四千六百零九年八月二十五日（1911年10月16日），第2号：第1张．

▲軍令之森嚴〇國民軍以不排外不擾商興漢滅滿爲目的約束甚爲森嚴秋毫不犯惟有等匪徒乘危搶刧刻由執法部斬决多名市面大安又凡拿獲滿人均歸執法部訊明正法不似始起隨意殺戮以防錯悞而免仇殺云

正人

正人．军令之森严．大汉报，黄帝纪元四千六百零九年八月二十五日（1911年10月16日），第2号：第1张．

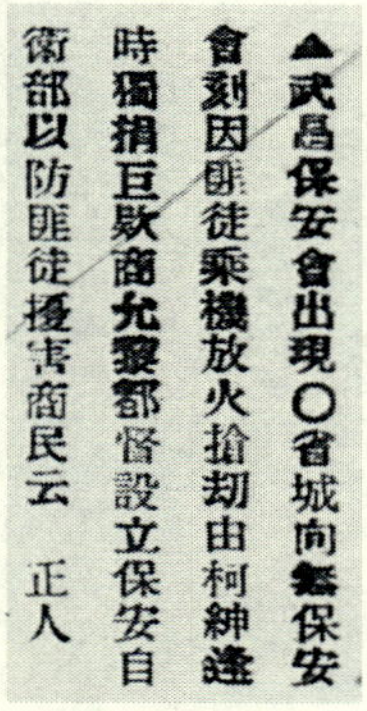

▲武昌保安會出現〇省城向無保安會刻因匪徒乘機放火搶刼由柯紳逢時獨捐巨款商允鄂都督設立保安自衛部以防匪徒擾害商民云　正人

正人．武昌保安会出现．大汉报，黄帝纪元四千六百零九年八月二十五日（1911 年 10 月 16 日），第 2 号：第 1 张．

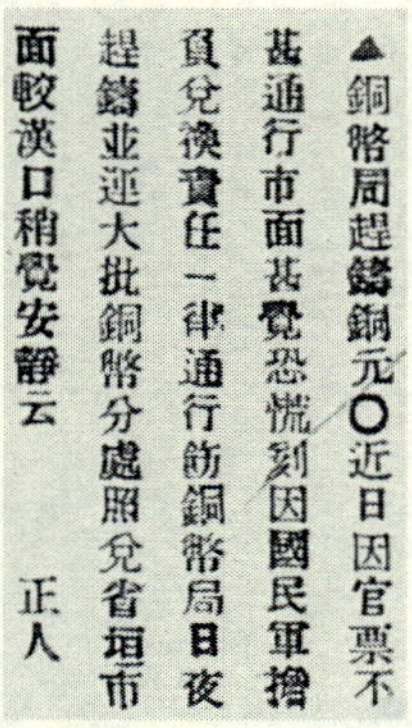

▲銅幣局趕鑄銅元〇近日因官票不甚通行市面甚覺恐慌刻因國民軍擔負兌換責任一律通行飭銅幣局日夜趕鑄並運大批銅幣分處照兌省垣市面較漢口稍覺安靜云　正人

正人．铜币局赶铸铜元．大汉报，黄帝纪元四千六百零九年八月二十五日（1911 年 10 月 16 日），第 2 号：第 1 张．

▲解釋兵戰謠傳○近日外間紛傳北洋兵到日內卽有戰事自相驚擾由黎都督張示通衢告諭同胞畧云北洋軍界一體歸應已由軍政府編爲第三鎭大局已定勿得輕聽謠傳云云　正人

正人．解释兵战谣传．大汉报，黄帝纪元四千六百零九年八月二十五日（1911 年 10 月 16 日），第 2 号：第 1 张．

又拿獲滿人正法◎國民軍發現官鄂滿人殺戮迨盡間有逃至漢口者亦不免首領各分日前國官殿懸有漢陽府文案蚉林之頭示衆（滿人）刻又由校口支部拿獲滿人業[illegible]梟首矣　正

正人．又拿获满人正法．大汉报，黄帝纪元四千六百零九年八月二十五日（1911 年 10 月 16 日），第 2 号：第 1 张．

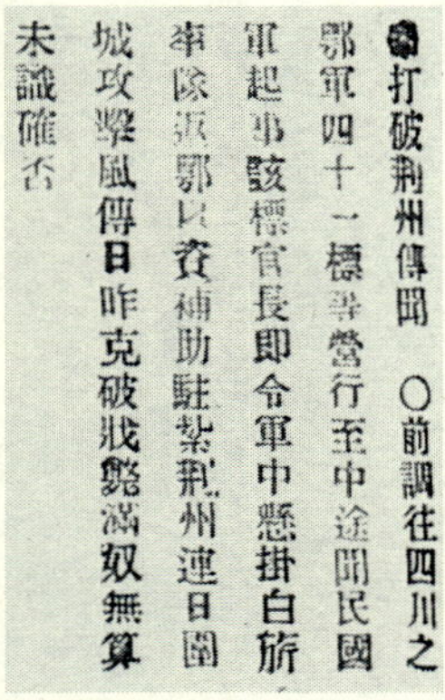

打破荆州傳聞 ○前調往四川之鄂軍四十一標等營行至中途聞民國軍起事該標官長即令軍中懸掛白旂率隊返鄂以資補助駐紮荆州連日圍城攻擊風傳日昨克破戕斃滿奴無算未識確否

打破荆州传闻．大汉报，黄帝纪元四千六百零九年八月二十五日（1911 年 10 月 16 日），第 2 号：第 1 张．

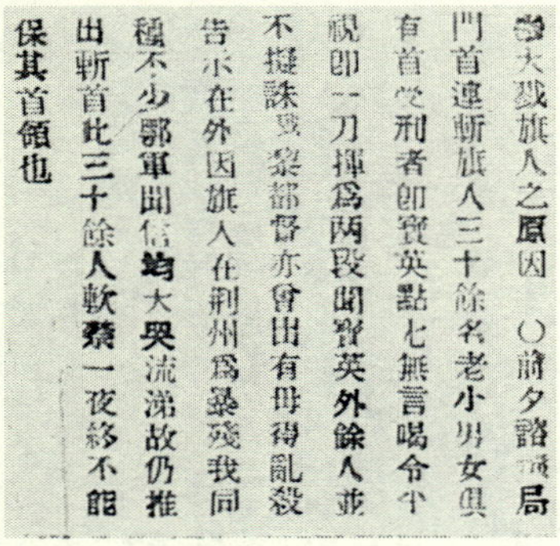

大戮旗人之原因 ○前夕踏破局門首連斬旗人三十餘名老小男女俱有首犯刑者即寶英黠七無言喝令斗視即一刀揮爲兩段聞寶英外餘人並不擬誅戮黎都督亦曾出有毋得亂殺告示在外因旗人在荆州爲暴殘我同種不少鄂軍聞信均大哭流涕故仍推出斬首此三十餘人軟禁一夜終不能保其首領也

大戮旗人之原因．大汉报，黄帝纪元四千六百零九年八月二十五日（1911 年 10 月 16 日），第 2 号：第 1 张．

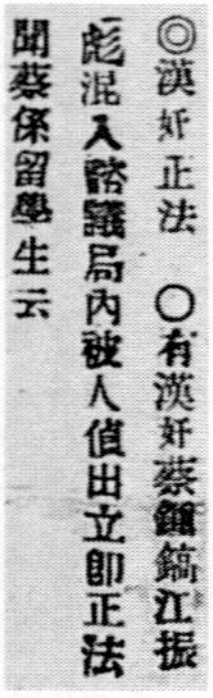
◎漢奸正法　○有漢奸蔡鎔鎬江振彪混入諮議局內被人偵出立卽正法聞蔡係留學生云

汉奸正法．大汉报，黄帝纪元四千六百零九年八月二十五日（1911 年 10 月 16 日），第 2 号：第 1 张．

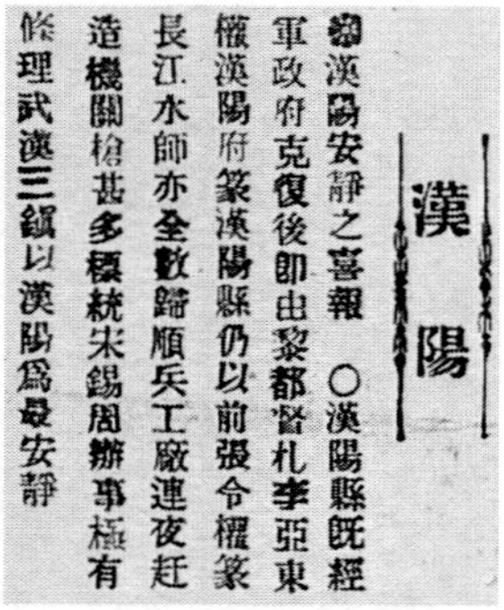
漢陽

◎漢陽安靜之喜報　○漢陽縣既經軍政府克復後卽由黎都督札李亞東權漢陽府篆漢陽縣仍以前張令權篆長江水師亦全數歸順兵工廠連夜赶造機關槍甚多標統朱錫周辦事極有條理武漢三鎭以漢陽爲最安靜

汉阳安静之喜报．大汉报，黄帝纪元四千六百零九年八月二十五日（1911 年 10 月 16 日），第 2 号：第 1 张．

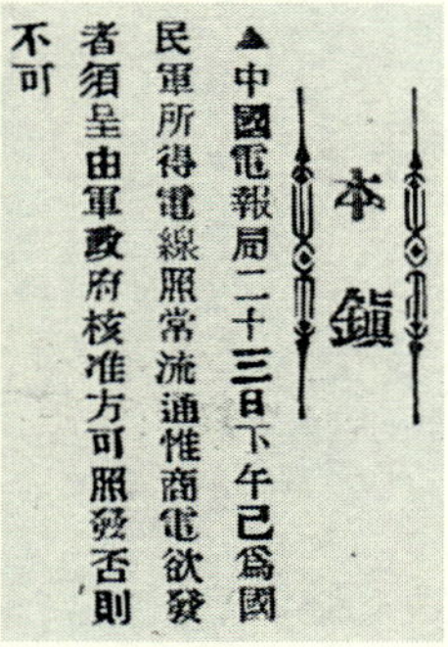

本鎮

▲中國電報局二十三日下午已爲國民軍所得電線照常流通惟商電欲發者須呈由軍政府核准方可照發否則不可

中国电报局二十三日下午已为国民军所得 . 大汉报 , 黄帝纪元四千六百零九年八月二十五日（1911 年 10 月 16 日）, 第 2 号 : 第 1 张 .

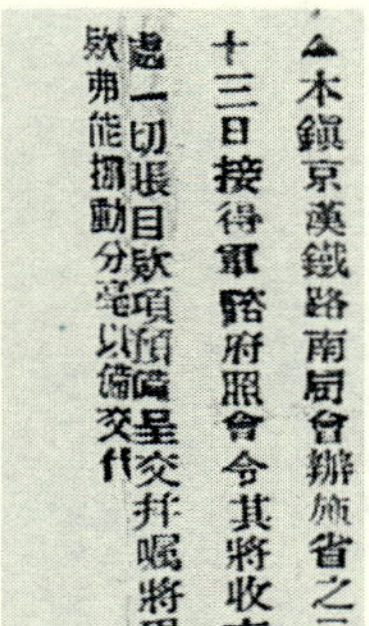

▲本鎮京漢鐵路南局會辦旗省之二十三日接得軍諮府照會令其將收支處一切賬目款項預備呈交幷囑將現款弗能挪動分毫以備交代

本镇京汉铁路南局会办广省之二十三日接得军谘府照会 . 大汉报 , 黄帝纪元四千六百零九年八月二十五日（1911 年 10 月 16 日）, 第 2 号 : 第 1 张 .

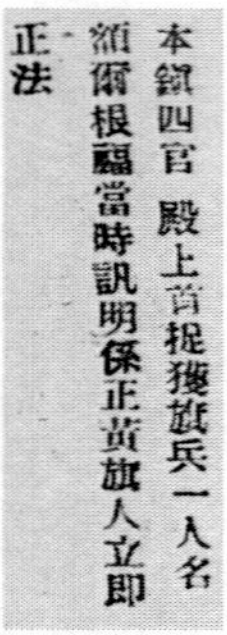
本鎮四官 殿上首捉獲旗兵一人名額爾根福當時訊明係正黃旗人立即正法

本镇四官殿上首捉获旗兵一人.大汉报,黄帝纪元四千六百零九年八月二十五日(1911 年 10 月 16 日),第 2 号:第 1 张.

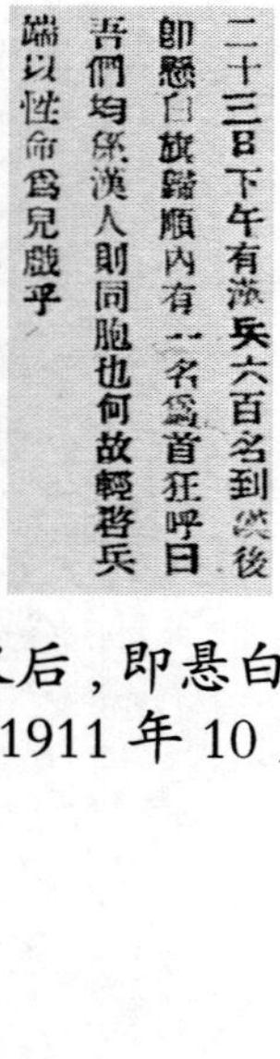
二十三日下午有漢兵六百名到漢後即懸白旗歸順內有一名爲首狂呼曰吾們均係漢人則同胞也何故輕啓兵端以性命爲兒戲乎

二十三日下午有汉兵六百名到汉后,即悬白旗归顺.大汉报,黄帝纪元四千六百零九年八月二十五日(1911 年 10 月 16 日),第 2 号:第 1 张.

▲搶犯梟首示衆　漢口萬安巷洋船碼頭有某手持官票三十張上船寫票適匪徒徐海清窺見即奪其票而逃爲該段保安會隊伍拿獲解送至駐漢第二標軍政府梟首示衆

抢犯枭首示众．大汉报，黄帝纪元四千六百零九年八月二十五日（1911 年 10 月 16 日），第 2 号：第 1 张．

▲搶犯縱火　漢口朱家巷有某錢店於昨夜八句鐘忽有匪徒數人因該巷行人甚稀乘隙縱火經該段保安會查覺報知駐漢第二標軍政府當即返至[illegible]口扭獲於今早亦梟首示衆

抢犯纵火．大汉报，黄帝纪元四千六百零九年八月二十五日（1911 年 10 月 16 日），第 2 号：第 1 张．

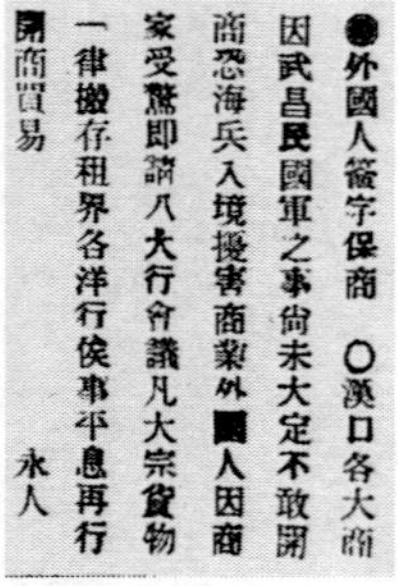

●外國人簽字保商 ○漢口各大商因武昌民國軍之事尚未大定不敢開商恐海兵入境擾害商業外國人因商家受驚即請八大行會議凡大宗貨物一律撤存租界各洋行俟事平息再行開商貿易 永人

永人.外国人签字保商.大汉报,黄帝纪元四千六百零九年八月二十五日（1911 年 10 月 16 日）,第 2 号:第 1 张.

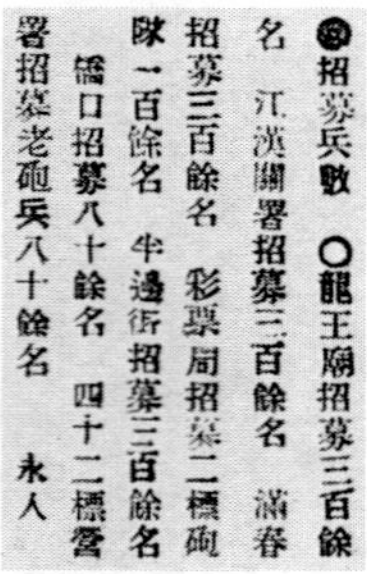

●招募兵數 ○龍王廟招募三百餘名 江漢關署招募三百餘名 滿春招募三百餘名 彩票局招募二標砲隊一百餘名 半邊街招募三百餘名 橋口招募八十餘名 四十二標營署招募老砲兵八十餘名 永人

永人.招募兵数.大汉报,黄帝纪元四千六百零九年八月二十五日（1911 年 10 月 16 日）,第 2 号:第 1 张.

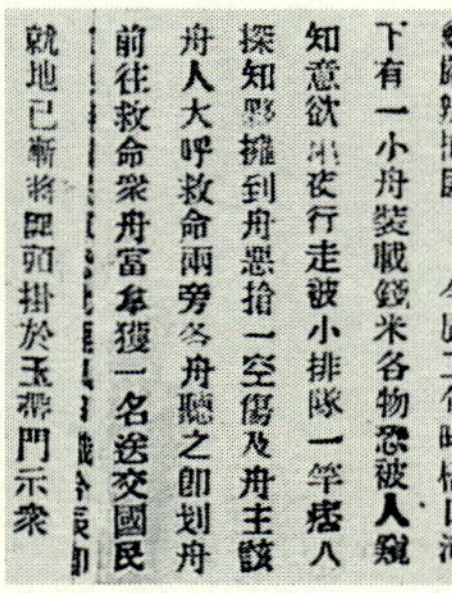

嚴辦搶匪 ○今晨二句時橋口河下有一小舟裝載錢米各物恐被人窺知意欲黑夜行走被小排隊一竿痞人探知夥擁到舟恐搶一空傷及舟主該舟人大呼救命兩旁各舟聽之即划舟前往救命衆舟當拿獲一名送交國民[illegible]就地已斬將頭顱掛於玉帶門示衆

严办抢匪.大汉报,黄帝纪元四千六百零九年八月二十五日（1911 年 10 月 16 日）,第 2 号:第 1 张.

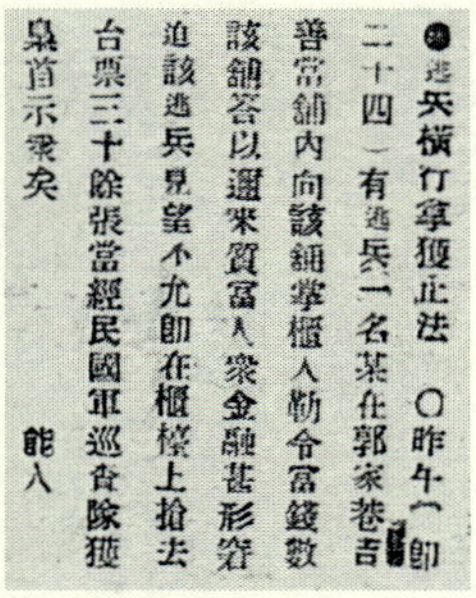

逃兵橫行拿獲正法 ○昨午（即二十四）有逃兵一名某在郭家巷吉普當鋪內向該鋪掌櫃人勒令當錢數該鋪答以還衆買當人衆金融甚形窘迫該逃兵見望不允即在櫃檯上搶去台票三十餘張當經民國軍巡查隊獲梟首示衆矣

能人

能人.逃兵横行拿获正法.大汉报,黄帝纪元四千六百零九年八月二十五日（1911 年 10 月 16 日）,第 2 号:第 1 张.

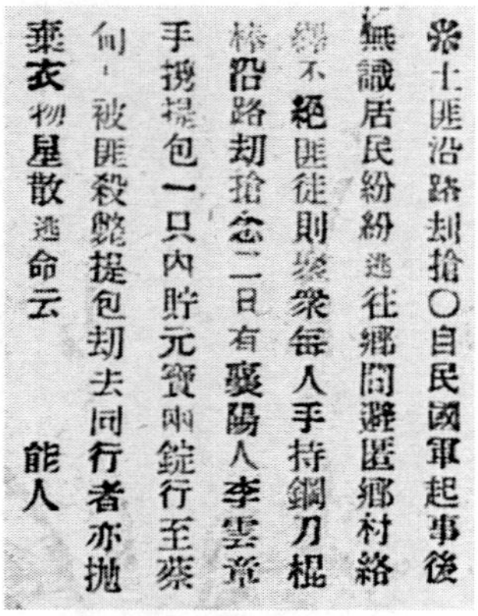

土匪沿路刦搶〇自民國軍起事後無識居民紛紛逃往鄉間避匿鄉村絡繹不絕匪徒則嘯聚每人手持鋼刀棍棒沿路刦搶念二日有襄陽人李雲章手携提包一只內貯元寶兩錠行至蔡甸被匪殺斃提包刦去同行者亦拋棄衣物星散逃命云　能人

能人．土匪沿路劫抢．大汉报，黄帝纪元四千六百零九年八月二十五日（1911年10月16日），第2号：第1张．

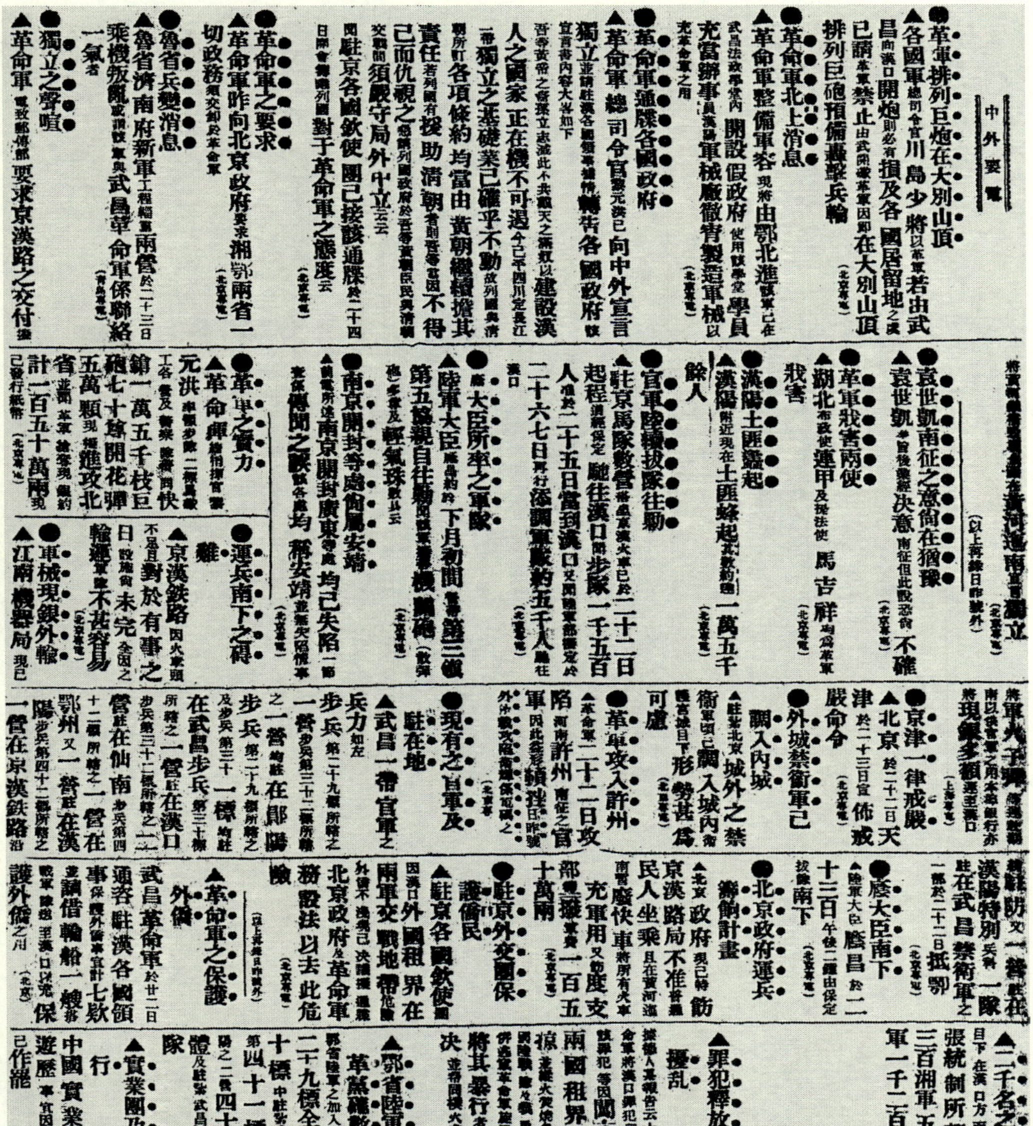

中外要電

●革軍排列巨炮在大別山頂

▲各國軍總司令官川島少將以革軍若由武昌向漢口開炮則必有損及各國居留地之虞已請革軍禁止由武開炮革軍因即在大別山頂排列巨砲預備轟擊兵輪（北京專電）

●革命軍北上消息

▲革命軍整備軍容現將由鄂北進該軍已在武昌法政學堂內開設假政府使用該學堂學員充當辦事員漢陽軍械廠徹宵製造軍械以充革命軍之用（北京專電）

●革命軍通牒各國政府

▲革命軍總司令官黎元洪已向中外宣言獨立並請駐漢各國領事轉告各國政府該宣言書內容大畧如下
吾等黃帝之裔孫立志滅此不共戴天之滿奴以建設漢人之國家正在機不可遏今已平四川定長江一帶獨立之基礎業已確乎不動故列國與清朝所訂各項條約均當由黃朝繼續擔其責任若列國有援助清朝者則吾等當因不得已而仇視之然請列國政府於吾等黃帝臣民與清交戰間須嚴守局外中立云云
聞駐京各國欽使團已接該通牒於二十四日開會籌議列國對于革命軍之態度云（北京專電）

●革命軍之要求

▲革命軍昨向北京政府要求湘鄂兩省一切政務須交卸於革命軍（北京專電）

●魯省兵變消息

▲魯省濟南府新軍工程輜重兩營於二十三日乘機叛亂該兩營軍與武昌革命軍係聯絡一氣者（青島專電）

●獨立之聲喧

▲革命軍電致郵傳部要求京漢路之交付[illegible]

[illegible]獨立（北京專電）

（以上再錄日昨號外）

●袁世凱南征之意尚在猶豫

▲袁世凱奉旨後雖經決意南征但此說恐尚不確（北京專電）

●革軍戕害兩使

▲湖北布政使連甲及提法使馬吉樟均爲革軍戕害（北京專電）

●漢陽土匪蠢起

▲漢陽附近現在土匪蜂起其數約計一萬五千餘人（北京專電）

●官軍陸續拔隊往剿

▲駐京馬隊數營將乘京漢火車已於二十二日起程須經保定馳往漢口開步隊一千五百人准於二十五日當到漢口又聞陸軍部擬定於二十六七日再行添調軍隊約五千人馳往漢口（北京專電）

●陸軍大臣所率之軍隊

▲陸軍大臣蔭昌約於下月初間當可率領第三鎮第五協親自往鄂[illegible]機關砲（[illegible]）多隊及輕氣球數只云（北京專電）

●南京開封等處倘屬安靖

▲前電所述南京開封廣東等處均已失陷一節查係傳聞之誤該各處均稱安靖並無失陷情事（北京專電）

●革軍之實力

▲革命軍總指揮官黎元洪率領步隊二標馬隊工各營及輜重隊並開快鎗一萬五千枝巨砲七十餘門開花彈五萬顆現擬進攻北省並聞革軍搶奪現銀約計一百五十萬兩現已發行紙幣（北京專電）

●運兵南下之礙難

▲京漢鐵路因火車頭不足且對於有事之日設施尚未完全因之輸運軍隊不甚容易（北京專電）

●軍械現銀外輸

▲江南機器局現已將軍火子彈[illegible]南以供官軍之用本埠銀行亦將現銀多額運至漢口（上海專電）

●京津一律戒嚴

▲北京於二十二日天津於二十三日宣佈戒嚴命令（北京專電）

●外城禁衛軍已調入內城

▲駐紮北京城外之禁衛軍頃已調入城內衛護宮城目下形勢甚爲可慮（北京專電）

●革軍攻入許州

▲革命軍二十二日攻陷河南許州南征之官軍因此益形頓挫[illegible]（北京專電）

●現有之官軍及駐在地

▲武昌一帶官軍之兵力如左
步兵第二十九標所轄之一營步兵第三十二標所轄之一營均駐在鄖陽步兵第二十九標所轄之[illegible]及步兵第三十一標均駐在武昌步兵第三十標所轄之一營駐在漢口步兵第三十二標所轄之二營駐在仙南步兵第四十二標所轄之一營在鄂州又一營駐在漢陽步兵第四十二標所轄之一營在京漢鐵路沿護路防又一營駐在漢陽特別兵[illegible]一隊駐在武昌禁衛軍之一部於二十二日抵鄂（北京專電）

●蔭大臣南下

▲陸軍大臣蔭昌於二十三日午後二鐘由保定拔隊南下（北京專電）

●北京政府運兵籌餉計畫

▲北京政府現已飭京漢路局不准普通民人坐乘且在黃河南留備快車將所有火車充軍用又飭度支部籌撥軍費一百五十萬兩（北京專電）

●駐京外交團保護僑民

▲駐京各國欽使團因漢口外國租界在兩軍交戰地帶危險外僑不逸[illegible]北京政府及革命軍務設法以去此危險（北京專電）

（以上再錄日昨號外）

●革命軍之保護外僑

▲武昌革命軍於廿二日通咨駐漢各國領事保護外僑事宜計七款並請借輪船一艘載軍隊至漢口以充保護外僑之用（北京）

●二千名之軍隊

▲目下在漢口方面之官軍計張統制所部之軍三百湘軍五百及豫軍一千二百（北京）

●罪犯釋放後之擾亂

▲據[illegible]報告云十二日晚革命軍將漢口罪犯二千人釋放該罪犯等因闖入英德兩國租界肆行劫掠[illegible]將其暴行者立即處決並[illegible]（北京）

●鄂省陸軍加入革黨確數

▲鄂省陸軍之加入革黨者計第二十九標全體第三十標中駐紮武昌之四營第四十一標中駐紮漢陽之二營四十二標全體及駐紮武昌特別部隊（北京）

●實業團乃不果行

▲中國實業團赴日遊歷事宜因鄂省亂事業已作罷（上海）

革命军行动及北京等地动向．盛京时报，宣统三年八月二十六日（1911 年 10 月 17 日），第 1483 号：第 1 张第 2 版．

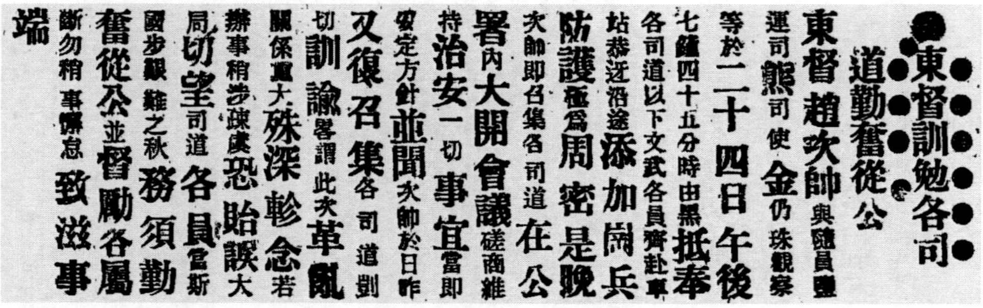

東督訓勉各司道勤奮從公

東督趙次帥與隨員暨運司熊司使金仍珠觀察等於二十四日午後七鐘四十五分時由黑抵奉各司道以下文武各員齊赴車站恭迓沿途添加崗兵防護極爲周密是晚次帥即召集各司道在公署內大開會議磋商維持治安一切事宜當即妥定方針並聞次帥於日昨又復召集各司道剴切訓諭略謂此次革亂關係重大殊深軫念若辦事稍涉疏虞恐貽誤大局切望司道各員當斯國步艱難之秋務須勤奮從公並督勵各屬斷勿稍事懈怠致滋事端

东督训勉各司道勤奋从公．盛京时报，宣统三年八月二十六日（1911 年 10 月 17 日），第 1483 号：第 1 张第 4 版．

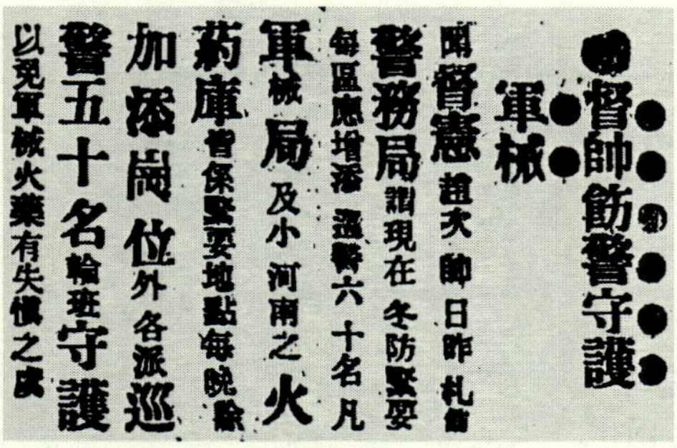
督帥飭警守護軍械

聞督憲趙大帥日昨札飭警務局謂現在冬防緊要每區應增添巡警六十名凡軍械局及小河南之火藥庫皆保緊要地點每晚除加添崗位外各派巡警五十名輪班守護以免軍械火藥有失慎之虞

督帅饬警守护军械.盛京时报,宣统三年八月二十六日(1911年10月17日),第1483号:第1张第4版.

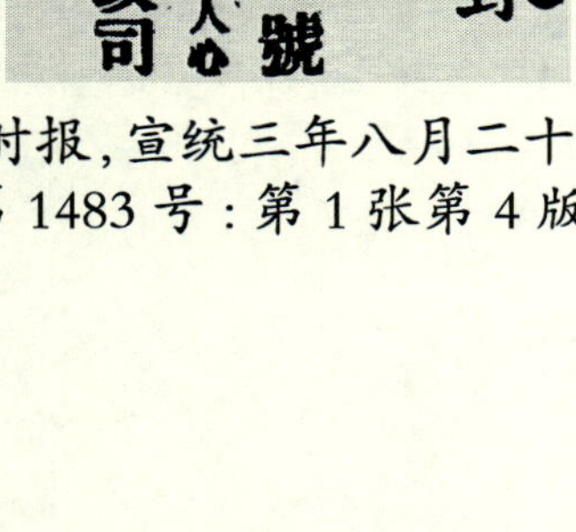
大中公報館封閉矣

大中公報日昨發行號外新聞督憲以其搖惑人心擾亂治安已飭民政司將該報館封禁矣

大中公报馆封闭矣.盛京时报,宣统三年八月二十六日(1911年10月17日),第1483号:第1张第4版.

●派警密查匪徒●●●●●●

近因川鄂亂事故內閣電咨各省督撫恐匪徒潛入各省藉端煽惑有害治安亟宜隨時派警訪查以保地方故督憲奉電後即派巡警赴各車站嚴密訪查矣

派警密查匪徒. 盛京时报, 宣统三年八月二十六日(1911 年 10 月 17 日),
第 1483 号: 第 1 张第 4 版.

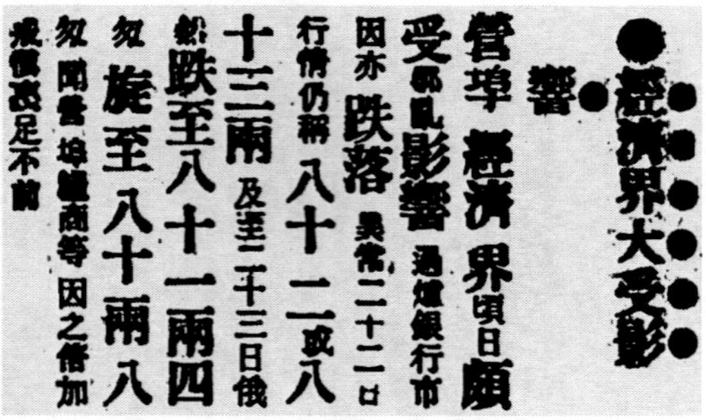

●經濟界大受影響●●●●●●

營埠經濟界頃日頗受鄂亂影響通爐銀行市因亦跌落異常二十二日行情仍稱八十一二或八十三兩及至二十三日俄然跌至八十一兩四忽旋至八十兩八忽聞營埠錢商等因之倍加戒懼裹足不前

经济界大受影响. 盛京时报, 宣统三年八月二十六日(1911 年 10 月 17 日),
第 1483 号: 第 1 张第 4 版.

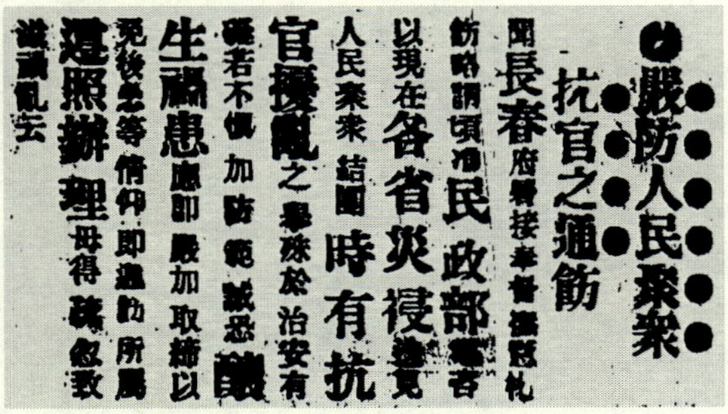

嚴防人民聚衆抗官之通飭

聞長春府署接奉督撫憲札飭略謂頃准民政部咨若以現在各省災祲迭見人民聚衆結團時有抗官擾亂之舉殊於治安有礙若不預加防範誠恐釀生禍患應即嚴加取締以免後患等情仰即遵飭所屬遵照辦理毋得疏忽致滋亂云

严防人民聚众抗官之通饬．盛京时报，宣统三年八月二十六日（1911年10月17日），第1483号：第1张第4版．

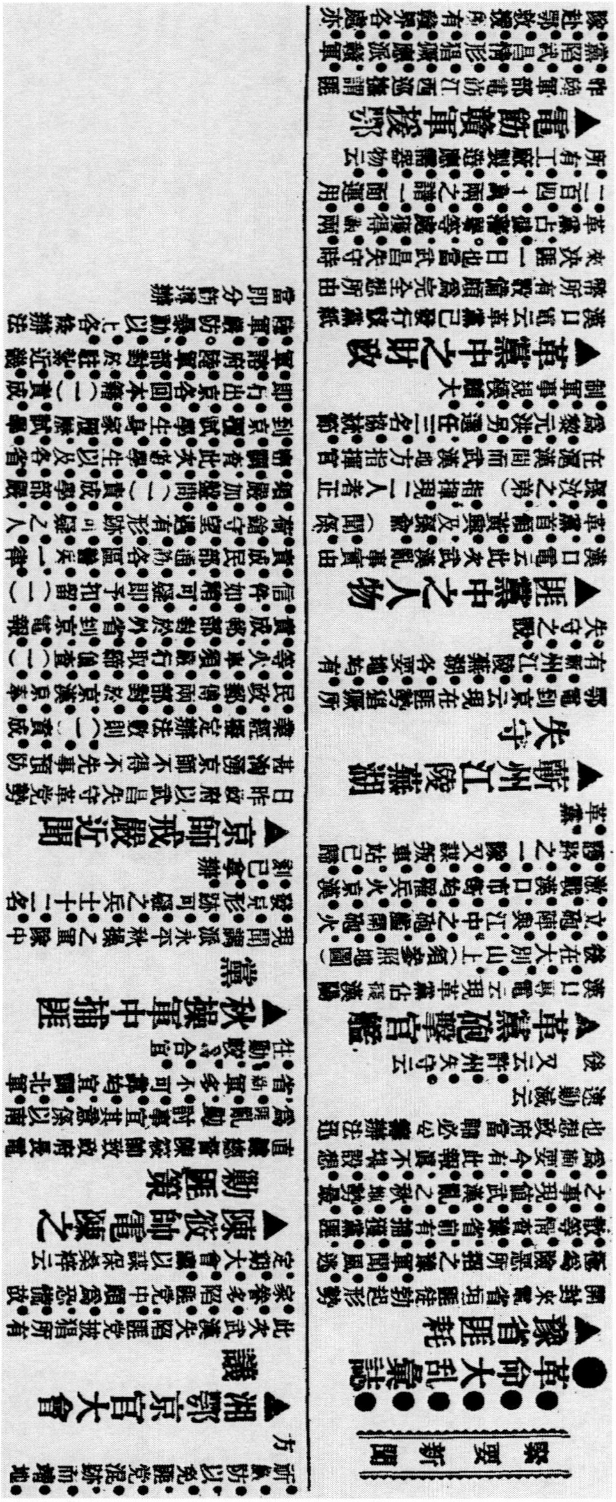

革命大乱汇志．盛京时报，宣统三年八月二十六日（1911 年 10 月 17 日），
第 1483 号：第 1 张第 7 版．

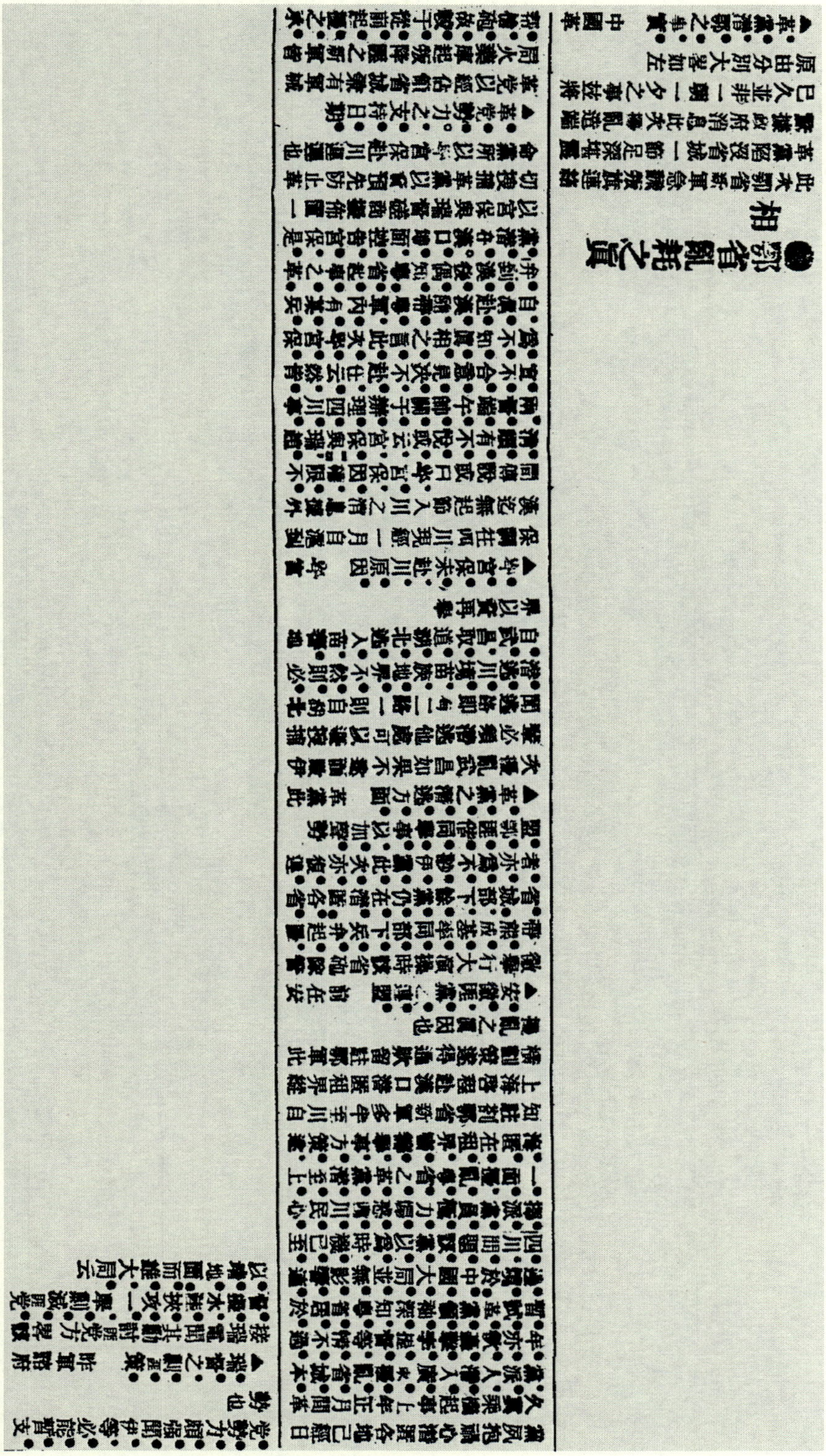
鄂省亂耗之真相

鄂省乱耗之真相. 盛京时报, 宣统三年八月二十六日(1911 年 10 月 17 日), 第 1483 号: 第 1 张第 7 版.

中外要電

●民心搖動

商民向京師大清銀行求付現銀者日益增加民心漸形搖動

●官軍離散

駐留漢口附近之官軍因糧餉缺乏不能支持現已一併離散

●革命軍之佈置

▲革命軍現在武漢一帶施行軍政

●兩軍大戰在邇

第六鎮(駐紮保定)之先鋒隊現已駛抵漢口機關砲四尊亦已運抵漢口 兩軍激戰蓋不甚遠

●革命軍已設紅十字醫院

革命軍已在漢口開設紅十字醫院聘請美人伯利君充當院長

●革命軍勢益猖獗

湖南革命軍現已攻陷口口(電碼不確)等處

●官軍忌避出征

駐紮保定及正定之新軍所屬步工各營之大半忌避出征且漢人將本之全體脫逃者實繁有徒

●軍費亦賴外欵

度支部為彌補軍費起見已向四國銀行團請求籌備外欵二百五十萬兩限三月還清利息七厘聞米法二銀行業經照准英德二銀行尚未確覆(以上均係北京專電二十六日下午六鐘時接到)

●廕大臣抵鄂有日

廕大臣督帶精兵二萬日內將抵漢口兩軍大戰蓋在邇焉傳聞革軍領袖黃興此次欲意奄有黃河以南另派黎元洪略取江東事若不成則退據巴蜀之險另謀持久之策(漢口專電)

●鄂乱之近因

此次鄂省起事之革黨即前在粵省起事不遂其志之餘黨也日昨湘鄂及四川商紳因鐵路國有問題憤懣不置以為機不可失當將作亂民機械潛到上海集議一切分頭搭坐民船潛入鄂川兩省相機起事粵督偵悉此事電告鄂督籌辦防範然為時已晚革黨等抵鄂後與黎元洪及諮議局中有為之志士勾結嗣又有新軍中不願赴蜀勦匪者亦不知革命何為均亦雷同加入勢漸增强遂致釀成此次大變云

●大軍瞬集鄂省

廕大臣督帶陸軍兩鎮於今明兩日一律拔隊星馳鄂省第二鎮之一半准於本日(二十五日)可抵漢口聞官軍聲稱大軍抵鄂不難勦滅革黨也

●交通不致阻滯消息

京漢粵漢兩路已有被革黨破壞然損害不甚大無碍於運兵

●警衛隊効用之秋

民政部已派警衛隊三千餘人分配各署及王公大臣府第嚴重守衛聞警衛隊薪水現已一律加倍

●御史團嚴劾盛瑞消息

御史聯銜嚴劾盛宣懷及瑞澂等請奪開去盛之差使以謝川鄂臣民瑞則從重處分不可使之倖逃顯戮(以上均係北京專電二十七日上午九鐘時接到)

●廣東防範甚嚴

▲據駐粵廣東日領事瀬川君來電云現在粵督接得政府警電因即飭令海陸各軍及巡警局對於革黨動靜必須慎重偵探嚴加防範中國軍艦海籌號於二十三日由廣東拔錨急往漢口 廣東電報局於廿二日起除公家電報外一般電報則一律停收

●宣言書已到日本

▲日外務部於二十四日接到清國革命軍遞寄各國領事轉致本國政府之獨立宣言書(東京專電)

●革軍之實力

▲革命軍兵力為駐鄂駐漢及駐防襄陽各軍計四標駐紮岳州駐紮長沙等軍計二標共計六標均歸副都統黎元洪節制另置協都統三名分別統轄

●京師拿獲革黨多名

▲京師現有革黨潛匿各處傾發逆書傳單煽惑官民日昨民政部派警查拿共獲匪黨計二十名

▲安置新軍訓令

軍諮府致電端方等謂該大臣所帶鄂省新軍兩營務須妥為安置暫勿入城

●南京軍隊赴鄂

▲南京陸軍第二十八協已於二十二日拔隊赴鄂勦匪

●革命軍之近情

▲漢口電報局及郵便局均為革黨之所佔唯外人電報仍照常辦理武昌革命軍現正鑄造銅貨以資通用

●岑西林因病辭職

▲岑西林奉命總督四川後昨已入奏因病固辭(北京專電)

▲防範加嚴之由來

外間傳述駐濟南及保定之新軍中有私通革黨者故兩地之防範尤嚴(以上再錄昨日號外)

▲鄂乱之影響於金融界

京師商民多向大清銀行貯蓄銀行及各銀號要求付與現銀大有應給不暇之勢(北京專電)

▲革黨怨及俄領事

駐漢俄領事帮同瑞督搜獲革黨革黨因之深怨該領事

▲武漢間市況

武昌漢口及漢陽三埠商民已在革命軍政之下一律開市唯因民心仍然恐惶金融限滯市面極形蕭條

▲革命軍之設施

自二十二日以來革命軍彈壓暴民力保治安務得民心唯對於滿人則無論官商一律殺戮(漢口專電)

武昌起义之中外要电．盛京时报，宣统三年八月二十七日（1911 年 10 月 18 日），第 1484 号：第 1 张第 2 版．

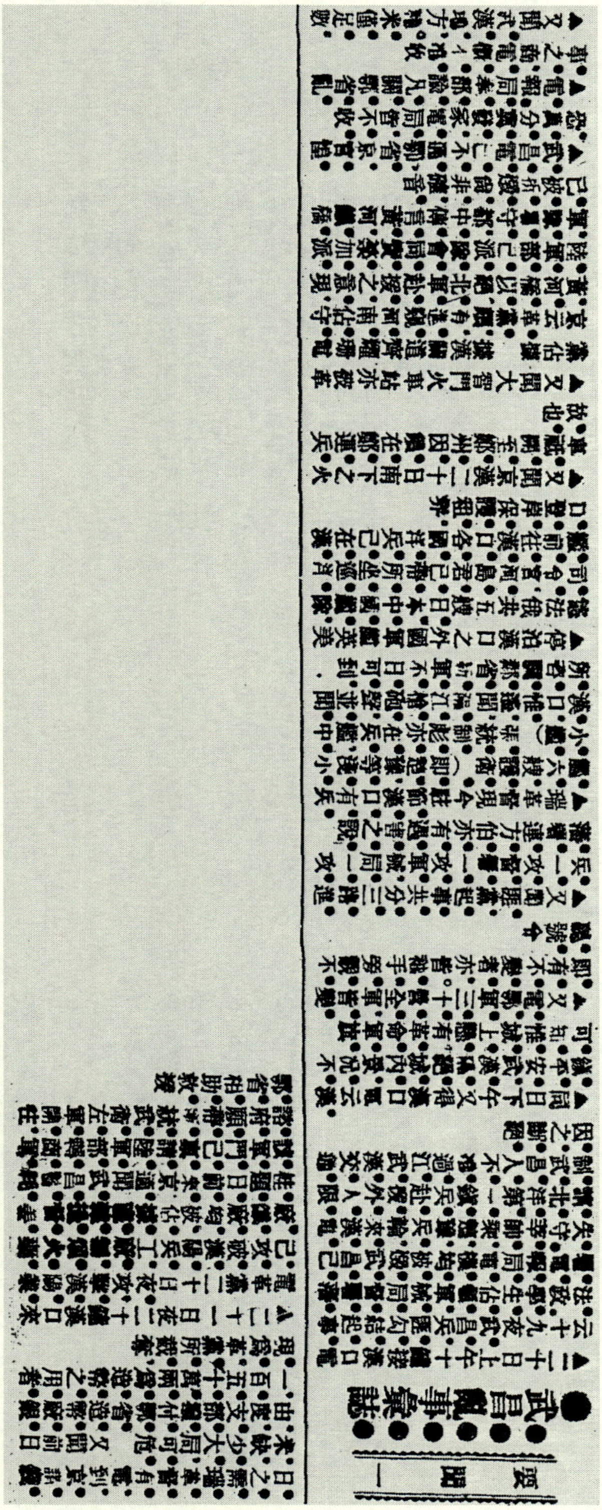

武昌乱事汇志．盛京时报，宣统三年八月二十七日（1911 年 10 月 18 日），
第 1484 号：第 1 张第 2 版．

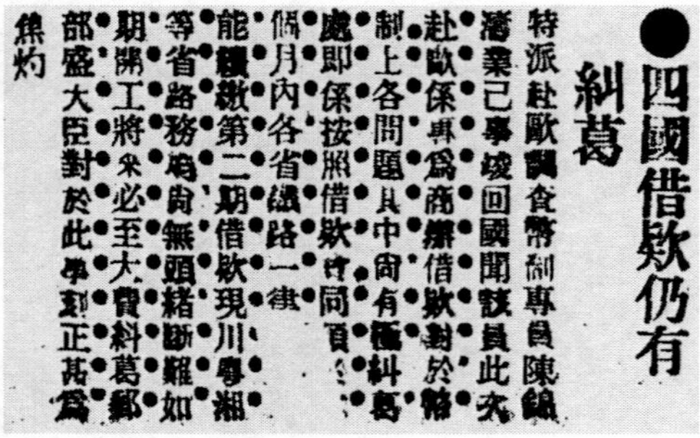

●四國借欵仍有糾葛
特派赴歐調查幣制專員陳錦濤業已事竣回國聞該員此次赴歐係專爲商辦借欵對於幣制上各問題具中尙有種種糾葛處即係按照借欵合同頁今個月內各省鐵路一律能償繳第二期借欵現川粵湘等省路務尙無頭緒斷難如期開工將來必至大費糾葛郵部盛大臣對於此事頗正甚爲焦灼

四国借款仍有纠葛.盛京时报,宣统三年八月二十七日(1911年10月18日),第1484号:第1张第2版.

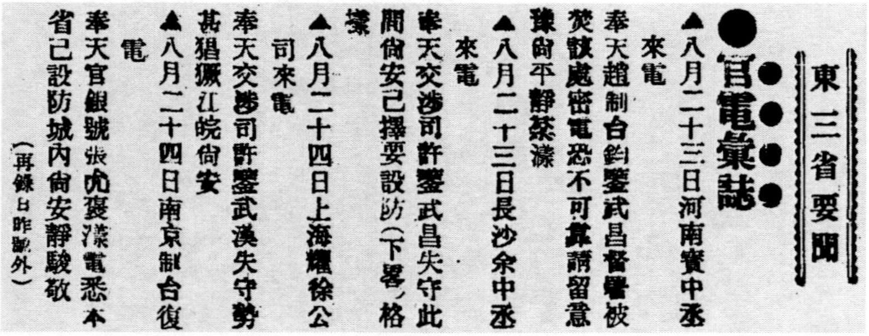

東三省要聞
●官電彙誌
▲八月二十三日河南寶中丞來電
奉天趙制台鈞鑒武昌督署被焚該處密電恐不可靠請留意豫尙平靜棻漾
▲八月二十三日長沙余中丞來電
奉天交涉司許鑒武昌失守此間尙安已擇要設防(下畧)格漾
▲八月二十四日上海耀徐公司來電
奉天交涉司許鑒武漢失守勢甚猖獗江皖尙安
▲八月二十四日南京制台復電
奉天官銀號張允褒漾電悉本省已設防城內尙安靜駿敬
(再錄日昨號外)

官电汇志(再录日昨号外).盛京时报,宣统三年八月二十七日(1911年10月18日),第1484号:第1张第4版.

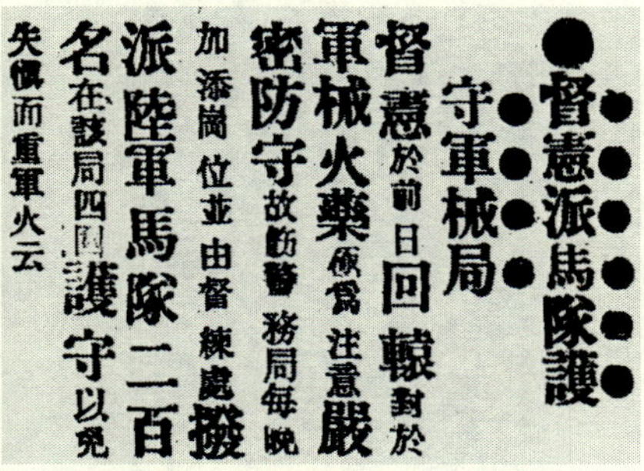

督憲派馬隊護守軍械局

督憲於前日回轅對於軍械火藥極爲注意嚴密防守故飭警務局每晚加添崗位並由督練處撥派陸軍馬隊二百名在該局四圍護守以免失慎而重軍火云

督宪派马队护守军械局．盛京时报，宣统三年八月二十七日（1911 年 10 月 18 日），第 1484 号：第 1 张第 4 版．

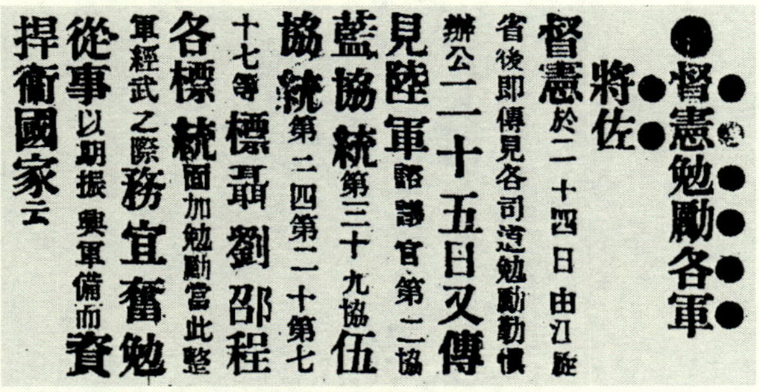

督憲勉勵各軍將佐

督憲於二十四日由江旋省後即傳見各司道勉勵勤慎辦公二十五日又傳見陸軍部諮議官第二協藍協統第三十九協伍協統第二四第二十第七十七等標聶劉邵程各標統面加勉勵當此整軍經武之際務宜奮勉從事以期振興軍備而資捍衛國家云

督宪勉励各军将佐．盛京时报，宣统三年八月二十七日（1911 年 10 月 18 日），第 1484 号：第 1 张第 4 版．

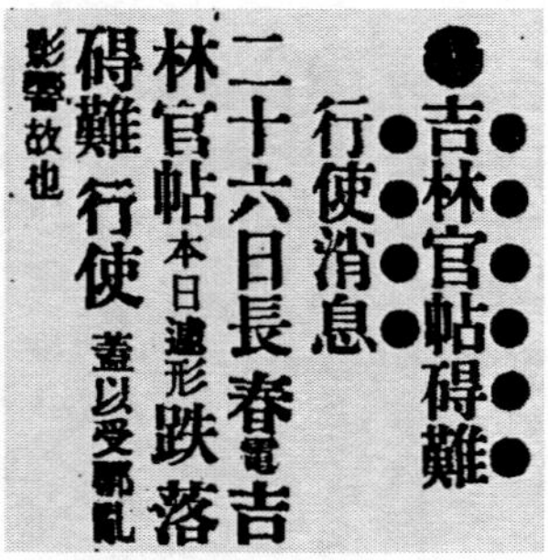

吉林官帖碍難行使消息

二十六日長春電吉林官帖本日遽形跌落碍難行使蓋以受鄂亂影響故也

吉林官帖碍难行使消息. 盛京时报, 宣统三年八月二十七日(1911 年 10 月 18 日), 第 1484 号: 第 1 张第 4 版.

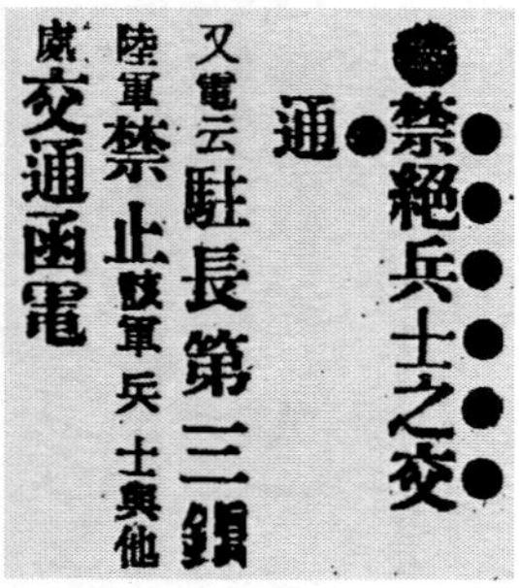

禁絕兵士之交通

又電云駐長第三鎮陸軍禁止該軍兵士與他處交通函電

禁绝兵士之交通. 盛京时报, 宣统三年八月二十七日(1911 年 10 月 18 日), 第 1484 号: 第 1 张第 4 版.

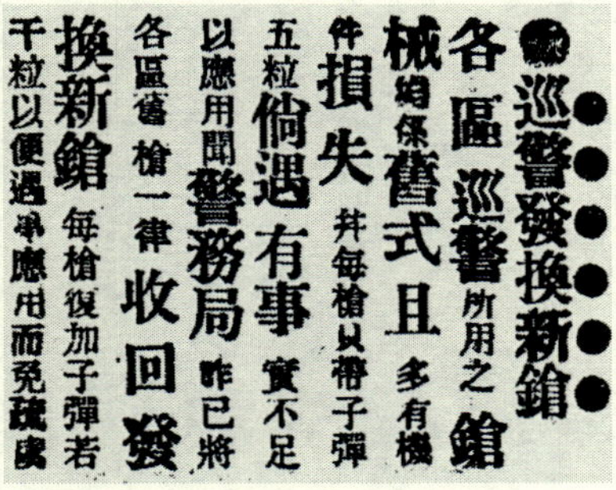

巡警發換新鎗

各區巡警所用之鎗械均係舊式且多有機件損失并每槍以帶子彈五粒倘遇有事實不足以應用聞警務局昨已將各區舊槍一律收回發換新鎗每槍復加子彈若干粒以便遇事應用而免疏虞

巡警发换新枪．盛京时报，宣统三年八月二十七日（1911 年 10 月 18 日），第 1484 号：第 1 张第 4 版．

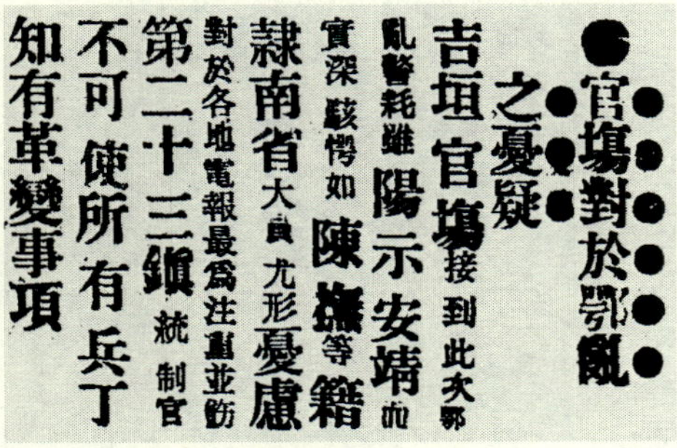

官場對於鄂亂之憂疑

吉垣官場接到此次鄂亂警耗雖陽示安靖而實深駭愕如陳[illegible]等籍隸南省大員尤形憂慮對於各地電報最為注重並飭第二十三鎮統制官不可使所有兵丁知有革變事項

官场对于鄂乱之忧疑．盛京时报，宣统三年八月二十七日（1911 年 10 月 18 日），第 1484 号：第 1 张第 4 版．

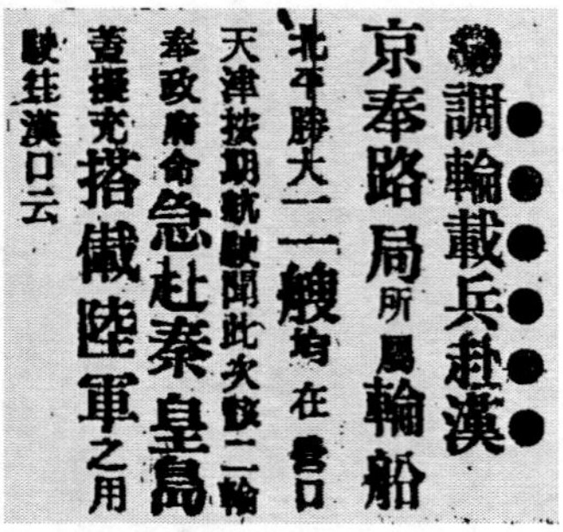

調輪載兵赴漢

京奉路局所屬輪船北平勝大二一艘均在營口天津按期航駛聞此次該二輪奉政府命急赴秦皇島蓋擬充搭載陸軍之用駛往漢口云

调轮载兵赴汉．盛京时报，宣统三年八月二十七日（1911 年 10 月 18 日），第 1484 号：第 1 张第 4 版．

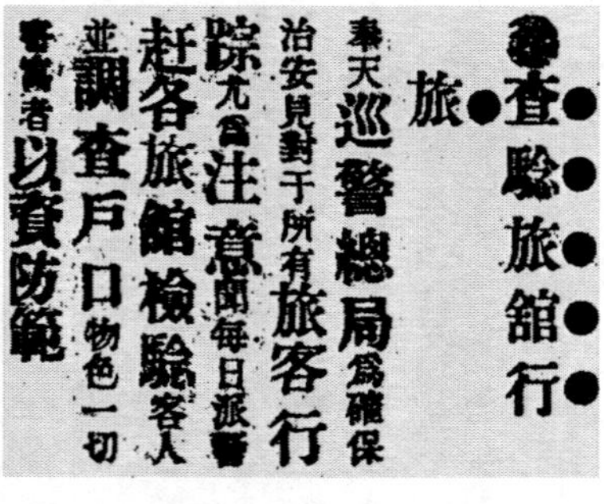

查驗旅館行旅

奉天巡警總局為確保治安見對于所有旅客行踪尤為注意聞每日派警赶各旅館檢驗客人並調查戶口物色一切[illegible]者以資防範

查验旅馆行旅．盛京时报，宣统三年八月二十七日（1911 年 10 月 18 日），第 1484 号：第 1 张第 4 版．

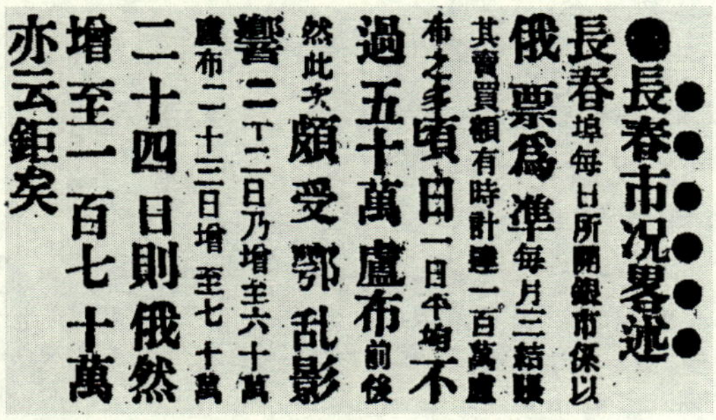

長春市况畧述

長春埠每日所開銀市係以俄票爲準每月三結賬其實買額有時計達一百萬盧布之多頃自一日平增不過五十萬盧布前後然此次頗受鄂乱影響二十二日乃增至六十萬盧布二十三日增至七十萬二十四日則俄然增至一百七十萬亦云鉅矣

长春市况略述．盛京时报，宣统三年八月二十七日（1911 年 10 月 18 日），第 1484 号：第 1 张第 4 版．

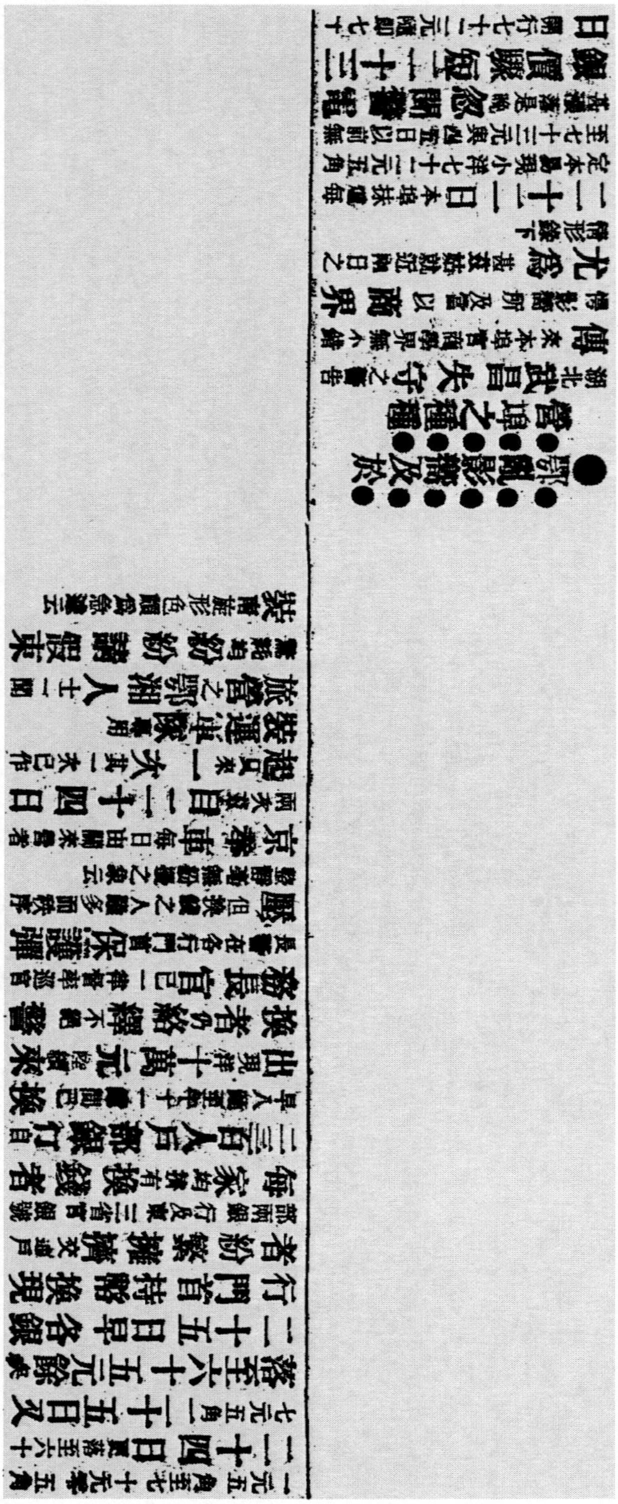

鄂乱影响及于营埠之种种．盛京时报，宣统三年八月二十七日（1911年10月18日），第1484号：第1张第4版．

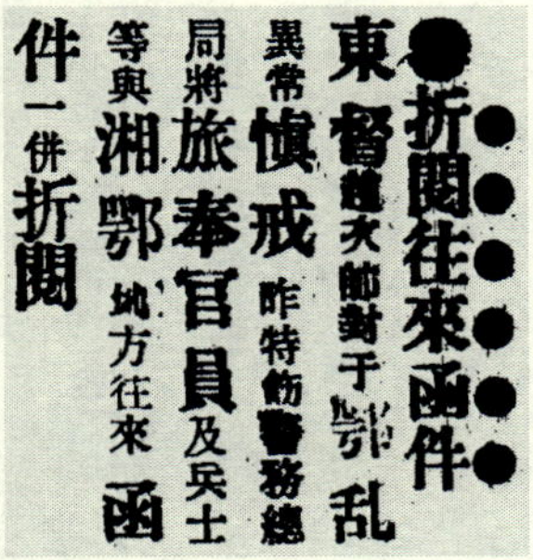

●折閱往來函件●●●●●● 東督趙大帥對于鄂乱異常慎戒昨特飭警務總局將旅奉官員及兵士等與湘鄂地方往來函件一併折閱

折阅往来函件.盛京时报,宣统三年八月二十七日(1911 年 10 月 18 日),第 1484 号:第 1 张第 4 版.

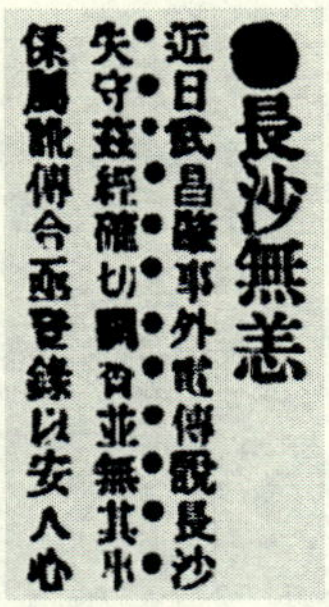

●長沙無恙 近日武昌發事外電傳說長沙失守●●●●●●●●茲經確切調查並無其事係屬訛傳合亟登錄以安人心

长沙无恙.盛京时报,宣统三年八月二十七日(1911 年 10 月 18 日),第 1484 号:第 1 张第 7 版.

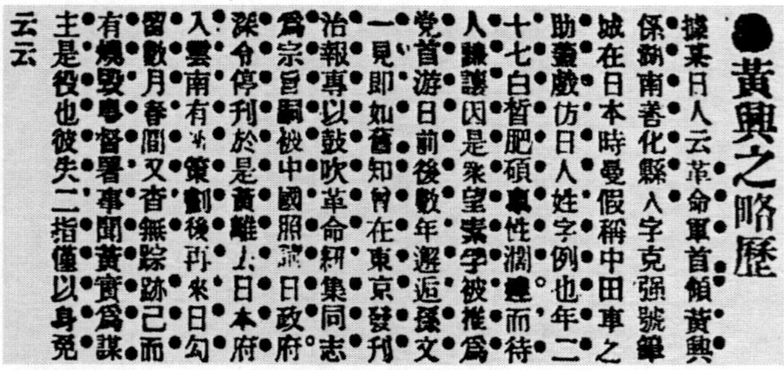

黃興之略歷

據某日人云革命軍首領黃興係湖南善化縣人字克強號鑾城在日本時曾假稱中田重之助蓋戲仿日人姓字例也年二十七白皙肥碩專性淵雅而待人謙讓因是衆望素孚被推爲黨首游日前後數年邂逅孫文一見即如舊知曾在東京發刊治報專以鼓吹革命糾集同志爲宗旨觸彼中國照請日政府深令停刊於是黃離去日本府入雲南有所策劃後再來日勾留數月春間又杳無踪跡已而有燬毀粵督署事聞黃實爲謀主是役也彼失二指僅以身免云云

黄兴之略历．盛京时报，宣统三年八月二十七日（1911 年 10 月 18 日），第 1484 号：第 1 张第 7 版．

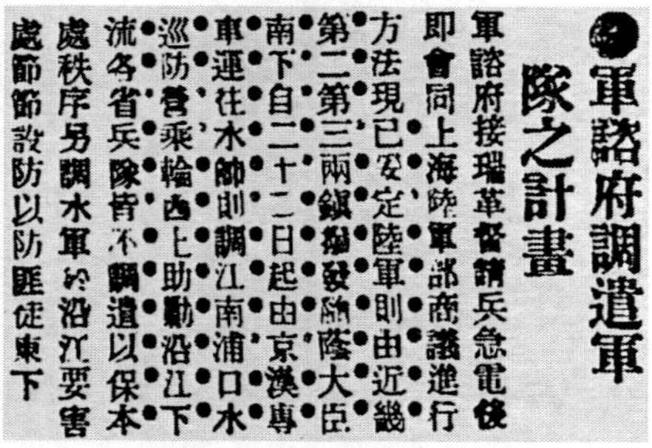

軍諮府調遣軍隊之計畫

軍諮府接瑞革督請兵急電後即會同上海陸軍部商議進行方法現已妥定陸軍則由近畿第二第三兩鎮撥發歸蔭大臣南下自二十二日起由京漢專車運往水師則調江南浦口水巡防營乘輪西上助勦沿江下流各省兵隊皆不調遣以保本處秩序另調水軍於沿江要害處節節設防以防匪徒東下

军谘府调遣军队之计划．盛京时报，宣统三年八月二十七日（1911 年 10 月 18 日），第 1484 号：第 1 张第 7 版．

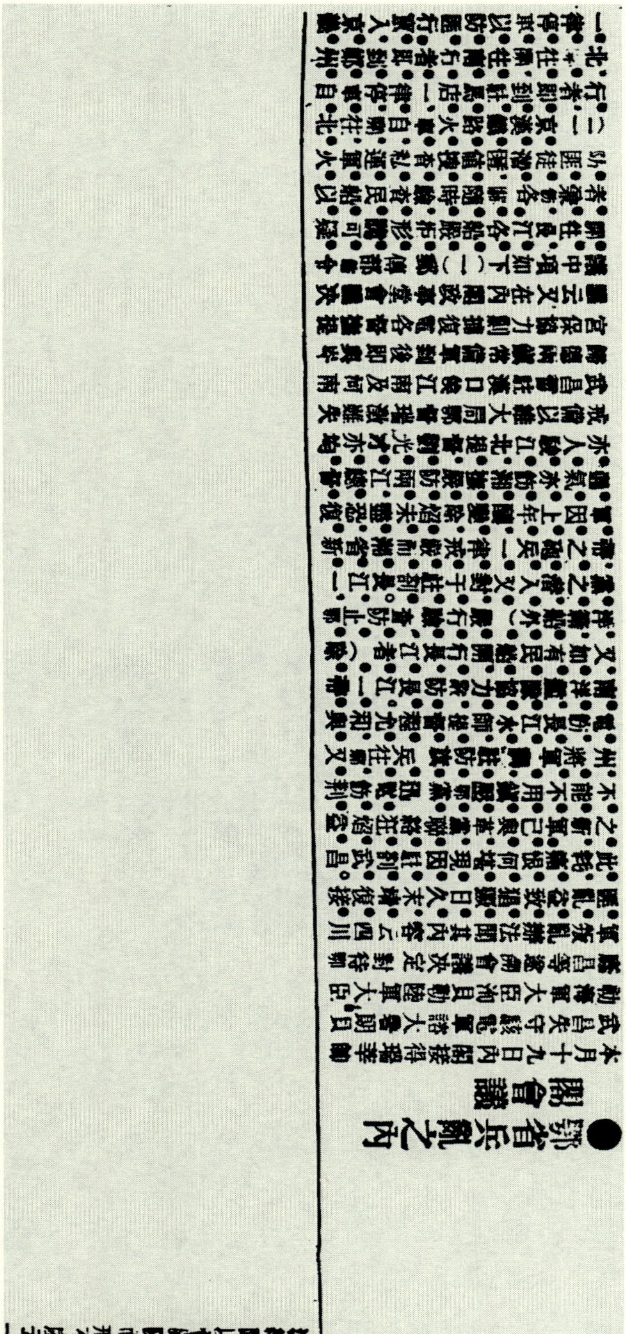

鄂省兵亂之內閣會議

鄂省兵乱之内阁会议．盛京时报，宣统三年八月二十七日（1911 年 10 月 18 日），第 1484 号：第 1 张第 7 版．

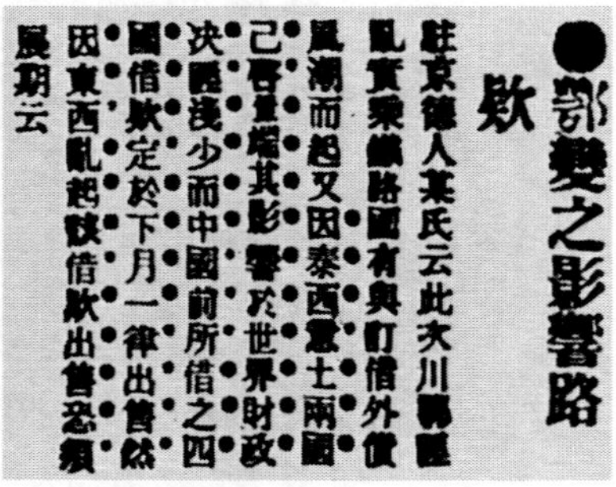
●鄂變之影響路款
駐京德人某氏云此次川鄂匪亂實乘鐵路國有與訂借外債風潮而起又因泰西意土兩國已啓釁端其影響於世界財政決匪淺少而中國前所借之四國借款定於下月一律出售然因東西亂起該借款出售恐須展期云

鄂变之影响路款.盛京时报,宣统三年八月二十七日(1911 年 10 月 18 日),第 1484 号:第 1 张第 7 版.

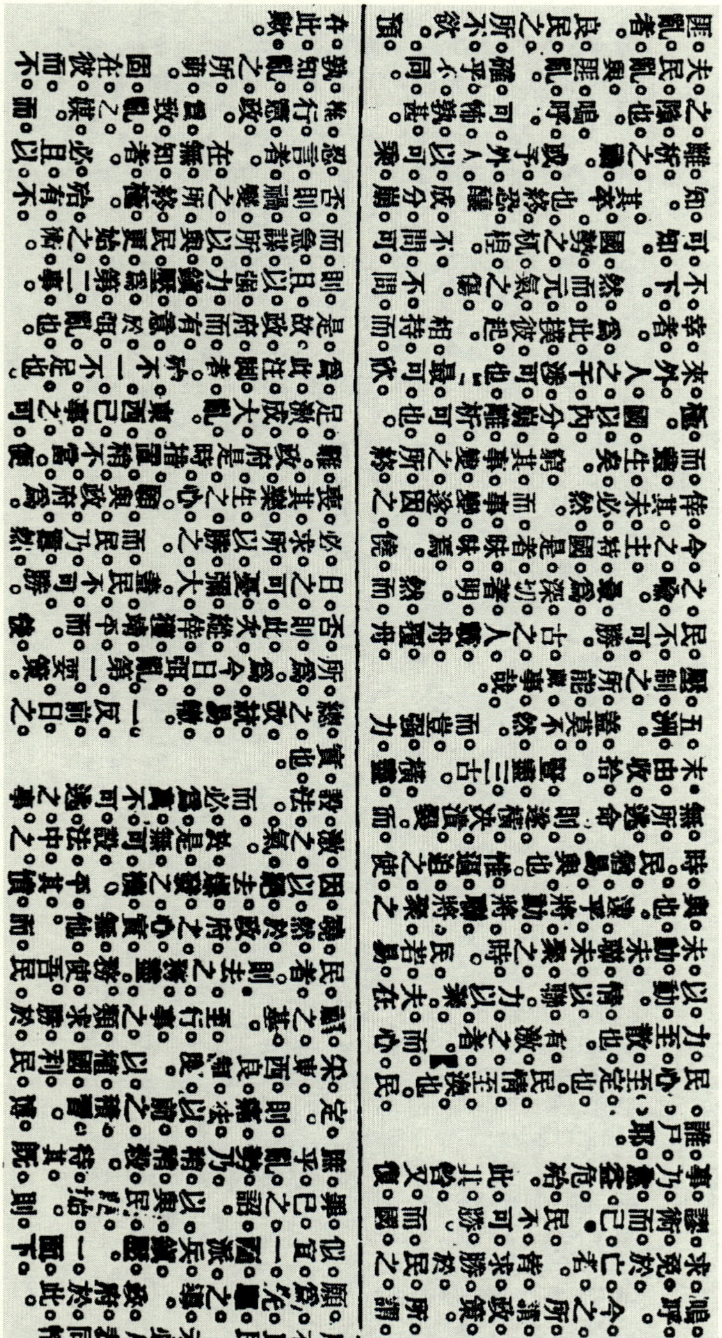

论弭乱之术．盛京时报，宣统三年八月二十八日（1911 年 10 月 19 日），第 1485 号：第 1 张第 1 版．

白話演說

粉飾昇平

粉饰升平．盛京时报，宣统三年八月二十八日（1911 年 10 月 19 日），第 1485 号：第 1 张第 1 版．

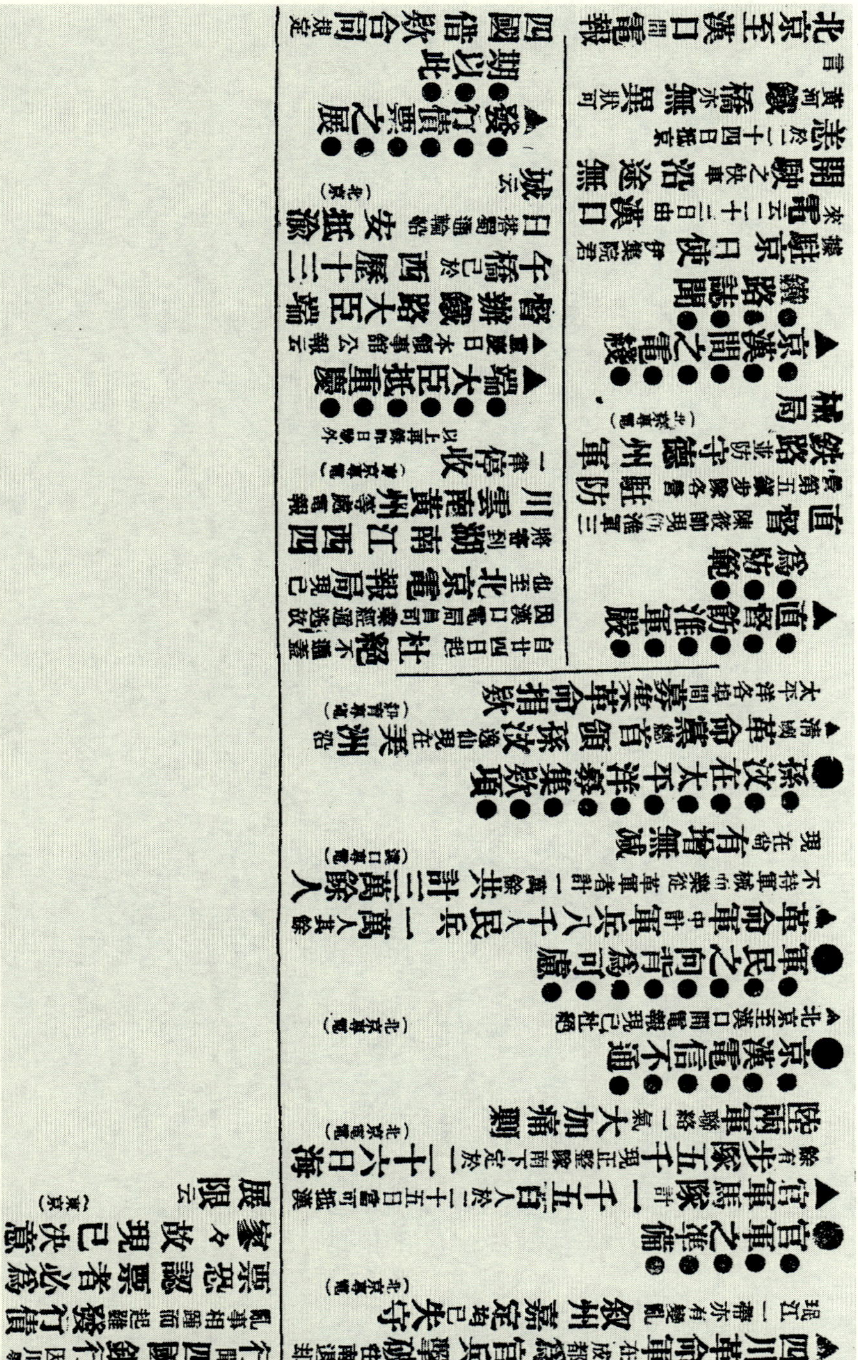

中外要電

●川亂近狀●●●

▲四川革命軍在成都爲官兵擊破往南退却現江一帶亦有變亂敘州嘉定均已失守（北京專電）

●官軍之準備●●●

▲官軍馬隊計一千五百人於二十五日當可抵漢餘有步隊五千現正整隊南下定於二十六日海陸兩軍聯絡一氣大加痛剿（北京電電）

●京漢電信不通●●●

▲北京至漢口間電報現已杜絕（北京專電）

●軍民之向背爲可慮●●●

▲革命軍中計軍兵八千人民兵一萬人其餘不特軍械而樂從革軍者計一萬餘共計三萬餘人現在尚有增無減（漢口專電）

●孫汶在太平洋募集款項●●●

▲清國革命黨總首領孫汶逸仙現在美洲沿太平洋各埠間募集革命捐款（紐育專電）

●直督飭淮軍嚴爲防範●●●

直督陳筱帥現飭淮軍三營第五鎮步隊各營駐防鐵路並防守德州軍械局（北京專電）

●京漢間之電綫●鐵路誌聞●●●

▲據駐京日使伊集院君來電云二十二日由漢口開駛之快車沿途無恙於二十四日抵京黃河鐵橋亦無異狀可言北京至漢口間電報自廿四日起杜絕不通蓋因漢口電局員司棄經遁逃故也至北京電報局現已將寄到湖南江西四川雲南貴州等處電報一律停收（東京專電）以上再錄昨日號外

●端大臣抵重慶●●●

▲重慶日本領事館公報云督辦鐵路大臣端午橋已於西歷十三日搭蜀通輪船安抵渝城云（北京）

●發行債票之展期●●●

▲以此四國借款合同規定於調印後六月以內發行票償月之二十四日已屆滿期然迄未發行聞四國銀行因川鄂亂事相踵而起雖發行債票恐認票者必爲寥寥故現已決意展限云（東京）

革命形势之中外要电．盛京时报，宣统三年八月二十八日（1911年10月19日），第1485号：第1张第2版．

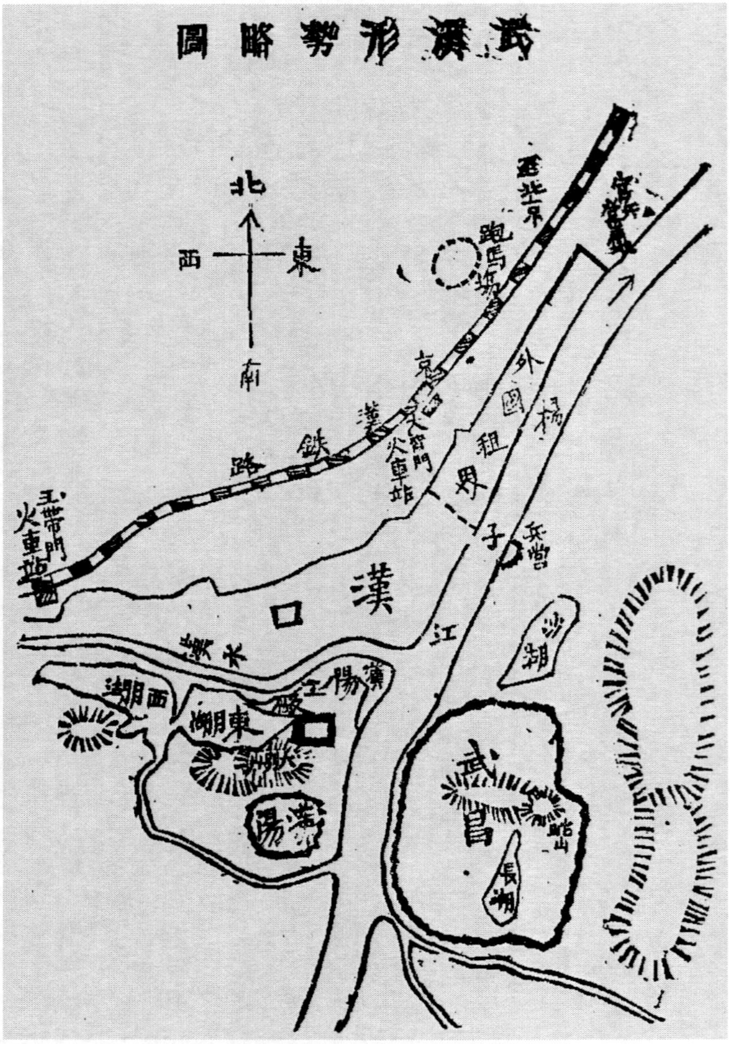

武汉形势略图．盛京时报，宣统三年八月二十八日（1911 年 10 月 19 日），第 1485 号：第 1 张第 2 版．

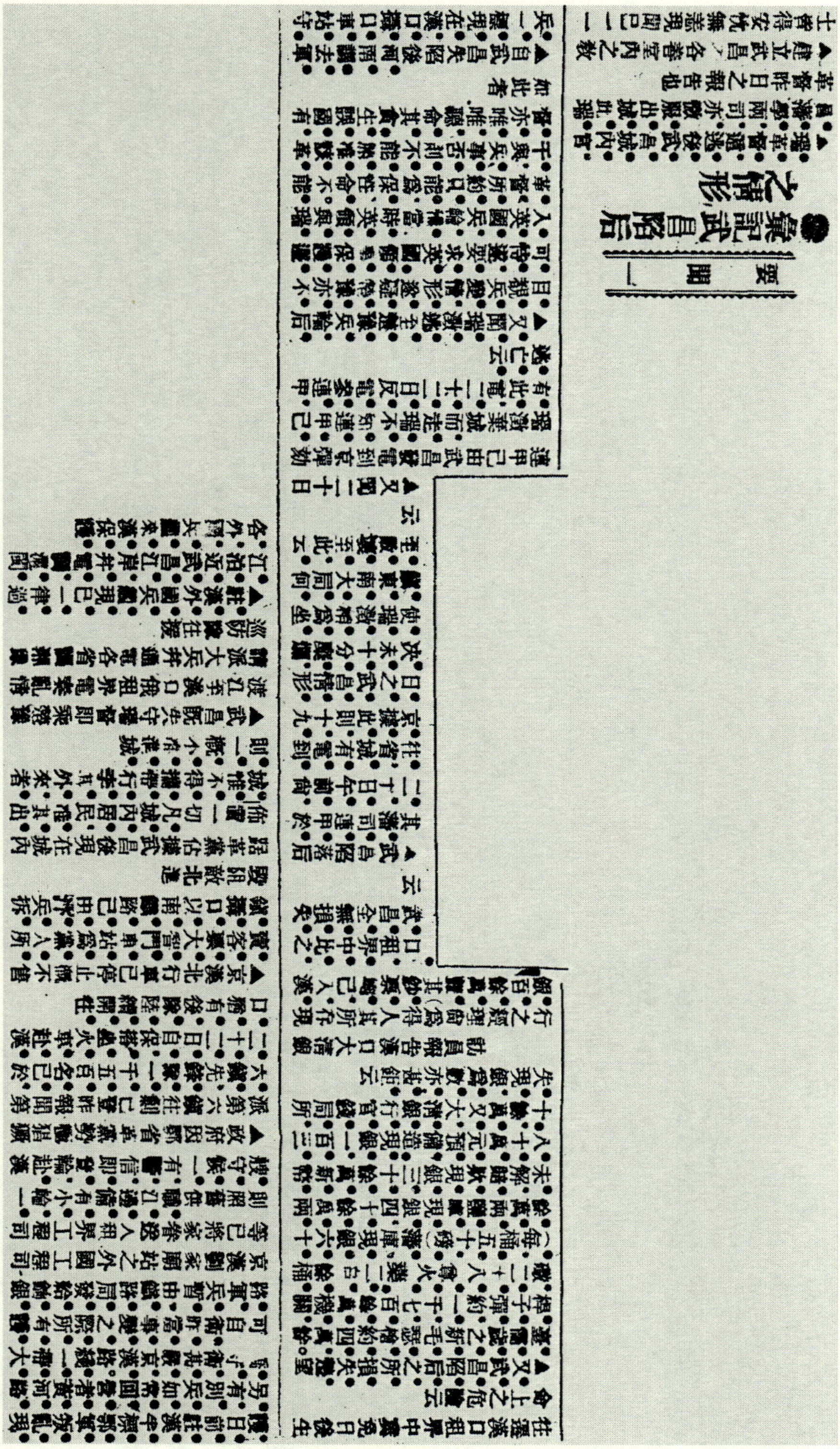

汇记武昌陷后之情形．盛京时报，宣统三年八月二十八日（1911 年 10 月 19 日），第 1485 号：第 1 张第 2 版．

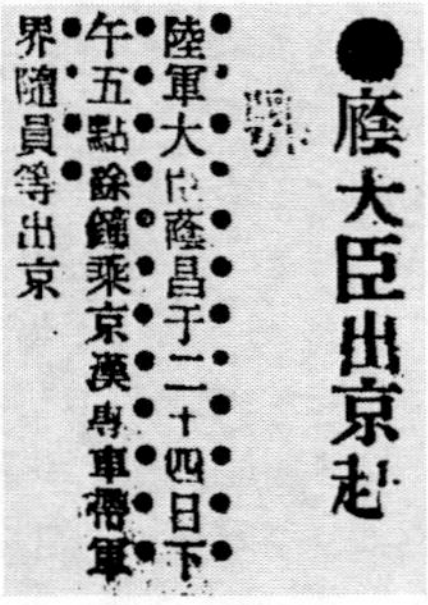

蔭大臣出京赴鄂

陸軍大臣蔭昌于二十四日下午五點餘鐘乘京漢專車帶軍界隨員等出京

蔭大臣出京赴鄂．盛京时报，宣统三年八月二十八日（1911 年 10 月 19 日），第 1485 号：第 1 张第 2 版．

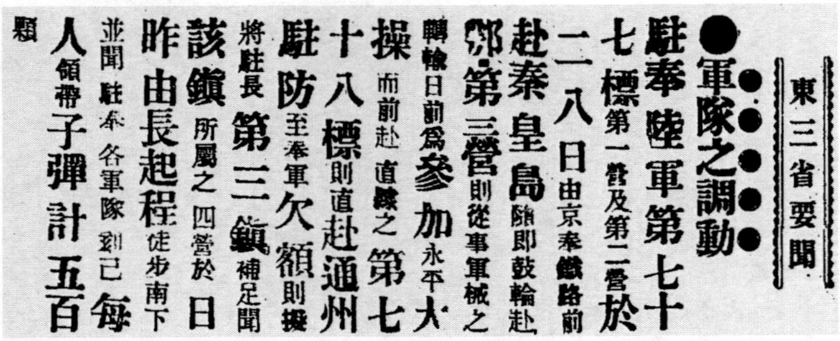

東三省要聞

軍隊之調動

駐奉陸軍第七十七標第一營及第二營於二八日由京奉鐵路前赴秦皇島隨即鼓輪赴鄂第三營則從事軍械之轉輸日前爲參加永平大操而前赴直隸之第七十八標則直赴通州駐防至奉軍欠額則擬將駐長第三鎮補足聞該鎮所屬之四營於日昨由長起程徒步南下並聞駐奉各軍隊刻已每人領帶子彈計五百顆

军队之调动．盛京时报，宣统三年八月二十八日（1911 年 10 月 19 日），第 1485 号：第 1 张第 4 版．

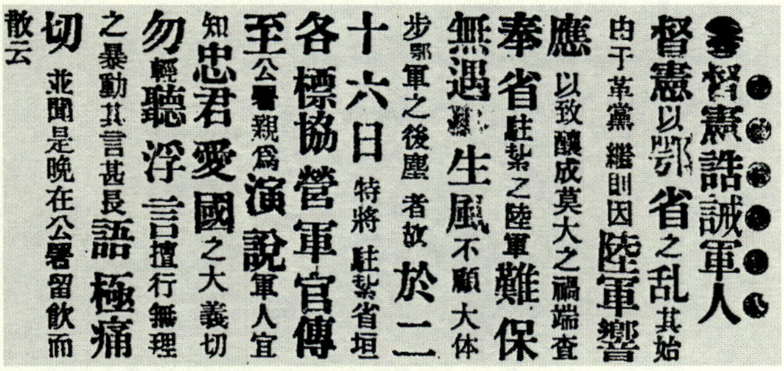

督憲誥誡軍人

督憲以鄂省之乱其始由于革黨繼則因陸軍響應以致釀成莫大之禍端查奉省駐紮之陸軍難保無遇[illegible]生風不顧大体步鄂軍之後塵者故於二十六日特將駐紮省垣各標協營軍官傳至公署親為演說軍人宜知忠君愛國之大義切勿輕聽浮言擅行無理之暴動其言甚長語極痛切並聞是晚在公署留飲而散云

督宪诰诫军人．盛京时报，宣统三年八月二十八日（1911 年 10 月 19 日），第 1485 号：第 1 张第 4 版．

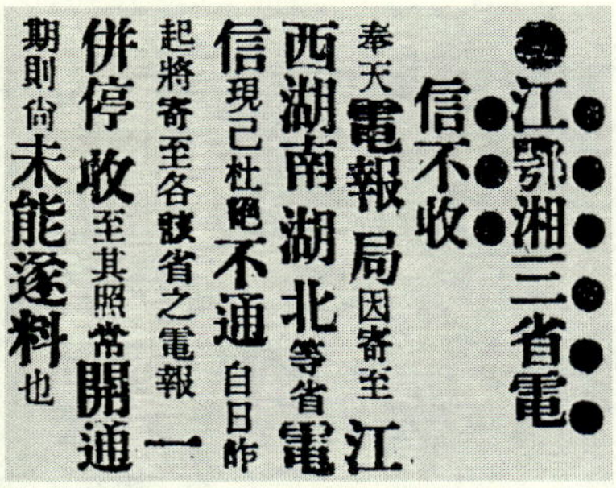

江鄂湘三省電信不收

奉天電報局因寄至江西湖南湖北等省電信現已杜絕不通自日昨起將寄至各該省之電報一併停收至其照常開通之期則尚未能逆料也

江鄂湘三省电信不收．盛京时报，宣统三年八月二十八日（1911 年 10 月 19 日），第 1485 号：第 1 张第 4 版．

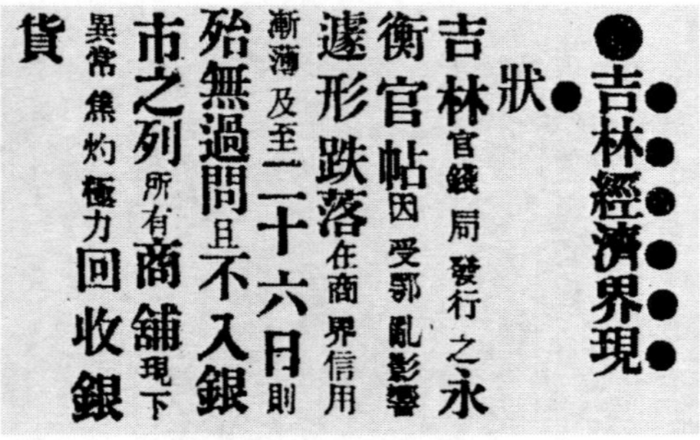

●吉林經濟界現狀●

吉林官錢局發行之永衡官帖因受鄂亂影響遽形跌落在商界信用漸薄及至二十六日則殆無過問且不入銀市之列所有商舖現下異常焦灼極力回收銀貨

吉林经济界现状．盛京时报，宣统三年八月二十八日（1911 年 10 月 19 日），第 1485 号：第 1 张第 4 版．

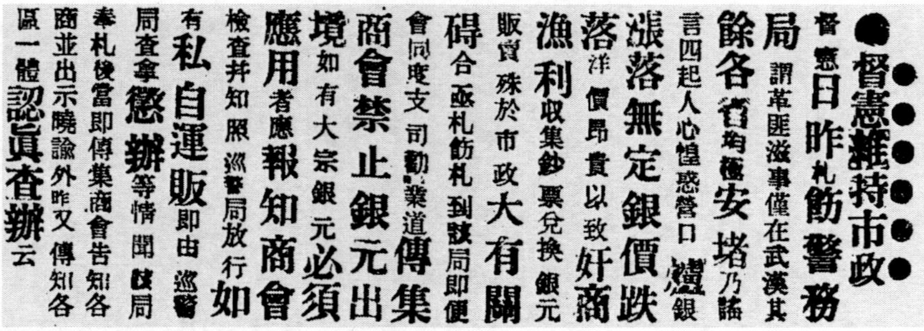

●督憲維持市政●

督憲日昨札飭警務局謂革匪滋事僅在武漢其餘各省均極安堵乃謠言四起人心惶惑營口鑪銀漲落無定銀價跌落洋價昂貴以致奸商漁利收集鈔票兌換銀元販賣殊於市政大有關碍合亟札飭札到該局即便會同度支司勸業道傳集商會禁止銀元出境如有大宗銀元必須應用者應報知商會檢查并知照巡警局放行如有私自運販即由巡警局查拿懲辦等情聞該局奉札後當即傳集商會告知各商並出示曉諭外昨又傳知各區一體認眞查辦云

督宪维持市政．盛京时报，宣统三年八月二十八日（1911 年 10 月 19 日），第 1485 号：第 1 张第 4 版．

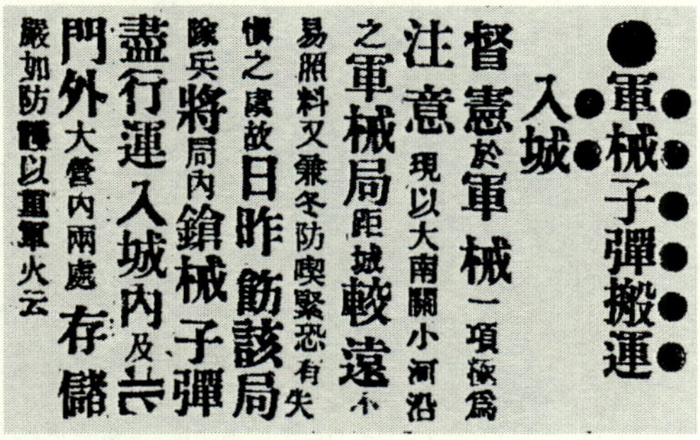

軍械子彈搬運入城

督憲於軍械一項極爲注意現以大南關小河沿之軍械局距城較遠不易照料又兼冬防喫緊恐有失愼之虞故日昨飭該局隊兵將局內鎗械子彈盡行運入城內及北門外大營內兩處存儲嚴加防護以重軍火云

军械子弹搬运入城.盛京时报,宣统三年八月二十八日(1911年10月19日),第1485号:第1张第4版.

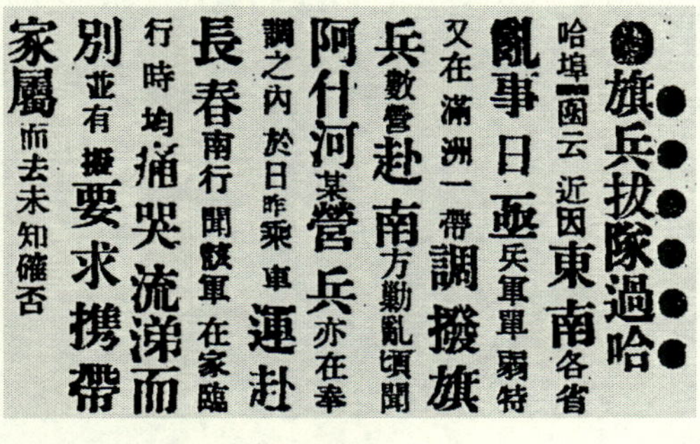

旗兵拔隊過哈

哈埠函云近因東南各省亂事日亟兵軍單弱特又在滿洲一帶調撥旗兵數營赴南方勦亂頃聞阿什河某營兵亦在奉調之內於日昨乘車運赴長春南行聞該軍在家臨行時均痛哭流涕而別並有擬要求携帶家屬而去未知確否

旗兵拔队过哈.盛京时报,宣统三年八月二十八日(1911年10月19日),第1485号:第1张第4版.

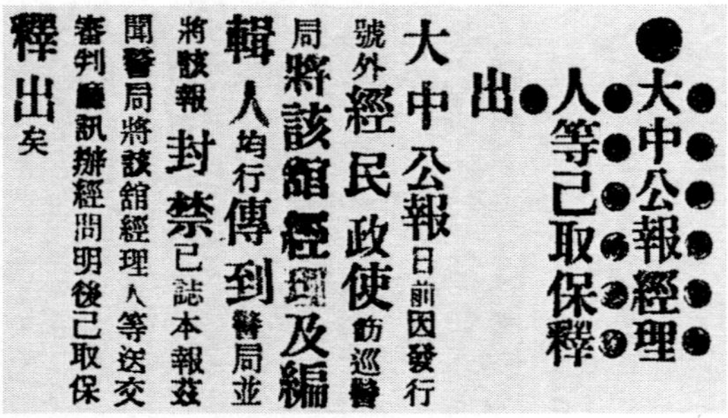

●大中公報經理人等已取保釋出●

大中公報日前因發行號外經民政使飭巡警局將該館經理及編輯人均行傳到警局並將該報封禁已誌本報茲聞警局將該館經理人等送交審判廳訊辦經訊明後已取保釋出矣

大中公报经理人等已取保释出．盛京时报，宣统三年八月二十八日（1911 年 10 月 19 日），第 1485 号：第 1 张第 4 版．

●營●口●市●面●種●種●再●誌●

本埠自聞武昌警耗後市面種種情形已紀本報茲經復訪二十五日大清戶部銀行計兌出現洋十二萬元東三省官銀號兌出十萬元餘惟交通較少僅兌出五萬餘元因該行所出紙幣不過百餘萬元本較戶部三省兩行爲少

且牛艚小船及粮客赴上游各處收秋均帶交通紙幣是以在埠流行者無多二十六日自早至午各行門首之持幣換現者仍然擁擠惟戶部銀行之現洋則存儲甚多人心毫不恐慌云 又抹爐銀是日驟跌至五十五元至晚始復回至六十元零津滬滙水異常增漲又二十六日午後二鐘道憲袁觀察廳尊吳司馬齊到商會同總理坐辦協理現在東渡觀光約集闔埠商號會議維持市面直至三鐘後始散並發出告示以安人心云

营口市面种种再志.盛京时报,宣统三年八月二十八日(1911年10月19日),
第1485号:第1张第4版.

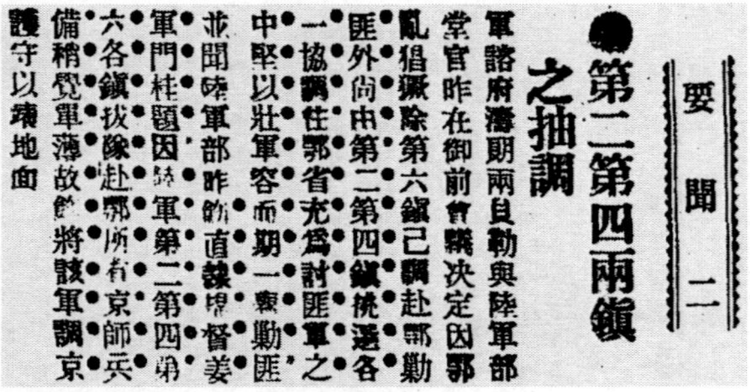

要聞 二

第二第四兩鎮之抽調

軍諮府濤朗兩貝勒與陸軍部堂官昨在御前會議決定因鄂亂猖獗除第六鎮已調赴鄂勦匪外尚由第二第四鎮挑選各一協調往鄂省充爲討匪軍之中堅以壯軍容而期一鼓勦匪並聞陸軍部昨飭直隸提督姜軍門桂題因該軍第二第四第六各鎮拔隊赴鄂所有京師兵備稍覺單薄故飭將該軍調京護守以靖地面

第二第四两镇之抽调．盛京时报，宣统三年八月二十八日（1911 年 10 月 19 日），第 1485 号：第 1 张第 7 版．

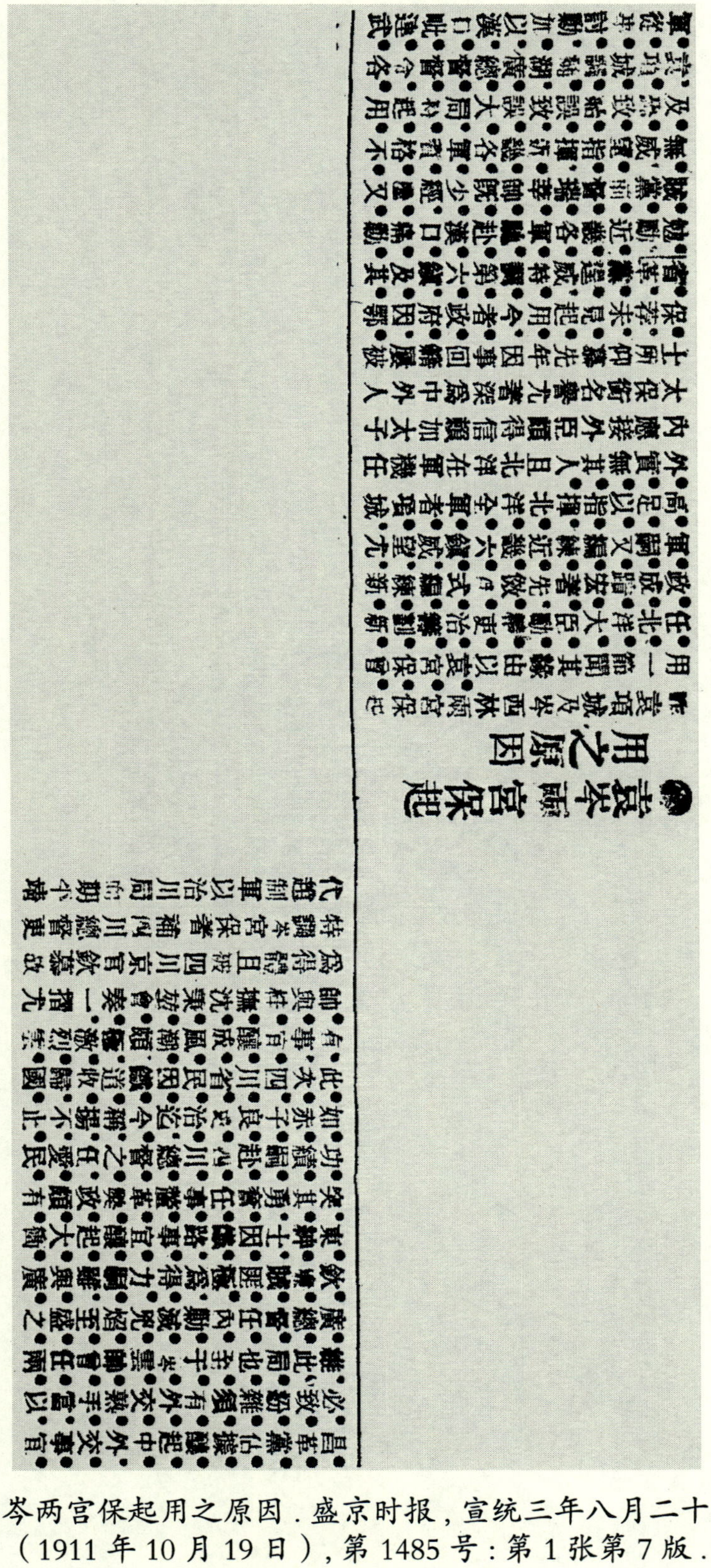

袁、岑两宫保起用之原因．盛京时报，宣统三年八月二十八日（1911 年 10 月 19 日），第 1485 号：第 1 张第 7 版．

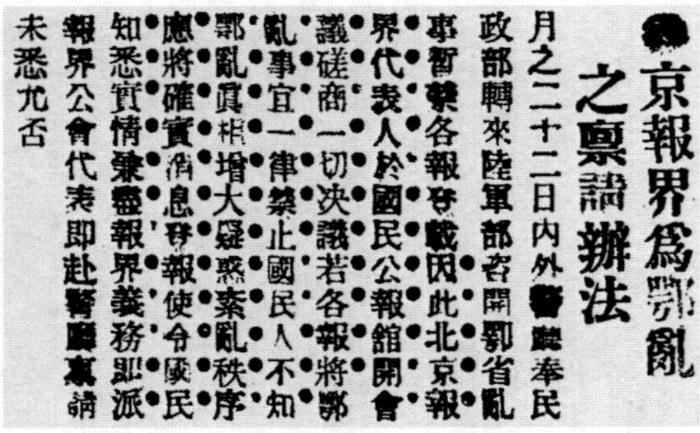

京報界爲鄂亂之稟請辦法

月之二十二日內外[illegible]廳奉民政部轉來陸軍部咨開鄂省亂事暫禁各報登載因此北京報界代表人於國民公報館開會議磋商一切決議若各報將鄂亂事宜一律禁止國民人不知鄂亂眞相增大疑惑紊亂秩序應將確實消息登報使令國民知悉實情隸屬報界義務即派報界公會代表即赴警廳稟請未悉允否

京报界为鄂乱之禀请办法．盛京时报，宣统三年八月二十八日（1911 年 10 月 19 日），第 1485 号：第 1 张第 7 版．

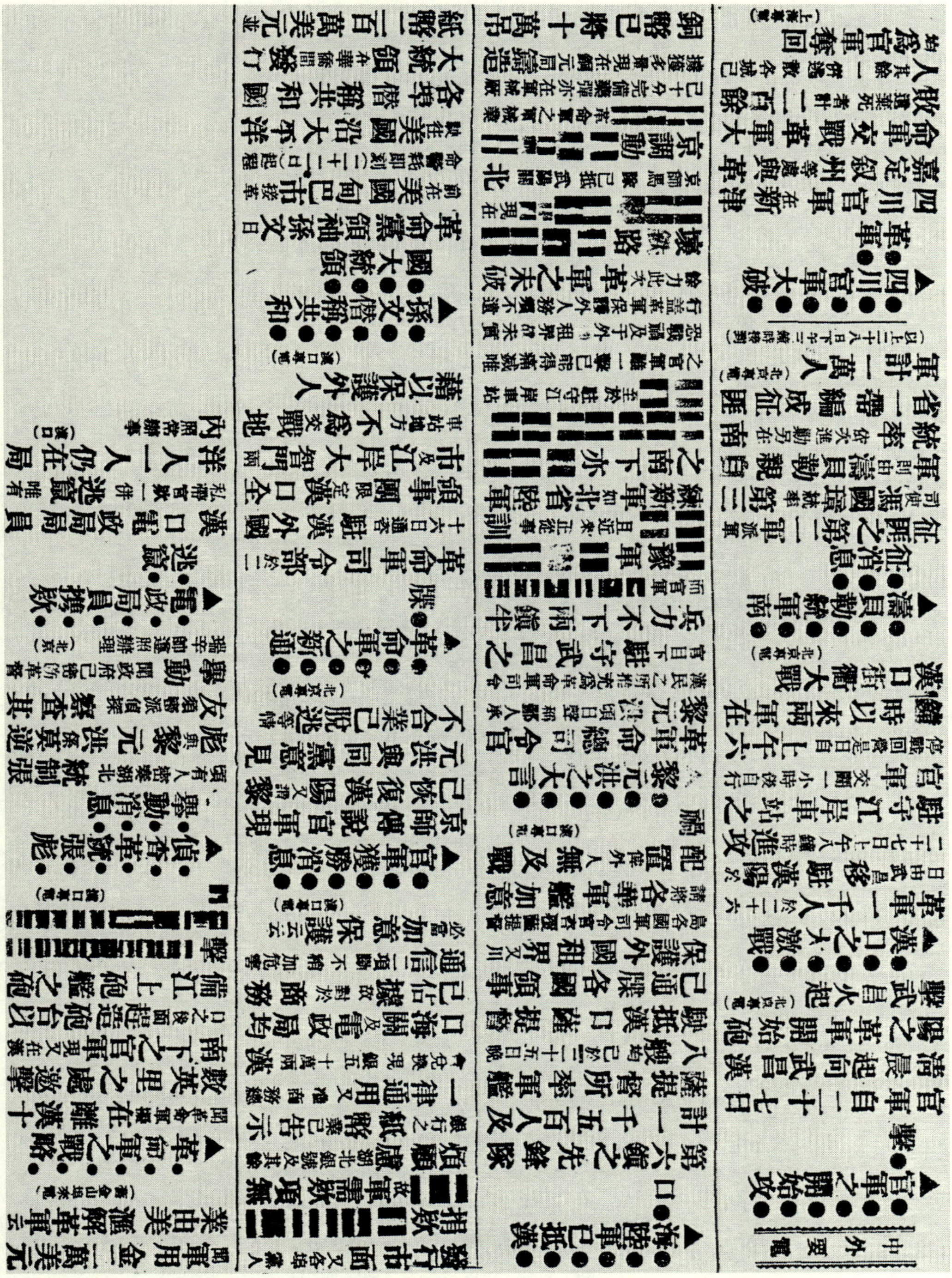

武昌起义之中外要电．盛京时报，宣统三年八月二十九日（1911 年 10 月 20 日），第 1486 号：第 1 张第 2 版．

要聞一

賢王憂國之熱淚

政界可靠消息二十一日夜間濤貝勒接奉電召回京即先詣監國府內謁見時朗貝勒適亦在側遂密議剿平鄂亂及應否停止秋操各辦法旋由濤貝勒聲言不圖黨患猝發至於此極川之際軍附匪尤為可慮現武昌尚可徐圖收復若他處再有牽動大局何堪設想言畢頗為愁愴監國及朗貝勒亦皆揮淚後由朗貝勒勸止遂決議停辦秋操

贤王忧国之热泪．盛京时报，宣统三年八月二十九日（1911年10月20日），第1486号：第1张第2版．

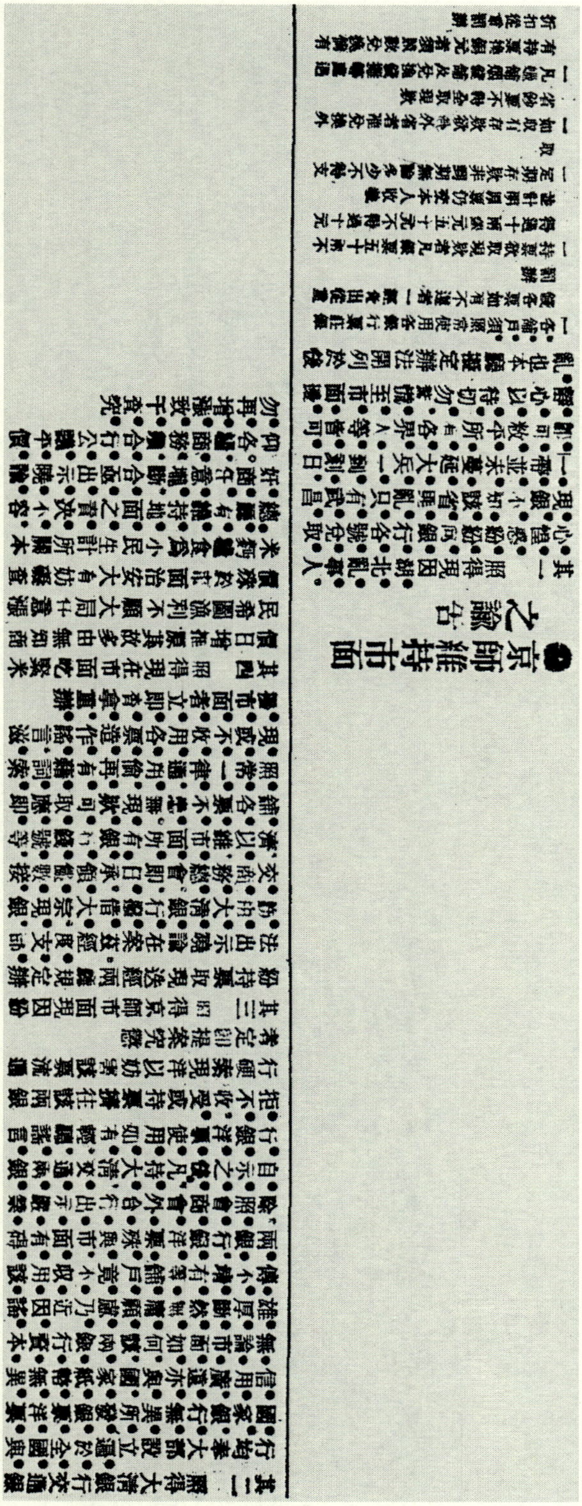

京師維持市面之諭告

京师维持市面之谕告．盛京时报，宣统三年八月二十九日（1911 年 10 月 20 日），第 1486 号：第 1 张第 2 版．

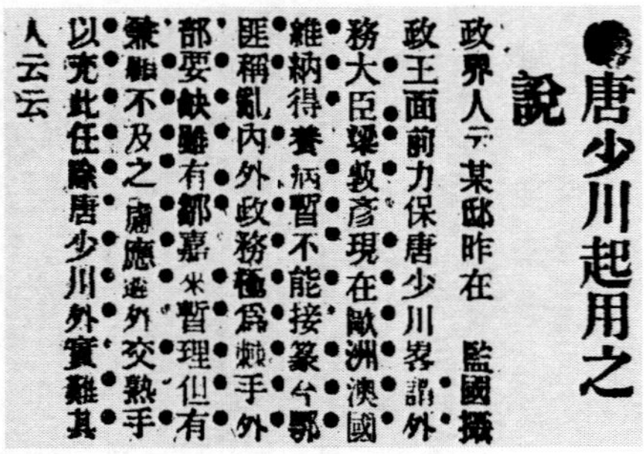

唐少川起用之說

政界人云某邸昨在監國攝政王面前力保唐少川署理外務大臣梁敦彥現在歐洲澳國維納得養病暫不能接篆台鄂匪稱亂內外政務極爲棘手外部要缺雖有鄒嘉來暫理但有兼顧不及之慮應派外交熟手以充此任除唐少川外實難其人云云

唐少川起用之说.盛京时报,宣统三年八月二十九日(1911年10月20日),第1486号:第1张第2版.

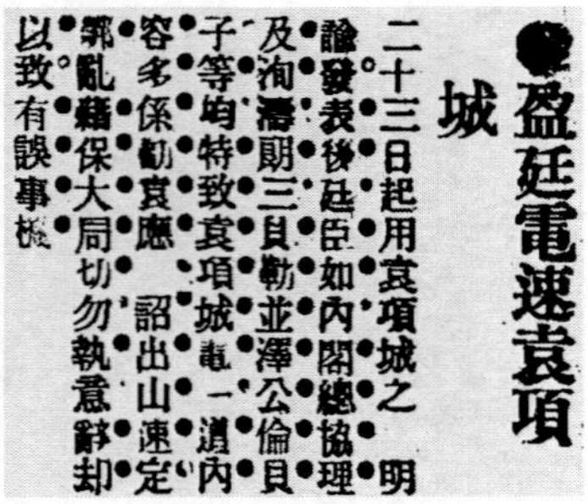

盈廷電速袁項城

二十三日起用袁項城之明諭發表後廷臣如內閣總協理及洵濤兩貝勒並澤公倫貝子等均特致袁項城電一道內容多係勸袁應詔出山速定鄂亂藉保大局切勿執意辭却以致有誤事機

盈廷电速袁项城.盛京时报,宣统三年八月二十九日(1911年10月20日),第1486号:第1张第2版.

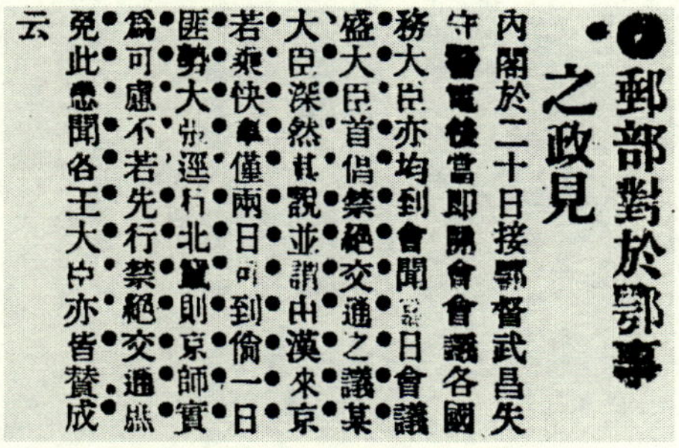

郵部對於鄂事之政見

内閣於二十日接鄂督武昌失守警電後當即開會會議各國務大臣亦均到會聞是日會議盛大臣首倡禁絕交通之議某大臣深然其說並謂由漢來京若乘快車僅兩日可到倘一日匪勢大張逕行北竄則京師實為可慮不若先行禁絕交通藉免此患聞各王大臣亦皆贊成云

邮部对于鄂事之政见．盛京时报，宣统三年八月二十九日（1911 年 10 月 20 日），第 1486 号：第 1 张第 2 版．

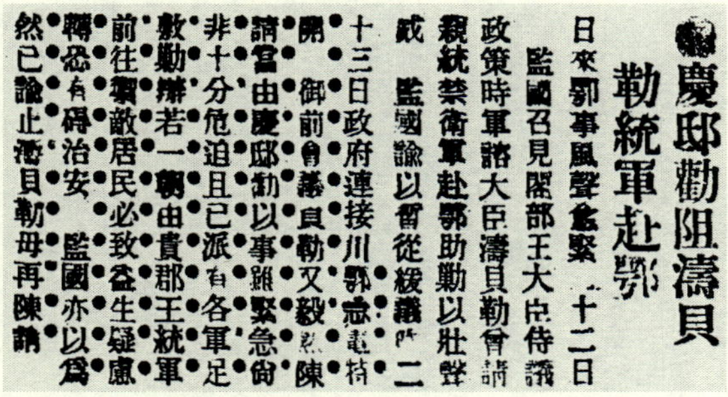

慶邸勸阻濤貝勒統軍赴鄂

日來鄂事風聲愈緊十二日監國召見閣部王大臣侍議政策時軍諮大臣濤貝勒曾請親統禁衛軍赴鄂助勦以壯聲威監國諭以留從緩議昨二十三日政府連接川鄂急電特開御前會議貝勒又毅然陳請宮由慶邸勸以事雖緊急尚非十分危迫且已派有各軍足敷勦辦若一親由貴郡王統軍前往襲敵居民必致益生疑慮轉恐有碍治安監國亦以為然已諭止濤貝勒毋再陳請

庆邸劝阻涛贝勒统军赴鄂．盛京时报，宣统三年八月二十九日（1911 年 10 月 20 日），第 1486 号：第 1 张第 2 版．

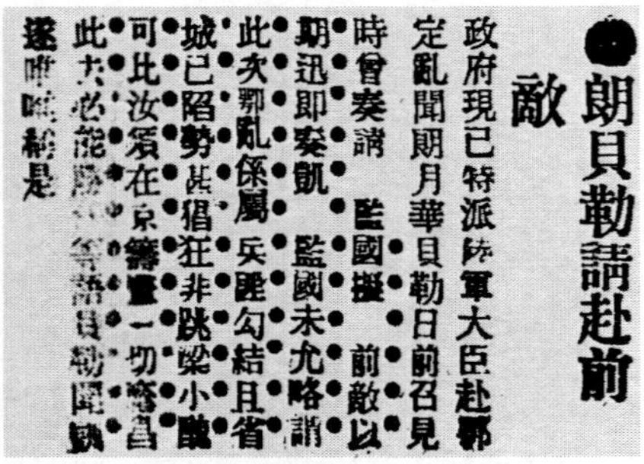

朗貝勒請赴前敵

政府現已特派陸軍大臣赴鄂定亂聞朗月華貝勒日前召見時曾奏請監國擬前敵以期迅即奏凱監國未允略謂此次鄂亂係屬兵匪勾結且省城已陷勢甚猖狂非跳梁小醜可比汝須在京籌畫一切[illegible]此次必能[illegible]等語貝勒聞諭遂唯唯稱是

朗贝勒请赴前敌.盛京时报,宣统三年八月二十九日(1911年10月20日),第1486号:第1张第2版.

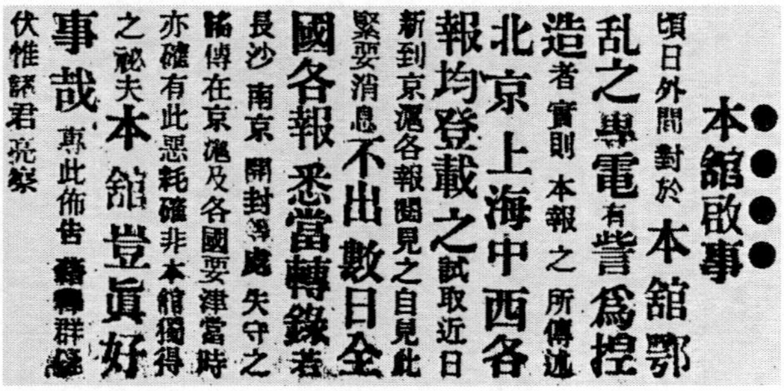

本館啓事

頃日外間對於本館鄂乱之專電有訾爲捏造者實則本報之所傳述北京上海中西各報均登載之試取近日新到京滬各報閱見之自見此緊要消息不出數日全國各報悉當轉錄若長沙南京開封等處失守之謠傳在京滬及各國要津當時亦確有此惡耗確非本館獨得之祕夫本館豈眞好事哉專此佈告藉釋群疑伏惟諸君亮察

本馆启事.盛京时报,宣统三年八月二十九日(1911年10月20日),第1486号:第1张第2版.

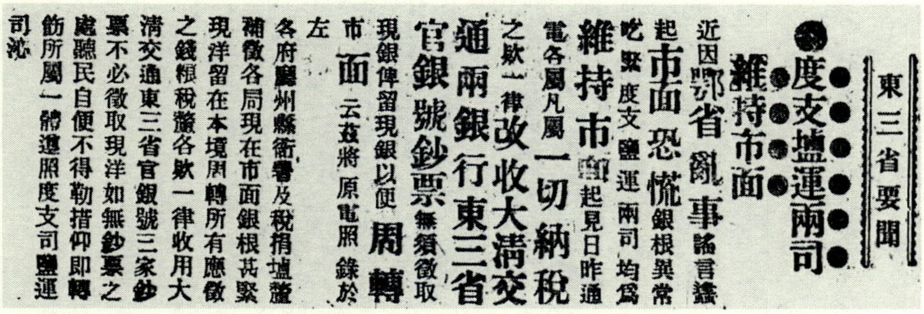

東三省要聞

●度支鹽運兩司●維持市面●

近因鄂省亂事謠言蠭起市面恐慌銀根異常吃緊度支鹽運兩司均爲維持市面起見日昨通電各屬凡屬一切納稅之欵一律改收大清交通兩銀行東三省官銀號鈔票無須徵取現銀俾留現銀以便周轉市面云茲將原電照錄於左

各府廳州縣衙署及稅捐鹽釐徵各局現在市面銀根甚緊現洋留在本境周轉所有應徵之錢糧稅釐各欵一律收用大清交通東三省官銀號三家鈔票不必徵取現洋如無鈔票之處聽民自便不得勒措仰即轉飭所屬一體遵照度支司鹽運司沁

度支盐运两司维持市面．盛京时报，宣统三年八月二十九日（1911 年 10 月 20 日），第 1486 号：第 1 张第 4 版．

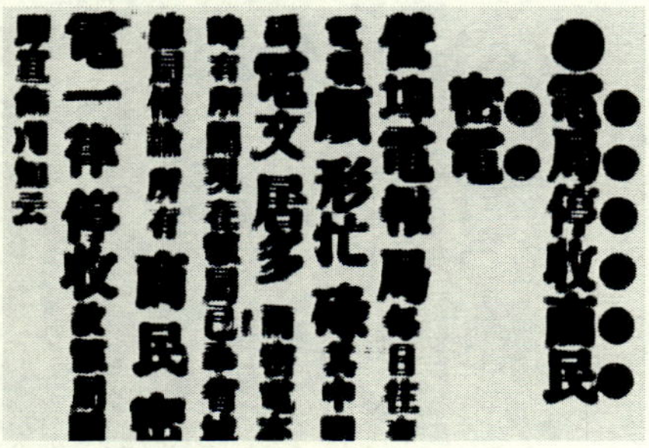

●電局停收商民密電●

營埠電報局[illegible]……電文居多[illegible]……商民密[illegible]……電一律停收[illegible]

电局停收商民密电．盛京时报，宣统三年八月二十九日（1911 年 10 月 20 日），第 1486 号：第 1 张第 4 版．

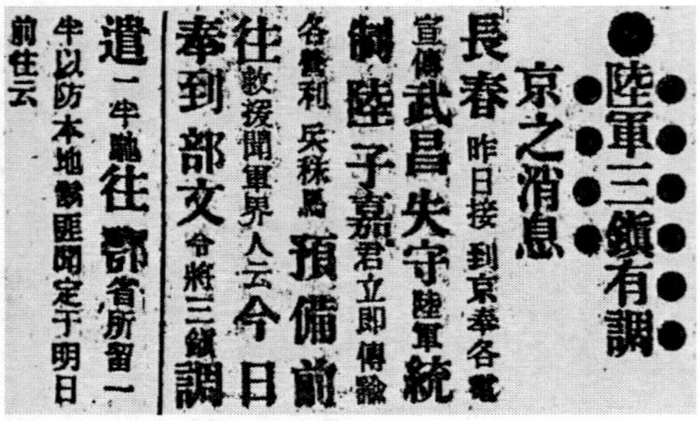

●陸軍三鎮有調京之消息

長春 昨日接到京奉各電宣傳武昌失守陸軍統制陸子嘉君立即傳諭各營利兵秣馬預備前往救援聞軍界人云今日奉到部文令將三鎮調遣一半馳往鄂省所留一半以防本地鬍匪聞定于明日前往云

陆军三镇有调京之消息．盛京时报，宣统三年八月二十九日（1911 年 10 月 20 日），第 1486 号：第 1 张第 4 版．

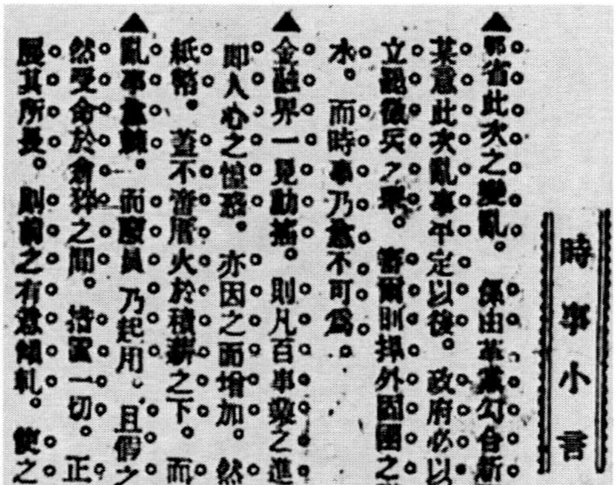

時事小言

▲鄂省此次之變亂。係由革黨勾合新軍。而其勢始張。某意此次亂事平定以後。政府必以新軍為不可靠。而立議裁兵之舉。審實則排外困國之謀識。將悉付諸流水。而時事乃愈不可為。

▲金融界一見動搖。則凡百事業之進行。皆將因之停滯。即人心之惶恐。亦因之而增加。然則我國以前之濫紙幣。蓋不啻厝火於積薪之下。而僥倖其不然也。

▲亂事愈熾。而廢員乃起用。且假之以莫大之事權。然受命於倉猝之間。措置一切。正非易易。或迄無以展其所長。則前之有意傾軋。使之去位者可誅也。

时事小言．盛京时报，宣统三年八月二十九日（1911 年 10 月 20 日），第 1486 号：第 1 张第 4 版．

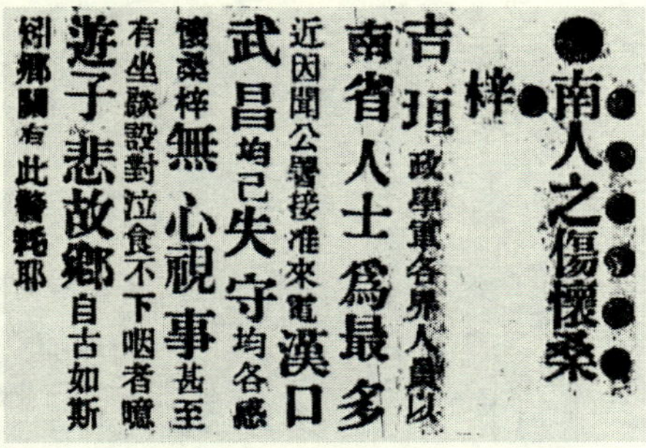

●南人之傷懷桑梓●

吉垣政學軍各界人數以南省人士爲最多近因聞公署接准來電漢口武昌均已失守均各感懷桑梓無心視事甚至有坐談設對泣食不下咽者噫遊子悲故鄉自古如斯矧鄉關有此警耗耶

南人之伤怀桑梓.盛京时报,宣统三年八月二十九日(1911年10月20日),第1486号:第1张第4版.

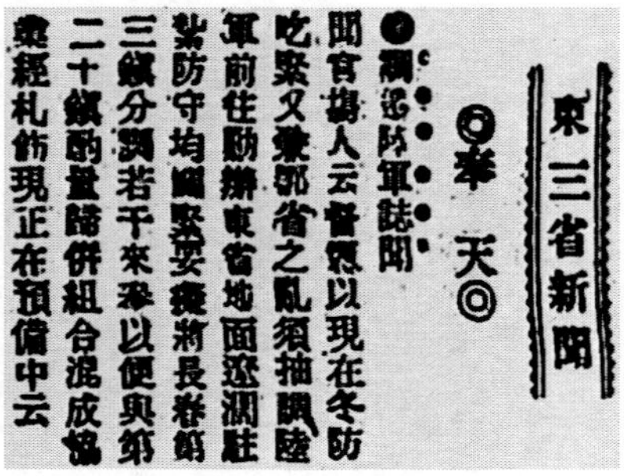

東三省新聞

◎奉天◎

●調遣陸軍誌聞

聞官場人云督憲以現在冬防吃緊又兼鄂省之亂須抽調陸軍前往勦辦東省地面遼濶駐紮防守均關緊要擬將長春第三鎮分調若干來奉以便與第二十鎮酌量歸併組合混成協業經札飭現正在預備中云

调遣陆军志闻. 盛京时报, 宣统三年八月二十九日（1911 年 10 月 20 日），第 1486 号: 第 1 张第 5 版.

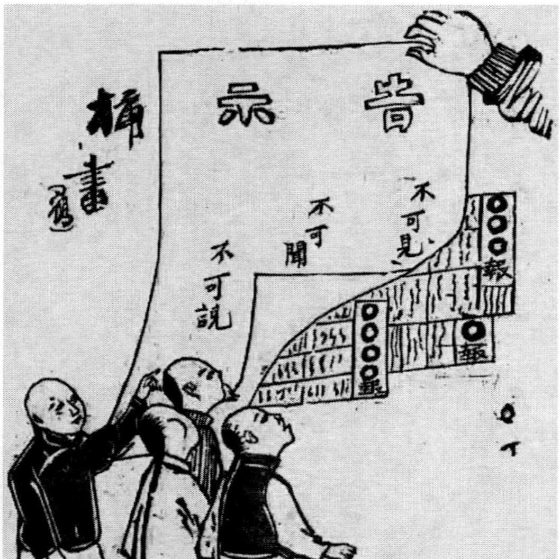

告示图（漫画）. 盛京时报, 宣统三年八月二十九日（1911 年 10 月 20 日），第 1486 号: 第 1 张第 5 版.

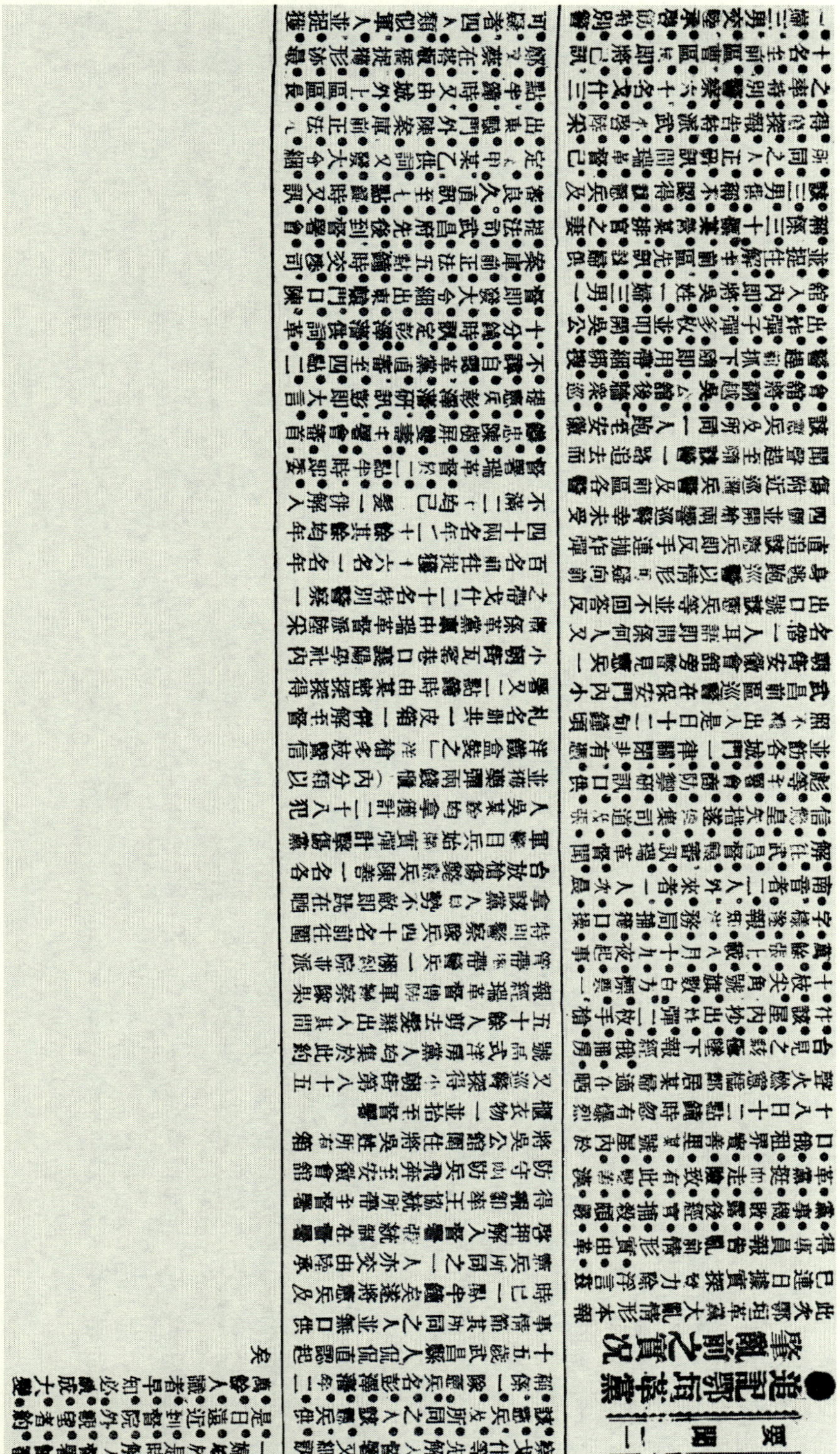

追記鄂垣革黨肇亂前之實況

追记鄂垣革党肇乱前之实况．盛京时报，宣统三年八月二十九日（1911 年 10 月 20 日），第 1486 号：第 1 张第 7 版．

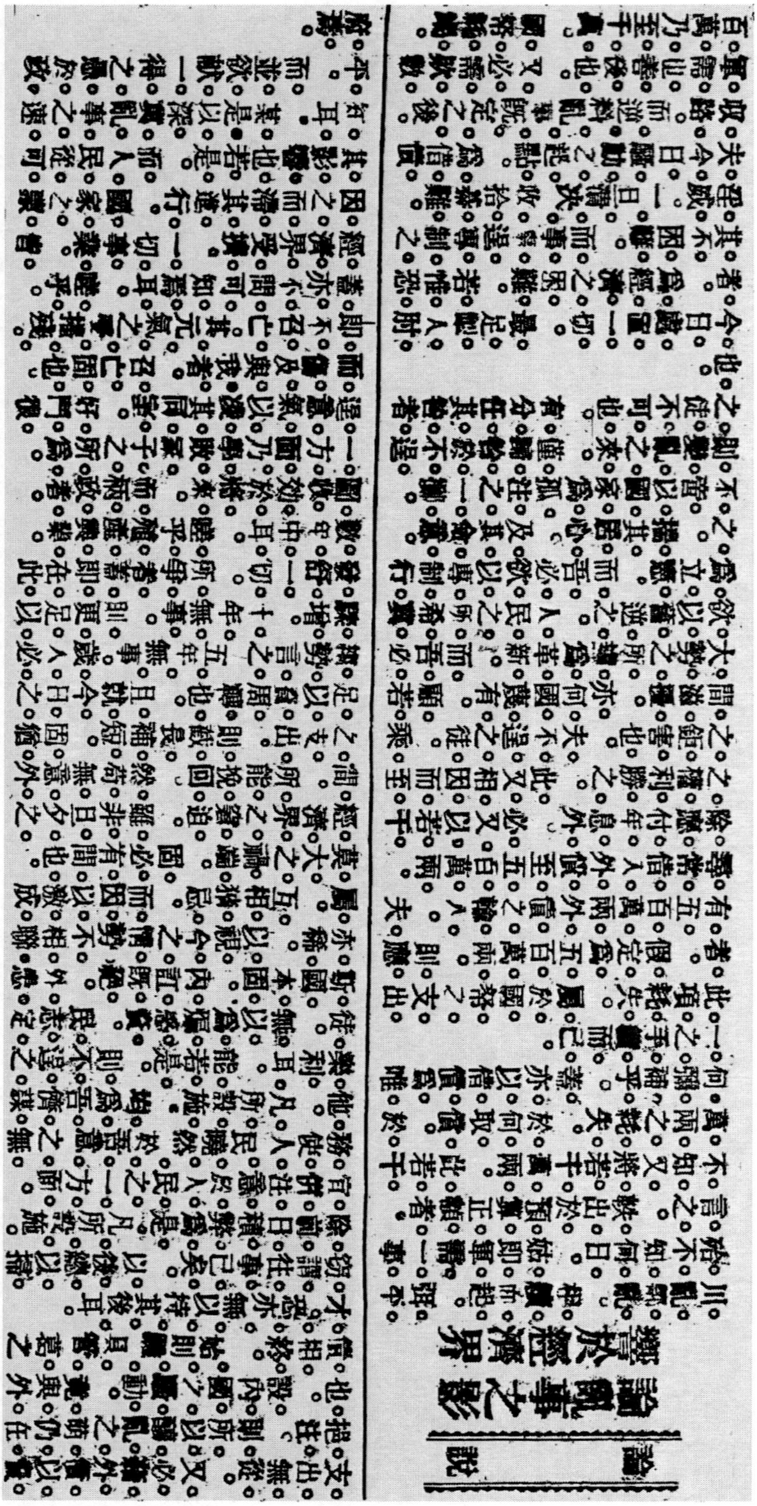

论乱事之影响于经济界．盛京时报，宣统三年八月三十日（1911 年 10 月 21 日），第 1487 号：第 1 张第 1 版．

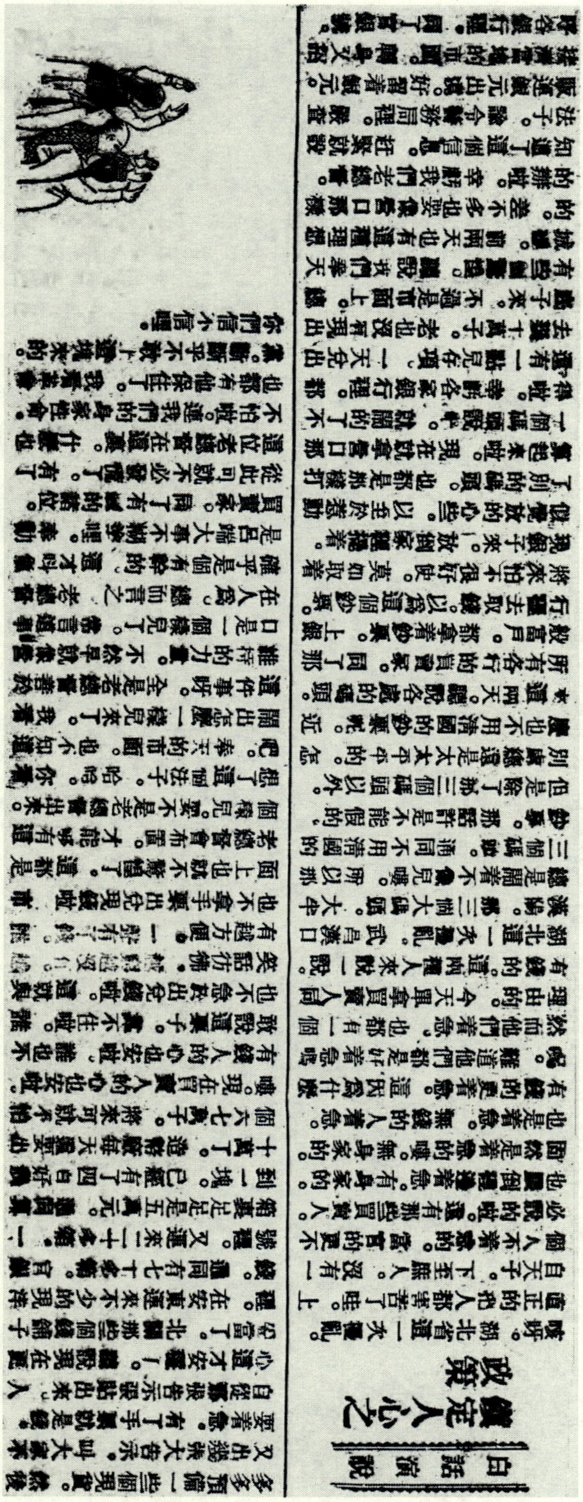

白話演說

鎮定人心之政策

唉呀。湖北省這一次變亂。眞正的把人都害苦了哇。上自天子。下至庶人。沒有一個人不着急的。當官的更不必說的啦。還有那些買賣人。也顛倒裏邊着急。有身家的。固然是着急的嘍。無身家的。也是着急。無錢的人着急。有錢的更着急。這因爲什麽呢。難道他們都是好着急嗎。然而他們着急。也都有一個理由的。今天單拿買賣人同有錢的。這兩種人來說一說。湖北這一次變亂。武昌漢口漢陽。爲三個大碼頭。大半總是關着不會見嘍。所以那三個碼頭。滿街不用清國的鈔票。那話許是不能假的。但是除了那三個碼頭以外。別處總還是太太平平的。怎麽也不用清國的鈔票呢。近來這兩天。聽說各處的碼頭。所有各行的買賣家。同了那般富戶。都拿着鈔票。上銀行裏去取錢。以爲這個鈔票。將來怕不很好使。莫如取着現銀子來。放到家裏擱着。似覺放的心些。以至於惹動了別的碼頭。也都是那樣打算起來啦。現在就拿營口那一個碼頭說罷。就鬧的了不得啦。聽說各家銀行裏。都還有一點兒存項。一天免出去幾十萬子。不過是市面上。總有些個蕭條。聽說我們奉天城裏。前兩天也有這種現象的。差不多也要像營口那樣的辦啦。幸虧我們老總督。知道了這個信息。趕緊就設法子。飭令錢務局裏。嚴查緊運銀元出境。好留着銀元。接濟奉省的市面。同時又飭奉省銀行裏。同了官銀號。多多預備一些個現貨。然後又出幾張大告示。叫大家不要着急。有了手裏就是錢。自從那張告示張貼出來。人心這才安穩了。聽說現在置留當了。北關那些個錢鋪子裏。在安東運來不少的現洋錢。還同有七千多箱。官銀號裏。又運來一千多箱。一箱裏足足是五萬元。還有裏到一塊。已經有了四百好幾十萬了。這錢總每天還要出個六七萬子。將來可就不怕嘍。現在買賣人的心也安啦。有錢人的心也安啦。誰也不敢說這裏子。裏不住啦。誰也不急於出兌錢啦。這就與笑話彷彿。[illegible]總有越方便。一點有[illegible]誰也不拿手裏出兌現錢啦。市面上也就不驚慌了。這都是老總督會布置。才能夠有這個樣兒。要不是老總督出來。想了這個法子。哈哈。你瞧吧。奉天的市面。也不知道鬧出怎麽一樣兒來了。我看這件事呀。全是老總督善於維持的力量。不然早就像那口是一個樣兒了。常言說得在人爲。總而言之。老總督確乎是個有幹的。還才叫做是品端大事不糊塗哩。奉勸買賣家。同了有錢的諸位。從此可就不必發慌了。有了這位老總督在這裏。什麽也不怕啦。連我們的身家性命。也都有他保住了。我看這事兒。斷斷乎不致上邊說來的。你們信不信哪。

镇定人心之政策．盛京时报，宣统三年八月三十日（1911 年 10 月 21 日），第 1487 号：第 1 张第 1 版．

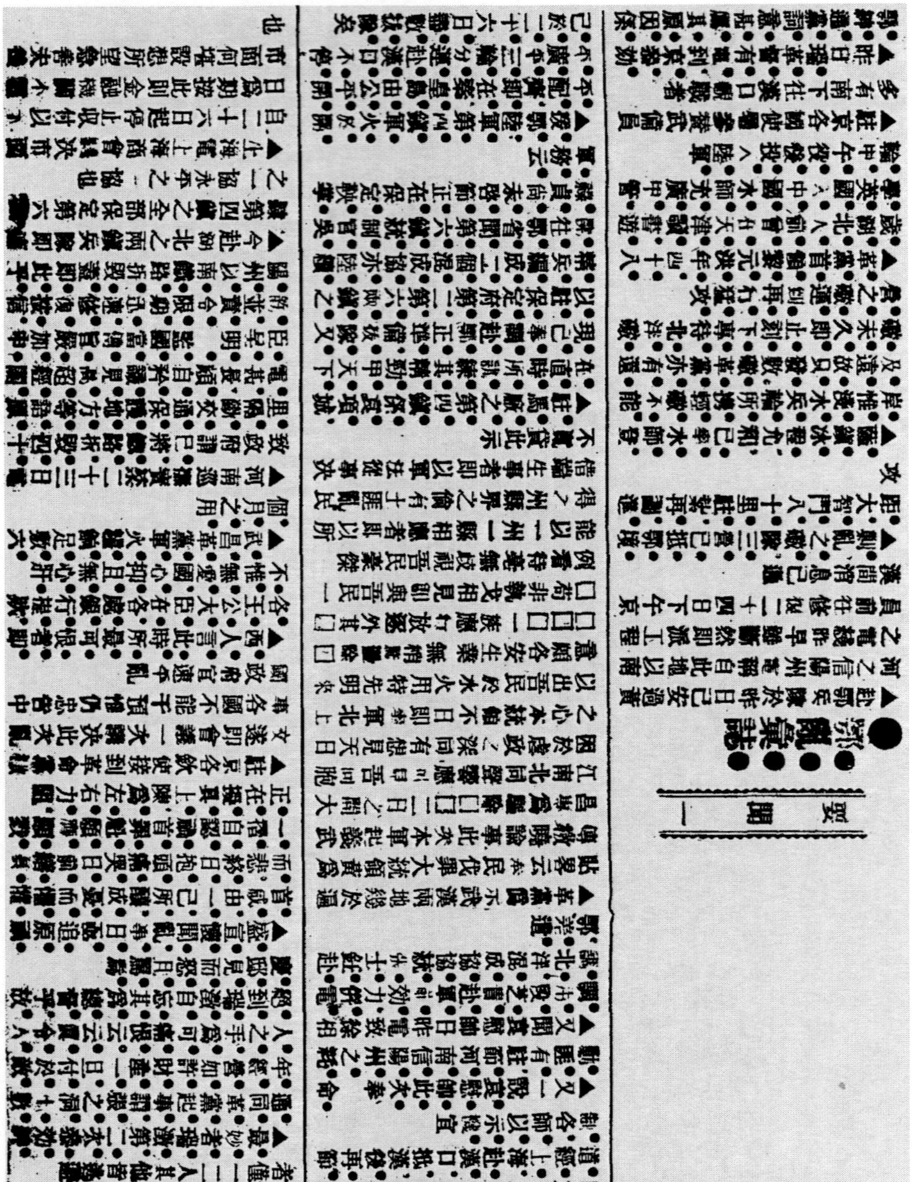

鄂乱汇志.盛京时报,宣统三年八月三十日(1911年10月21日),第1487号:第1张第1版.

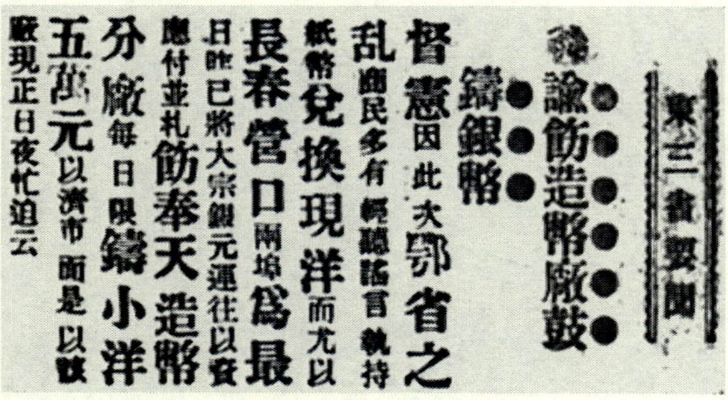

東三省要聞

諭飭造幣廠鼓鑄銀幣

督憲因此次鄂省之乱鄉民多有輕聽謠言執持紙幣兌換現洋而尤以長春營口兩埠爲最日昨已將大宗銀元運往以資應付並札飭奉天造幣分廠每日限鑄小洋五萬元以濟市面是以該廠現正日夜忙迫云

谕饬造币厂鼓铸银币.盛京时报,宣统三年八月三十日(1911年10月21日),第1487号:第1张第4版.

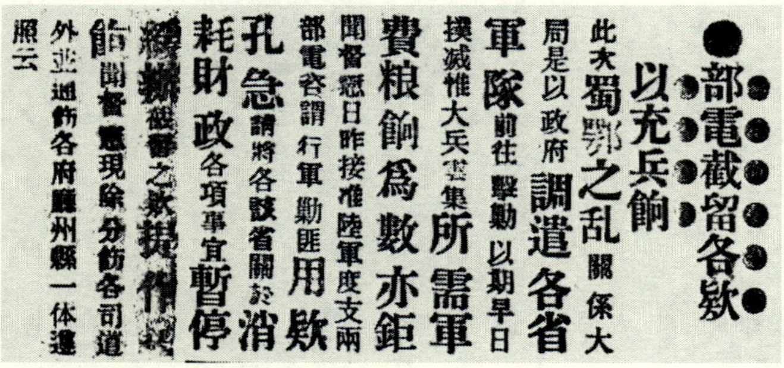

部電截留各欵以充兵餉

此次蜀鄂之乱關係大局是以政府調遣各省軍隊前往擊勦以期早日撲滅惟大兵雲集所需軍費粮餉爲數亦鉅聞督憲日昨接准陸軍度支兩部電咨謂行軍勦匪用欵孔急請將各該省關於耗財政各項事宜暫停[illegible]截留之欵提作[illegible]餉聞督憲現除分飭各司道外並通飭各府廳州縣一体遵照云

部电截留各款以充兵饷.盛京时报,宣统三年八月三十日(1911年10月21日),第1487号:第1张第4版.

時事小言

▲武漢間不日大兵雲集。掃除革黨。看似易事。顧竊願統兵大將。以審慎出之。一蹶不振。則大事去矣。

武汉间不日大兵云集，扫除革党不易．盛京时报，宣统三年八月三十日（1911 年 10 月 21 日），第 1487 号：第 1 张第 4 版．

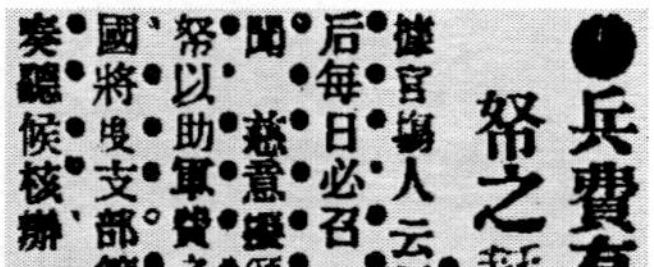

●兵費有將頒內帑之耗

據宫禁人云川鄂亂事皇太后每日必召監國入內垂詢聞慈意擬須懿旨特發內帑以助軍費之不足已諭監國將度支部籌備情形查明具奏聽候核辦

兵费有将颁内帑之耗．盛京时报，宣统三年八月三十日（1911 年 10 月 21 日），第 1487 号：第 1 张第 7 版．

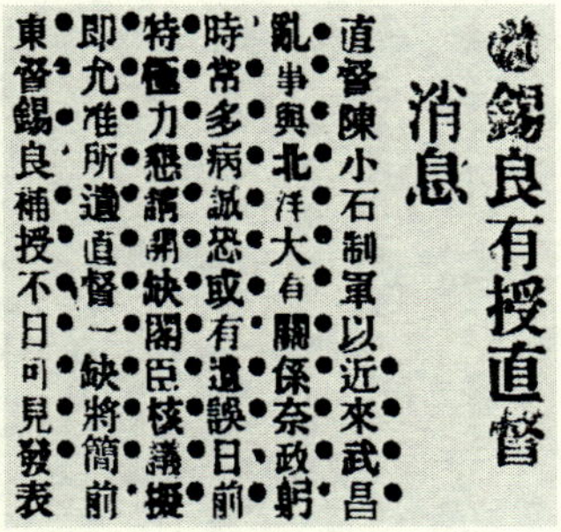

錫良有授直督消息

直督陳小石制軍以近來武昌亂事與北洋大有關係奈政躬時常多病誠恐或有遺誤日前特極力懇請開缺閣臣核議擬即允准所遺直督一缺將簡前東督錫良補授不日可見發表

锡良有授直督消息．盛京时报，宣统三年八月三十日（1911年10月21日），
第1487号：第1张第7版．

南京所電告

昨二十二日江督張人駿有電來京畧稱省城饑民遍地賑恤須款甚多現在鄂亂猝發人心惶恐處處戒防尤宜寬籌餉糈以固結軍士前曾電奏請准借洋款五百萬以資要用旋奉飭候交諮議局議決施行現在情形危急萬分若不預爲籌措誠恐匪徒煽惑飢民爲鄂省響應南京爲長江下游重鎮大局將不堪設想可否即准其借款五百萬以應急需聞已有旨允准矣二十二二十四兩日政府連有電與張督詢問南京現狀聞昨日張督所電覆其大概畧云現已處處設防决無他虞惟江寧與武漢之電業已阻隔鄂中消息無自探詢云云

南京所电告．盛京时报，宣统三年八月三十日（1911年10月21日），
第1487号：第1张第7版．

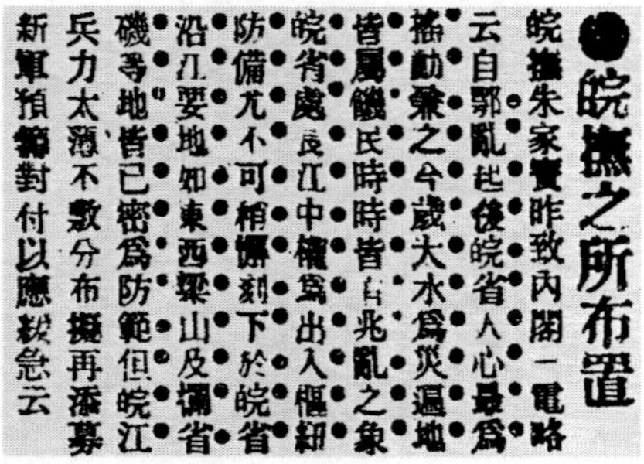
●皖撫之所布置

皖撫朱家寶昨致內閣一電略云自鄂亂起後皖省人心最爲搖動兼之今歲大水爲災遍地皆屬饑民時時皆有兆亂之象皖省處長江中權爲出入樞紐防備尤不可稍懈刻下於皖省沿江要地如東西梁山及獺省磯等地皆已密爲防範但皖江兵力太薄不敷分布擬再添募新軍預籌對付以應緊急云

皖抚之所布置.盛京时报,宣统三年八月三十日(1911年10月21日),第1487号:第1张第7版.

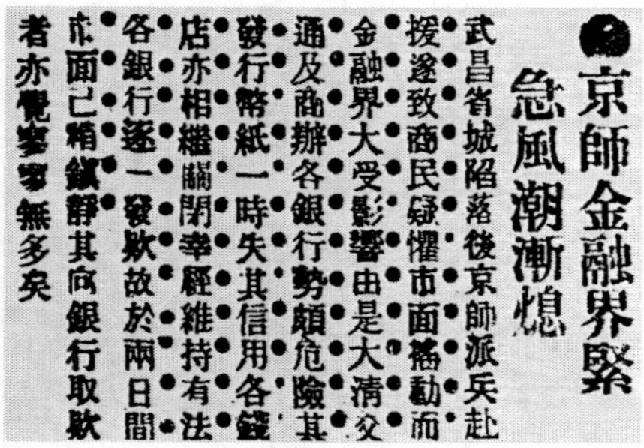
●京師金融界緊急風潮漸熄

武昌省城陷落後京師派兵赴援遂致商民疑懼市面搖動而金融界大受影響由是大清交通及商辦各銀行勢頗危險其發行幣紙一時失其信用各錢店亦相繼關閉幸經維持有法各銀行逐一發款故於兩日間市面已稍鎮靜其向銀行取款者亦覺寥寥無多矣

京师金融界紧急风潮渐熄.盛京时报,宣统三年八月三十日(1911年10月21日),第1487号:第1张第7版.

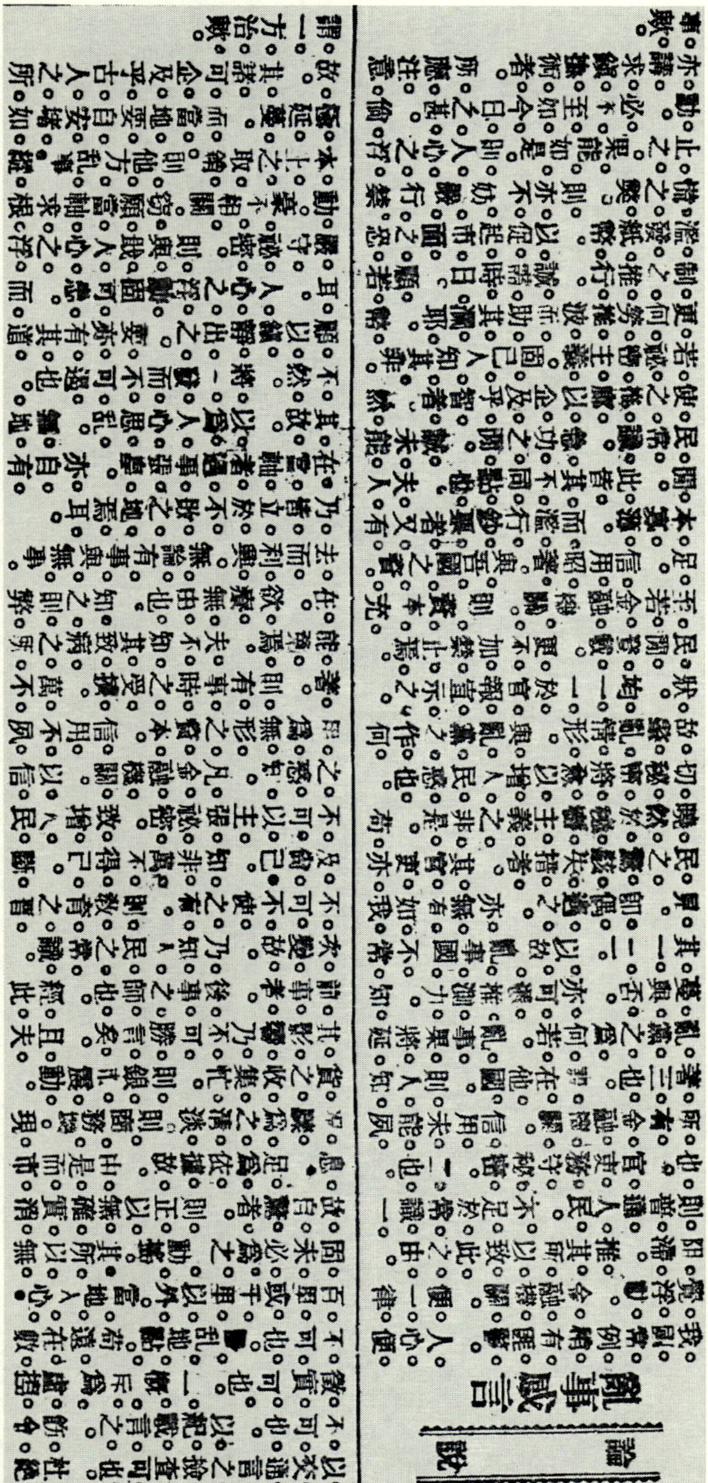

論說

亂事感言

我國常例稍有匪警。人心便覺浮動。金融機關。便一律阻滯。推其所以致此之由。則普通人民。不足於常識一也。官吏務守秘密。二也。所有金融機關。信用未能夙著三也。若在他國。則人知亂黨之爲何若。亂事果將延蔓與否。亦可憑推測力。知其一二。以致亂事國不常見。卽偶過之。亦無有如我民之驚駭失措者。其實吏亦曉然於秘密主義之非是。苟切秘密將愈以增人民恐也。故繫亂情形。與亂黨之作何狀。均一一於官報宣示之。民間登載。更不加禁止焉。至若金融機關。則資本充足。信用昭著。與吾國之資本寡薄。而濫行鈔票者又有間。此皆其不同點也。夫人民常識。急功之間。誠未能使之推廣。以企及乎智者。然若秘密主義。固已人知其非。更何勞推波而助其瀾耶。制之推行。誠需時日。顧若濫發紙幣。以促起市面之恐慌之弊。則亦不妨嚴行禁止之。果能如是。則人心之浮動。必不至如今日之甚。倘亦講求鎮撫術者。所應注意事歟。

以交通言之檢查可也。杜絕不可也。以杞憂言之。飭令徵實可也。一概斥爲虛揑不可也。亂地點。苟遠在數百里或千里以外。當地人心固未必爲之動搖。其所以無故自驚者。則正以無確實消息。足爲依據故。由是而市[illegible]謠爲之淸淡。則商務[illegible]現貨之收集忙。則銀元震動。其影響乃不可勝言矣。且夫前事者。後事之師也。經此次變故。乃知人民之常識不可不使之有。則教育之普及御已。知非萬不得已。斷不可以主張秘密。致增人民之恐怖。凡金融機關。以信卽爲無形之資本。信用不夙著。則有事時之受擠。萬不能預爲。夫不知其致病之所在。欲療無由也。知之則弊去而利興。無論有事與無事。乃皆立於不敗之地焉耳。在當軸者遇事張皇。亦自有其故。以爲人心思乱。[illegible]地不然。將一發而不可遏也。顧以鎮靜出之。要亦有其道耳。人心之浮動固可慮。而嚴守秘密。則與戢人心之浮動。毫不相關。竊願當軸求根本上之取締。則他方乱事。縱[illegible]延蔓。而當地要自安堵。如故。其諸可企及乎古人之所謂一方治歟。

乱事感言.盛京时报,宣统三年九月初一日(1911年10月22日),第1488号:第1张第1版.

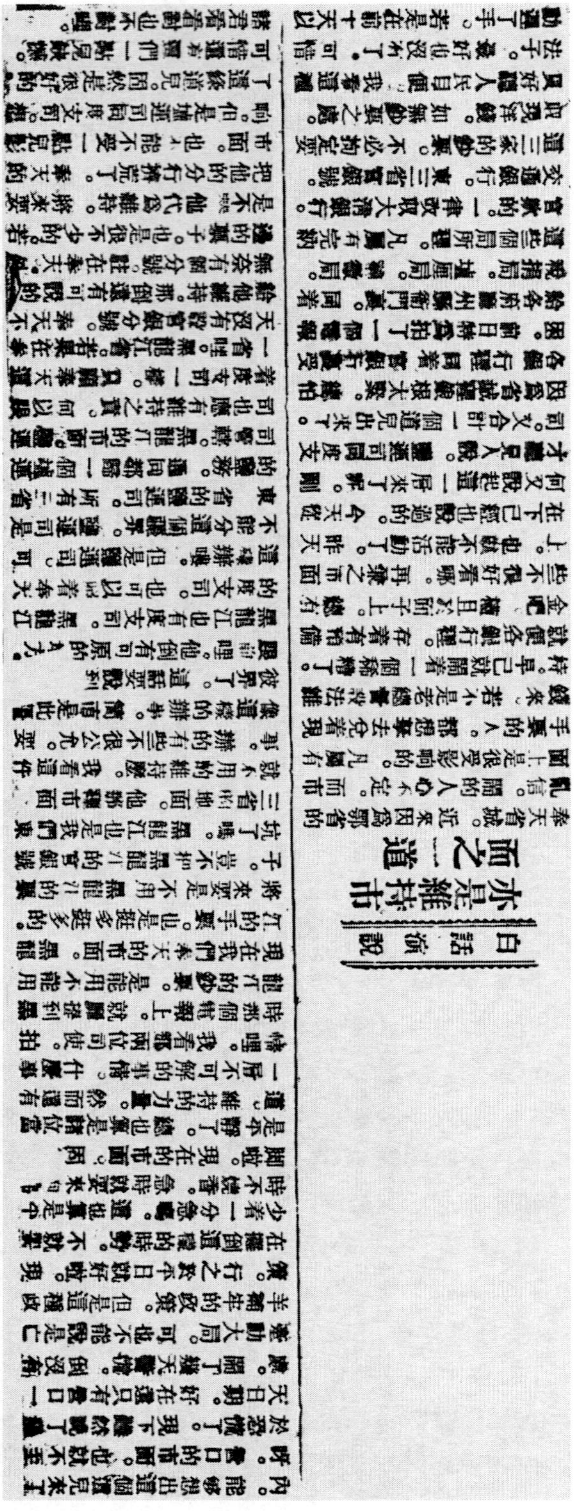

亦是维持市面之一道.盛京时报,宣统三年九月初一日(1911年10月22日),
第1488号:第1张第1版.

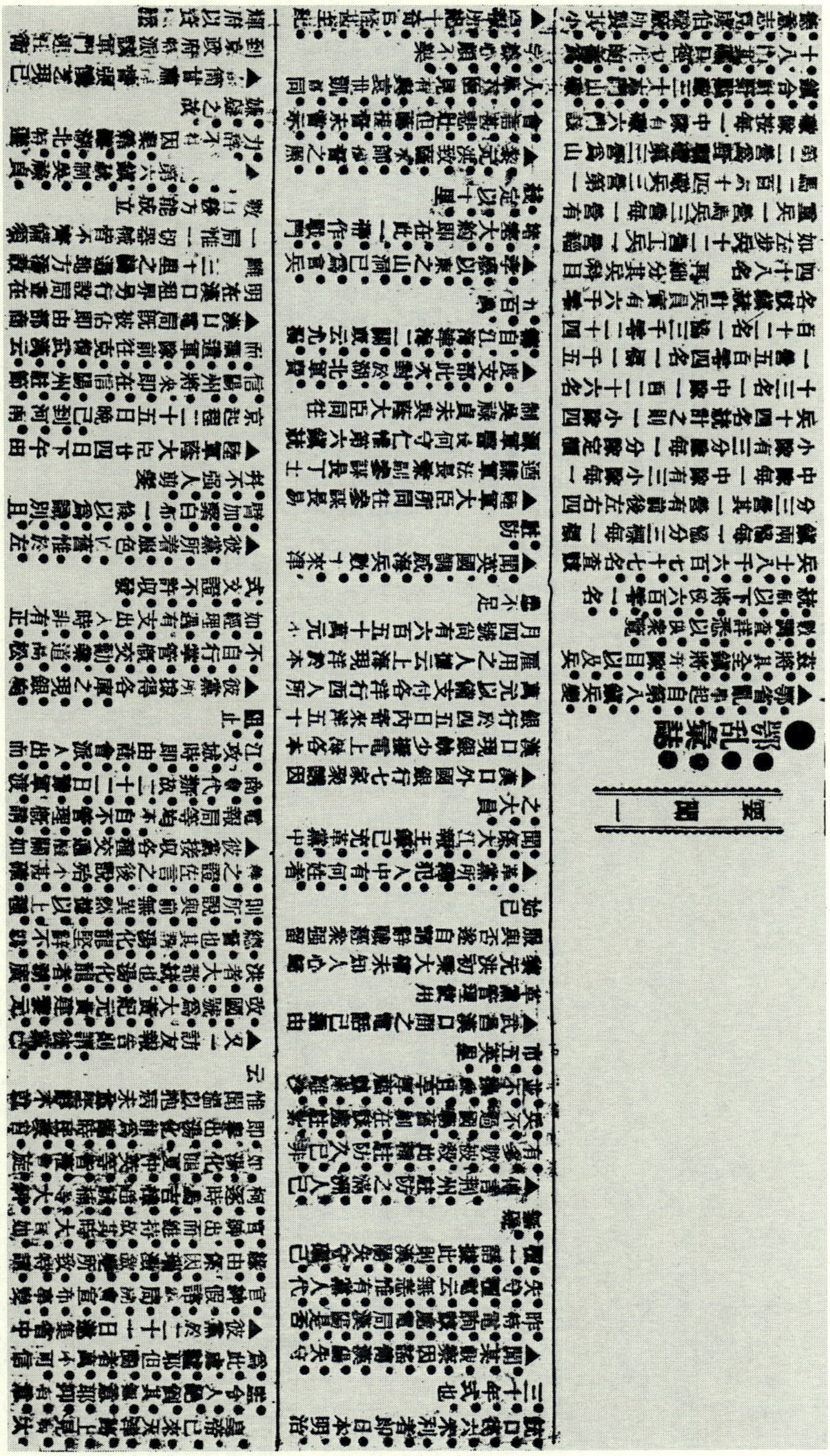

鄂乱汇志.盛京时报,宣统三年九月初一日(1911年10月22日),第1488号:第1张第2版.

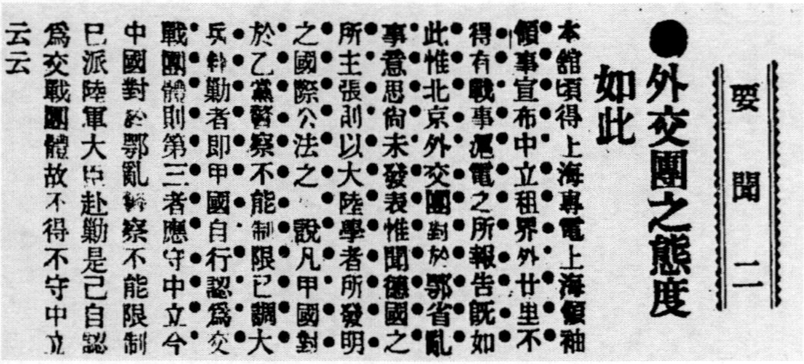

要聞 二

●外交團之態度如此

本館頃得上海專電上海領袖領事宣布中立租界外廿里不得有戰事滬電之所報告既如此惟北京外交團對於鄂省亂事意思尙未發表惟聞德國之所主張則以大陸學者所發明之國際公法之說凡甲國對於乙黨暫察不能制限已調大兵鈐勦者即甲國自行認爲交戰團體則第三者應守中立今中國對於鄂亂警察不能限制已派陸軍大臣赴勦是已自認爲交戰團體故不得不守中立云云

外交团之态度如此．盛京时报，宣统三年九月初一日（1911 年 10 月 22 日），第 1488 号：第 1 张第 7 版．

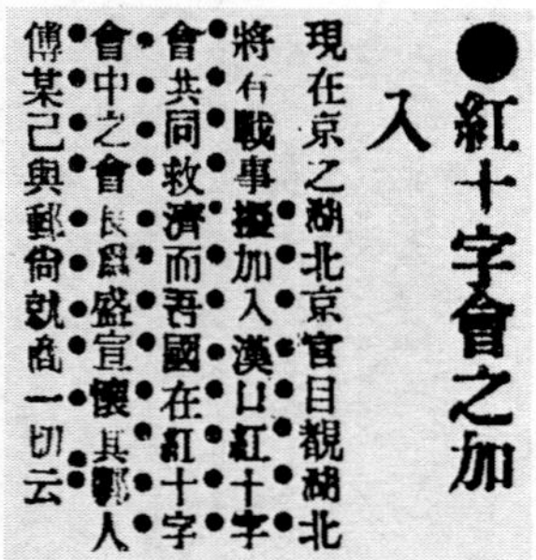

●紅十字會之加入

現在京之湖北京官目覩湖北將有戰事擬加入漢口紅十字會共同救濟而吾國在紅十字會中之會長爲盛宣懷其鄂人傳某已與郵尙說商一切云

红十字会之加入．盛京时报，宣统三年九月初一日（1911 年 10 月 22 日），第 1488 号：第 1 张第 7 版．

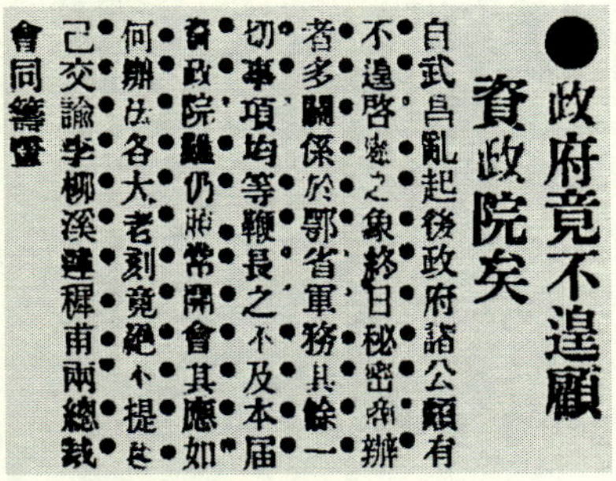
政府竟不遑顧資政院矣

自武昌亂起後政府諸公頗有不遑啓處之象終日秘密商辦者多關係於鄂省軍務其餘一切事項均等鞭長之不及本屆資政院雖仍照常開會其應如何辦法各大老刻竟絕不提起已交諭李柳溪達穉甫兩總裁會同籌畫

政府竟不遑顾资政院矣.盛京时报,宣统三年九月初一日(1911 年 10 月 22 日),第 1488 号:第 1 张第 7 版.

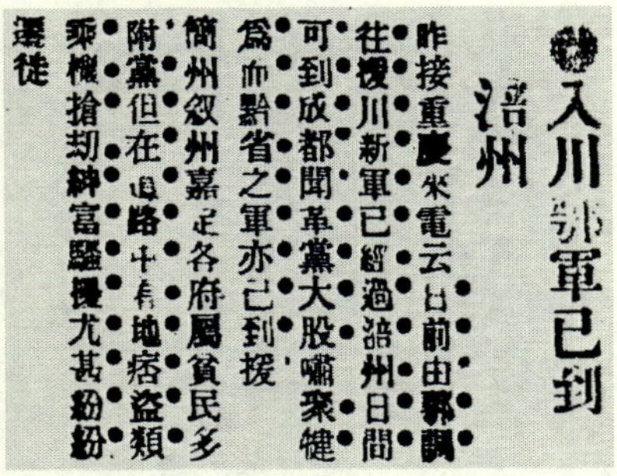
入川鄂軍已到涪州

昨接重慶來電云日前由鄂調往援川新軍已經過涪州日間可到成都聞革黨大股嘯聚犍為而黔省之軍亦已到援簡州敘州嘉定各府屬貧民多附黨但在退路十有地痞盜類乘機搶劫紳富騷擾尤甚紛紛遷徙

入川鄂军已到涪州.盛京时报,宣统三年九月初一日(1911 年 10 月 22 日),第 1488 号:第 1 张第 7 版.

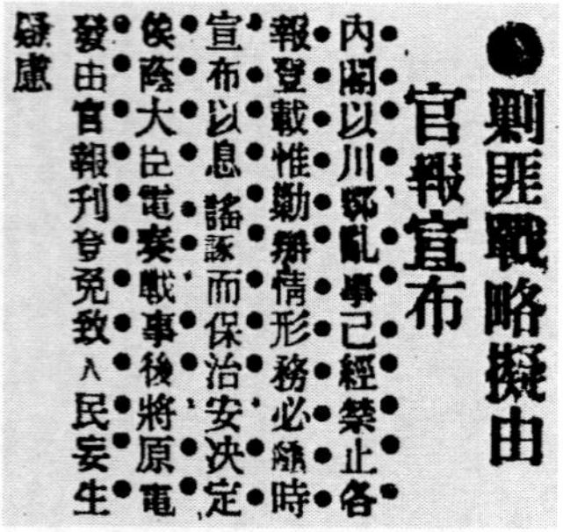

●剿匪戰略擬由官報宣布

內閣以川鄂亂事已經禁止各報登載惟剿辦情形務必隨時宣布以息謠諑而保治安決定俟蔭大臣電奏戰事後將原電發由官報刊登免致人民妄生疑慮

剿匪战略拟由官报宣布．盛京时报，宣统三年九月初一日（1911年10月22日），第1488号：第1张第7版．

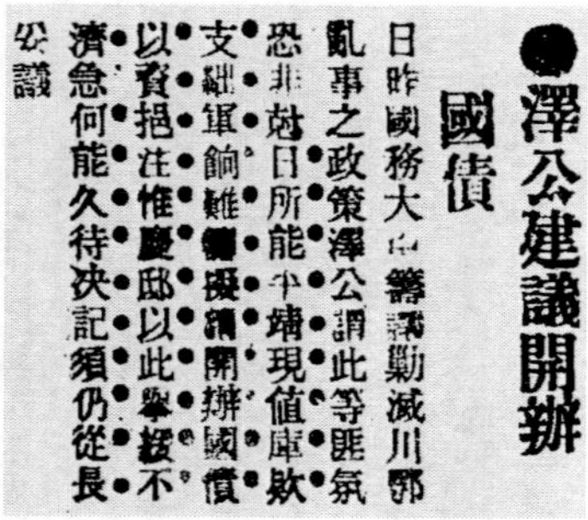

●澤公建議開辦國債

日昨國務大臣籌議剿滅川鄂亂事之政策澤公謂此等匪氛恐非尅日所能平靖現值庫款支絀軍餉難籌擬請開辦國債以資挹注惟慶邸以此舉緩不濟急何能久待決記須仍從長公議

泽公建议开办国债．盛京时报，宣统三年九月初一日（1911年10月22日），第1488号：第1张第7版．

代論

蘇撫對於鄂亂之電奏

北京內閣鈞鑒承准欽奉諭旨。武昌失守。長江一帶。亟宜嚴防勾結響應。著張人駿程德全朱家寶馮汝騤加意防範。勿稍疏虞等因欽此。遵即密電沿江要隘各鎮道。欽遵辦理。蘇省下游情形。與皖鄂爲各國公共防守之地。江陰爲門戶。鎮江口岸。易爲匪類潛蹤。自應加意偵防。期弭隱患。內湖梟匪幫匪。平時勾結爲患利害與浙省相共。蘇屬水陸營隊。僅敷地方巡緝彈壓之用。惟有隨時嚴密查緝。以保治安而維現狀。惟德全竊有進者。革黨蓄變。狂熱激發。然不畏死。內由於政治改革之觀念。外由于世界潮流之激刺。蓄日之號。今茲之發鄂。皆以勾結軍人爲根據地。其事可慮。其情誠可痛。此非朝廷果有臥薪嘗膽之意。草澤恐有萌作發起之處。伏念先朝明詔立憲。鑒固邦基。原以破除革命之異說。現今籌備僅有條文。而根本之圖。仍無實際。內閣雖云成立。而君主仍當政治之衝。故責任全不分明。閣臣非由組織而成。故政令益不統一。即如川路爭持。匪徒竊發。自朝命岑春煊會同剿撫。岑春煊示諭蜀中父老。不妄戮無辜一人。民氣漸就貼服。近見趙爾豐奏報。又概目爲匪。未將爭路士紳。與附和之土匪。分晰清楚。則羣情又復憤激。趙督等所見不同。其是非得失。姑不具論。而在政府必應折衷定見。擇一以行。俾天下曉然于朝廷之意所嚮。庶有歸往而無疑慮。今革黨乘川亂挺盛襲鄂。若再因應稍失其平。更將予以號召之資。而益爲淵藪之驅矣。方今人心浮動伏莽甚多。連年薦饑。民財匱。恭誦綸音。明燭萬里。目前治標之計。應否請旨將川省土匪。與爭路士紳。及現今鄂省革黨與叛兵勾結情形。特降明諭。分別措辦。以免猜疑而安反側。爲收拾民心之計。至若治本之策。必當先使內閣○負責任。政令有所統一。以期合乎先朝宣布立憲消弭革命之本旨。德全職守所在。既懷出位之思。大局攸關。尤望亂源之弭。不僅爲川鄂言也。愚昧之見。急不擇言。請代奏。德全叩。

苏抚对于鄂乱之电奏.盛京时报,宣统三年九月初三日(1911年10月24日),
第1489号:第1张第1版.

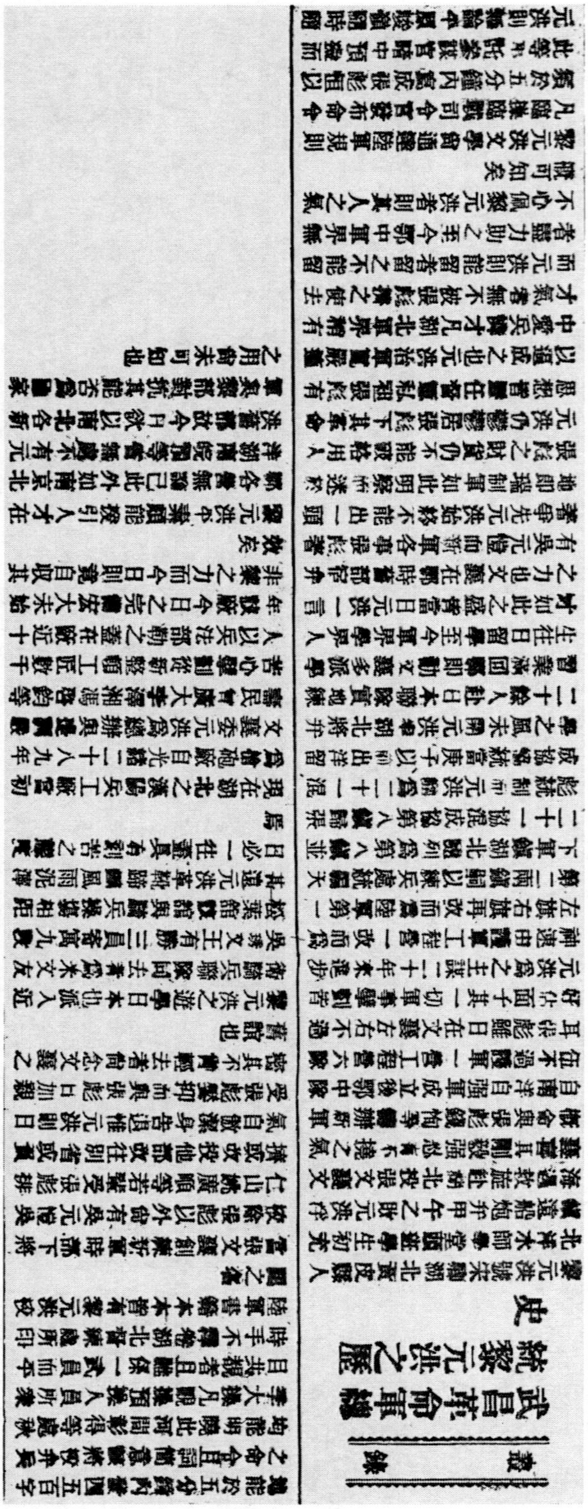

武昌革命軍總統黎元洪之歷史

武昌革命军总统黎元洪之历史．盛京时报，宣统三年九月初三日（1911 年 10 月 24 日），第 1489 号：第 1 张第 1 版．

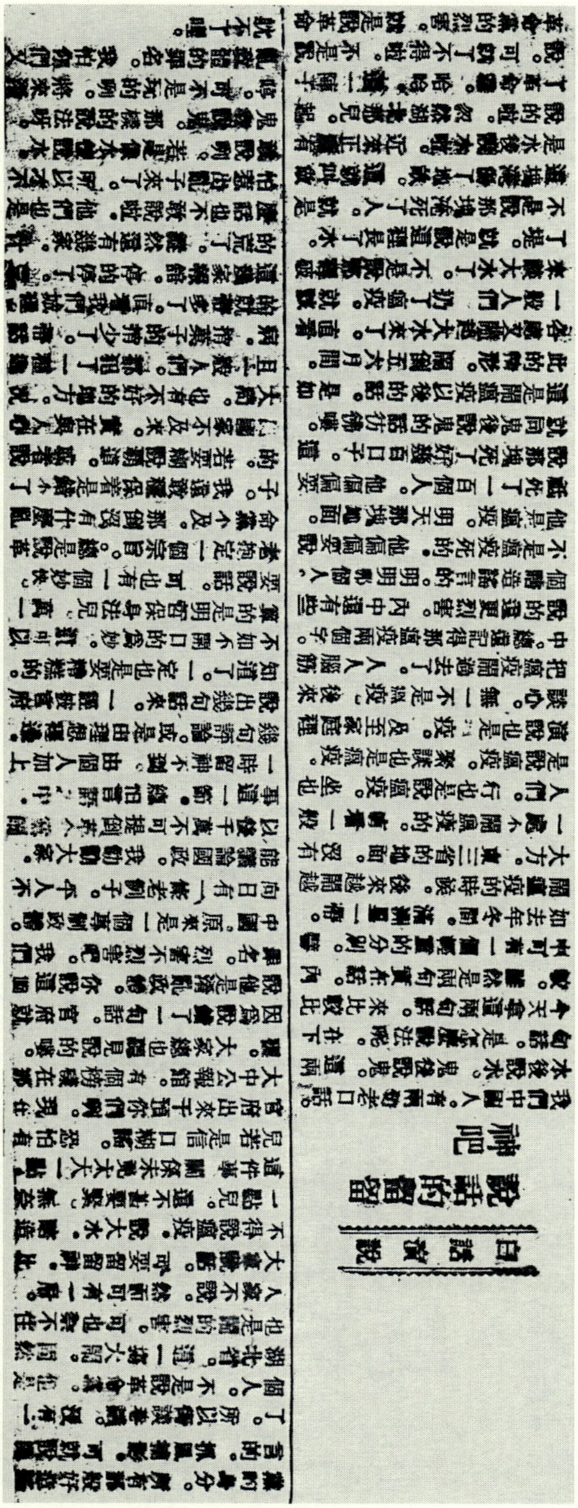

说话的留留神吧．盛京时报，宣统三年九月初三日（1911 年 10 月 24 日），
第 1489 号：第 1 张第 1 版．

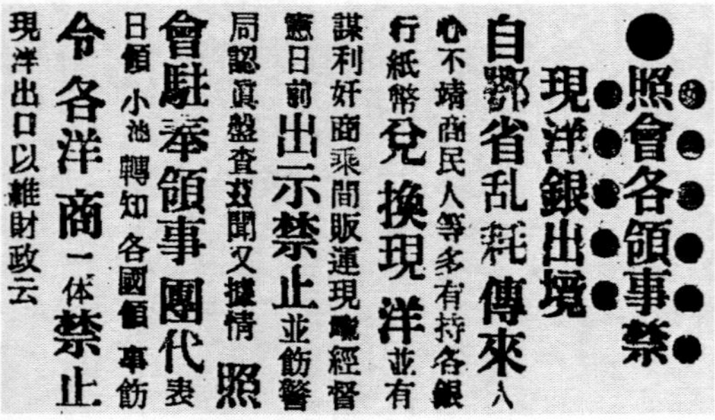

●照會各領事禁現洋銀出境

自鄂省乱耗傳來人心不靖商民人等多有持各銀行紙幣兌換現洋並有謀利奸商乘間販運現銀經督憲日前出示禁止並飭警局認眞盤查玆聞又據情照會駐奉領事團代表日領小池轉知各國領事飭令各洋商一体禁止現洋出口以維財政云

照会各领事禁现洋银出境．盛京时报，宣统三年九月初三日（1911 年 10 月 24 日），第 1489 号：第 1 张第 4 版．

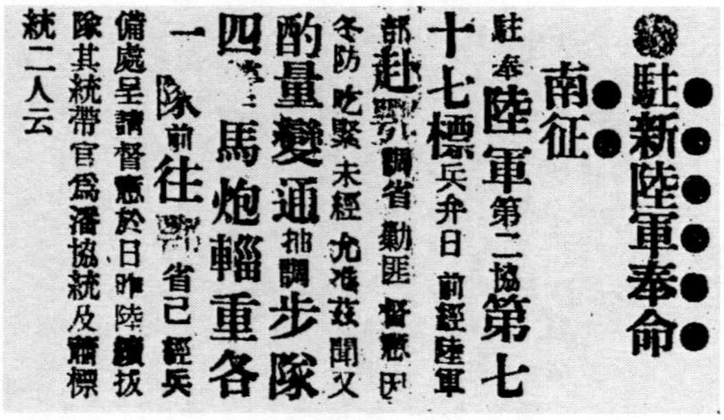

●駐新陸軍奉命南征

駐奉陸軍第二協第七十七標兵弁日前經陸軍部赴鄂調省勦匪督憲因冬防吃緊未經允准玆聞又酌量變通抽調步隊四營馬炮輜重各一隊前往鄂省已經兵備處呈請督憲於日昨陸續拔隊其統帶官爲潘協統及前標統二人云

驻新陆军奉命南征．盛京时报，宣统三年九月初三日（1911 年 10 月 24 日），第 1489 号：第 1 张第 4 版．

吉林銀市民食近狀

自鄂省兵變後商人輕信謠言紛紛收買羌帖故數日來之帖價由四吊三百餘漲至六百餘實銀銀元等亦綯隨之高漲二十五日各處匯兌竟至不通迨二十六早謠言稍息各票號但匯銀兩不匯銀元則款暗折非關别故也二十七日津韋來電發表始知謠言不足信市面稍稍活動羌帖價値遂略見跌落又前數日銀市吃

緊之後各糧商相率高抬糧價小米漲至八吊餘京米每斗竟値十五吊餘文或謂此次糧價與銀市絕不相關原因秋收歉薄即已割之禾上市未多存糧又將告罄新陳不接以致如此云本城某商號昨接長春來電云長郡二十六外間浮言甚多錢行中當日至未有行市人心甚爲動搖府署撥臨時招募偵探暨巡警多名以資巡緝並飭國民新報識情登載

吉林银市民食近状.盛京时报,宣统三年九月初三日(1911年10月24日),
第1489号:第1张第4版.

●哈埠郵局停止●

鄂省匯兌

聞哈埠郵局日前接郵傳部來電內開以湖北省城變亂所有該省郵滙暫行停止其已滙該省尚未收到者應知會匯主一概繳還云云

哈埠邮局停止鄂省汇兑．盛京时报，宣统三年九月初三日（1911 年 10 月 24 日），第 1489 号：第 1 张第 4 版．

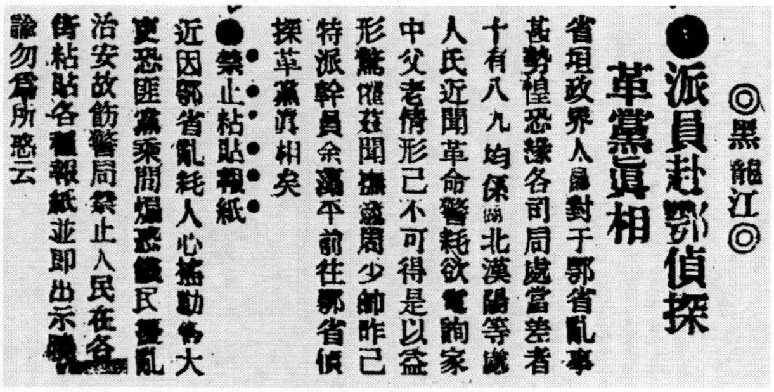

◎黑龍江◎

●派員赴鄂偵探革黨眞相

省垣政界人員對于鄂省亂事甚爲惶恐據各司局處當差者十有八九均係湖北漢陽等處人氏近聞革命警耗欲電詢家中父老情形已不可得是以益形驚懼茲聞撫憲周少帥昨已特派幹員余瀛平前往鄂省偵探革黨眞相矣

●禁止粘貼報紙

近因鄂省亂耗人心搖動倘大變恐匪黨乘間煽惑愚民擾亂治安故飭警局禁止人民在各街粘貼各種報紙並即出示曉諭勿爲所惑云

黑龙江派员赴鄂侦探革党真相．盛京时报，宣统三年九月初三日（1911 年 10 月 24 日），第 1489 号：第 1 张第 5 版．

叢錄

武漢戰爭形勢考

湖北一省居本部之中爲四達之區而當東南與西北之衝故荆襄爲西北之關鍵武漢爲東南之頭項然古者天下大勢在西北不在東南故用兵者祇爭荆襄自三國鼎峙天下大勢漸趨東南而武漢始重今則內地交通首推武漢而武漢又罩作武漢戰爭考

吳蜀破曹魏于赤壁在武昌嘉魚縣

按此戰爲三國之所由分赤壁介吳蜀之交當魏師南下之衝操千里赴敵非不知犯兵家之忌誠以此戰果勝則東南可以制吳西北可以謀蜀長江天塹不足畏矣不幸魯肅合謀曹兵敗績鼎立之勢遂以確定而孫劉二氏得藉此以分據吳蜀矣

晉武平吳遣建威將軍王戎出武昌平南將軍胡奮出夏口又詔龍驤將軍王濬共平之

按此戰吳嘗以鐵鎖及鐵錐沈江中以阻晉師之東下然武昌與金陵互相犄角未有武漢失而金陵可得無恙況縆既被燒錐又著筏而去於是乘流東下勢如破竹而金陵王氣黯然收矣故此時六道平吳以此二道爲最得手

明太祖破陳友諒於武昌

按當時友諒據武昌國珍據兩川士誠據蘇浙天下大勢畧在東南故明祖反古時爭西北之故智改而圖東南蓋武昌扼蘇浙兩川之咽喉武昌得則西上荆襄國珍無遁逃之處東下長江士誠無立足之地故友諒敗北後兩川蘇浙唾手而得東南既平轉攻西北明祖用兵抑亦神矣

文曾正由武漢規金陵

按以武漢取金陵爲用兵者所共知當時洪秀全屢得屢失不能堅守武昌以固下游之根本遂使文正得藉此以爲底定東南之計金陵坐困卒致不競皆由無武昌以據上游也

羅忠節由義寧江西南昌府窺取武漢

按洪秀全舍長沙克武漢據金陵長江下游盡爲所有而武漢與金陵又互相犄角設非羅忠節力持攻取武漢之說則東南大勢已全得矣然羅忠節不利用水師出岳州而獨由義寧以陸路進蓋當時長江下游一帶已入洪手而水由陸又出洪之不意故獲成功耳

彭楊由武漢大破洞庭

按武漢爲東南之頭項觀此益信曾既以此規金陵彭楊又以此破洞庭誠以武漢不特爲長江中流之要害而亦爲由江入洞庭必由之處設不根據武漢則岳州不破岳州不破則洞庭不得洞庭得岳州破而武漢愈固是三處尤互相表裏也

黎元洪取武漢

按此爲武漢最近戰史也觀近日報章黎已獲勝雖大事尚未可定然即以上述戰事攻之則得武漢者未有不勝且有利用武漢以規他處者況昔日武漢之交通尤不若今日之便自京漢之鐵路通長江之航行尤速則以武漢爲進取地其成功誠未可量也然而地理可恃雖不可盡恃孟子曰地利不如人和吾不知今日之革命軍果能悉如孟子之言否耳

武汉战争形势考．盛京时报，宣统三年九月十三日（1911 年 11 月 3 日），第 1498 号：第 1 张第 1 版．

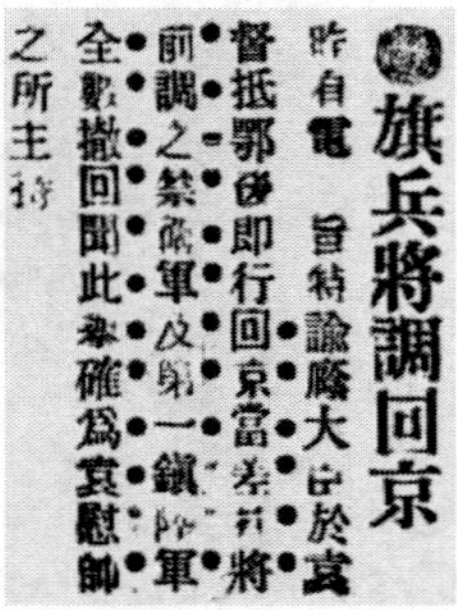

旗兵將調回京

昨自電 旨特諭廕大臣於袁督抵鄂後即行回京當差並將前調之禁衛軍及第一鎮陸軍全數撤回聞此舉確爲袁慰帥之所主持

旗兵将调回京 . 盛京时报 , 宣统三年九月十三日（1911 年 11 月 3 日）,
第 1498 号 : 第 1 张第 2 版 .

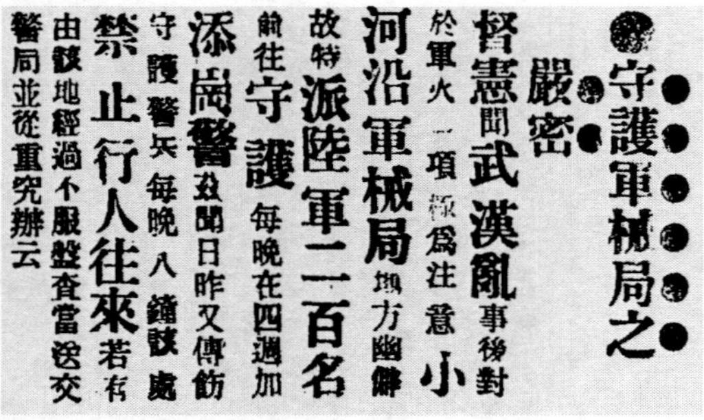

守護軍械局之嚴密

督憲聞武漢亂事後對於軍火一項極爲注意小河沿軍械局地方幽僻故特派陸軍二百名前往守護每晚在四週加添崗警茲聞日昨又傳飭守護警兵每晚八鐘該處禁止行人往來若有由該地經過不服盤查當送交警局並從重究辦云

守护军械局之严密 . 盛京时报 , 宣统三年九月十三日（1911 年 11 月 3 日）,
第 1498 号 : 第 1 张第 4 版 .

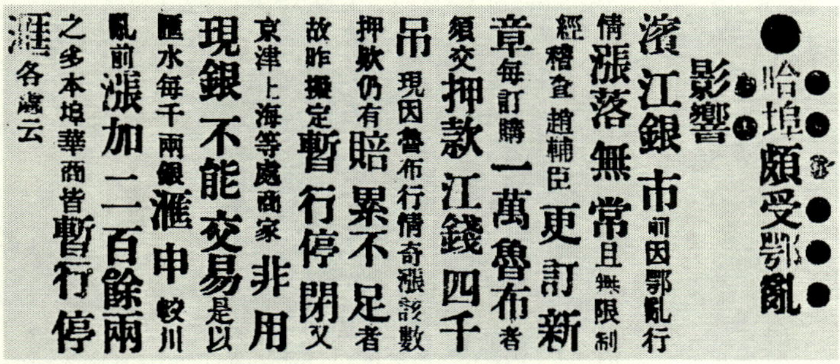

哈埠頗受鄂亂影響

濱江銀市前因鄂亂行情漲落無常且無限制經稽查趙輔臣更訂新章每訂購一萬魯布者須交押款江錢四千吊現因魯布行情奇漲該數押款仍有賠累不足者故昨擬定暫行停閉又京津上海等處商家非用現銀不能交易是以匯水每千兩銀滙申較川亂前漲加一二百餘兩之多本埠華商皆暫行停滙各處云

哈埠颇受鄂乱影响.盛京时报,宣统三年九月十三日(1911年11月3日),
第1498号:第1张第4版.

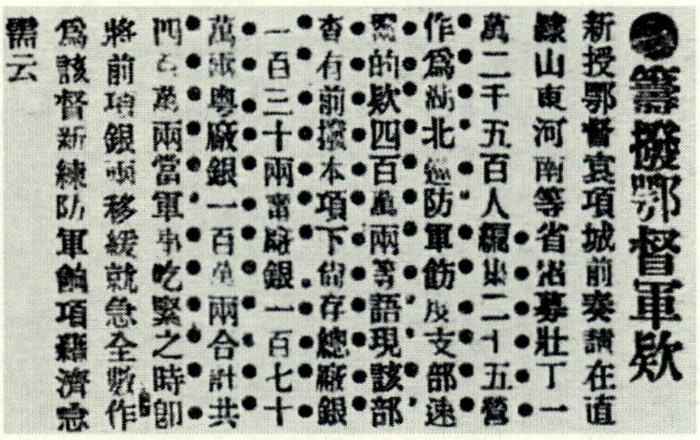

籌撥鄂督軍欵

新授鄂督袁項城前奏請在直隸山東河南等省招募壯丁一萬二千五百人編為二十五營作為湖北巡防軍飭度支部速照的欵四百萬兩等語現該部查有前撥本項下尚存總廠銀一百三十兩富廠銀一百七十萬張粵廠銀一百萬兩合計共四百萬兩當軍事吃緊之時卽將前項銀兩移緩就急全數作為該督新練防軍餉項藉濟急需云

筹拨鄂督军款.盛京时报,宣统三年九月十三日(1911年11月3日),
第1498号:第1张第7版.

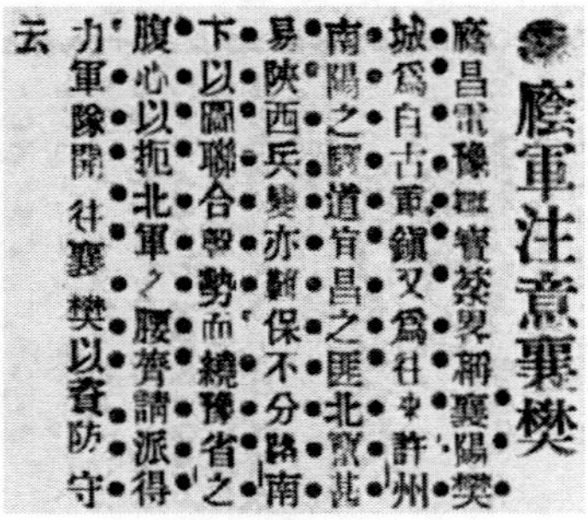

蔭軍注意襄樊

蔭昌電豫撫寶棻畧稱襄陽樊城爲自古重鎮又爲往來許州南陽之要道宜昌之匪北竄甚易陝西兵變亦難保不分路南下以圖聯合聲勢而繞豫省之腹心以扼北軍之腰脊請派得力軍隊開往襄樊以資防守云

荫军注意襄樊.盛京时报,宣统三年九月十三日(1911年11月3日),第1498号:第1张第7版.

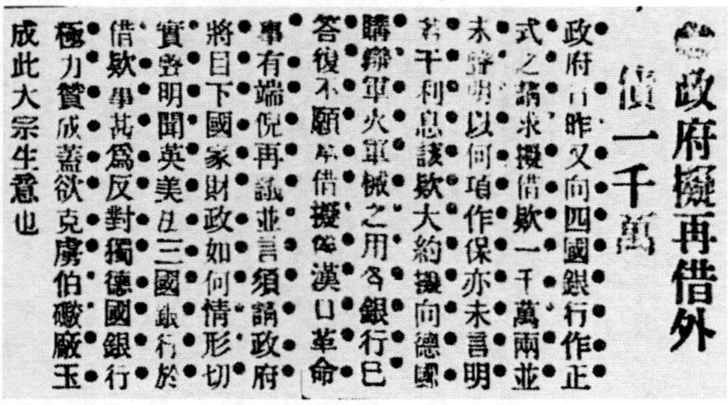

政府擬再借外債一千萬

政府日昨又向四國銀行作正式之請求擬借款一千萬兩並未聲明以何項作保亦未言明若干利息該款大約擬向德國購辦軍火軍械之用各銀行已答復不願率借擬俟漢口革命事有端倪再議並言須請政府將目下國家財政如何情形切實登明聞英美且三國銀行於借款事甚爲反對獨德國銀行極力贊成蓋欲克虜伯礮廠玉成此大宗生意也

政府拟再借外债一千万.盛京时报,宣统三年九月十三日(1911年11月3日),第1498号:第1张第7版.

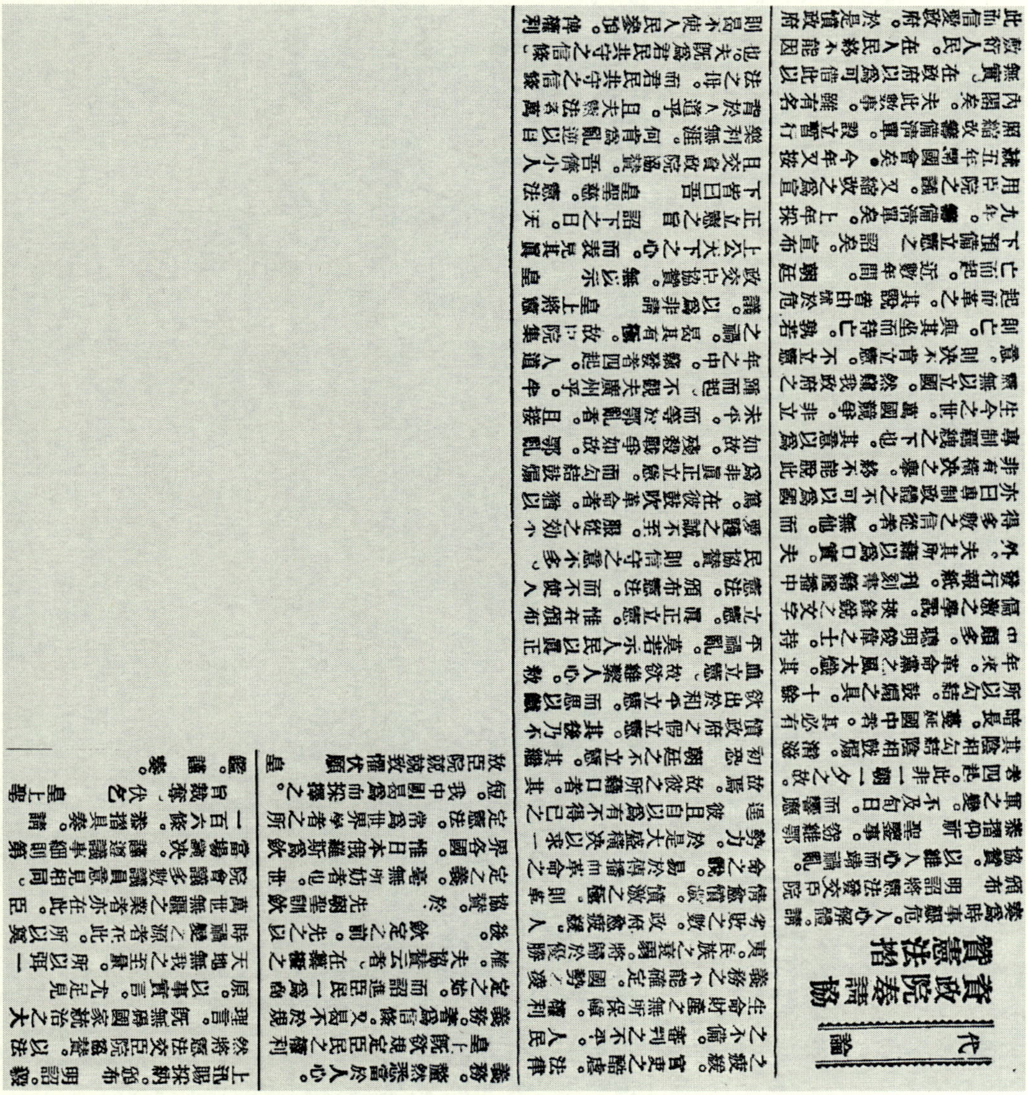

资政院奏请协赞宪法折．盛京时报，宣统三年九月十五日（1911 年 11 月 5 日），第 1499 号：第 1 张第 1 版．

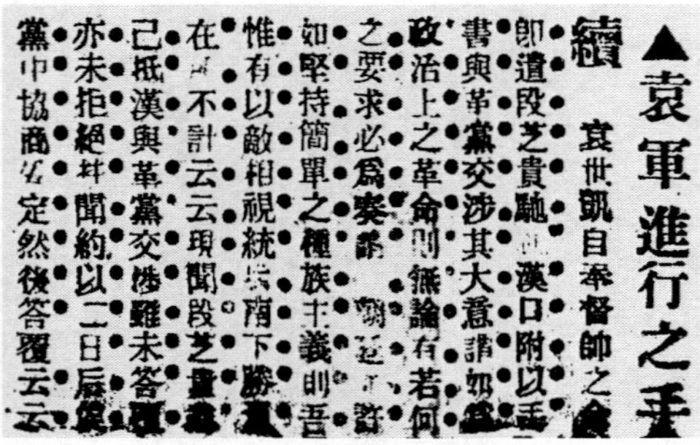
▲袁軍進行之手[續]

續 袁世凱自奉督師之命
即遣段芝貴馳赴漢口附以手
書與革黨交涉其大意謂如蒙
政治上之革命則無論有若何
之要求必為奏請[illegible]
如堅持簡單之種族主義則吾
惟有以敵相視統兵南下勝負
在[illegible]不計云云現聞段芝貴業
已抵漢與革黨交涉雖未答覆
亦未拒絕并聞約以三日後復
黨中協商妥定然後答覆云云

袁军进行之手续.盛京时报,宣统三年九月十五日(1911 年 11 月 5 日),
第 1499 号:第 1 张第 2 版.

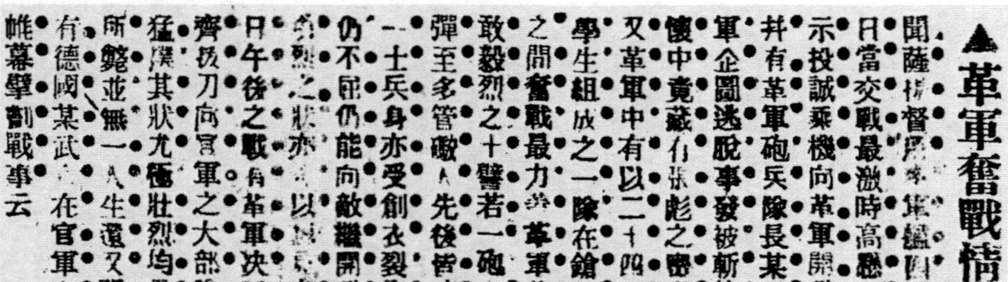
▲革軍奮戰情形

聞薩[illegible]督[illegible]軍艦[illegible]六
日當交戰最激時高懸白旗表
示投誠乘機向革軍開礮是日
并有革軍砲兵隊長某私近官
軍企圖逃脫事發被斬旋檢點
懷中竟藏有張彪之密書是日
又革軍中有以二十四五歲之
學生組成之一隊在鎗林彈雨
之間奮戰最力然革軍甚富勇
敢殺烈之士譬若一砲為受敵
彈至多管礮人先後皆殞推有
一士兵身亦受創衣裂肉破而
仍不屈仍能向敵繼開礮革軍
勇烈之狀亦可以[illegible]突初
日午後之戰有革軍決死隊一
齊拔刀向官軍之大部隊突進
猛漢其狀尤極壯烈均與官軍
所斃並無一人生還又聞是日
有德國某武[illegible]在官軍中參與
帷幕擘劃戰事云

革军奋战情形.盛京时报,宣统三年九月十五日(1911 年 11 月 5 日),
第 1499 号:第 1 张第 2 版.

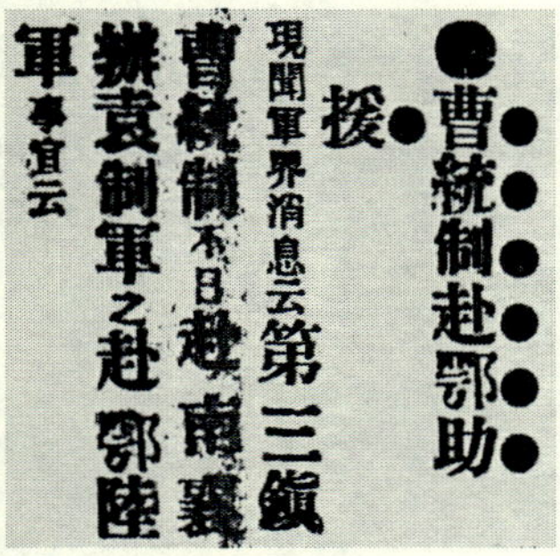
曹統制赴鄂助援
現聞軍界消息云第三鎮曹統制不日赴南襄辦袁制軍之赴鄂陸軍事宜云

曹统制赴鄂助援．盛京时报，宣统三年九月十五日（1911 年 11 月 5 日），第 1499 号：第 1 张第 4 版．

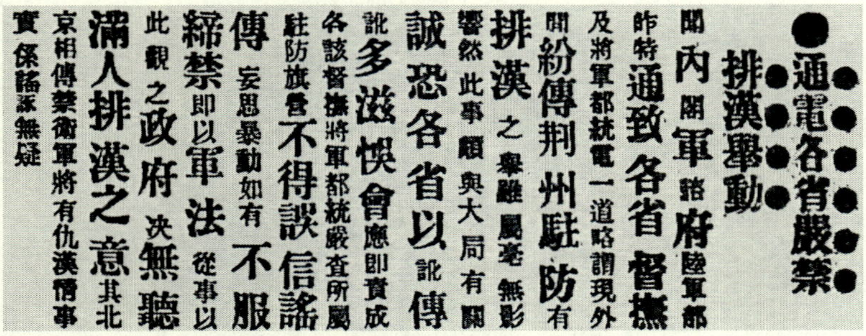
通電各省嚴禁排漢舉動
聞內閣軍諮府陸軍部昨特通致各省督撫及將軍都統電一道略謂現外間紛傳荆州駐防有排漢之舉雖屬毫無影響然此事頗與大局有關誠恐各省以訛傳訛多滋悞會應即責成各該督撫將軍都統嚴查所屬駐防旗營不得誤信謠傳妄思暴動如有不服締禁即以軍法從事以此觀之政府決無聽滿人排漢之意其北京相傳禁衛軍將有仇漢情事實係謠諑無疑

通电各省严禁排汉举动．盛京时报，宣统三年九月十五日（1911 年 11 月 5 日），第 1499 号：第 1 张第 4 版．

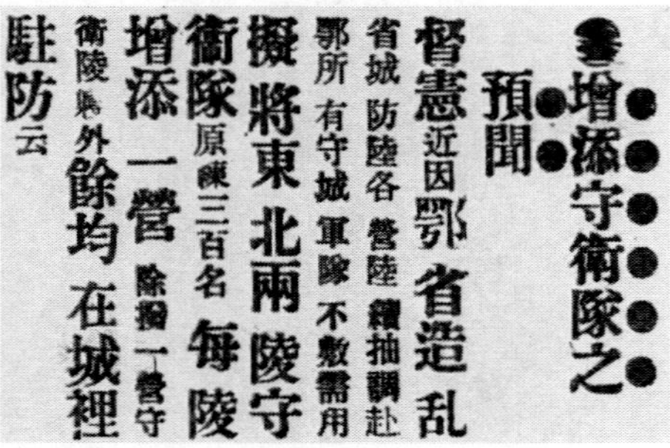
增添守衛隊之預聞
督憲近因鄂省造乱省城防陸各營陸續抽調赴鄂所有守城軍隊不敷需用擬將東北兩陵守衛隊原練三百名每陵增添一營除撥一營守衛陵寢外餘均在城裡駐防云

增添守卫队之预闻.盛京时报,宣统三年九月十五日(1911 年 11 月 5 日),
第 1499 号:第 1 张第 4 版.

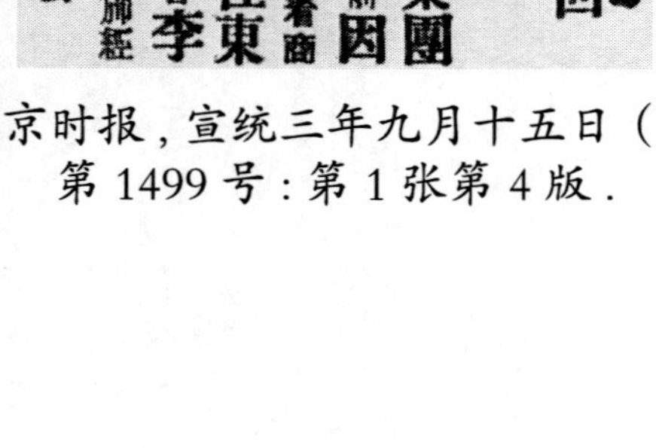
李協理昨經回營
南北各商組織實業團赴東洋觀光之事前因鄂亂影響各埠要願看商彙議團不能起程東渡均議遄回現本埠商會李協理昆仲並已行返旆經日昨回至營云云

李协理昨经回营.盛京时报,宣统三年九月十五日(1911 年 11 月 5 日),
第 1499 号:第 1 张第 4 版.

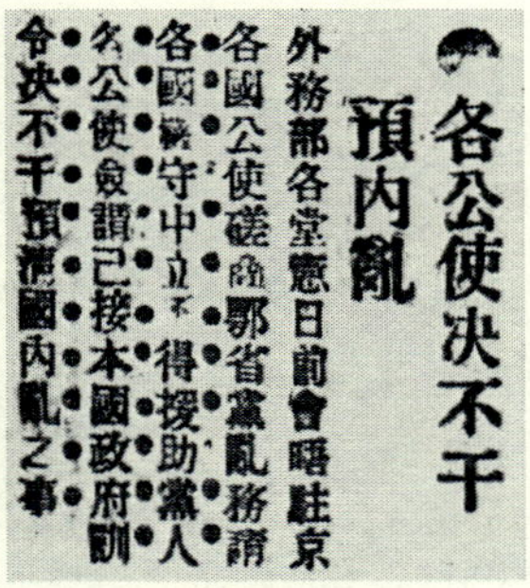

各公使決不干預內亂

外務部各堂憲日前會晤駐京各國公使磋商鄂省黨亂務請各國嚴守中立不得援助黨人各公使僉謂已接本國政府訓令決不干預清國內亂之事

各公使决不干预内乱. 盛京时报, 宣统三年九月十五日 (1911 年 11 月 5 日), 第 1499 号: 第 1 张第 7 版.

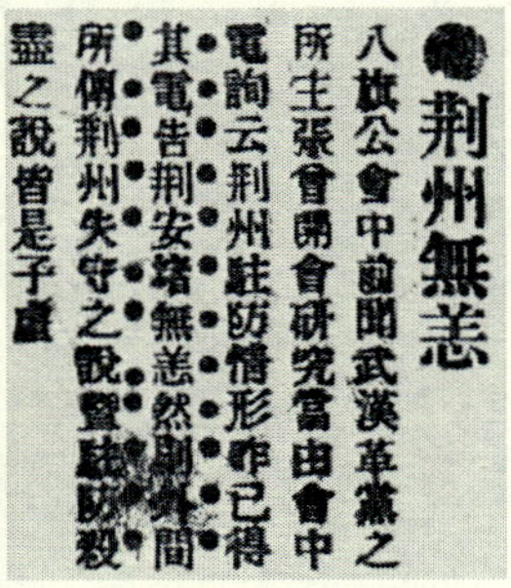

荊州無恙

八旗公會中前聞武漢革黨之所主張會開會研究當由會中電詢云荊州駐防情形昨已得其電告荊安堵無恙然則外間所傳荊州失守之說暨駐防殺盡之說皆是子虛

荆州无恙. 盛京时报, 宣统三年九月十五日 (1911 年 11 月 5 日), 第 1499 号: 第 1 张第 7 版.

廕軍之佳電

初九日下午四點鐘軍諮府接蔭軍自孝感來電云軍諮府各廳諸公鑒果密電敬悉我軍於初　日全復漢口右翼已過玉帶門街市餘匪業經搜索淨盡井砲擊漢陽龜山黑山重要地點爲渡河進攻之準備嗣後軍情應由馮軍統隨時電報請代回兩邸通鑒佳印

荫军之佳电.盛京时报,宣统三年九月十五日（1911年11月5日）,
第1499号:第1张第7版.

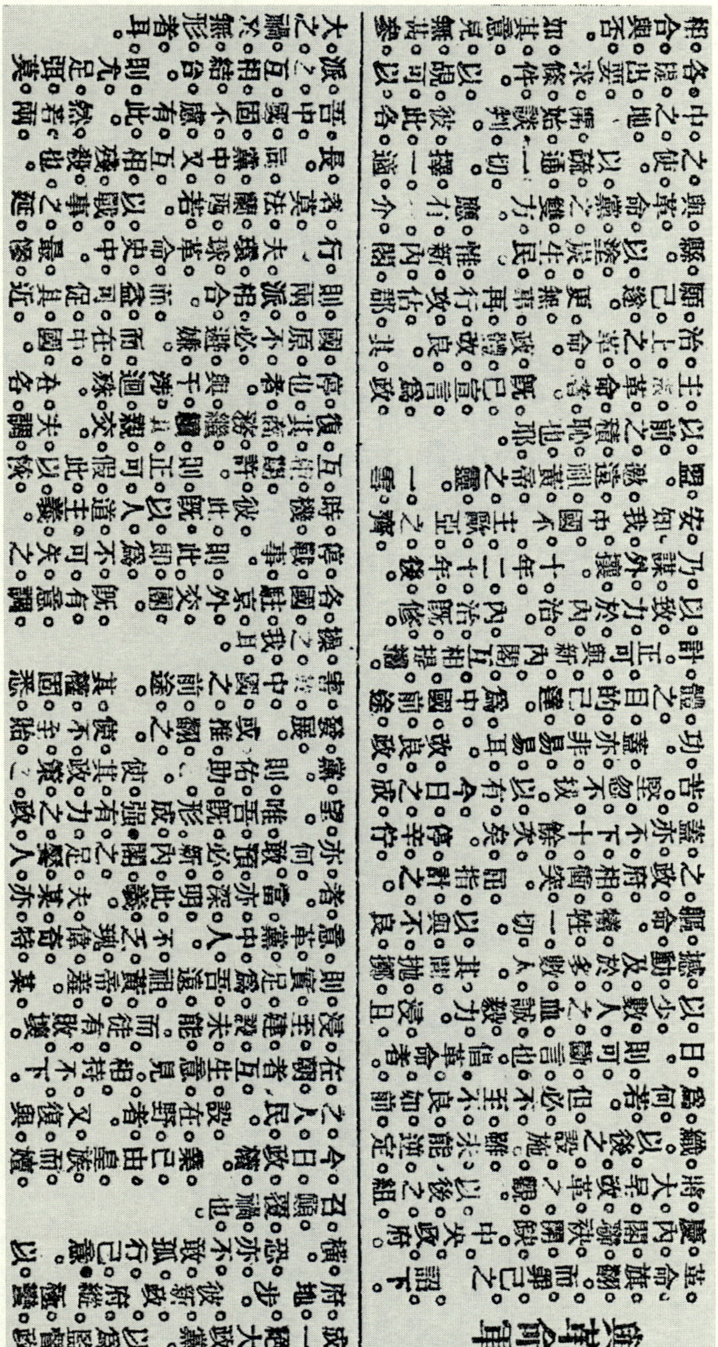

論說

忠告新政府與革命軍

革命旗翻。而罪己之詔下。慶內閣聯袂開缺。中央政府。將大呈改革之觀。以後之組織。以後之設施。雖未能逆定爲何若。但必不至不良如前日。則可斷言也。倡革命者。以少數人之血誠毅力。浸且撼動及於多數人。其間拋擲軀命。犧牲一切。以與不良之政府相衝突。屈指計之。蓋亦不下十餘次矣。停辛佇苦。堅忍不拔。以有今日之成功。蓋亦非易易耳。改良政體之目的已達。爲中國前途計。正可與新內閣互相提攜。以致力於內治。內治既修。乃謀外攘。十年二十年後。安知我中國不主歐亞之齊盟。邀遠祖黃帝之靈。一雪以前之積恥也耶。

主張革命者。既已宣言爲政治上之革命。政體改良。其願已遂。更無再行攻佔郡縣。以塗炭生民。惟新內閣與革命黨之雙方。應有介之使。以疏通一切。擇一適中之地。開始談判。彼此各提出要求條件。以覘可以相合與否。如其意見無甚參差。則一爲在朝的政治運動。一即可爲在野的政治運動也。因仍固有之團體。形成一絕大政黨。以爲監督政府地步。彼新政府縱極變横。恐亦不敢孤行己意。以召顛覆禍也。

今日政權。業已由皇族而嬗之人民。設在野者。又復與在朝者互生意見。相持不下。浸至建設未能。而徒有敗壞。則實足爲吾遠祖黃帝羞。某意革黨中人。不乏瑰偉奇特者。當亦深明此義。夫某亦何敢預必新內閣之足饜人望。唯吾既形成強有力之政黨。則佑助之。使其政策之發展。或推翻之。使不至貽害於中國之前途。其權固悉操之我耳。

各國駐京外交團。既有意調停戰事。則此即爲不可失之時機。彼此既以人道主義。互相鬪許。則正可假此以恢復其商務。繼續其親交。夫調停也者。與干涉迥殊。在各國原不必避嫌。而在中國。則兩派相合。而益可促其進行。夫環球革命史中。最慘者莫法蘭西若。以戰事之延長。致黨中又互相殘殺也。吾中國固不慮有此。然若兩派之互相結合。則尤足弭莫大之禍於無形者耳。

忠告新政府与革命军.盛京时报,宣统三年九月十七日(1911年11月7日),第1500号:第1张第1版.

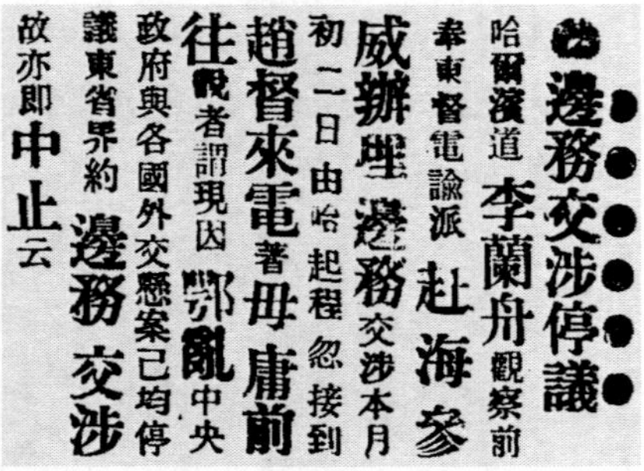

邊務交涉停議

哈爾濱道李蘭舟觀察前奉東督電諭派赴海參威辦理邊務交涉本月初二日由哈起程忽接到趙督來電著毋庸前往聞者謂現因鄂亂中央政府與各國外交懸案已均停議東省界約邊務交涉故亦即中止云

边务交涉停议．盛京时报，宣统三年九月十七日（1911 年 11 月 7 日），第 1500 号：第 1 张第 4 版．

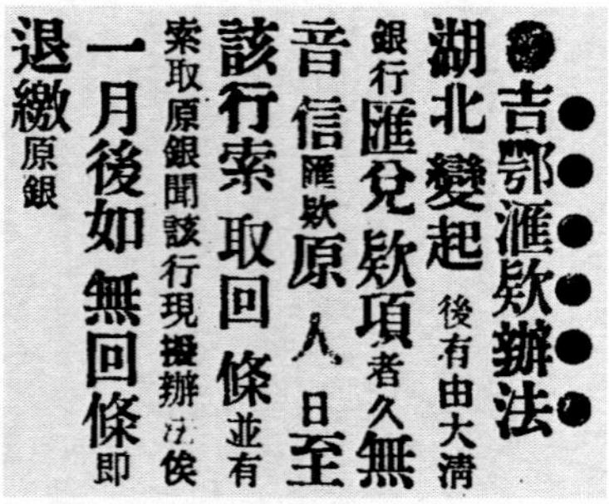

吉鄂滙欵辦法

湖北變起後有由大清銀行滙兌欵項者久無音信滙欵原人日至該行索取回條並有索取原銀聞該行現擬辦法俟一月後如無回條即退繳原銀

吉鄂汇款办法．盛京时报，宣统三年九月十七日（1911 年 11 月 7 日），第 1500 号：第 1 张第 4 版．

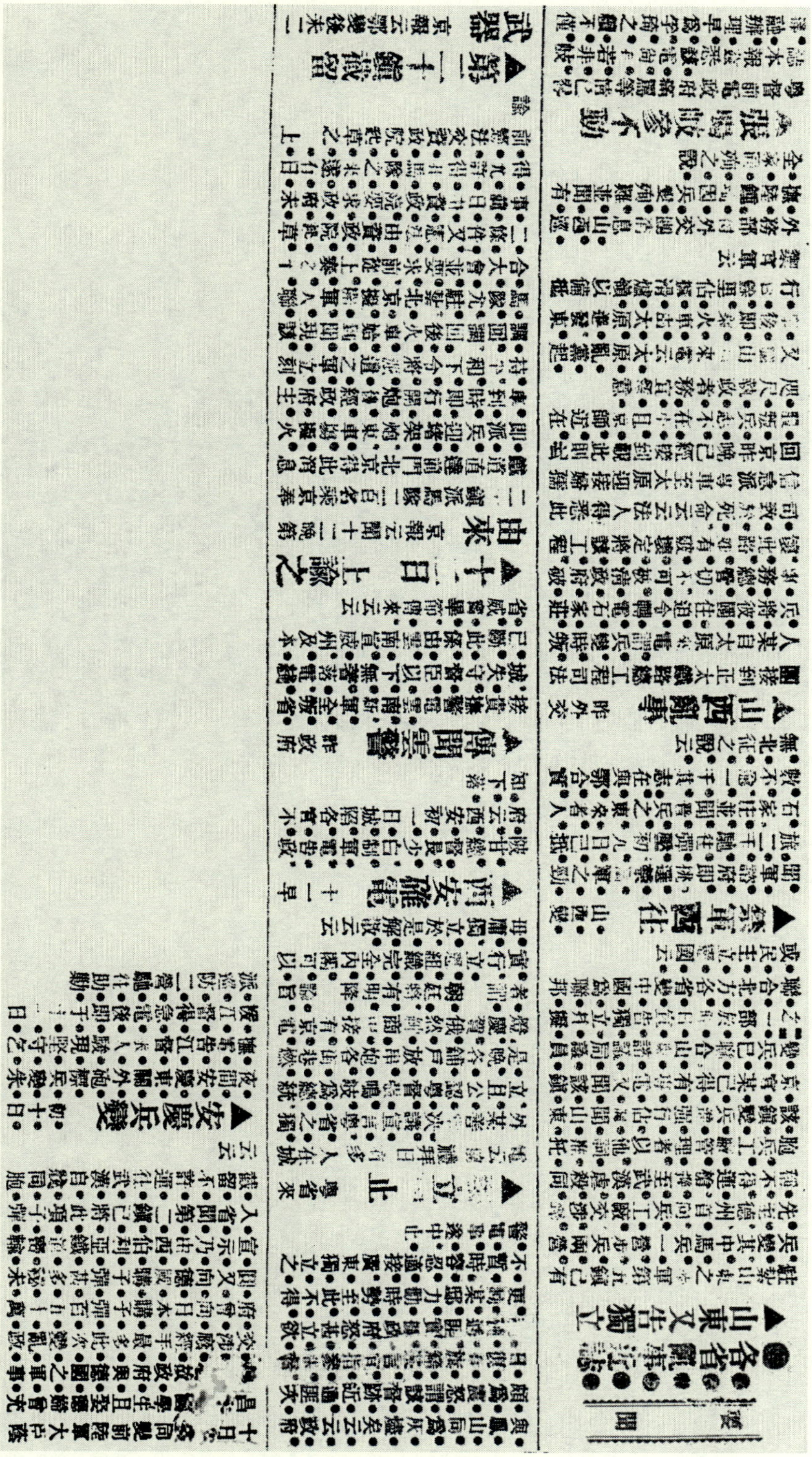

各省乱事近志. 盛京时报, 宣统三年九月十七日 (1911 年 11 月 7 日), 第 1500 号: 第 1 张第 7 版.

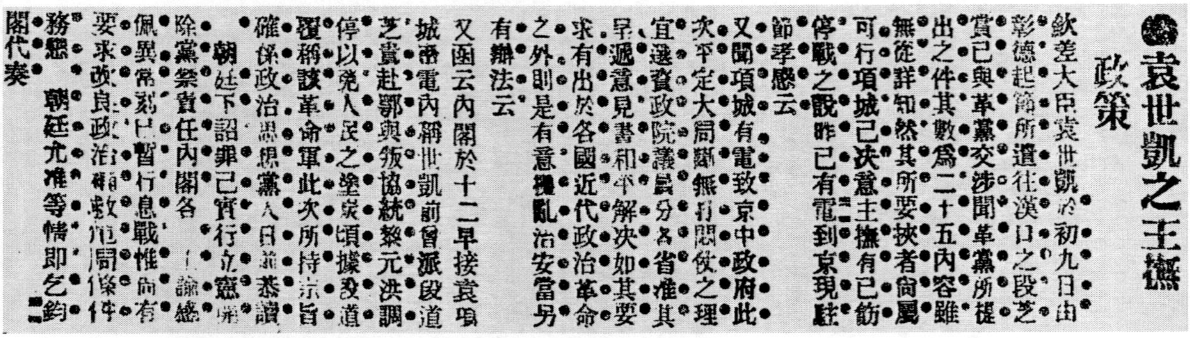

袁世凱之主撫政策

欽差大臣袁世凱於初九日由彰德起節所遣往漢口之段芝貴已與革黨交涉聞革黨所提出之件其數爲二十五內容雖無從詳知然其所要挾者尙屬可行項城已決意主撫有已飭停戰之說昨已有電到京現駐節孝感云

又聞項城有電致京中政府此次平定大局斷無打悶仗之理宜速資政院議員分各省准其早遞意見書和平解决如其要求有出於各國近代政治革命之外則是有意擾亂治安當另有辦法云

又函云內閣於十二早接袁項城來電內稱世凱前曾派段道芝貴赴鄂與叛協統黎元洪調停以免人民之塗炭頃據段道覆稱該革命軍此次所持宗旨確係政治思想黨人日並恭讀 朝廷下詔罪己實行立憲解除黨禁責任內閣各 上諭總佩異常刻已暫行息戰惟尙有要求改良政治稍數範圍條件務懇 朝廷允准等情即乞鈞閣代奏

袁世凯之主抚政策．盛京时报，宣统三年九月十七日（1911 年 11 月 7 日），第 1500 号：第 1 张第 7 版．

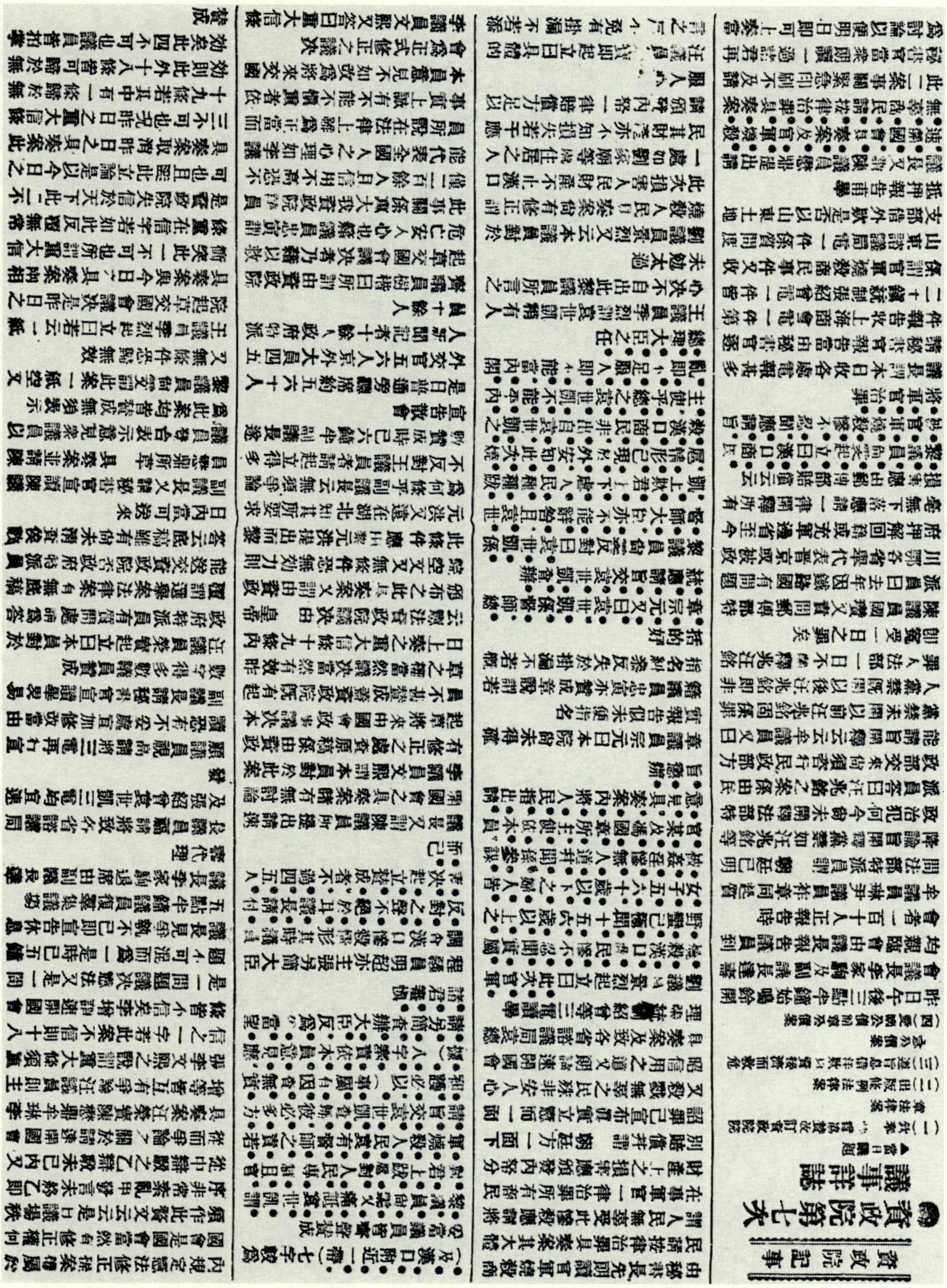
資政院記事

資政院第七次議事詳誌

资政院第七次议事详志．盛京时报，宣统三年九月十八日（1911 年 11 月 8 日），第 1501 号：第 1 张第 1 版．

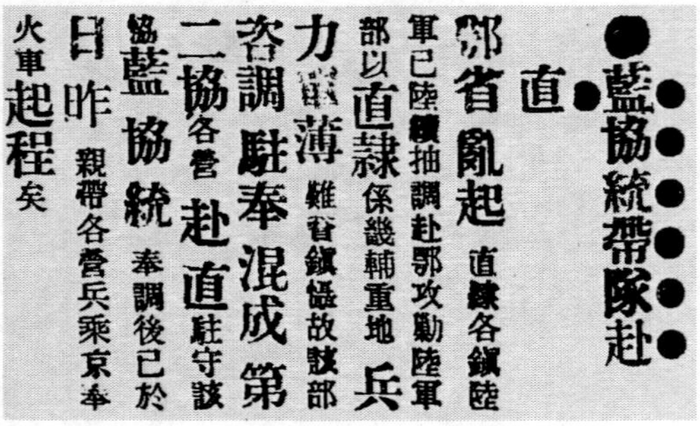

●藍協統帶隊赴直●

鄂省亂起 直隸各鎮陸軍已陸續抽調赴鄂攻勦陸軍部以直隸係畿輔重地 兵力嚴薄 難資鎮懾故該部咨調駐奉混成第二協各營 赴直駐守該協藍協統 奉調後已於昨日 親帶各營兵乘京奉火車 起程矣

蓝协统带队赴直．盛京时报，宣统三年九月十八日（1911 年 11 月 8 日），
第 1501 号：第 1 张第 4 版．

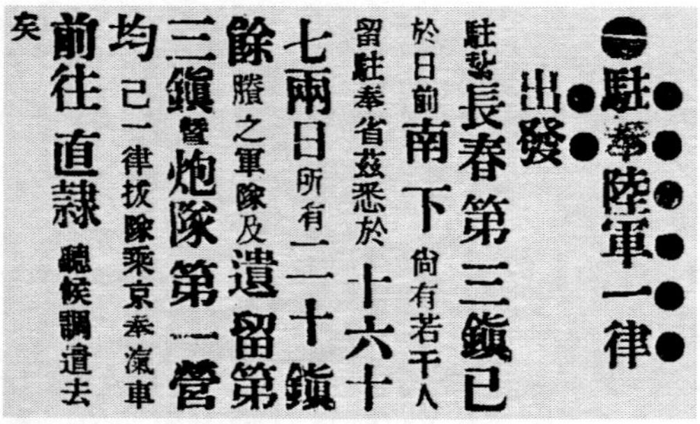

●駐奉陸軍一律出發●

駐紮長春第三鎮已於日前南下 尚有若干人留駐奉省茲悉於十六十七兩日所有一一十鎮餘賸之軍隊及遺留第三鎮暨炮隊第一營均已一律拔隊乘京奉瀛車前往直隸 聽候調遣去矣

驻奉陆军一律出发．盛京时报，宣统三年九月十八日（1911 年 11 月 8 日），
第 1501 号：第 1 张第 4 版．

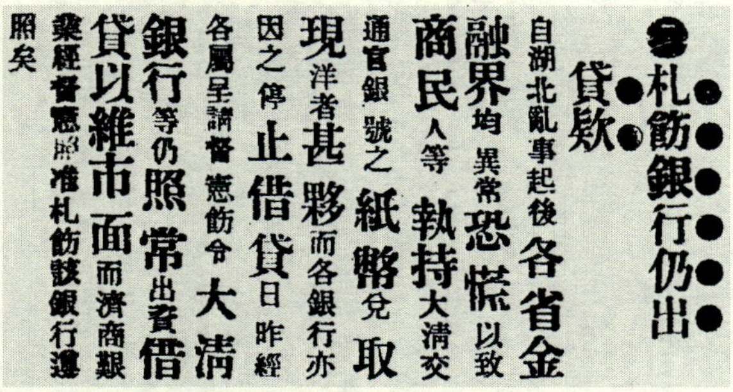

札飭銀行仍出貸欵

自湖北亂事起後各省金融界均異常恐慌以致商民人等執持大清交通官銀號之紙幣兌取現洋者甚夥而各銀行亦因之停止借貸日昨經各屬呈請督憲飭令大清銀行等仍照常出資借貸以維市面而濟商艱業經督憲批准札飭該銀行遵照矣

札饬银行仍出贷款.盛京时报,宣统三年九月十八日(1911年11月8日),第1501号:第1张第4版.

资政院之价值如此. 盛京时报, 宣统三年九月十八日（1911年11月8日）, 第1501号: 第1张第7版.

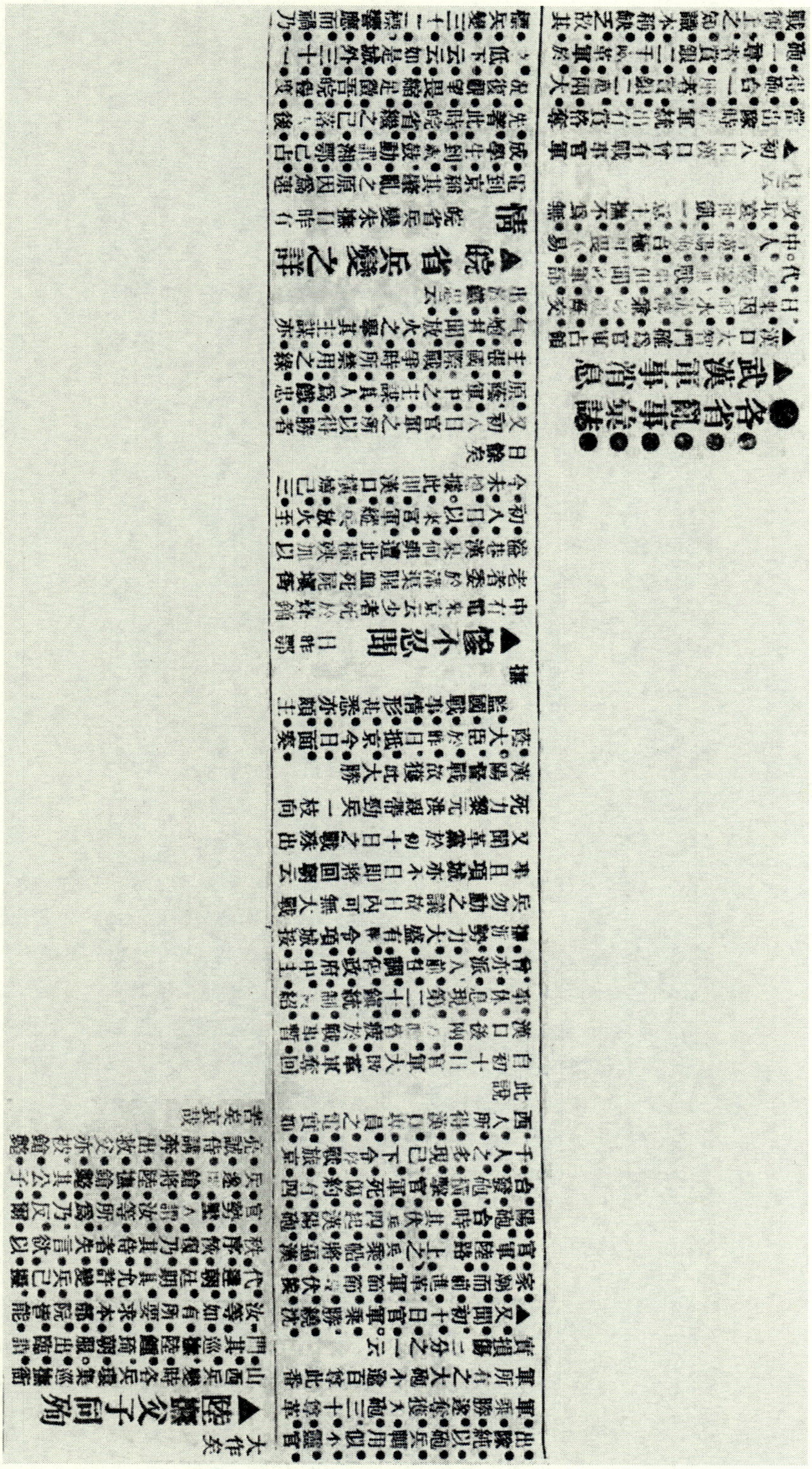
各省亂事彙誌
▲武漢軍事消息
▲皖省兵變之詳情
▲慘不忍聞
▲父子同殉

各省乱事汇志．盛京时报，宣统三年九月十八日（1911 年 11 月 8 日），
第 1501 号：第 1 张第 7 版．

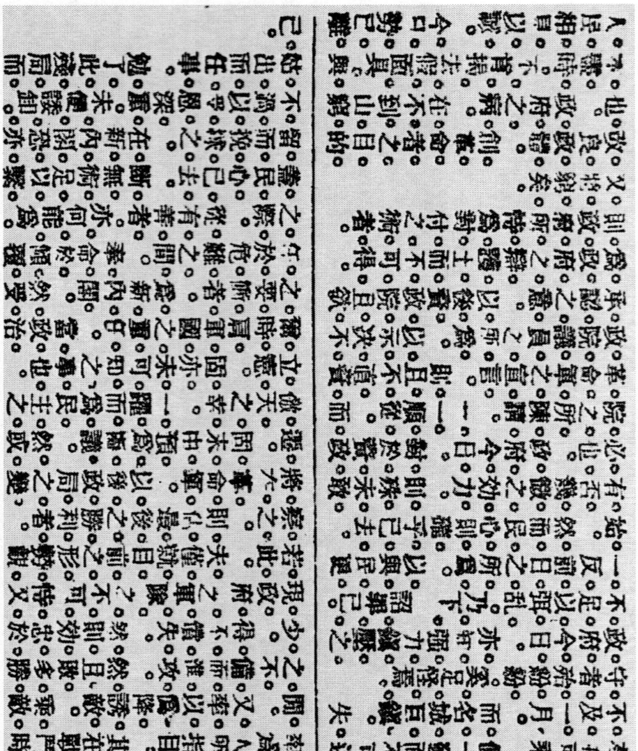

論說

論時局之究竟

我國前古亂事。率萌芽於水旱凶荒。民不聊生。乃思盜弄。否則縱有極無道之君。恣行於上。豈甚者固未敢遽肆反動也。然而今日情勢。則固大異。一般學識。既已誠灌之於先。而政府之不德。又有以迫促之於後。於是奇桀之士。咸思乘此以立功名。而蚩蚩者氓。亦遂不以其所創亂爲非。而靡然響應。以故無機可乘。則暫戢其謀。苟有可乘。便一發而不可遏。不及一月。而名城巨鎮。失守者殆紛紛。實足怪焉。政府今日。亦知强力鎮壓之不足以弭亂。乃下詔罪己。一反前日之所爲。以與民更始。然而民心則確乎已去。有否幾微之效力。則殊未敢必也。政府今日。對於資政院之所陳請。一一順從。而革命軍之宣言。則且不直資政院議員之所爲。以示決不承認之意。以後資政院且欲爲政府之辯護士而不可得。則政府所恃爲對付之術者。又將窮矣。改良政體。創革命者之目的也。政府之病。在不到山窮水盡時。不肯揭去假面具。與人民相見以誠。今日勢已離披乎此。縱力謀晚善。其又何及。夫專制政體。必不容於二十世紀。吾人所可斷言。而吾國政府。必不肯拋去私利。必故意逆此風潮。以示其頑强之態度。而孰知鬱之久。則發之愈烈。一旦潰决。收拾無從。且前日政府。又率好爲誑語之政治。以故今日縱實心悔禍。而人民亦遂不信任之。某報譏政府所爲。率係自斃之術。其言至今驗矣。而况今日革亂之軍隊。從火也。妄戮無辜也。其暴行又率爲人所指目。其在戰鬥時間。又率以僞降誘敵。乘敵之不備而進攻。然且敗多勝少。得不償失。然則效忠於現政府之軍隊之不可恃又若此。夫僅就目前之形勢觀察之。則仍最後之勝利者將大革命軍。以後政局之變遷。問未由預爲揣議。然或儆天之幸。一躍而爲民主之立憲。固亦未可知之事也。爾時肩軍國之重任。當政治之要衝者。爲新內閣。然受乍於危難之間。奉命於傾覆之際。從有善者。亦何能爲。蓋民心已去。斷無術足以繫留而挽救之。在新內閣恐亦不過以卑恩深重。未便諉卸。姑出而任事。勉了此殘局而已。

论时局之究竟．盛京时报，宣统三年九月十九日（1911 年 11 月 9 日），第 1502 号：第 1 张第 1 版．

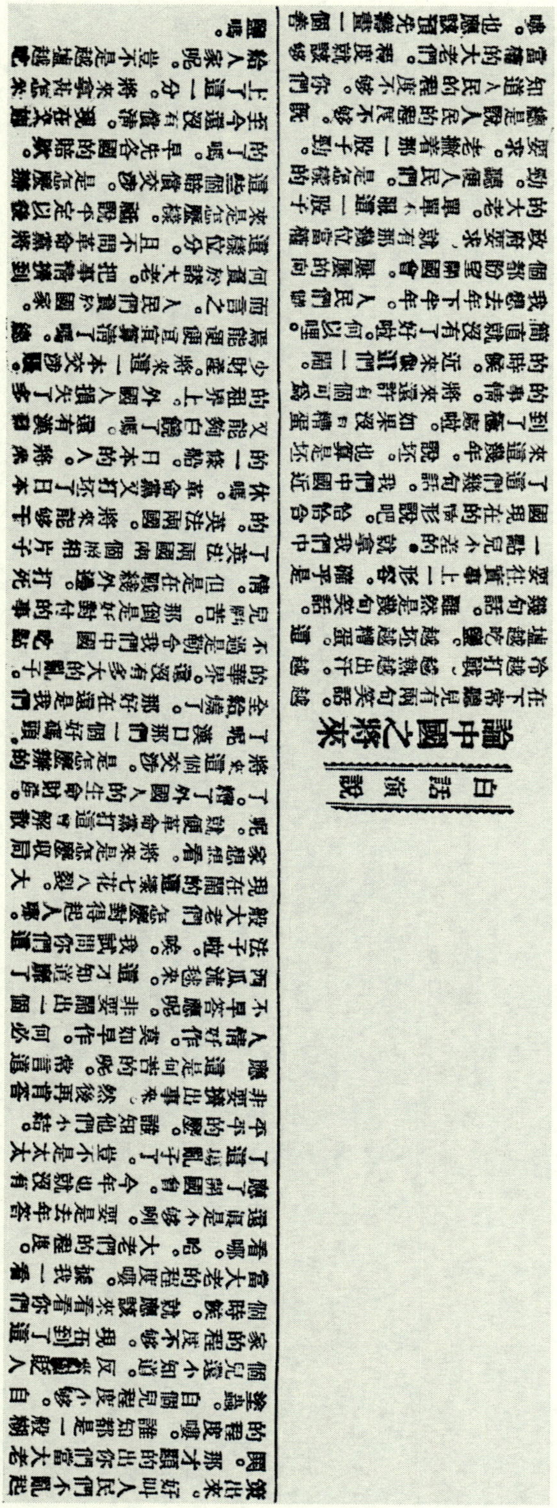

白話演說

論中國之將來

在下常聽見有兩句笑話。越冷越打戰，越熱越出汗。越塩越吃鹽。越坏越糟蛋。這幾句話。雖然是幾句笑話。要往實事上一形容。確乎是一點兒不差的。就拿我們中國現在的情形說吧。恰恰合了這們幾句話。我們中國近來這幾年。說坏。也算是坏到了極處啦。如果沒有糟蛋的事情。將來還許有個可爲的時候。近來像逛們一鬧。簡直就沒有了好啦。何以哩。我想去年下半年。人民們都個個都盼望開國會。屢屢的向政府要求，就有那幾位當權的大老。畢畢不跟這一股子勁。聽便人民們。是怎樣的要求。老攔着那一股子勁。總是說人民的程度不够。既知道人民的程度不够。你們當權的大老們。程度就該够嘍。也應該預先籌畫一個善策出來。好叫人民們不亂起鬨。那才顯的出你們當大老的程度嘍。誰知都是一般糊塗蟲。自個兒程度不够。自個兒還不知道。反[illegible]人家的程度不够。現在到了這個時候。就應該來看看你們當大老的程度嘍。據我一看看哪。咱。大老們的程度。還真是不够咧。要是去年答應了開國會。今年也就沒有了這塲亂子了。豈不是太太平平的麼。誰知他們不結。非要擠出事來，然後再肯答應　這是何苦的呢。常言道人情好作。莫如早作。何必不早答應呢。非要鬧出一個西瓜迸総來。這才知道壞了法子啦。唉。我試問你們這般大老們　怎麼對得起人嗎。現在鬧的這樣七花八裂。大家想想看。將來是怎麼收局呢。就便革命黨打這們解散了。糟了外國人的生命財產。將來這個交涉。是怎麼辦的了呢　漢口那們一個好碼頭。全給燒了。那好在還是我們的華界。還沒有多大的亂子。不過是夠令我們中國　吃點兒虧苦。那倒是好對付的事情。但是在殿綫外邊。打死了英法兩國兩個將相片子的。英法兩國。將來能够干休嗎。革命黨又打坏了日本的一條船。日本的人。將來又能夠白饒了嗎。還有漢口的租界上。外國人損失了多少財產。將來這一本交涉賬。焉能還便宜算清了嗎。總而言之。人民們負於國家。何負於諸大老。把事情辦到這樣位分。且不問革命黨將來是怎麼樣。隨設中定以後這些個賠償交涉。是怎麼辦的了嗎。早先各國的賠欵。至今還沒有償淸。現在又加上了這一分。將來拿甚麼來給人家呢。豈不是越塩越吃鹽嗎。

论中国之将来．盛京时报，宣统三年九月十九日（1911 年 11 月 9 日），第 1502 号：第 1 张第 1 版．

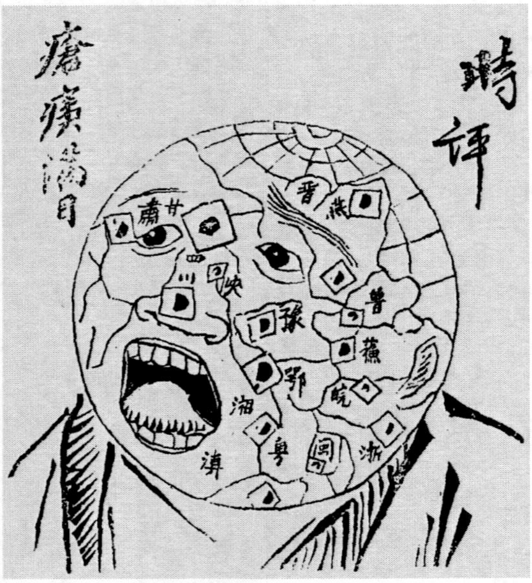

疮痍满目（漫画）. 盛京时报, 宣统三年九月十九日（1911 年 11 月 9 日）,
第 1502 号 : 第 1 张第 4 版 .

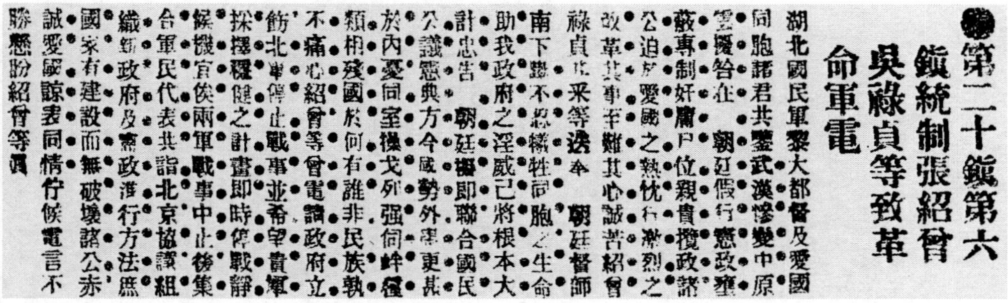

第二十鎮第六鎮統制張紹曾吳祿貞等致革命軍電

湖北國民軍黎大都督及愛國同胞諸君共鑒武漢慘變中原雲擾咎在朝廷假行憲政壅蔽專制奸庸尸位親貴攬政諸公迫於愛國之熱忱不得激烈之致革其事幸雖其心誠苦紹曾祿貞北采等遂奉朝廷督師南下豈不慾犧牲同胞之生命助我政府之淫威已將根本大計忠告朝廷即聯合國民公議憲典方今威勢外患更甚於內憂同室操戈列強伺釁類相殘國於何有誰非民族孰不痛心紹曾等曾電請政府立飭北軍停止戰事並希望貴軍採擇穩健之計畫即時停戰靜候機宜俟兩軍戰事中止後集合軍民代表共詣北京協議組織新政府及憲政準行方法庶國家有建設而無破壞諸公赤誠愛國諒表同情佇候電言不勝懸盼紹曾等叩

第二十镇、第六镇统制张绍曾、吴禄贞等致革命军电．盛京时报，宣统三年九月十九日（1911 年 11 月 9 日），第 1502 号：第 1 张第 7 版．

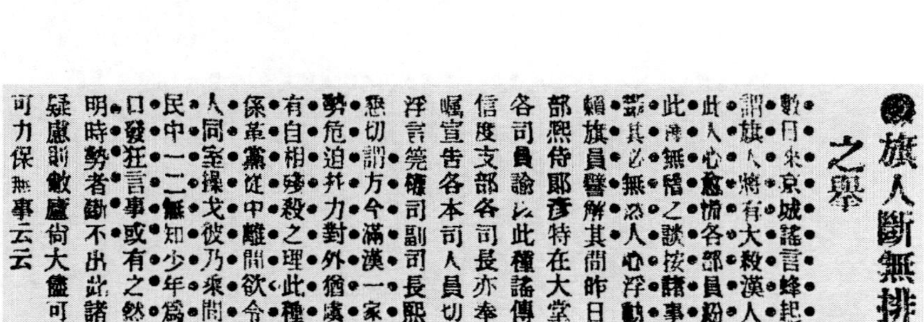

旗人斷無排漢之舉

數日來京城謠言蜂起尤甚者謂旗人將有大殺漢人之舉因此人心惶惶各部員紛紛潛徙此等無稽之談按諸事理原可[illegible]其必無然人心浮動不能不賴旗員譬解其間昨日農工商部熙侍郎彥特在大堂上邀集各司員諭以此種謠傳萬不可信度支部各司長亦奉堂官諄囑宣告各本司人員切勿輕信浮言筦榷司副司長熙明說尤懇切謂方今滿漢一家值茲國勢危迫非力對外猶虞不敵豈有自相殘殺之理此種謠言顯係革黨從中離間欲令都中人人同室操戈彼乃乘間而入旗民中一二無知少年爲所蠱惑口發狂言事或有之然旗人稍明時勢者斷不出此諸君如果疑慮則敝處尚大盡可遷往弟可力保無事云云

旗人断无排汉之举．盛京时报，宣统三年九月十九日（1911 年 11 月 9 日），第 1502 号：第 1 张第 7 版．

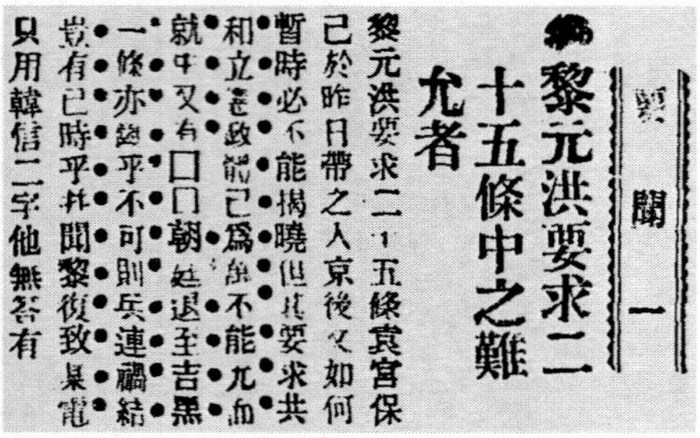
要聞 一

黎元洪要求二十五條中之難允者

黎元洪要求二十五條袁宮保已於昨日帶之入京後又如何暫時必不能揭曉但其要求共和立憲政體已爲[illegible]不能允而就中又有□□朝廷退至吉黑一條亦[illegible]乎不可則兵連禍結豈有已時乎抑聞黎復致袁電只用韓信二字他無答有

黎元洪要求二十五条中之难允者．盛京时报，宣统三年九月二十日（1911 年 11 月 10 日），第 1503 号：第 1 张第 2 版．

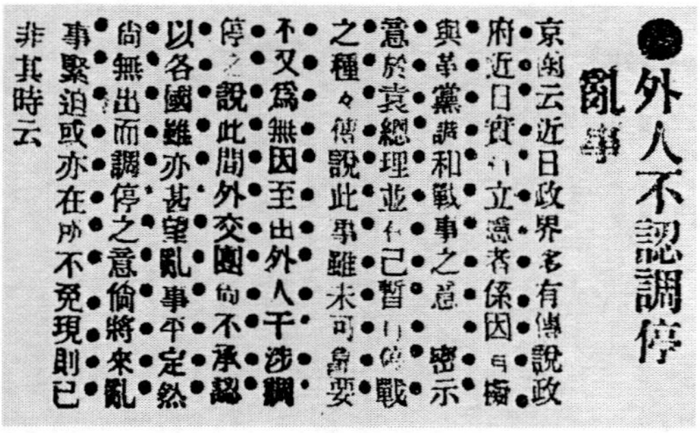
外人不認調停亂事

京函云近日政界多有傳說政府近日實行立憲者係因[illegible]與革黨講和戰事之意密示意於袁總理並令已暫行停戰之種々傳說此事雖未可盡要不又爲無因至出外人干涉調停之說此間外交團尙不承認以各國雖亦甚望亂事平定然尙無出而調停之意倘將來亂事緊迫或亦在所不免現則已非其時云

外人不认调停乱事．盛京时报，宣统三年九月二十日（1911 年 11 月 10 日），第 1503 号：第 1 张第 2 版．

外人果有辭矣

前日上諭對於行軍申明紀律乃為漢口之事而發漢口焚燒中國市街民房兩晝夜未熄其死傷人數無可調查所以致此之故因該地民人有不救護官軍傷兵情事而且武昌殺旗人之忿未洩蓄怨又在營中家眷被殺怒氣沖天有此三原因之復雜遂至演出如此慘事而西報竟大書特書目屠戮在京各國外交團特為此事於日前開秘密會議提出三條(一)中國人自己殘殺如此外國人實處可恐地位應謀自衛調遣沾兵駐京(二)政府已推倒皇族內閣憲章十九條亦已審行即革命軍應從此停戰共籌大局若仍操極端主義致妨害各國商務亦惟有出而干預(三)北京萬一猝不及防而生意外中交民巷地實不能免留華人惟婦豎則預先註册一概收容要地當派兵扼守并籌備一切防務

外人果有辭矣．盛京时报，宣统三年九月二十日（1911 年 11 月 10 日），
第 1503 号：第 1 张第 7 版．

黃開文補漢口道

道清鐵路總辦黃開文前經袁宮保調往軍前效用茲聞黃開文已調補漢口道員缺

黄开文补汉口道．盛京时报，宣统三年九月二十日（1911 年 11 月 10 日），
第 1503 号：第 1 张第 7 版．

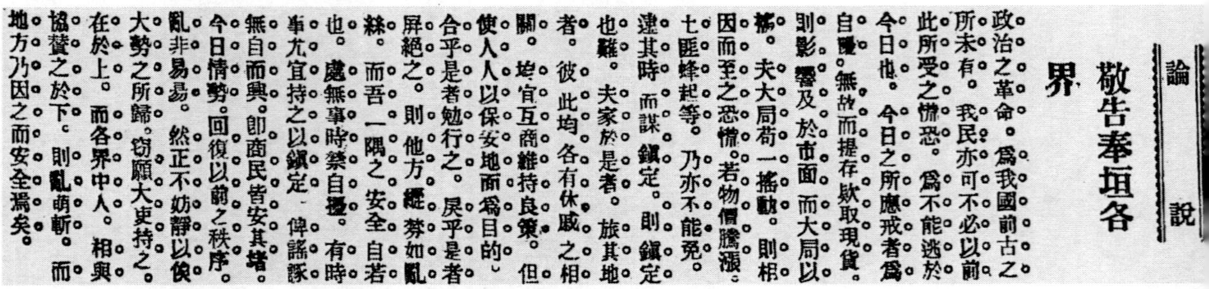

論說

敬告奉垣各界

政治之革命。爲我國前古之所未有。我民亦可不必以前此所受之惴恐。爲不能逃於今日也。今日之所應戒者爲自擾。無故而提存欵取現貨。則影響及於市面。而大局以搖。夫大局苟一搖動。則相因而至之恐慌。若物價騰漲。土匪蜂起等。乃亦不能免。逮其時而謀鎭定。則鎭定也難。夫家於是者。旅其地者。彼此均各有休戚之相關。均宜互商維持良策。但使人人以保安地面爲目的。合乎是者勉行之。戾乎是者屏絶之。則他方縱棼如亂絲。而吾一隅之安全自若也。處無事時禁自擾。有時事尤宜持之以鎭定。俾謠諑無自而興。即商民皆安其堵。今日情勢。回復以前之秩序。亂非易易。然正不妨靜以俟大勢之所歸。竊願大吏持之在於上。而各界中人。相與協贊之於下。則亂萌斬。而地方乃因之而安全焉矣。

敬告奉垣各界．盛京时报，宣统三年九月二十一日（1911 年 11 月 11 日），第 1504 号：第 1 张第 1 版．

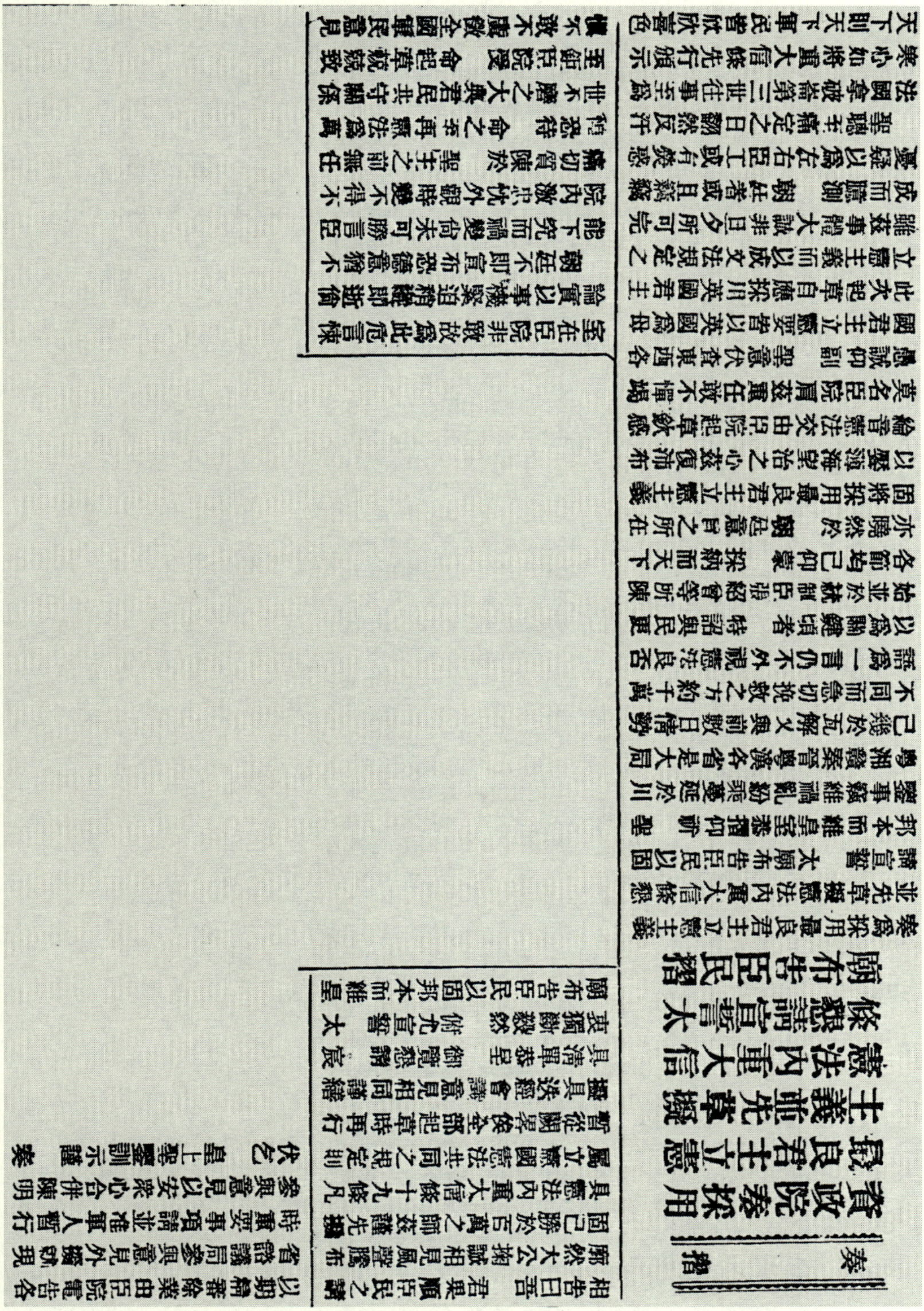

奏摺

資政院奏採用最良君主立憲主義並先草擬憲法內重大信條懇請宣誓太廟布告臣民摺

奏爲採用最良君主立憲主義並先草擬憲法內重大信條懇請宣誓　太廟布告臣民以固邦本而維皇室恭摺仰祈　聖鑒事竊維禍亂紛乘蔓延於川鄂湘贛秦晉粵滇各省是大局已幾於瓦解又與前數日情勢不同而急切挽救之方約千萬語爲一言仍不外視憲法良否以爲關鍵頃者　特詔與民更始並於統制臣張紹曾等所陳各節均已仰蒙　採納而天下亦曉然於　朝廷意旨之所在固將採用最良君主立憲主義以慰薄海望治之心茲復沛布綸音憲法交由臣院起草欽感莫名臣院肩茲重任敢不憚竭愚誠仰副　聖意伏查東西各國君主立憲要皆以英國爲母此次起草自應採用英國君主立憲主義而以成文法規定之雖茲事體大誠非旦夕所可完成而臆測　朝廷者或且竊竊憂疑以爲左右臣工或有熒惑　聖聽乎當定之日翻然反汗法國拿破崙第三世往事至爲寒心如將重大信條先行頒示天下則天下軍民皆欣然喜色相告曰吾　君果順臣民之請廓然大公推誠相見風聲臨布固已勝於百萬之師茲謹先擬具憲法內重大信條十九條凡屬立憲國憲法共同之規定則暫從闕畧俟全部起草時再行擬具送經會議意見相同謹繕具清單恭呈　御覽懇請　宸衷獨斷毅然　俯允宣誓　太廟布告臣民以固邦本而維皇室在臣院非敢故爲此危言悚論實以事機緊迫稍縱即逝倘　朝廷不即宣布恐德意猶不能下究而禍變尙未可勝言臣院內激忠忱外觀時變不得不瀝切質陳於　聖主之前無任惶恐待　命之至再憲法爲萬世不磨之大典君民共守關係至鉅臣院受　命起草兢兢致愼不敢不盡徵全國軍民意見以期精審除業由臣院電告各省諮議局參與意見外應即現時重要事項請並准軍人暫行參與意見以安衆心合併陳明伏乞　皇上聖鑒訓示謹　奏

资政院奏采用最良君主立宪主义并先草拟宪法内重大信条，恳请宣誓太庙布告臣民折．盛京时报，宣统三年九月二十一日（1911 年 11 月 11 日），第 1504 号：第 1 张第 1 版．

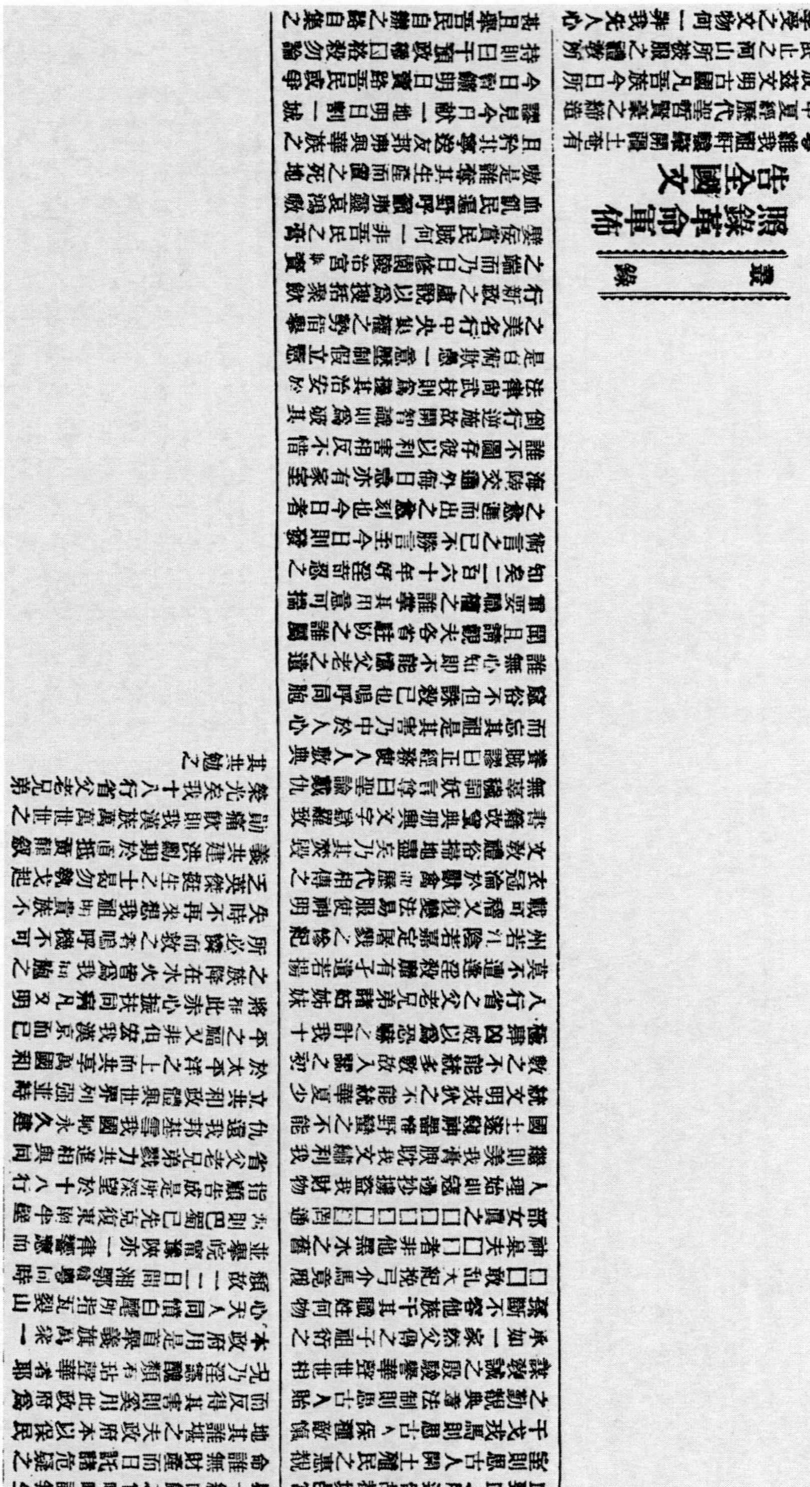

照录革命军布告全国文．盛京时报，宣统三年九月二十一日（1911 年 11 月 11 日），第 1504 号：第 1 张第 1 版．

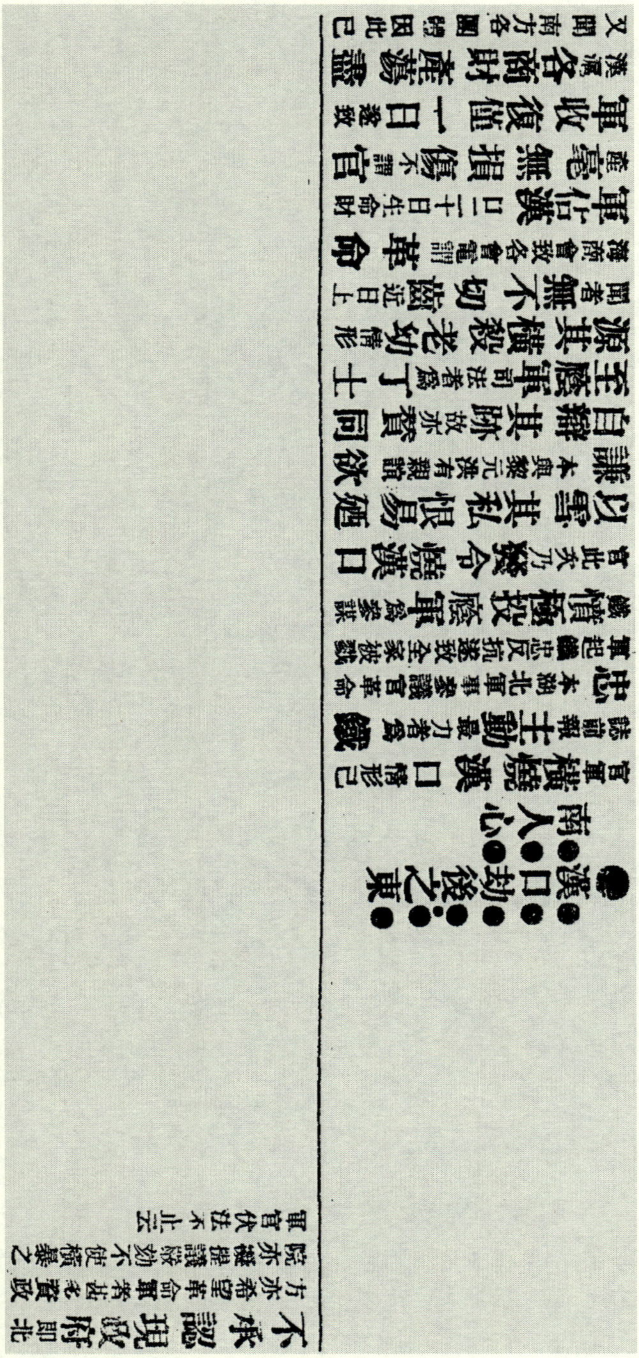

漢口劫後之東南人心

官軍橫燒漢口情形已誌前報主動最力者為鐵忠本湖北軍事參議官革命軍起鐵忠反抗遂致全家被戮鐵憤極投廕軍為參謀官此次乃發令燒漢口以雪其私恨易廼謙本與黎元洪有親誼欲自辯其跡故亦贊同至廕軍司法者為丁士源其橫殺老幼情形聞者無不切齒近日上海商會致各會電謂革命軍佔漢口二十日生命財產毫無損傷不謂官軍收復僅一日遂致漢滬各商財產蕩盡又聞南方各團體因此已不承認現政府即北方亦希望革命軍著名資政院亦擬提議嚴劾不使橫暴之軍官伏法不止云

汉口劫后之东南人心．盛京时报，宣统三年九月二十一日（1911年11月11日），第1504号：第1张第4版．

初六、初七官革两军交战地图.盛京时报，宣统三年九月二十一日（1911年11月11日），第1504号：第1张第4版.

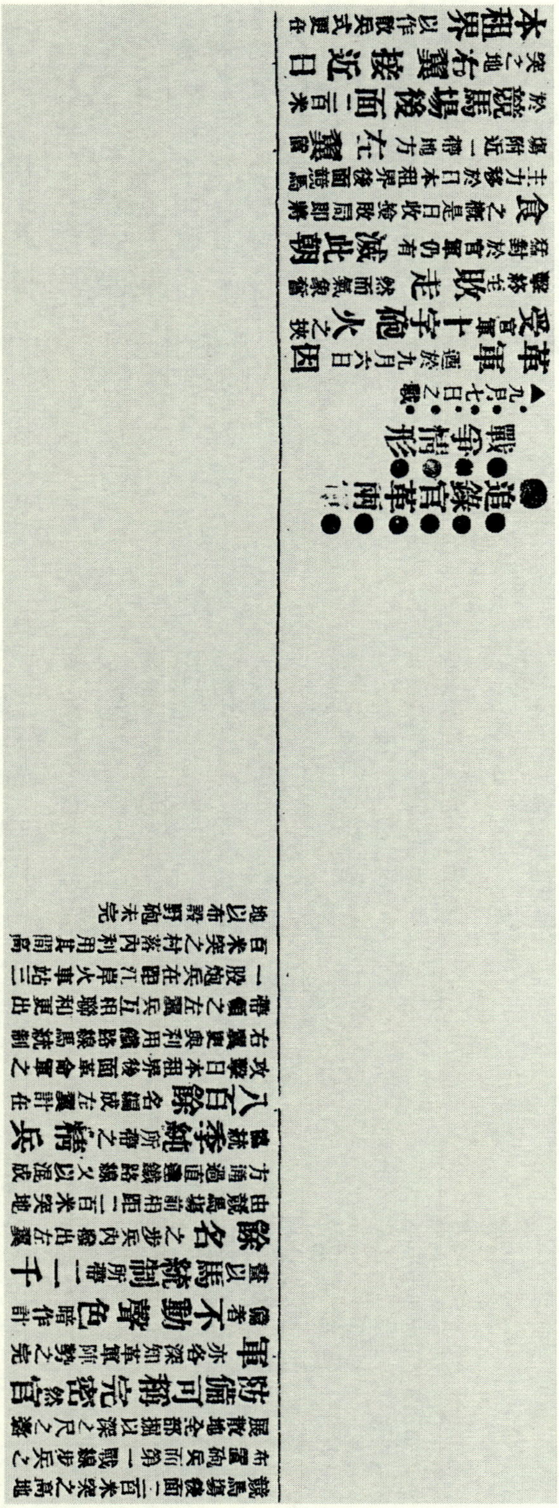

追錄官革兩(軍)戰爭情形

▲九月七日之戰

革軍適於九月六日因受官軍十字砲火之挾擊終至敗走然而氣象奮猛對於官軍仍有滅此朝食之概是日收拾敗局即將主力移於日本租界後面競馬場附近一帶地方左翼留於競馬場後面二百米突之地右翼接近日本租界以作散兵式更在競馬場後面二百米突之高地布置砲兵而第一戰線步兵之展散地全部掘以深之尺之壕防備可稱完密然官軍亦各深知革軍陣勢之完備者不動聲色暗作計畫以馬統制所帶二千餘名之步兵內撥出左翼由競馬場前相距二百米突地方通過直隸鐵路線又以混成協統季純所帶之精兵八百餘名編成左翼計在攻擊日本租界後面革命軍之右翼更與利用鐵路線馬統制帶領之左翼兵互相聯和更出一股炮兵在距江岸火車站三百米突之村落內利用其間高地以布設野砲未完

追录官革两军战争情形．盛京时报，宣统三年九月二十一日（1911年11月11日），第1504号：第1张第4版．

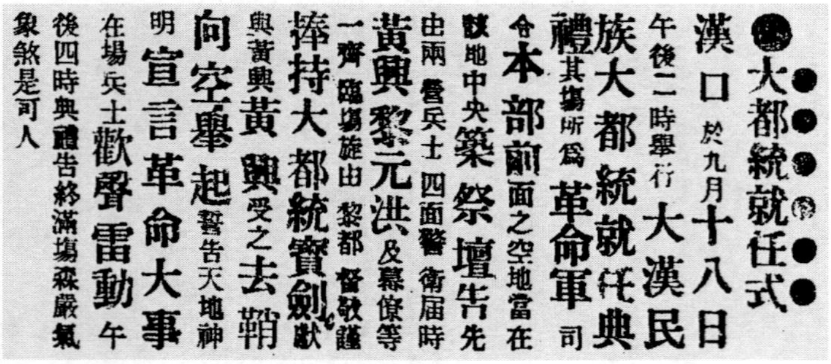

大都統就任式

漢口於九月十八日午後二時舉行大漢民族大都統就任典禮其場所爲革命軍司令本部前面之空地當在該地中央築祭壇告先由兩營兵士四面警衛屆時黃興黎元洪及幕僚等一齊臨場旋由黎都督敬謹捧持大都統寶劍獻與黃興黃興受之去鞘向空舉起誓告天地神明宣言革命大事在場兵士歡聲雷動午後四時典禮告終滿場森嚴氣象煞是可人

大都统就任式. 盛京时报, 宣统三年九月二十一日（1911 年 11 月 11 日）, 第 1504 号: 第 1 张第 4 版.

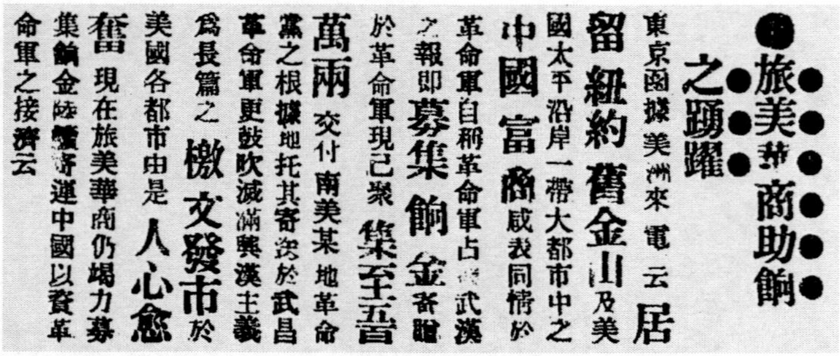

旅美華商助餉之踴躍

東京函據美洲來電云居留紐約舊金山及美國太平沿岸一帶大都市中之中國富商咸表同情於革命軍自稱革命軍占據武漢之報即募集餉金寄贈於革命軍現已聚集至百萬兩交付南美某地革命黨之根據地托其寄送於武昌革命軍更鼓吹滅滿興漢主義爲長篇之檄文發市於美國各都市由是人心愈奮現在旅美華商仍竭力募集餉金陸續寄運中國以資革命軍之接濟云

旅美华商助饷之踊跃. 盛京时报, 宣统三年九月二十一日（1911 年 11 月 11 日）, 第 1504 号: 第 1 张第 4 版.

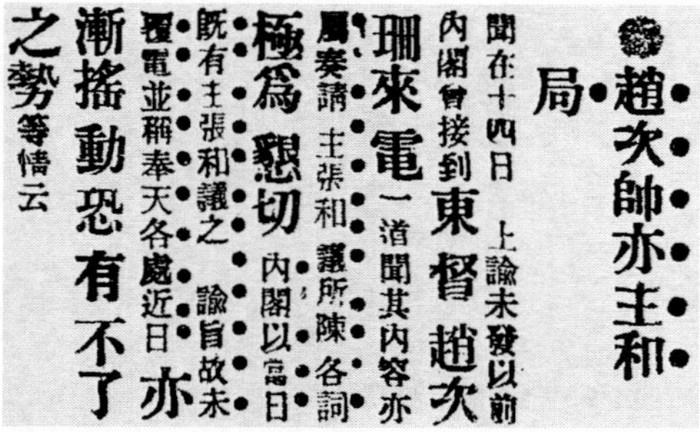

趙次帥亦主和局

聞在十四日上諭未發以前內閣曾接到東督趙次珊來電一道聞其內容亦屬奏請主張和議所陳各詞極爲懇切內閣以當日既有主張和議之諭旨故未覆電並稱奉天各處近日亦漸搖動恐有不了之勢等情云

赵次帅亦主和局. 盛京时报, 宣统三年九月二十一日（1911 年 11 月 11 日）, 第 1504 号: 第 1 张第 7 版.

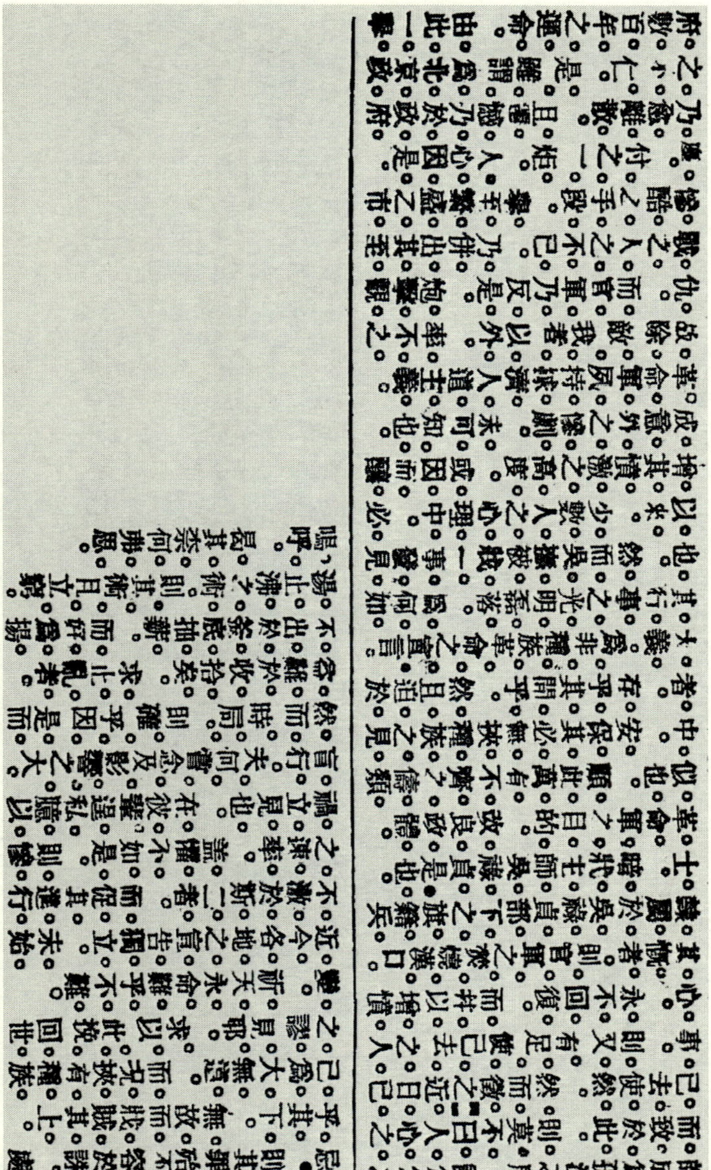

论戾时之举动．盛京时报，宣统三年九月二十二日（1911 年 11 月 12 日），第 1505 号：第 1 张第 1 版．

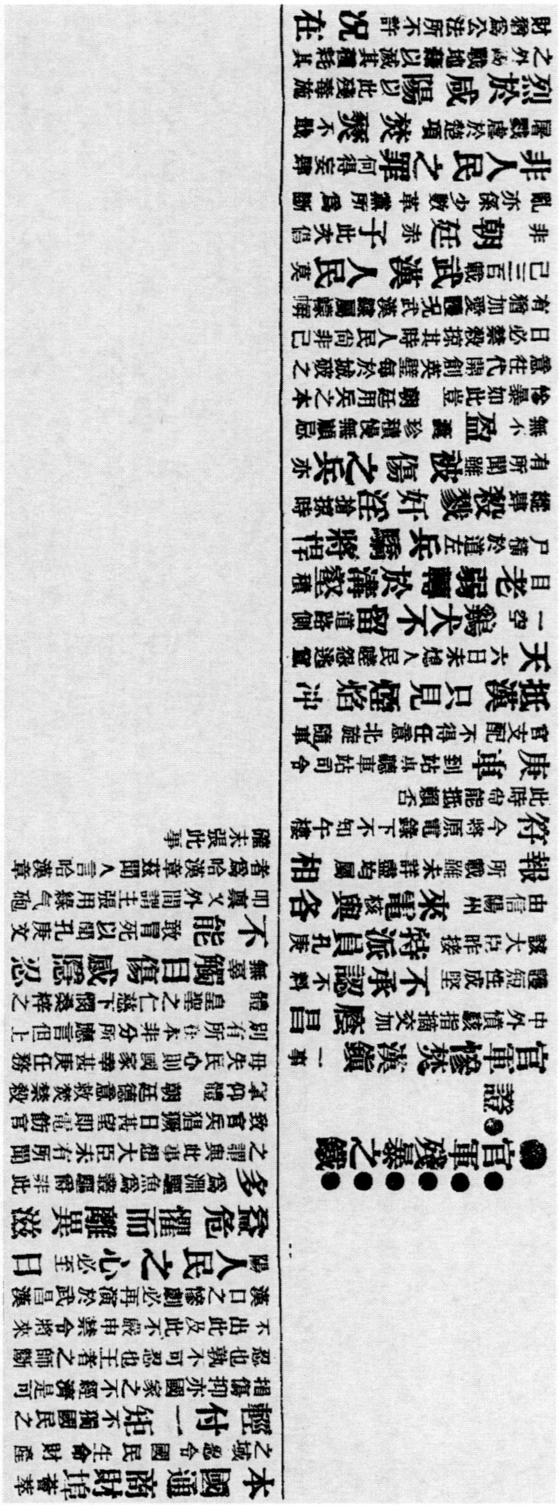

官军残暴之铁证.盛京时报,宣统三年九月二十二日(1911 年 11 月 12 日),第 1505 号:第 1 张第 4 版.

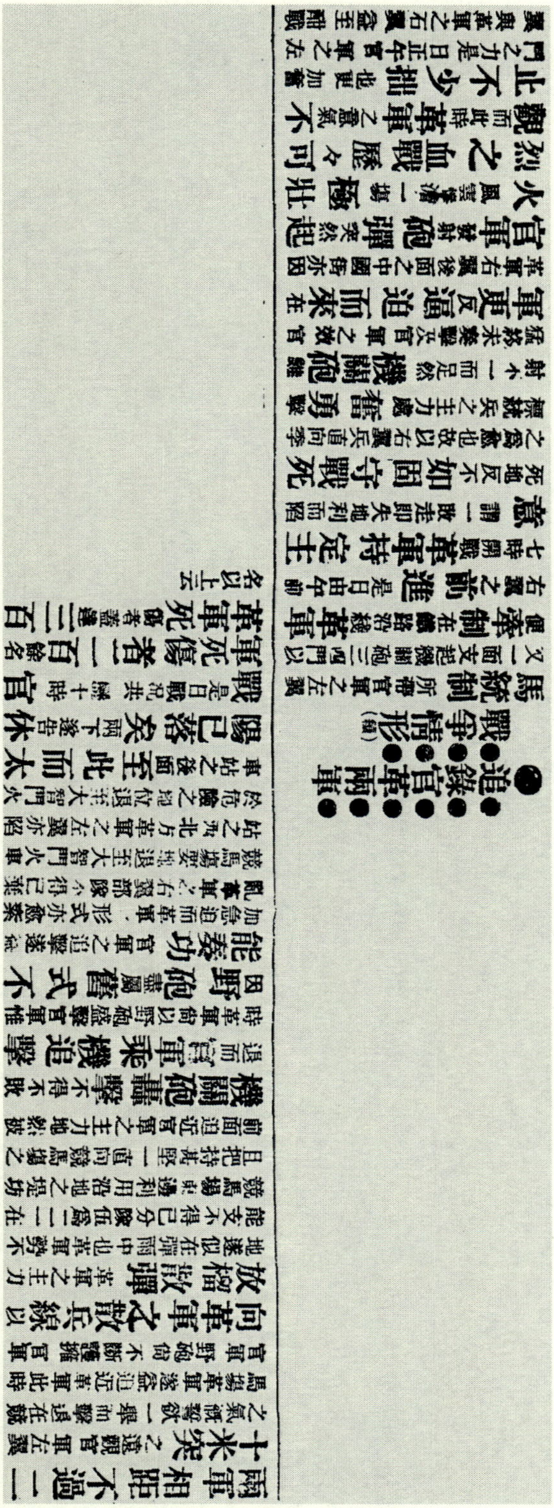

●追錄官革兩軍戰爭情形(續)

追录官革两军战争情形（续）. 盛京时报，宣统三年九月二十二日（1911 年 11 月 12 日），第 1505 号：第 1 张第 4 版.

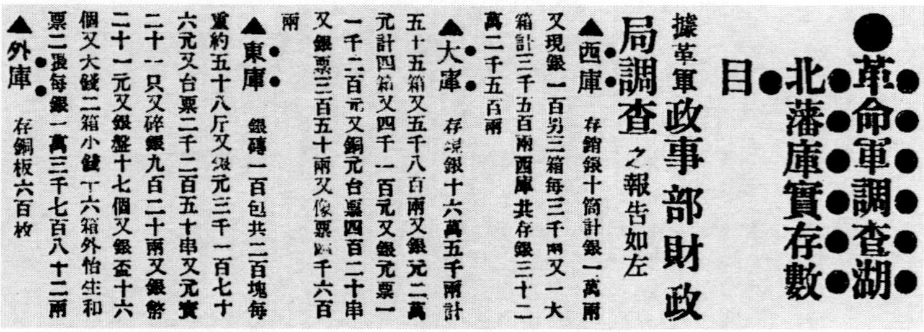

●革命軍調查湖北藩庫實存數目

據革軍政事部財政局調查之報告如左

▲西庫 存銷銀十箇計銀一萬兩又現銀一百另三箱每三千兩又一大箱計三千五百兩西庫共存銀三十二萬二千五百兩

▲大庫 存現銀十六萬五千兩計五十五箱又五千八百兩又銀元二萬元計四箱又四千一百元又銀元票一千二百元又銅元台票四百二十串又銀票三百五十兩又像票四千六百兩

▲東庫 銀磚一百包共二百塊每塊約五十八斤又銀元三千一百七十六元又台票二千二百五十串又元寶二十一只又碎銀九百二十兩又銀餅二十一元又銀盤十七個又銀盃十六個又大錢二箱小錢十六箱外怡生和票二張每張銀一萬三千七百八十二兩

▲外庫 存銅板六百枚

革命军调查湖北藩库实存数目．盛京时报，宣统三年九月二十二日（1911 年 11 月 12 日），第 1505 号：第 1 张第 4 版．

革軍尚不妄戮旗人

初五日黎元洪電告荊州將軍云傳諭各旗兵知悉本都督起義武昌四方響應義師所過不肯妄戮一人爾旗兵人等歸化中國二日餘年本都督決不肆行殺戮現正派大隊入荊招撫如肯歸順速將軍器旗冊全行搬出當與漢人一律看待其爾人私產一律保護務使秋毫無犯若仍執迷負固大兵一到玉石俱焚後悔何及現在湖南江西均爲義軍所得爾等熟思大局豈能久存一經投誠尚有生路本都督以至誠之懸諄懇傳諭歸順與否惟爾等自擇都督黎歌

革军尚不妄戮旗人．盛京时报，宣统三年九月二十二日（1911 年 11 月 12 日），第 1505 号：第 1 张第 7 版．

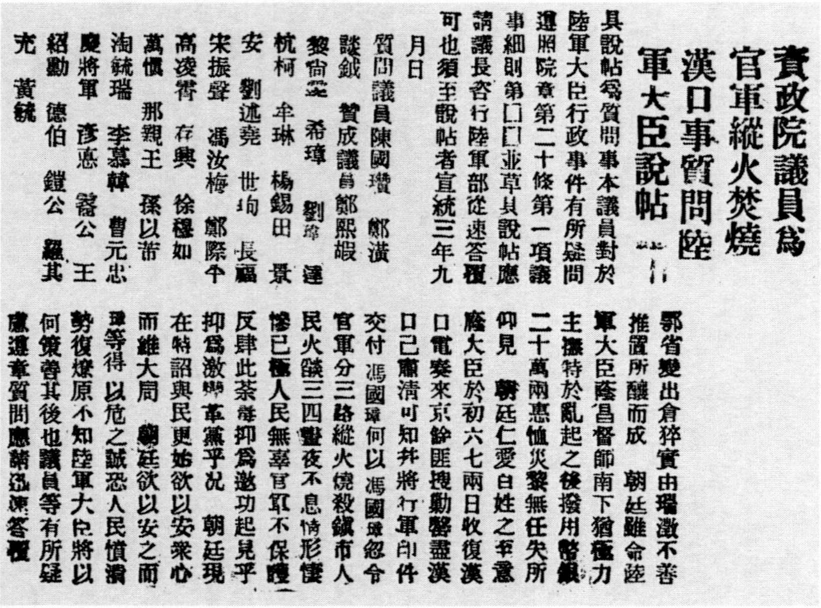

資政院議員爲
官軍縱火焚燒
漢口事質問陸
軍大臣說帖

具說帖爲質問事本議員對於
陸軍大臣行政事件有所疑問
遵照院章第二十條第一項議
事細則第□□並草具說帖應
請議長咨行陸軍部從速答覆
可也須至說帖者宣統三年九
月日
質問議員陳國瓚 鄭潢
談鉞 贊成議員鄭熙嘏
黎尚雯 希璋 劉緯 達
杭柯 牟琳 楊錫田 景
安 劉述堯 世均 長福
宋振聲 馮汝梅 鄭際平
高凌霄 存興 徐穆如
萬慎 那親王 孫以芾
陶毓瑞 李慕韓 曹元忠
慶將軍 彥惠 睿公 王
紹勳 德伯 鎧公 羅其
光 黃毓

鄂省變出倉猝實由瑞澂不善
推置所釀而成 朝廷雖命陸
軍大臣蔭昌督師南下猶極力
主撫特於亂起之後撥用帑銀
二十萬兩惠恤災黎無任失所
仰見 朝廷仁愛百姓之至意
廕大臣於初六七兩日收復漢
口電奏來京餘匪搜勦罄盡漢
口已肅清可知并將行軍印件
交付馮國璋何以馮國璋忽令
官軍分三路縱火燒殺鎮市人
民火燄三四晝夜不息情形慘
慘已極人民無辜官軍不保護
反肆此荼毒抑爲邀功起見乎
抑爲激勵革黨乎況 朝廷現
在特詔與民更始欲以安衆心
而維大局 朝廷欲以安之而
璋等得以危之誠恐人民憤激
勢復燎原不知陸軍大臣將以
何策善其後也議員等有所疑
慮謹遵章質問應請迅速答覆

资政院议员为官军纵火焚烧汉口事质问陆军大臣说帖．盛京时报，宣统三年九月二十四日（1911 年 11 月 14 日），第 1506 号：第 1 张第 1 版．

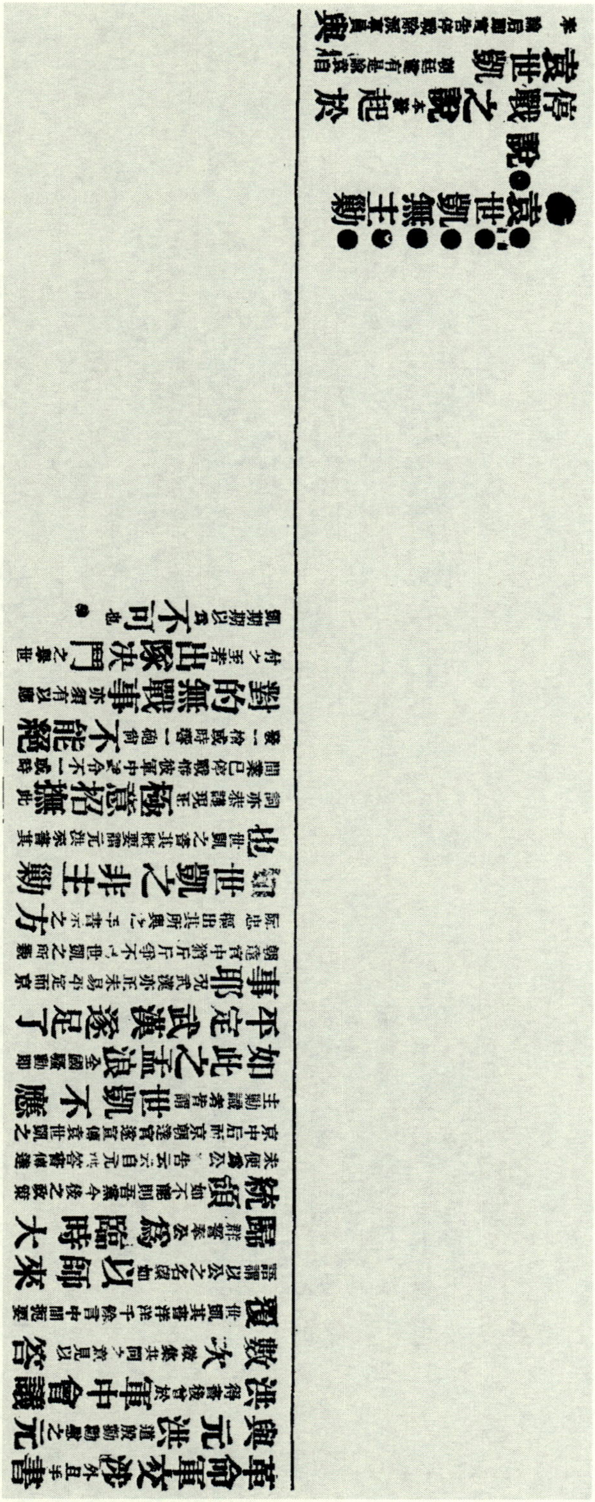

袁世凱無主勦說

停戰之說本報起於袁世凱朝廷實有是論相與

革命軍交涉外且手書與元洪道殷勤懇懇之元洪得書後曾於軍中會議數次徵集其同々意見以答覆世凱其書洋洋千餘言中間扼要語謂以公之名譽如以師來歸群誓奉公為臨時大統領如不能則吾黨今後之政策未便為公々告云云自元洪答書傳達京中后而京朝達官遂宜傳袁世凱之主勦識者皆謂世凱不應如此之孟浪全國騷動即平定武漢遂足了事耶況武漢亦正未易平定而京朝達官中猶斤斤爭不々世凱之所親近忠極出其所與之一手書示之方知世凱之非主勦也世凱之書其概要謂元洪來書其詞亦甚謙現正極意招撫此間業已停戰惟彼軍中違令不一或時發一槍或時擊一砲尚不能絕對的無戰事亦須有以應付之至若出隊決鬥之舉世凱期期以爲不可也

袁世凯无主剿说.盛京时报,宣统三年九月二十四日(1911年11月14日),
第1506号:第1张第4版.

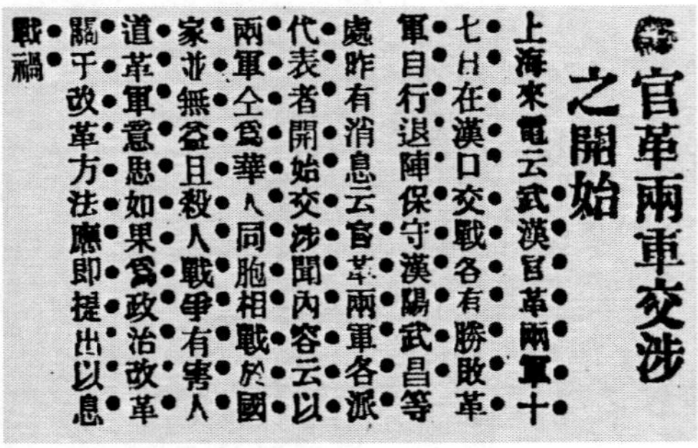

官革兩軍交涉之開始

上海來電云武漢官革兩軍十七日在漢口交戰各有勝敗革軍自行退陣保守漢陽武昌等處昨有消息云官革兩軍各派代表者開始交涉聞內容云以兩軍全爲華人同胞相戰於國家並無益且殺人戰爭有害人道革軍意思如果爲政治改革關于改革方法應即提出以息戰禍

官革两军交涉之开始．盛京时报，宣统三年九月二十四日（1911 年 11 月 14 日），第 1506 号：第 1 张第 7 版．

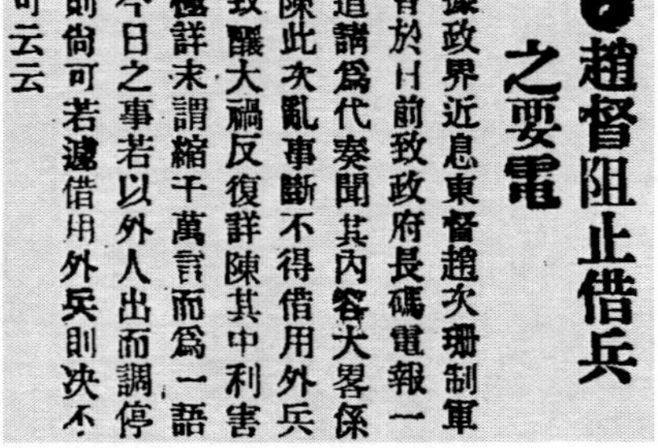

趙督阻止借兵之要電

據政界近息東督趙次珊制軍曾於日前致政府長碼電報一道請爲代奏聞其內容大畧係陳此次亂事斷不得借用外兵致釀大禍反復詳陳其中利害極詳末謂縮千萬言而爲一語今日之事若以外人出而調停則尚可若遽借用外兵則决不可云云

赵督阻止借兵之要电．盛京时报，宣统三年九月二十五日（1911 年 11 月 15 日），第 1507 号：第 1 张第 5 版．

來稿

壯哉吾國之民氣

中國民氣。向爲他國所輕視。自義和團起後。而民氣一振。然彼時所謂民氣者。本無實力。不過無意識之舉動而已。自此役被創後。吾民乃斂其對外之氣。轉而對內。且不惟徒恃氣而已也。有氣而無力。則所謂氣者。仍是客氣。於是又經幾番組織。幾番經營。馴至今日。乃一舉而集大事。此後我國民之榮譽。將傳遍地球。不觀於歐美各報之輿論乎。歐美各報。謂世界國民。皆有力求進步之思想。中國亦世界國民之一。不能出此例外。然則此次各省之拚死好男兒。亦猶此志也。全國之人。皆有此志。然苦於不知兵。則有此志而無此力。今幸有知兵者出而爲之倡。故振臂一呼。而白旗即招展於肆門。此不必徵諸遠也。請即以上海之事爲証可乎。上海之爆發也。其前矛者爲福軍營。其後盾也爲商團與巡警。商團巡警之程度。與新軍逕庭也。然惟其稍諳兵事。故可以助愛國軍人之不逮。有兵之處。兵自爲之。兵少之處。則商團巡警助之。嗚呼。此何如氣象乎。夫戰陣危事也。死途也。彼軍隊商團巡警等。何爲樂趨於是。非以中央政府。不能力求進步。吾國民當自爲之乎。各省紳民。何以懸挂白旗。歡迎若是。非以不能力求進步者。即爲吾民之敵。能力求進步者。即爲吾民之母乎。嗚呼。往昔中央政府。日日防海外之革命黨。而不料革命黨即在於軍隊之中。又日日防軍隊之不用命。而不料革命黨。又出於軍隊之外之商團與巡警。將來無商團巡警之地。恐不免又有民團繼之。此警彼應。此仆彼起。萬衆一心。一若以此爲國民之天職也者。此眞足以增吾歷史上之光榮。而爲全球各列强之不敢輕侮者也。惟此團結力之所致。即建立一共和國。其又何難哉。

壮哉吾国之民气.盛京时报,宣统三年九月二十六日(1911年11月16日),第1508号:第1张第1版.

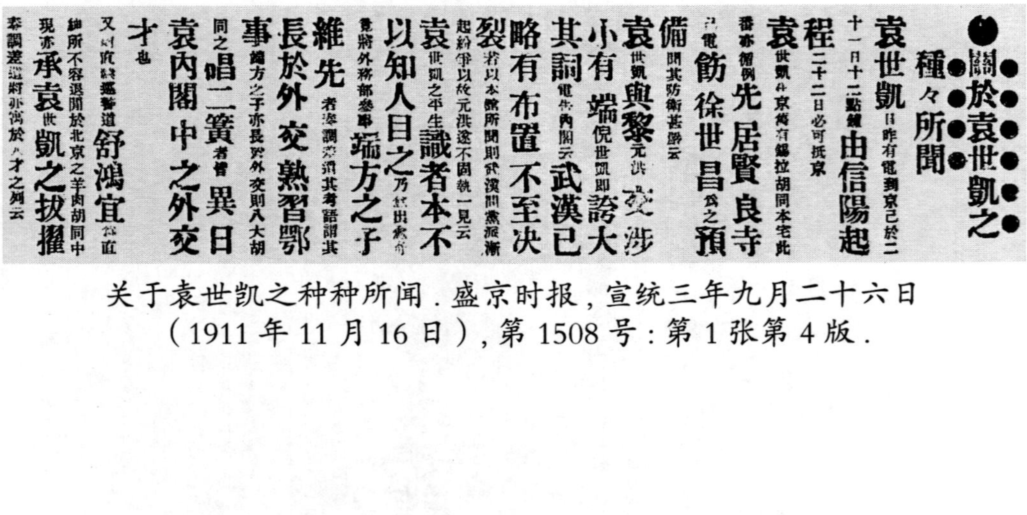

●關於袁世凱之●●●●●●
種々所聞●●●●
袁世凱日昨有電到京已於二十一日十二點鐘由信陽起程二十二日必可抵京
袁世凱斗京備有錫拉胡同本宅此番亦循例先居賢良寺己電飭徐世昌爲之預備聞其防衛甚嚴云
袁世凱與黎元洪交涉小有端倪世凱即誇大其詞電告內閣云武漢已略有布置不至决裂若以本館所聞則武漢間黨派漸起紛爭以故元洪遂不固執一見云
袁世凱之平生識者本不以知人目之乃然出衆有覺將外務部參事端方之子維先者湊調兗涓其考語謂其長於外交熟習鄂事端方之子亦長於外交則入大胡同之唱二簧者皆異日袁內閣中之外交才也
又有直隸巡警道舒鴻宜爲直紳所不容退閒於北京之羊肉胡同中現亦承袁世凱之拔擢奉調差遣將亦爲於人才之列云

关于袁世凯之种种所闻．盛京时报，宣统三年九月二十六日（1911 年 11 月 16 日），第 1508 号：第 1 张第 4 版．

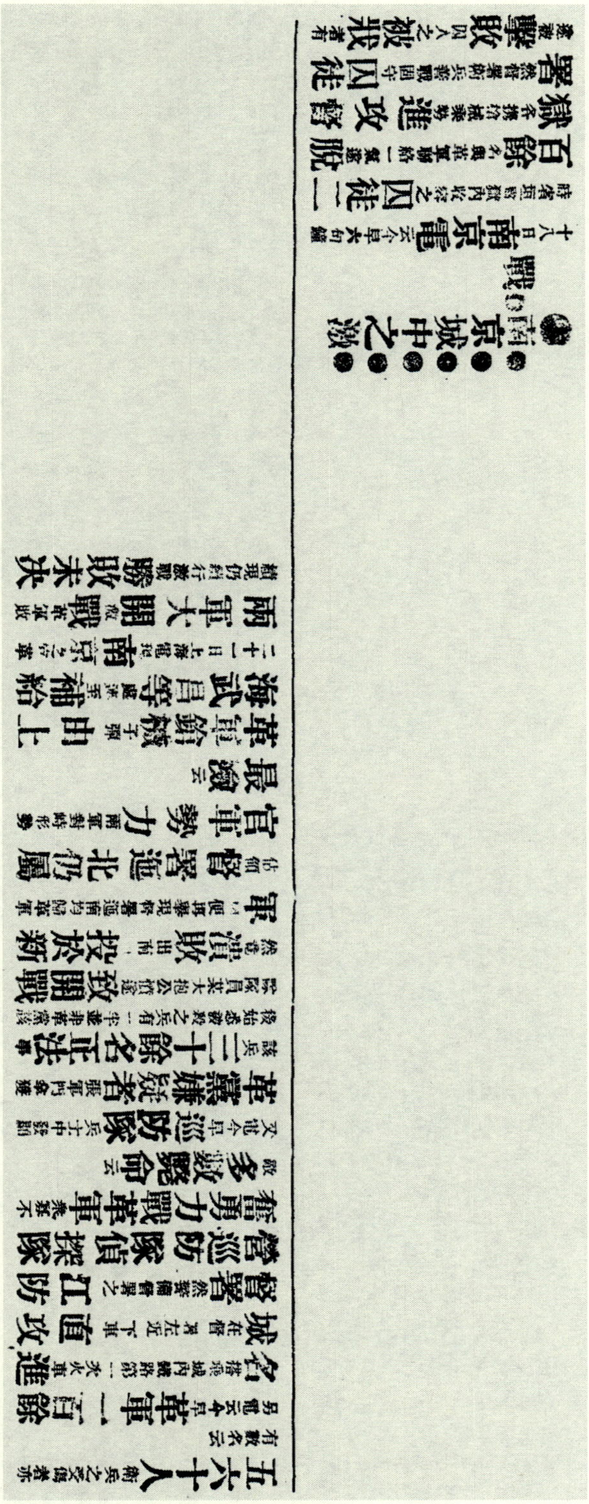

南京城中之激战. 盛京时报, 宣统三年九月二十六日(1911 年 11 月 16 日),
第 1508 号: 第 1 张第 4 版.

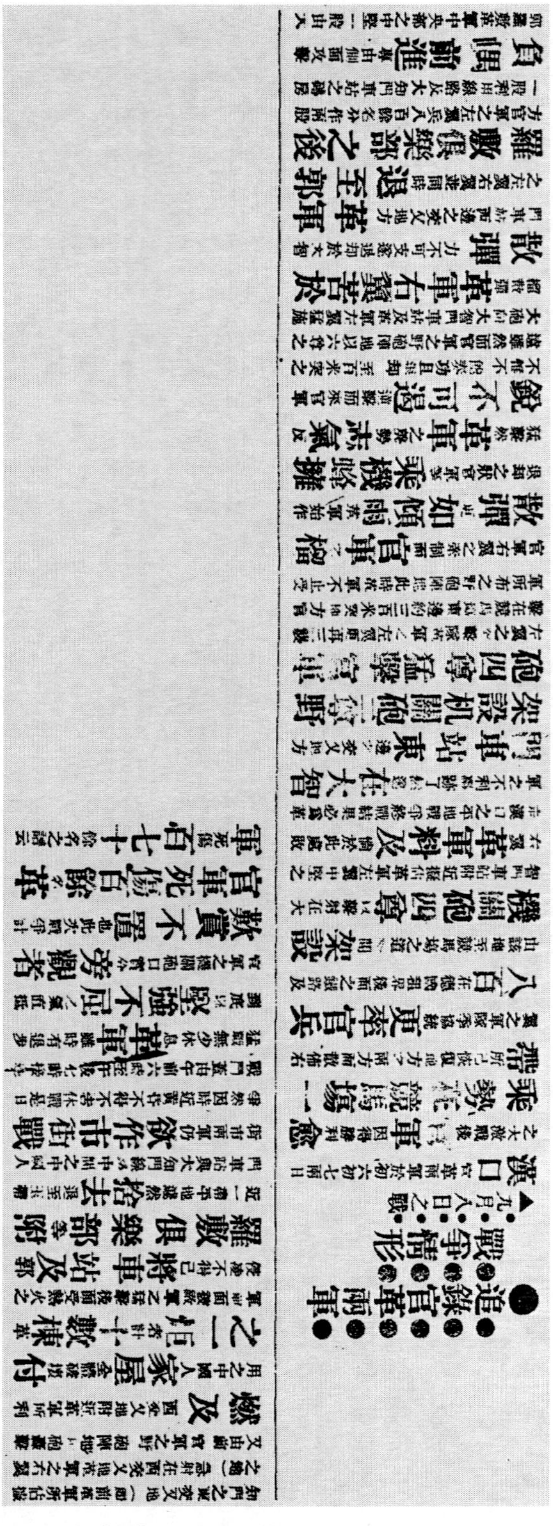

追录官革两军战争情形．盛京时报，宣统三年九月二十六日（1911 年 11 月 16 日），第 1508 号：第 1 张第 4 版．

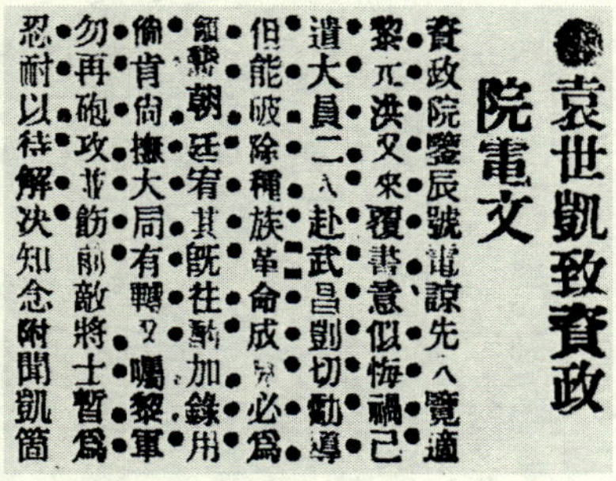
袁世凱致資政院電文

資政院鑒辰號電諒先入覽適黎元洪又來覆書意似悔禍已遣大員二人赴武昌剴切勸導但能破除種族革命成見必爲組織朝廷宥其既往酌加錄用倘肯尚撫大局有轉又囑黎軍勿再砲攻並飭前敵將士暫爲忍耐以待解決知念附聞凱箇

袁世凯致资政院电文．盛京时报，宣统三年九月二十七日（1911年11月17日），第1509号：第1张第7版．

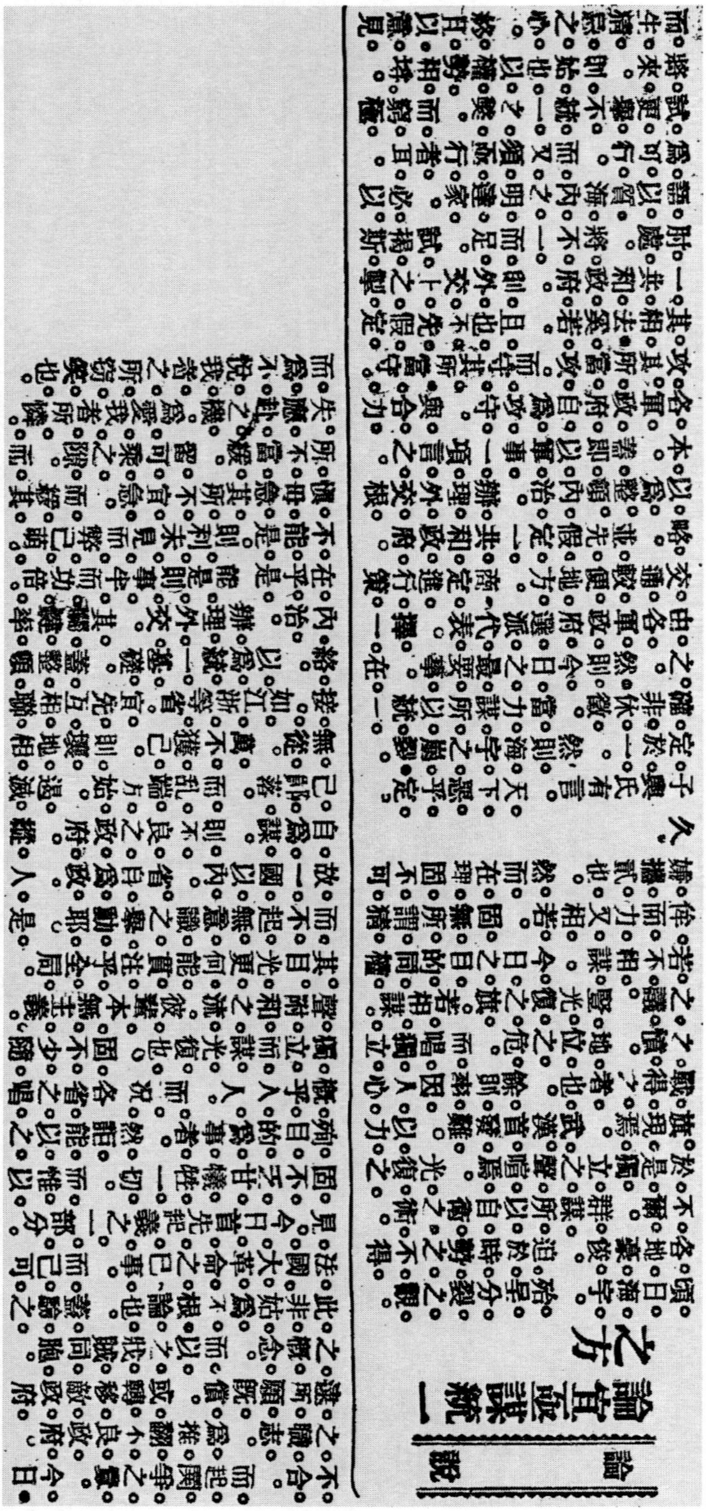

論說

論宜亟謀統一之方

頃日海宇。殆呈分裂之觀。各地豪俊。迫於時勢之不得不爾。群謀所以自衛之術。於是獨立之聲喧焉。光復之旗現焉。武漢首發難。以力戰得之者也。餘則率因人心之憤。地位之危。而唱獨立之議。暨光復之旗。若相謀。若不相謀。今日之目的同權倖而力又相若。固無所謂猜嫌攜貳也。然而在理固不可久。

子輿氏有言。天下惡乎定。定於一。然則海宇之崩裂。確非休徵。當力謀所以統一之。然則今日之最要事。在由各軍政府選派代表。擇一交通較便地方。商定進行策略。並先假定一共和政府。以爲整頓內治。辦理外交根本。蓄即以軍事一項言之。各軍政府自爲攻守。與合力攻其所當攻。而守其所當守。其相去奚若。且也不先假定一共和政府。則外交卜之掣肘處。將不一而足。試揭斯語以質海內之明達家。必以爲可行。而又須亟行者耳。試更舉不統一之弊。而窮極將來。則始也以權勢相埒。而生猜忌之心。終且以意見不合。而起鬩爭之釁。今日之職志。爲推翻不良政府。逮所願既償。或轉移敵政府之概念。而以之狀賊同胞。此非姑爲不根論也。蓋驗之法國大革命之已事。而已可見。今日首先起義之一部分。固不乏甘犧牲一切。而惟以殉目的爲事者。然詎能以之概乎人人。而況各省之唱獨立而謀光復也。固不少隨聲附和之流。彼輩本無主義。其目光更何能貫注乎全局。而不起無意識之舉動耶。是故一國以內。省自爲政。人自爲謀。則不良之政府。縱已部落。而乱端方始。遏滅無從。萬不獲已。則壤地相接。如江浙等省。宜先互相聯絡。以爲統一基礎。蓋整頓內治。辦理外交。其關鍵率在乎是。能是則事半而功倍。不能是。則利未見而弊已萌。慣毋急其所不宜急。而緩其所不當緩。留可乘之隙。而失應赴之機。爲愛我者所憐。而爲不悅我者之所竊笑也。

论宜亟谋统一之方．盛京时报，宣统三年九月二十九日（1911年11月19日），第1511号：第1张第1版．

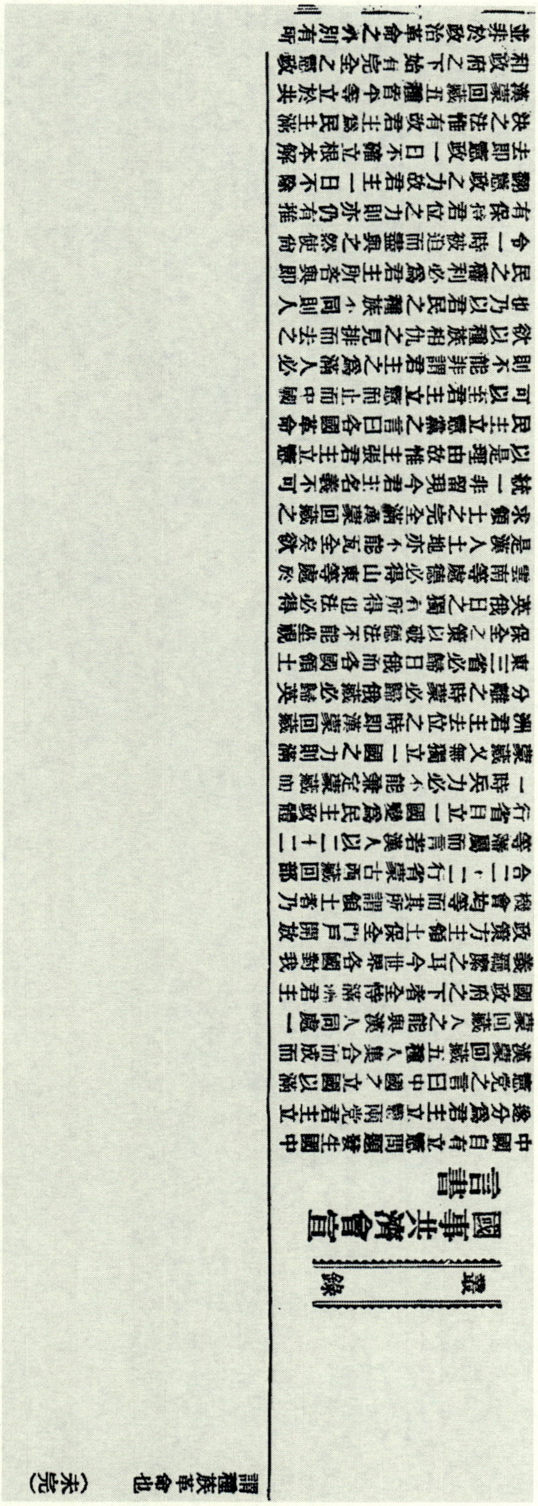

叢錄

國事共濟會宣言書

中國自有立憲問題發生國中遂分爲君主立憲兩党君主立憲党之言曰中國之立國以滿漢蒙回藏五種人集合而成而蒙回藏人之能與漢人同處一國政府之下者全恃滿洲君主義羈縻之耳今世界各國對我政策方主領土保全門戶開放機會均等而其所謂領土者乃合二十二行省蒙古西藏回部等藩屬而言若漢人以二十二行省自立一國變爲民主政體一時兵力必不能兼定蒙藏而蒙藏又無獨立一國之力則滿洲君主去位之時即漢蒙回藏分離之時蒙必歸俄藏必歸英東三省必歸日俄而各國領土保全之策以破德法不能坐視英俄日之獨有所得也法必得雲南等處德必得山東等處於是漢人土地亦不能瓦全矣欲求領土之完全滿漢蒙回藏之統一非留現今君主名義不可以是理由故惟主張君主立憲民主立憲黨之言曰各國革命可以至君主立憲而止而中國則不能非謂君主之爲滿人必欲以種族相仇之見排而去之也乃以君民之種族不同則人民之權利必爲君主所吝與即令一時被迫而盡與之然使尙有保持君位之力則亦仍有推翻憲政之力故君主一日不除去即憲政一日不確立根本解決之法惟有改君主爲民主滿漢蒙回藏五種皆平等立於共和政府之下始有完全之憲政並非於政治革命之外別有所謂種族革命也

（未完）

国事共济会宣言书（未完）. 盛京时报, 宣统三年九月二十九日（1911年11月19日）, 第1511号: 第1张第1版.

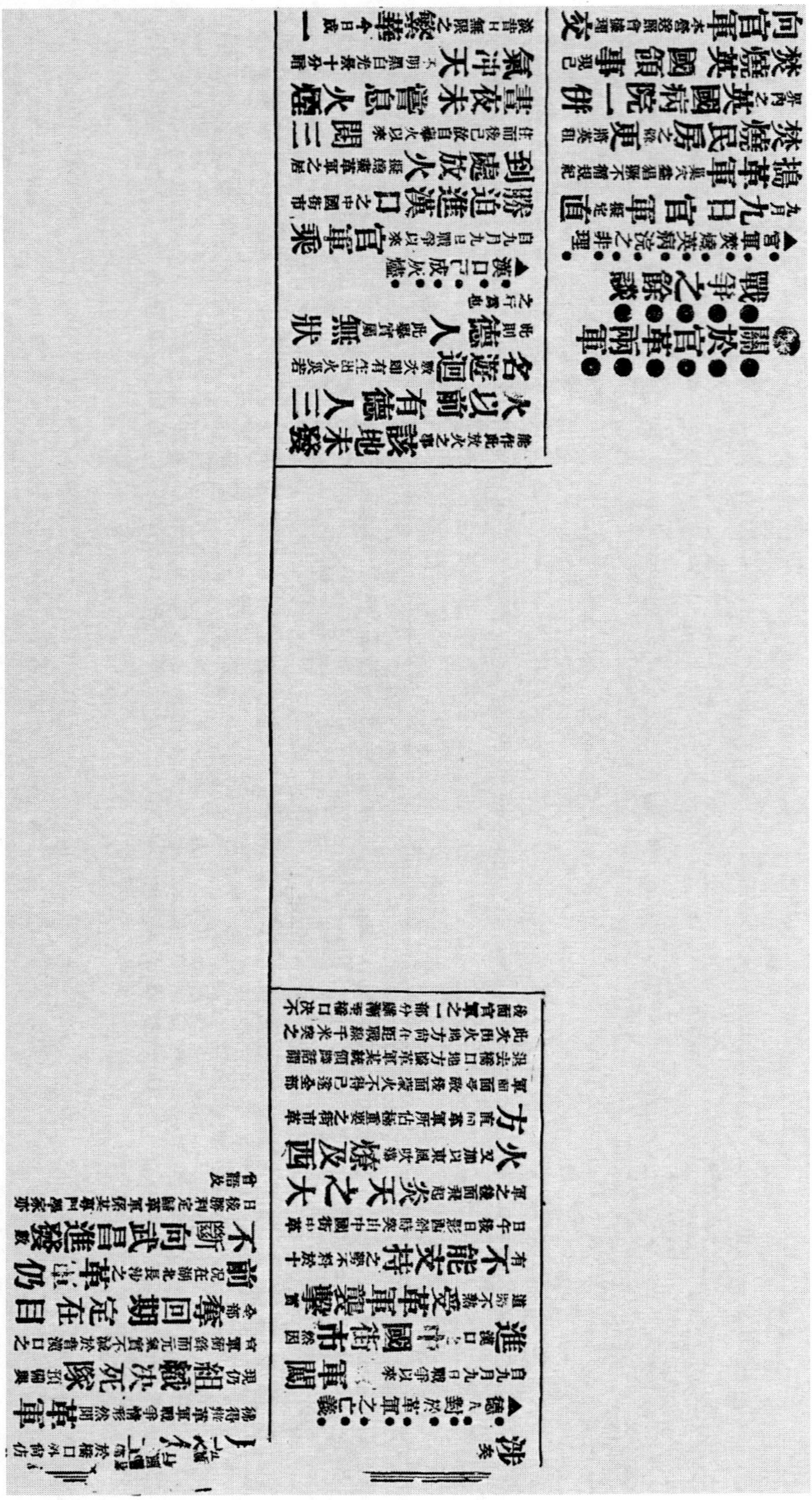

關於官革兩軍戰爭之餘談

关于官革两军战争之余谈．盛京时报，宣统三年九月二十九日（1911 年 11 月 19 日），第 1511 号：第 1 张第 4 版．

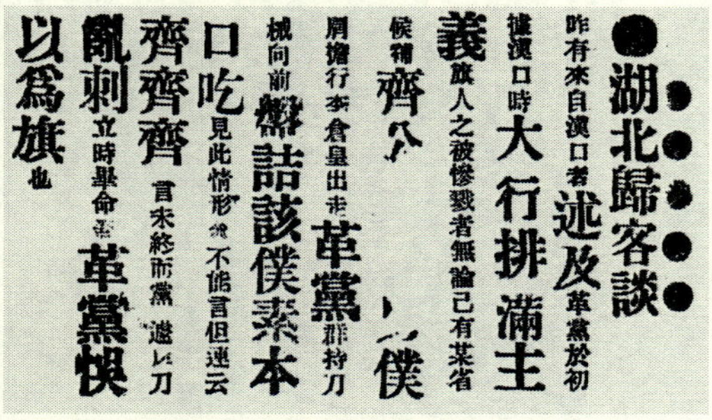

●湖北歸客談●●●●

昨有來自漢口者述及革黨於初據漢口時大行排滿主義旗人之被慘戮者無論已有某省候補齊〻〻僕〻僕肩擔行李倉皇出走革黨群持刀械向前盤詰該僕素本口吃見此情形愈不能言但連云齊齊齊言未終而黨遽以刀亂刺立時畢命蓋革黨誤以爲旗也

湖北归客谈.盛京时报，宣统三年九月二十九日（1911 年 11 月 19 日），
第 1511 号：第 1 张第 4 版.

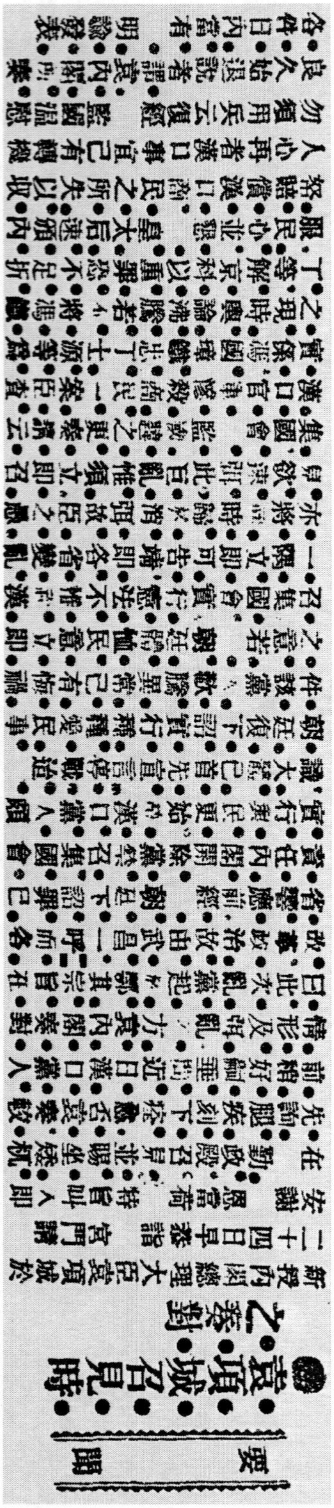

要聞

袁項城召見時之奏對

新授內閣總理大臣袁項城於二十四日早叅詣　宮門請安謝　恩當荷　特旨叫入即在　勤政殿召見並賜坐矮杌先詢腿疾刻下痊愈否袁奏較前稍好嗣垂問近日漢口黨人情形及弭亂之方袁內閣奏對曰此次亂黨起於鄂其宗旨在改革政治故由武昌一呼而各省響應前經　朝廷下詔罪已責任內閣開除黨禁召集國會實行與民更始漢口黨人願識大體已首先宣言停戰迨　朝廷復下詔實行種種愛民事件該黨人歡騰異常已有悔禍之意若　朝廷體恤民意立即召集國會實行憲法不惟武漢一隅立即可告靖即各省變亂亦將同時歸於消弭故臣之愚見欲速弭此巨亂惟須立即召集國會　監國應遵之更奏請云漢口官軍慘殺商民一案臣查實係馮國璋鐵忠丁士源等爲之現時輿論沸騰若不將馮鐵丁等解京科以重罪恐不足折服民心並懇　皇太后速頒內帑賠償漢口商民之所失以收人心再者漢口事宜已有轉機勿須用兵云復經　監國溫慰良久始退說者謂袁內閣所奏各件日內當有　明諭發表

袁项城召见时之奏对．盛京时报，宣统三年九月二十九日（1911 年 11 月 19 日），第 1511 号：第 1 张第 7 版．

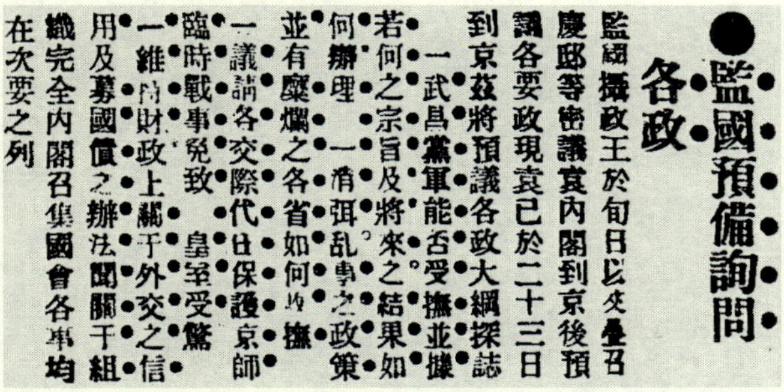

●監國預備詢問各政

監國攝政王於旬日以來疊召慶邸等密議宣內閣到京後預議各要政現袁已於二十三日到京茲將預議各政大綱採誌

一武昌黨軍能否受撫並撫若何之宗旨及將來之結果如何辦理

一消弭亂事之政策並有糜爛之各省如何收撫

一議請各交際代日保護京師臨時戰事免致皇室受驚

一維持財政上關于外交之信用及募國債之辦法關于組織完全內閣召集國會各事均在次要之列

监国预备询问各政．盛京时报，宣统三年九月二十九日（1911 年 11 月 19 日），第 1511 号：第 1 张第 7 版．

論說

論懷疑觀望者之非是

新內閣成立以後。未必遽能有所施展也。然而固已有所主張。以視前日政府。事事求勝乎人。比其既也。又事事屈服乎人。卒至一籌莫展。自章狠狠者。蓋遠勝矣。此新政府有望之一說也。

革命軍自武昌崛起。而各省應之。從勳官軍。率未能得利。其在戰報傳來。聞官軍敗則喜。聞革軍敗則憂。人心嚮往。一至於是。何其壯也。今且未被兵之省。亦復宣告獨立。創立保安會。遙相應援。改革不良政體。組織共和政府。彷彿指顧間事。此革軍尤爲有望之又一說也。

以人心之趨勢言之。則希望革命之成功者多。然千百人中。豈無少數之頑强。不洞悉時勢者。則扶助政府之派。固依然流衍無窮也。又必有希望革命之成功。而身不預之。思安然而獲得莫大之倖福者。又必有希望政府之不成功。而特慑於革命之氣燄猶熾。彼將翻。不敢顯與爲敵。而委蛇者。[illegible]則去熱心於改革。抱熱心於維持現狀者。猶將爲多數。此多數人之懷疑觀望。蓋實爲成功之賊。予人民以多日之塗炭。其罪蓋亦惟此輩尸之。

竟以政府爲有望乎。則竟熱心擁持之可耳。獨立之旗。可建樹亦可拔去之也。保安之會。可結合亦可解散之也。孤立之政府。浸假一變而爲互相夾持之政府。則政府當可相機剿撫。漸以恢復昔日之舊觀。籌如是。則人民固亦可暫獲一日安也。竟以革命爲有望。而視爲應急起而直追乎。則竟捨棄一切以從事焉亦可。任戰鬥者。操戈以從軍。富資財者。出粟以饗士。能草文移奏牘者。能爲看護婦者。可均各就其所長。以盡應盡之義務。籌如是。則革命之氣燄。乃當倍盛。而奏効或即在旦夕間也。此又救民水火之善術也。

然而今日之大患。則固在懷疑觀望。懷疑觀望之人事中國。而國事遂愈不可爲。戰事之延長固也。浸或無端之干涉。吾民乃並劫不復矣。然則今日福吾民者。在吾民之自爲。禍吾民者。亦在吾民之自爲。吾民豈終於懷疑觀望。而不求所以自振拔耶。嗚呼。予欲無言。

论怀疑观望者之非是.盛京时报,宣统三年十月初一日(1911年11月21日),第1512号:第1张第1版.

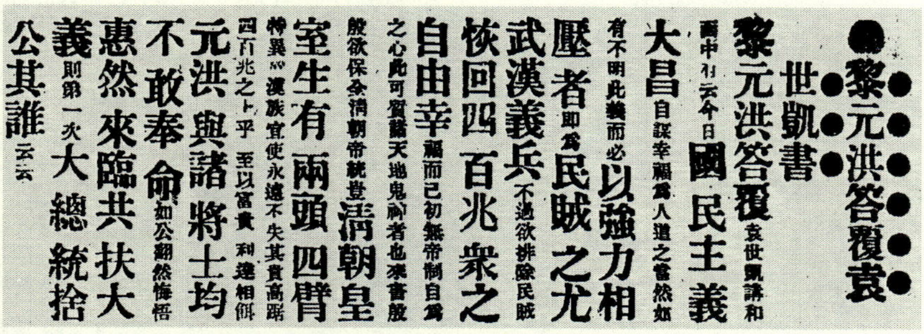

黎元洪答覆袁世凱書

黎元洪答覆袁世凱請和函中有云今日大昌國民主義自謀幸福爲人道之當然如有不明此義而必以強力相壓者即爲民賊之尤武漢義兵不過欲排除民賊恢回四百兆衆之自由幸福而已初無帝制自爲之心此可質諸天地鬼神者也來書殷殷欲保全清朝帝統豈清朝皇室生有兩頭四臂特異於漢族宜使永遠不失其貴高踞四百兆之上乎至以富貴利達相餌元洪與諸將士均不敢奉命如公翻然悔悟惠然來臨共扶大義則第一次大總統捨公其誰云云

黎元洪答覆袁世凯书.盛京时报,宣统三年十月初一日(1911年11月21日),第1512号:第1张第4版.

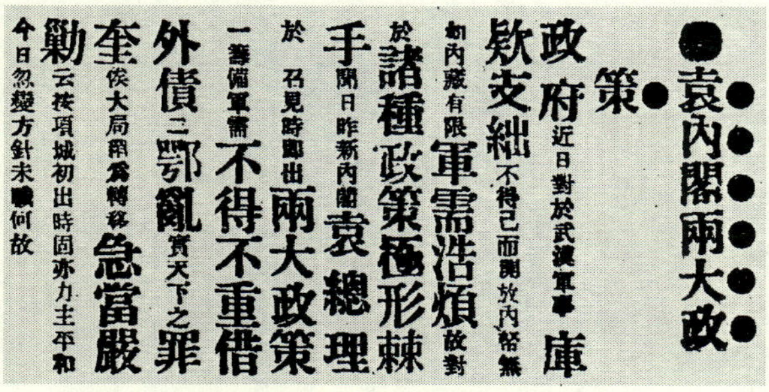

袁內閣兩大政策

政府近日對於武漢軍事庫欵支絀不得已而開放內帑無如內藏有限軍需浩煩故對於諸種政策極形棘手聞日昨新內閣袁總理於召見時即出兩大政策一籌備軍需不得不重借外債二鄂亂實天下之罪奎俟大局稍爲轉移急當嚴勦云按項城初出時固亦力主平和今日忽變方針未識何故

袁内阁两大政策.盛京时报,宣统三年十月初一日(1911年11月21日),第1512号:第1张第4版.

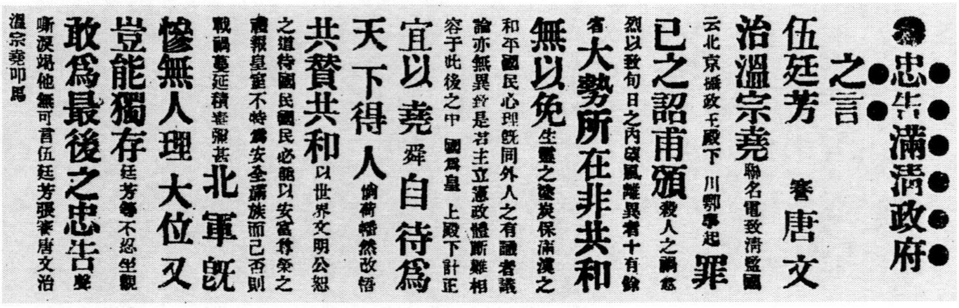
忠告滿淸政府
之言
伍廷芳 謇唐文
治溫宗堯聯名電致淸監國
云北京攝政王殿下 川鄂事起 罪
已之詔甫頒 救人之禍慈
烈以致旬日之內破颺離異者十有餘
省大勢所在非共和
無以免生靈之塗炭保滿漢之
和平國民心理既同外人之有識者議
論亦無異詞是若主立憲政體斷難相
容于此後之中 國爲皇 上殿下計正
宜以堯舜自待爲
天下得人 倘蒨幡然改悟
共贊共和 以世界文明公恕
之道待國民國民必能以安富尊榮之
禮報皇室不特爲安全滿族而已否則
戰禍蔓延積害彌甚 北軍既
慘無人理 大位又
豈能獨存 廷芳等不忍坐觀
敢爲最後之忠告 擊
嘶淚竭他無可言伍廷芳張謇唐文治
溫宗堯叩馬

忠告满清政府之言．盛京时报，宣统三年十月初一日（1911年11月21日），第1512号：第1张第4版．

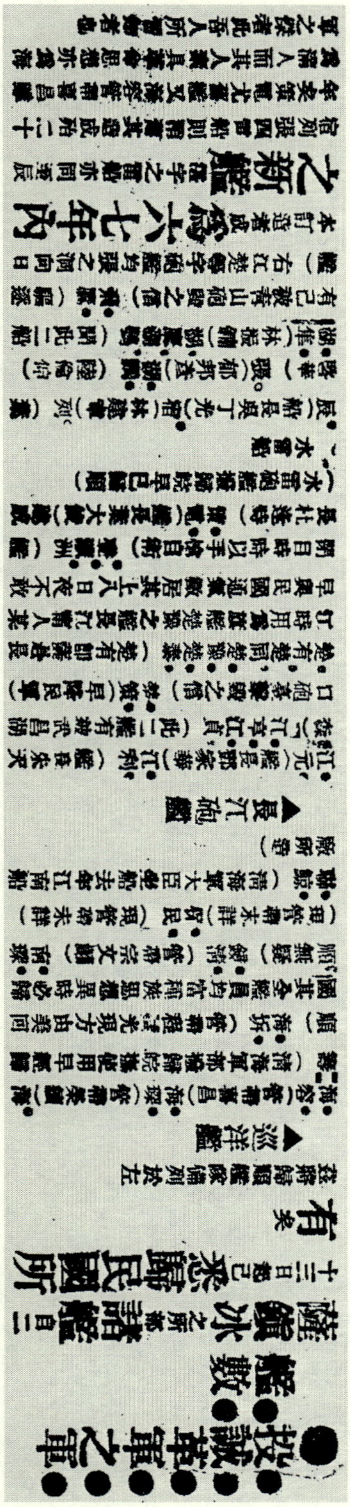

●投誠革軍之軍艦數

▲巡洋艦

▲長江砲艦

投诚革军之军舰数. 盛京时报, 宣统三年十月初一日(1911 年 11 月 21 日), 第 1512 号: 第 1 张第 4 版.

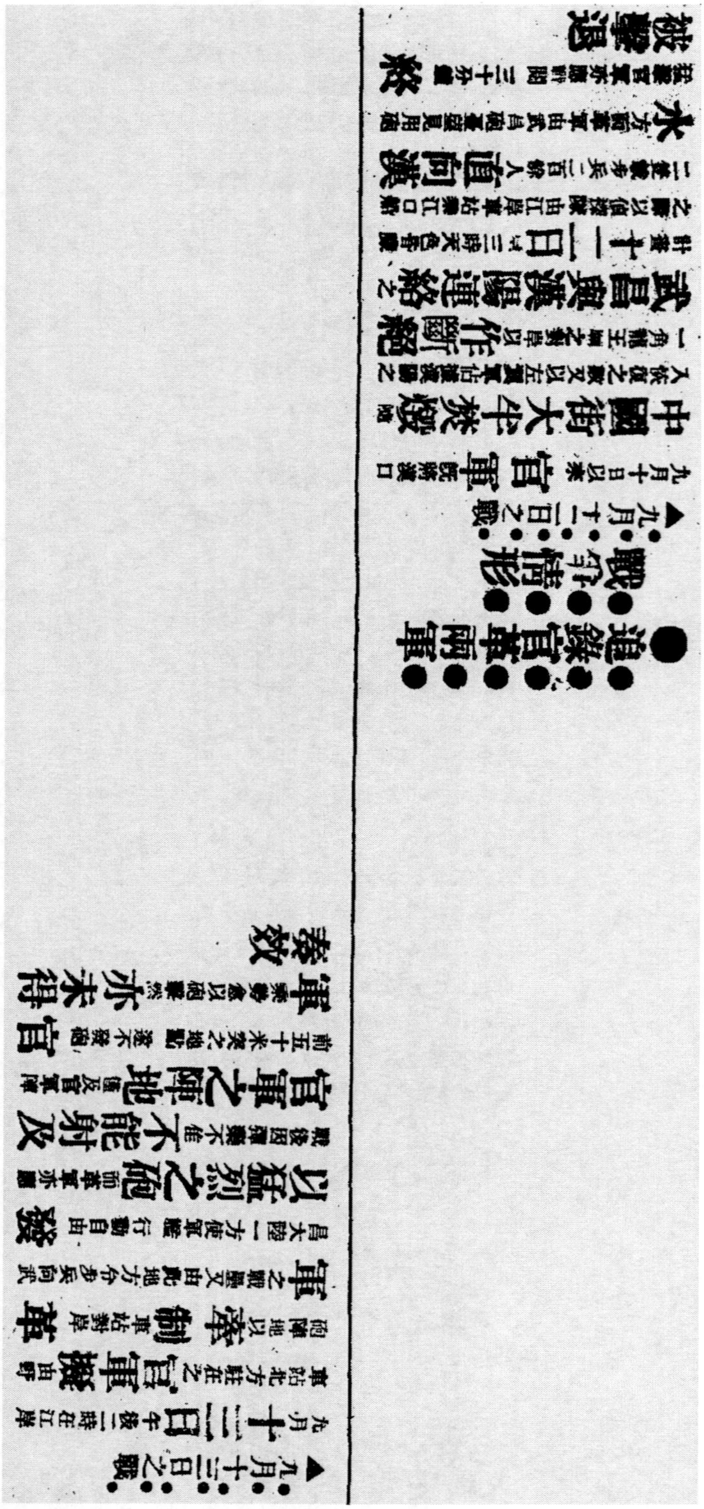

●追●錄●官●革●兩●軍●戰●爭●情●形●

▲九月十二日之戰

九月十日以來官軍既將漢口中國街大半焚燬隨入恢復之歎又以左翼軍佔據漢陽之一角龜王廟之對岸以作斷絕武昌與漢陽連絡之計畫十二日午後三時天色昏朦之際以偵探隊由江岸車站乘江口船二隻載步兵二百餘人直向漢水方前革軍由武昌砲臺盛見用砲猛擊官軍亦應戰閱三十分鐘終被擊退

▲九月十三日之戰

九月十三日午後二時在江岸車站北方駐在之官軍擬由野砲陣地以牽制革軍之戰壘又由此地方令步兵向武昌大陸一方使軍艦行動自由發以猛烈之砲而革軍亦應戰後因彈藥不佳不能射及官軍之陣地僅及官軍陣前五十米突之地點遂不發砲官軍乘勢愈以砲擊然亦未得奏效

追录官革两军战争情形．盛京时报，宣统三年十月初一日（1911年11月21日），第1512号：第1张第4版．

●關於官革兩軍戰爭之餘談

▲袁世凱尚未出征

日來官軍鼓舞士氣並安撫民心謂袁世凱已到漢口極力宣佈以期萬民之安堵並在各處張貼告示恰似實事者然袁世凱其實未嘗抵漢也不過藉此以作鼓舞人之政畧而已噫汪矣

▲革軍扼守橋口

革軍於九月九日戰敗以來退入中國街後以市街戰計在奪回不料又歸失敗於十一日將全體軍力屯集橋口以牽制官軍之漢陽攻擊線該地亦爲官軍攻擊漢陽之最重要地故官軍等於十三日早東方未白時至距入知門車站八百米突北方之高地架設野砲六門搶獲六百餘之步兵盡力奮鬥意在佔據橋口然革軍以此地倘被官軍佔據漢陽之防備亦入危機遂率四百名死守橋口又在大別山架砲壘向官軍射擊官軍不攻家得娶暴至午後一時休戰

关于官革两军战争之余谈 . 盛京时报，宣统三年十月初一日（1911 年 11 月 21 日），第 1512 号：第 1 张第 4 版 .

●賠欵之說提起

漢口領事團今向北京政府提議第一軍馮國璋施火攻策焚燒漢口凡諸外國人財產損失之額應即賠償

赔款之说提起 . 盛京时报，宣统三年十月初二日（1911 年 11 月 22 日），第 1513 号：第 1 张第 4 版 .

關於官革兩軍
戰爭之餘談

▲十萬個無告之民

官軍自九月十日以來
對於漢口人民備極慘酷
故在漢之四十萬生靈暨百萬財產及
歷史以最有名之漢口市街焚燬
始盡其四十萬之生靈中被
劍受害者不下十萬均
至無家可歸纍纍如喪家之犬餓食可
食哀哀似出獄之囚此景此情見者無
不傷心聞者無不掩泣也

▲漢陽革軍之防備工事

漢陽地勢最爲要害故
官軍擬陷落此地置以較革軍
多四倍之兵隊革軍亦慮
將來如此處失險全局皆危故於漢水
河岸掘以深六尺橫四
尺之壕其上更借一分五厘之
鐵板以防備榴散彈之射
及極其堅固

▲官軍慘殺革軍之密探

官軍於九月十三日捕獲
革軍密探五名在大知門車
站前行刑情形之慘莫
堪言狀至其尸身即暴棄於線
路之上見者無不酸鼻而哭官軍
之殘暴不仁

▲降服革軍之官兵

九月十二日夜十鐘有官
軍五十名在龍王廟前乘江
口船以原來武裝向革軍重要地漢陽
砲台之山下來降革軍聞該
兵等盡出身於湖南

关于官革两军战争之余谈．盛京时报，宣统三年十月初二日（1911 年 11 月 22 日），第 1513 号：第 1 张第 4 版．

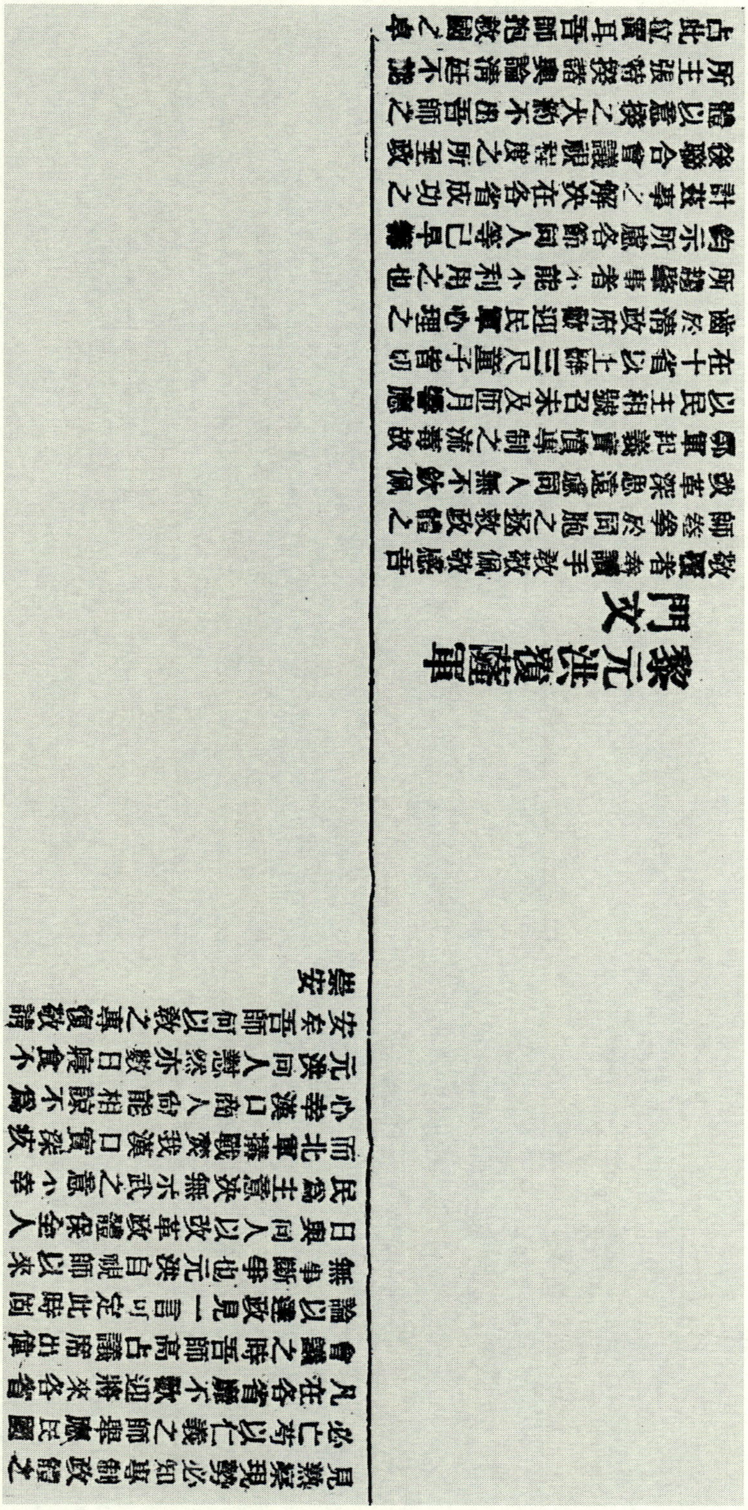

黎元洪覆萨军门文．盛京时报，宣统三年十月初三日（1911 年 11 月 23 日），第 1514 号：第 1 张第 1 版．

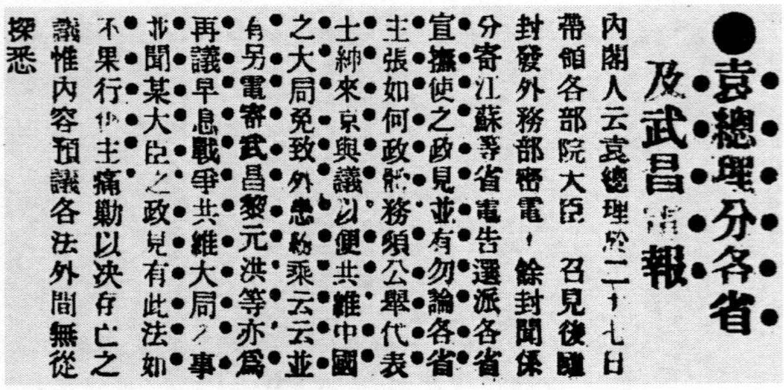
袁總理分各省及武昌電報

內閣人云袁總理於二十七日帶領各部院大臣召見後雖封發外務部密電，餘封閱係分寄江蘇等省電告選派各省宣撫使之政見並有勿論各省主張如何政體務須公舉代表士紳來京與議以便共維中國之大局免致外患紛乘云云並有另電寄武昌黎元洪等亦為再議早息戰爭共維大局之事並聞某大臣之政見有此法如不果行必主痛勦以決存亡之議惟內容預議各法外間無從探悉

袁总理分各省及武昌电报．盛京时报，宣统三年十月初三日（1911 年 11 月 23 日），第 1514 号：第 1 张第 2 版．

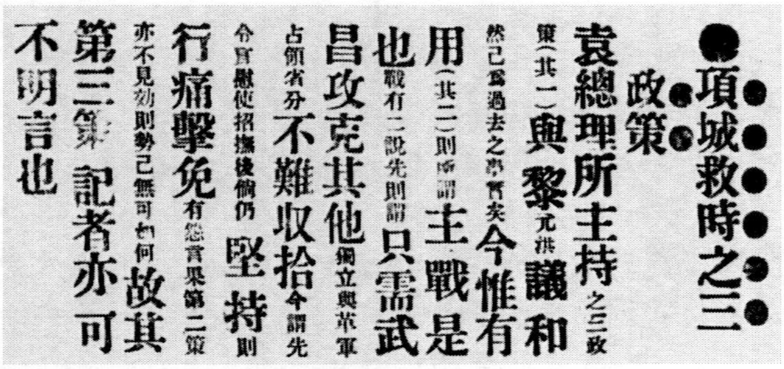
項城救時之三政策

袁總理所主持之三政策（其一）與黎元洪議和然已爲過去之事實矣今惟有用（其二）則所謂主戰是也戰有二說先則謂只需武昌攻克其他獨立與革軍占領省分不難收拾今謂先令宣慰使招撫後倘仍堅持則行痛擊免有總言果第二策亦不見効則勢已無可如何故其第三策記者亦可不明言也

项城救时之三政策．盛京时报，宣统三年十月初三日（1911 年 11 月 23 日），第 1514 号：第 1 张第 4 版．

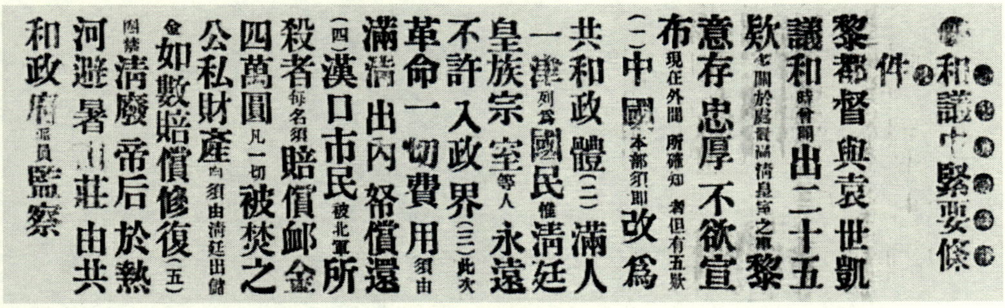

●和議中緊要條件

黎都督與袁世凱議和時曾開出二十五欵其七關於歷數滿清皇室之罪黎意存忠厚不欲宣布現在外間所確知者但有五欵（一）中國本部須即改爲共和政體（二）滿人一律列爲國民惟清廷皇族宗室等人永遠不許入政界（三）此次革命一切費用須由滿清出內帑償還（四）漢口市民被北軍所殺者每名須賠償卹金四萬圓凡一切被焚之公私財產均須由清廷出儲金如數賠償修復（五）圈禁清廢帝后於熱河避暑山莊由共和政府派員監察

合议中紧要条件．盛京时报，宣统三年十月初三日（1911 年 11 月 23 日），第 1514 号：第 1 张第 4 版．

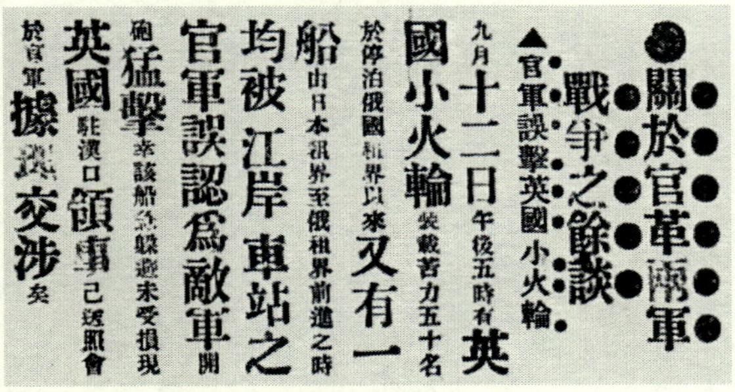

●關於官革兩軍戰爭之餘談●

▲官軍誤擊英國小火輪●

九月十二日午後五時有英國小火輪裝載苦力五十名於停泊俄國租界以來又有一船由日本租界至俄租界前進之時均被江岸車站之官軍誤認爲敵軍開砲猛擊幸該船急駛避未受損現英國駐漢口領事已照會於官軍據理交涉矣

关于官革两军战争之余谈．盛京时报，宣统三年十月初三日（1911 年 11 月 23 日），第 1514 号：第 1 张第 4 版．

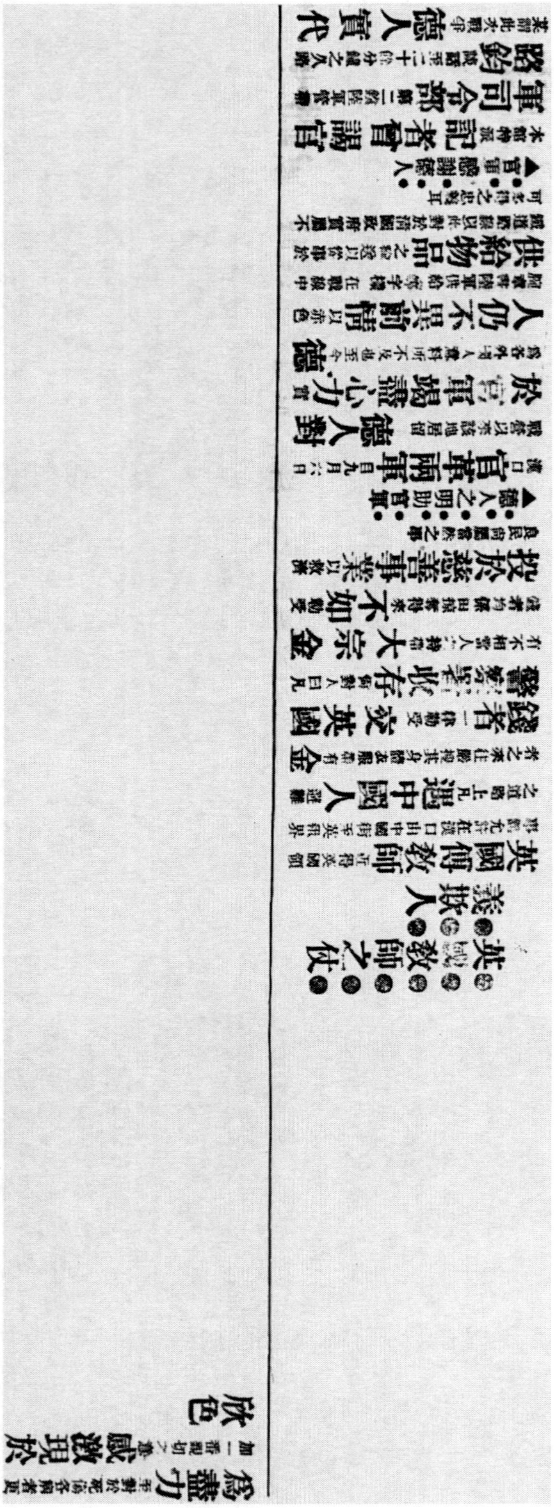

為盡力(平對於死傷各兩者更加一番親切之意)感激現於欣色

◎英國教師之仗義欺人◎

英國傳教師近得英國領事館允許在漢口由中國街至英租界之道路上凡遇中國人避難者之來往輒搜其身體衣服帶有金錢者一律勒交英國警察署收存衛對人曰凡有不相當人之持帶大宗金錢者均係由擄奪得來不如勒受投於慈善事業以救濟良民尚屬當然之事

▲德人之明助官軍

漢口官革兩軍自九月六日戰營以來該地居留德人對於官軍竭盡心力實為各外國人意料所不及也至今德人仍不異前情以赤色隨章齊陸軍供給零字樣在戰線中供給物品之輸送以從事於鐵道路線以此對於清國政府實屬不可多得之忠幫耳

▲官軍感謝德人

本部特派記者會謁官軍司令部第二鎮陸軍管帶路鈞談話至二十餘分鐘之久路鈞謂此次戰爭德人實代

英国教师之仗义欺人.盛京时报,宣统三年十月初三日(1911年11月23日),第1514号:第1张第4版.

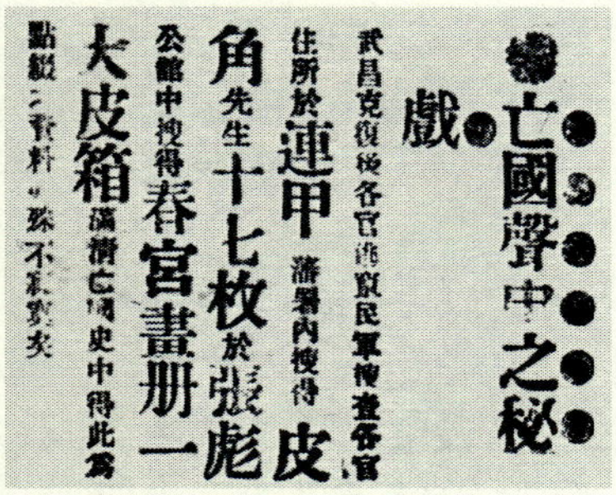

亡國聲中之秘戲

武昌克復後各官逃竄民軍搜查各官住所於連甲藩署內搜得皮角先生十七枚於張彪公館中搜得春宮畫册一大皮箱滿清亡國史中得此爲點綴之資料亦殊不寂寞矣

亡国声中之秘戏 . 盛京时报，宣统三年十月初三日（1911 年 11 月 23 日），第 1514 号 : 第 1 张第 4 版 .

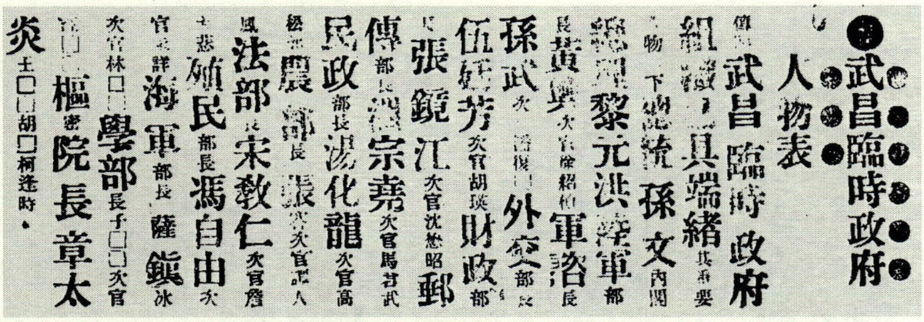

武昌臨時政府人物表

傳聞武昌臨時政府組織已具端緒其重要人物下總統孫文內閣總理黎元洪陸軍部長黃興次官徐紹楨軍諮長孫武次[illegible]外交部長伍廷芳次官胡瑛財政部長張鏡江次官沈懋昭郵傳部長[illegible]宗堯次官馬君武民政部長湯化龍次官高[illegible]農[illegible]部長張[illegible]次官[illegible]人風法部長宋教仁次官詹[illegible]殖民部長馮自由次官[illegible]海軍部長薩鎮冰次官林[illegible]學部長于[illegible]次官[illegible]樞密院長章太炎[illegible]胡[illegible]柯逢時。

武昌临时政府人物表 . 盛京时报，宣统三年十月初四日（1911 年 11 月 24 日），第 1515 号 : 第 1 张第 7 版 .

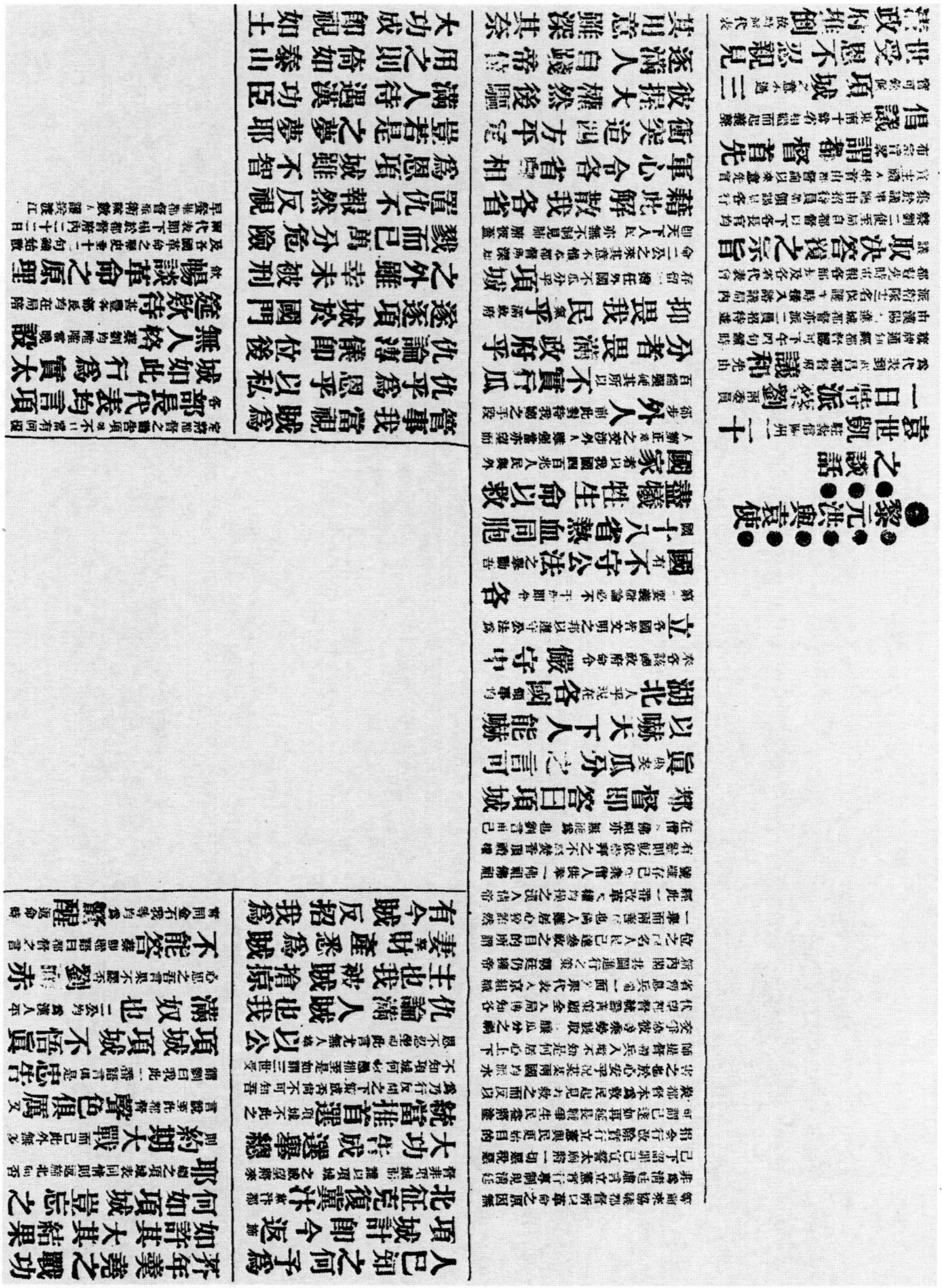

●黎元洪與袁使之談話●

袁世凱駐紮信陽州二十一日特派蔡劉兩委員爲代表到武昌都督府議和先由旗牌通知經都督認可下午四句鐘時由漢陽進城都督亦派二員招待並派衛隊廿名保護五時接入諮議局內都督先時已報各部長及各省代表會議取決答復之宗旨蔡劉二使至局自都督以下各長官均集於議事廳由招待員帶領謁見各行賓主禮入坐首由都督詢以來意先宣布宗旨略謂都督首先倡議東南十餘省相繼而起義舉實可欽佩項城之意不過三世受恩不忍親見清政府推倒故特派代表等前來協議都督所以革命之原因無非爲滿廷雖言立憲實行專制現滿廷己下詔罪己宣誓太廟將一切惡稅惡捐令行改除實行立憲與民更始目的可謂已遂如再延長戰爭生民塗炭將此都督本爲救民起見而救之而反以害之也於心安乎況某某兩國均派水師提督帶兵入境不知是何居心上下交爭必彼等乘勢襲取釀成瓜分之禍望都督統籌兼顧全局傳知各省暫息兵爭一面各舉代表入京組織新內閣共圖進行之策朝廷仍擁帝位之虛名人民已達參政之目的所謂一舉而兩善者也滿人雖居心狡詐然經此一番改革大權均操之漢人滿帝號雖存已成衆僧人供奉一佛祖佛祖有靈則皈依崇拜之不然焚香頂禮樓在僧人佛祖亦無能爲也劉言甫已鄂督即答曰項城眞[illegible]瓜分之言可以嚇天下人能嚇湖北人乎況在各國領事均奉各該國政府命令嚴守中立各國皆文明之邦以遵守公法爲第一要義斷論必不干涉即令各國有不守公法之舉動吾國十八省熱血同胞盡犧牲生命以救國家者以我國四百兆人民與外人斷正義之交涉外人雖強暴亦望而卻步外人前此對待我鄉之手段百端強硬其所以不實行瓜分者畏滿政府乎抑畏我民氣乎滿政府存留一線責任外國不瓜分乎項城命二公之來其意不惟本都督[illegible]深知即天下人民亦無不洞見肺腑彼蓋藉此解散我各省軍心令各省自相衝突迨四方平定後彼握大權然後驅逐滿人自踐帝位其用意雖深其奈人已知之何予爲項城計即今返旆北征克復冀汴冀汴都督非項城[illegible]誰以項城之威望將來大功告成選舉總統當推首選項城不此之爲乃行反間之下策成否尚不可知吾不知項城何以愚拙至是如謂三世受恩不忍坐視此言尤無人格以公仇論滿人賊也我主也我被賊搶掠妻孥財產悉爲賊有今賊反招我爲管事我當視賊爲仇乎爲恩乎以私仇論溥儀即位後遂逐項城於國門之外雖幸未被刑戮而已萬分危險置仇不報然反視爲恩項城雖不智豈若是之夢夢耶滿人待遇漢功臣用之則倚如泰山大功成即視如土芥年羹堯之戰功如許其大其結果何如項城豈忘之耶縱之項城表同情則返旆北向否則約期大戰而已此外無多言說至此都督聲色俱厲又謂劉曰我此一番語言俱是忠告項城項城不悟眞滿奴也二公均爲漢人平心思之吾言果不謬否劉面赤不能答蔡即繼語曰都督之言實同金石我等均爲警醒返命時定將都督之勸告項城不日當有回復各部長代表均言項城如此行爲實太無人格蔡劉均唯唯當晚設筵款待甚豐各部長均在局陪飲暢談革命之原理及各國革命之歷史至十二句鐘始散兩代表即下榻於都督府內二十二日早餐畢都督派衛隊數人護送渡江

黎元洪与袁使之谈话.盛京时报,宣统三年十月初四日(1911年11月24日),第1515号:第1张第4版.

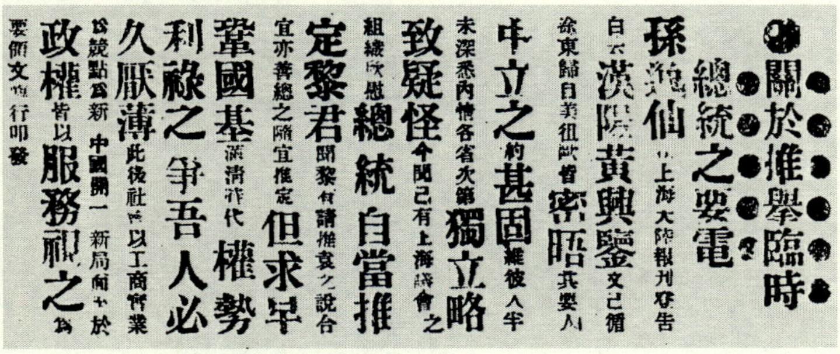
關於推舉臨時
總統之要電
孫逸仙（上海大陸報刊登告
白云）漢陽黃興鑒文已備
悉東歸自美徂歐皆密晤其要人
中立之約甚固維彼人半
未深悉內情各省次第獨立略
致疑怪今聞已有上海議會之
組織欣慰總統自當推
定黎君聞黎有請推袁之說合
宜亦善總之隨宜推定但求早
鞏國基滿清時代權勢
利祿之爭吾人必
久厭薄此後社會以工商實業
為競點為新中國開一新局面至於
政權皆以服務視之為
要個文恕行叩發

关于推举临时总统之要电．盛京时报，宣统三年十月初四日（1911 年 11 月 24 日），第 1515 号：第 1 张第 4 版．

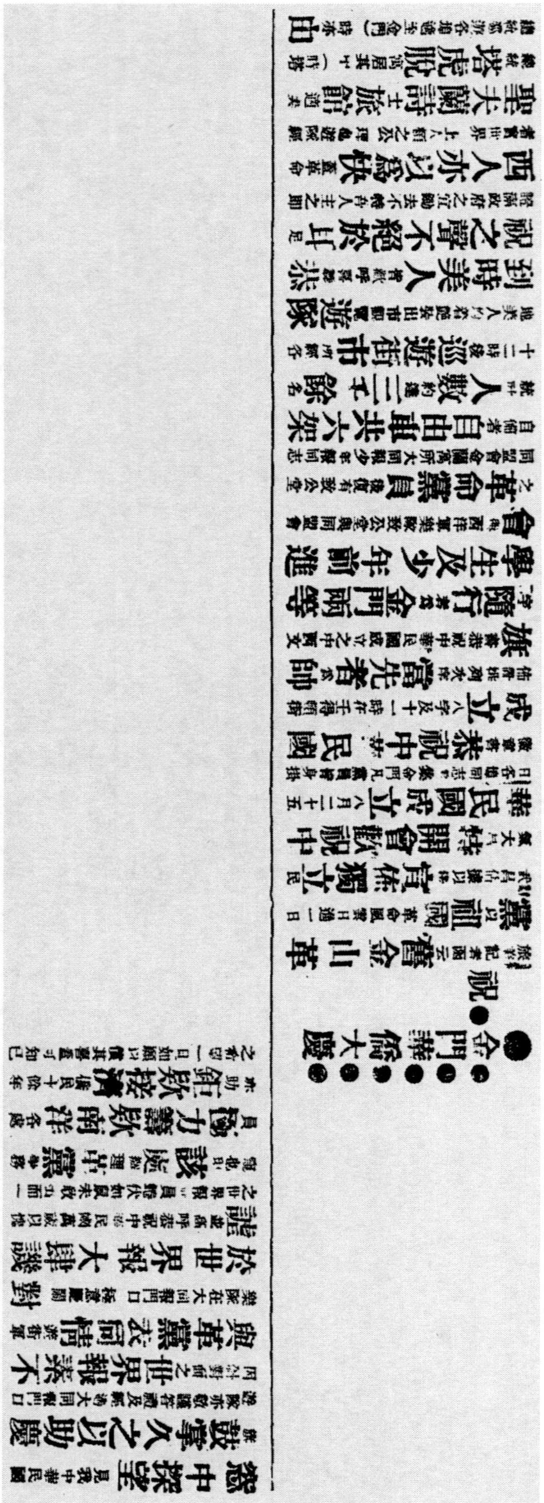

金门华侨大庆祝.盛京时报,宣统三年十月初四日(1911 年 11 月 24 日),第 1515 号:第 1 张第 4 版.

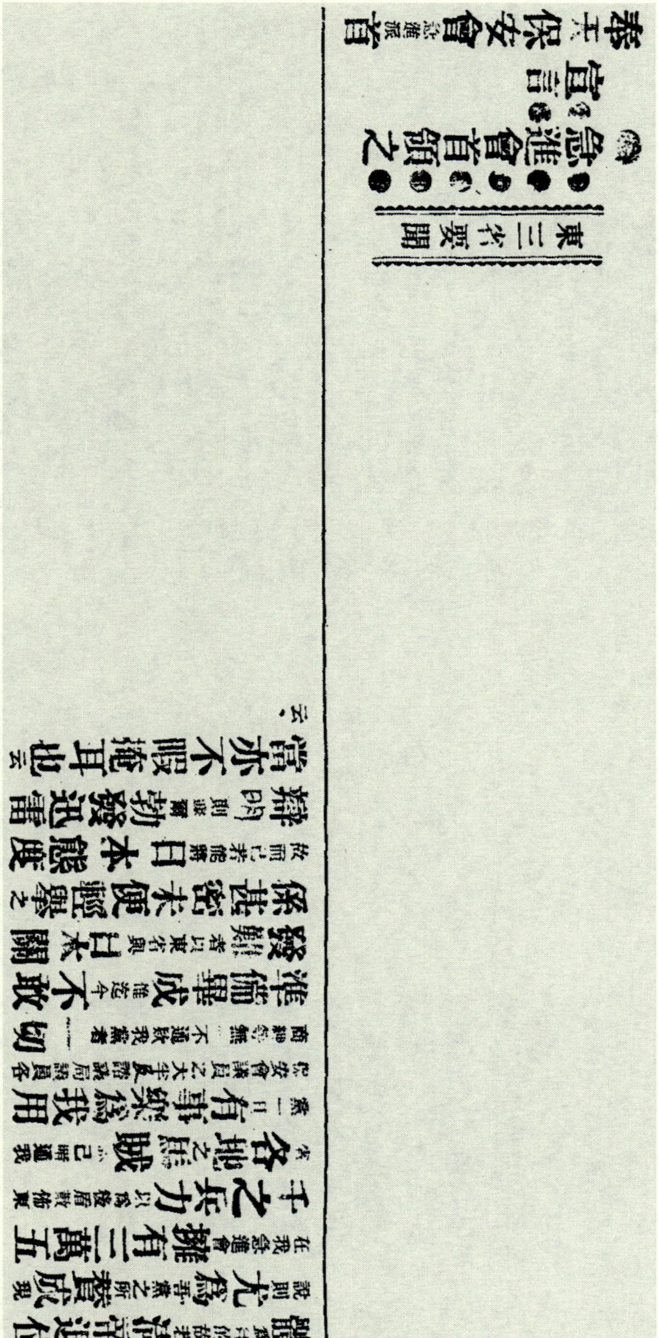

東三省要聞

急進會首領之宣言

奉天保安會急進派首領張傛頭語人日我急進會存實人道主義且以建設滿漢聯合共和政體爲目的故者清帝退位說則尤爲吾黨之所贊成現在我急進會擁有三萬五千之兵力以爲後盾散佈東省各地之馬賊亦已暗通我黨一日有事樂爲我用保安會議員之大半及諮議局議員各商紳等無一不通款我黨者一切準備畢成惟迄今不敢發難者以東省與日本關係甚密未便輕舉之故而已若能將日本態度辯明則遽爾勃發迅雷當亦不暇掩耳也云云、

急进会首领之宣言.盛京时报,宣统三年十月初四日(1911年11月24日),第1515号:第1张第4版.

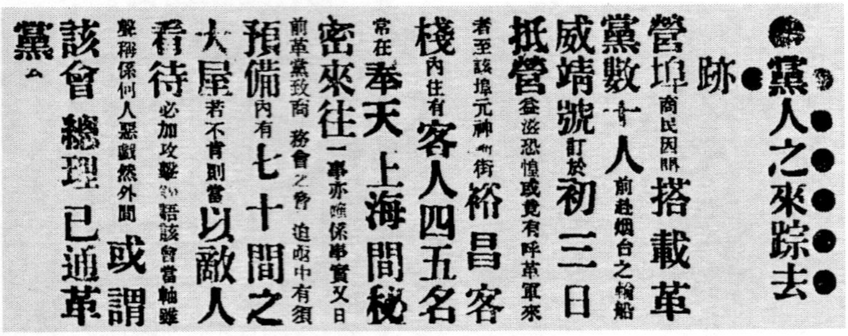

黨人之來踪去跡

營埠商民因聞搭載革黨數十人前赴烟台之輪船威靖號訂於初三日抵營益滋恐惶或竟有呼革軍來者至該埠元神廟街裕昌客棧內住有客人四五名常在奉天上海間秘密來往一事亦確係事實又日前革黨致商務會之函中有須預備內有七十間之大屋若不肯則當以敵人看待必加攻擊之語該會當軸雖聲稱係何人惡戲然外間或謂該會總理已通革黨云

党人之来踪去迹．盛京时报，宣统三年十月初四日（1911 年 11 月 24 日），第 1515 号：第 1 张第 4 版．

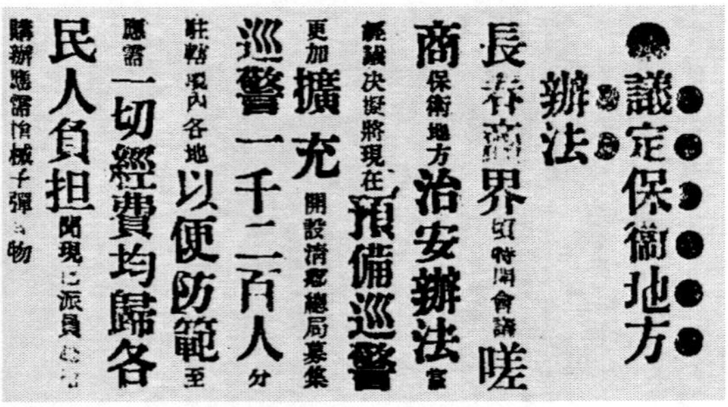

議定保衛地方辦法

長春商界頃特開會議磋商保衛地方治安辦法當經議決擬將現在預備巡警更加擴充開設消防總局募集巡警一千二百人分駐轄境內各地以便防範至應需一切經費均歸各民人負担聞現已派員赴滬購辦應需槍械子彈各物

议定保卫地方办法．盛京时报，宣统三年十月初四日（1911 年 11 月 24 日），第 1515 号：第 1 张第 4 版．

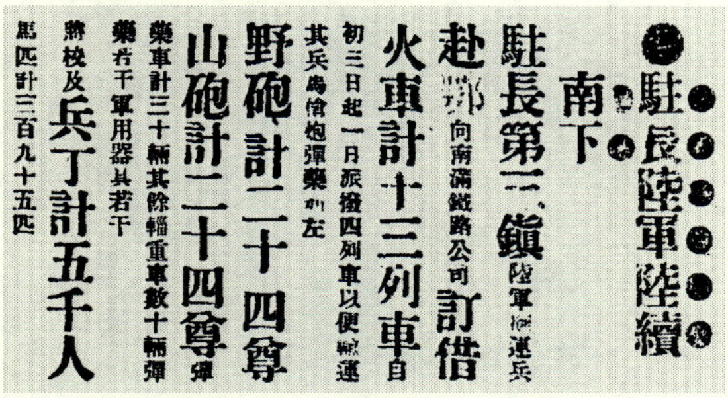

駐長陸軍陸續南下

駐長第三鎮陸軍[illegible]運兵赴[illegible]向南滿鐵路公司訂借火車計十三列車自初三日起一月派撥四列車以便[illegible]運其兵爲[illegible]砲彈藥列左野砲計二十四尊山砲計二十四尊彈藥車計三十輛其餘輜重車數十輛彈藥若干軍用器具若干將校及兵丁計五千人馬匹計三百九十五匹

駐长陆军陆续南下．盛京时报，宣统三年十月初四日（1911 年 11 月 24 日），第 1515 号：第 1 张第 4 版．

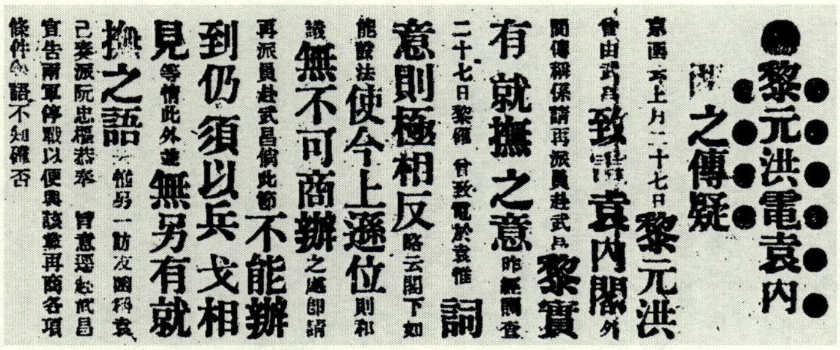

黎元洪電袁內閣之傳疑

京函云上月二十七日黎元洪曾由武昌致電袁內閣外間傳稱係請再派員赴武昌黎實有就撫之意昨經調查二十七日黎確曾致電於袁惟詞意則極相反略云閣下如能設法使今上遜位則和議無不可商辦之處即請再派員赴武昌倘此節不能辦到仍須以兵戈相見等情此外並無另有就撫之語[illegible]另一訪友函稱袁已奏派阮忠樞恭奉[illegible]赴武昌宣告兩軍停戰以便與該黨再商各項條件[illegible]語不知確否

黎元洪电袁内阁之传疑．盛京时报，宣统三年十月初六日（1911 年 11 月 26 日），第 1517 号：第 1 张第 4 版．

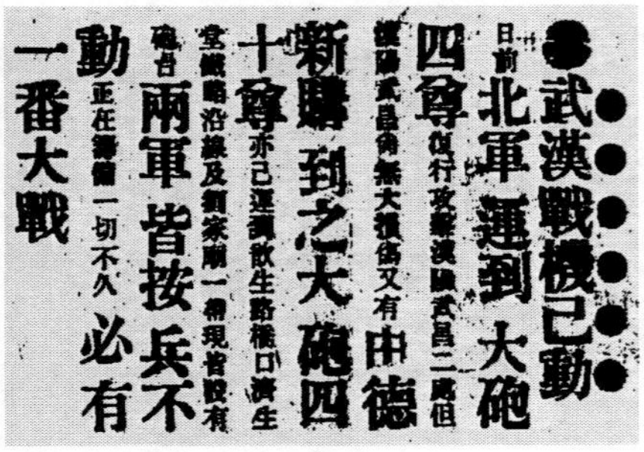

武漢戰機已動

廿日前北軍運到大砲四尊復行攻擊漢陽武昌二處但漢陽武昌尚無大損傷又有由德新購到之大砲四十尊亦已運調散生路機口濟生堂鐵路沿線及劉家廟一帶現皆設有砲台兩軍皆按兵不動正在籌備一切不久必有一番大戰

武汉战机已动.盛京时报,宣统三年十月初六日(1911 年 11 月 26 日),第 1517 号:第 1 张第 4 版.

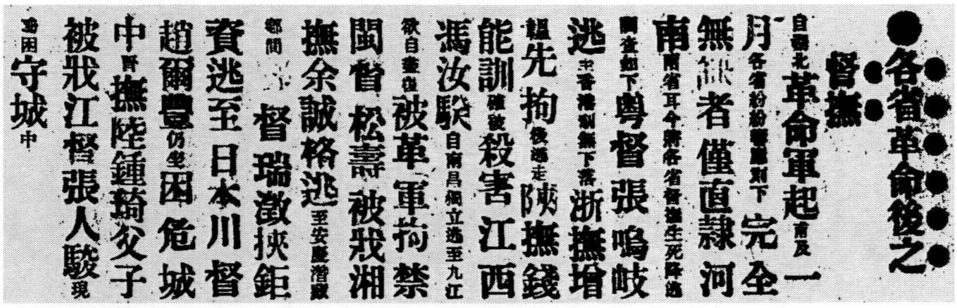

各省革命後之督撫

自湖北革命軍起甫及一月各省紛紛響應到下完全無缺者僅直隸河南兩省耳今將各省督撫生死降逃調查如下粵督張鳴岐逃走香港刻無下落浙撫增韞先拘後逃走陝撫錢能訓確被殺害江西馮汝騤自南昌獨立逃至九江欲自盡復被革軍拘禁閩督松壽被戕湘撫余誠格逃至安慶潛藏鄂督瑞澂挾鉅資逃至日本川督趙爾豐仍坐困危城中晉撫陸鍾琦父子被戕江督張人駿現尚困守城中

各省革命后之督抚.盛京时报,宣统三年十月初六日(1911 年 11 月 26 日),第 1517 号:第 1 张第 4 版.

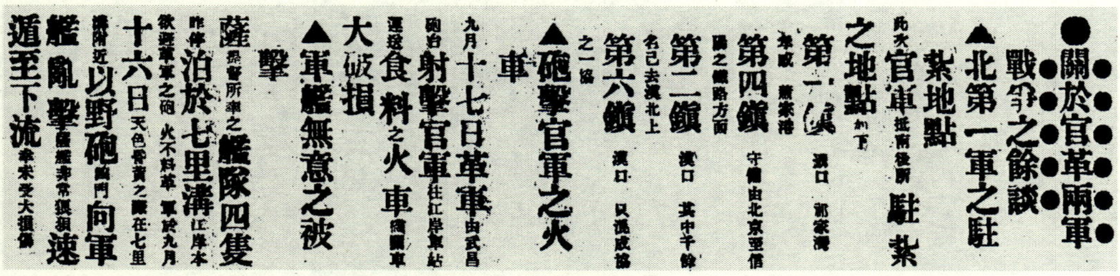

●關於官革兩軍戰爭之餘談

▲北第一軍之駐紮地點

此次官軍抵漢後所駐紮之地點如下

第一鎮 漢口 劉家灣 孝感 蕭家港

第四鎮 守備由北京至信陽之鐵路方面

第二鎮 漢口 其中千餘名已去漢北上

第六鎮 漢口 以混成協之一協

▲砲擊官軍之火車

九月十七日革軍由武昌砲台射擊官軍往江岸車站運送食料之火車 車大破損

▲軍艦無意之被擊

薩提督所率之艦隊四隻昨停泊於七里溝江岸本欲避革軍之砲火不料革軍於九月十六日天色昏黃之際在七里溝附近以野砲兩門向軍艦亂擊艦身非常損壞速遁至下流幸未受大損傷

关于官革两军战争之余谈．盛京时报，宣统三年十月初六日（1911 年 11 月 26 日），第 1517 号：第 1 张第 4 版．

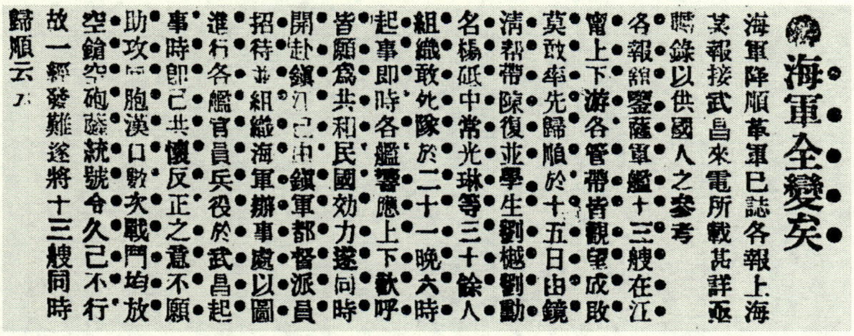

●海軍全變矣

海軍降順革軍已誌各報上海某報接武昌來電所載甚詳亟照錄以供國人之參考

各報館鑒薩軍艦十三艘在江中上下游各管帶皆觀望成敗莫敢率先歸順於十五日由鏡清艦帶隊復並學生劉樾劉勳名楊砥中常光琳等三十餘人組織敢死隊於二十一晚六時起事即時各艦響應上下歡呼皆願為共和民國効力遂同時開赴鎮江已由鎮軍都督派員招待並組織海軍辦事處以圖進行各艦官員兵役於武昌起事時即已共懷反正之意不願助攻同胞漢口數次戰鬥均放空鎗空砲薩統號令久已不行故一經發難遂將十三艘同時歸順云云

海军全变矣．盛京时报，宣统三年十月初六日（1911 年 11 月 26 日），第 1517 号：第 1 张第 7 版．

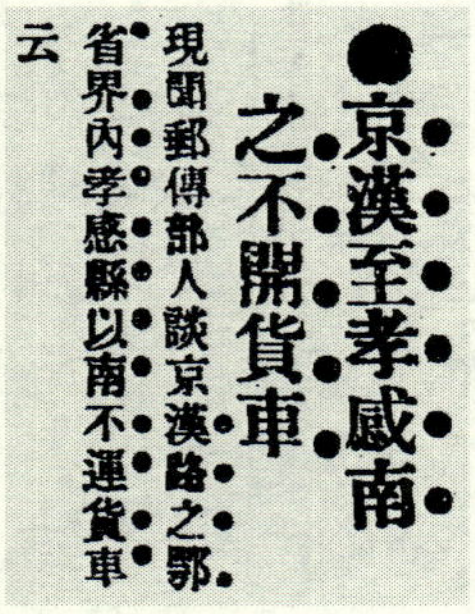

●京漢至孝感南之不開貨車

現聞郵傳部人談京漢路之鄂省界內孝感縣以南不運貨車云

京汉至孝感南之不开货车．盛京时报，宣统三年十月初六日（1911 年 11 月 26 日），第 1517 号：第 1 张第 7 版．

論說

論宜迅平匪亂

今日最足擾亂東省之治安者。爲匪亂。大之可引起外人干涉之萌。小之亦將使居民騷動。而不安其堵。加意保安者。累千百人。未必遂使東省安如磐石也。而匪徒一乘機竊發。則大局以搖。且他省之變動。其主力率爲軍隊。而本省軍隊。則可決其必無貳心。防營陸軍。互相鉗制。誰敢冒不韙。而首難耶。是故今日東省。最宜注意者爲匪亂。匪亂迭起。則糜爛何堪。且又安知蟻穴之必不能潰堤。而顧易視之歟。有迫脅之者。而鋌走之勢成。有鉤致之者。而爆發之禍烈。就邇日情事言之。消脅之者。或可保其必無。而鉤致之者。不敢決爲無有。似宜由地方卽達官紳。設法羅致。曉以大義。凡匪亂渠魁。能令人信服。而佔有大勢力者。必皆質直好義。一流人物。是皆具可與爲善之根性者。且先事而爲解散之方。與已事而施鎮撫之術。其難易固自有別。其收效亦自不同。某縣迎可官紳。一一陳利之。若夫亂端已肇。解散無從。則設法以鎮撫之。亦宜以迅。疾爲要。蓋平亂如救火然。稍形遲緩。便覺滋蔓。蔓則圖之匪易。如今者莊河亂事。正其例也。地方官果有迫脅情事。則赶速撤換。以舒眾忿。若創亂者確係匪徒。則姑息適以養其奸。寬縱適以張其膽。爲大局計。蓋不得不加以痛勦耳。匪徒之得亂也。其目的在以暴行脅制一切。故其徒黨或非甘心爲亂者。散脅擒渠。亂且立已。若夫曠日持久。禍乃延蔓。在彼則徒黨愈衆而愈多。或且佔據城池。妄思非分。在我兵備多力分。應接爲之不暇。有時或且自致於敵。迅疾與否。謂非成敗之所由分。可乎哉。夫在前日一隅之亂。何足介意。而今日則有不能不介意者存。倘或亂端已肇。解散無從。此乎赴事機。其爲至要之策。殆無疑義焉耳。

论宜迅平匪乱.盛京时报,宣统三年十月初八日(1911年11月28日),第1518号:第1张第1版.

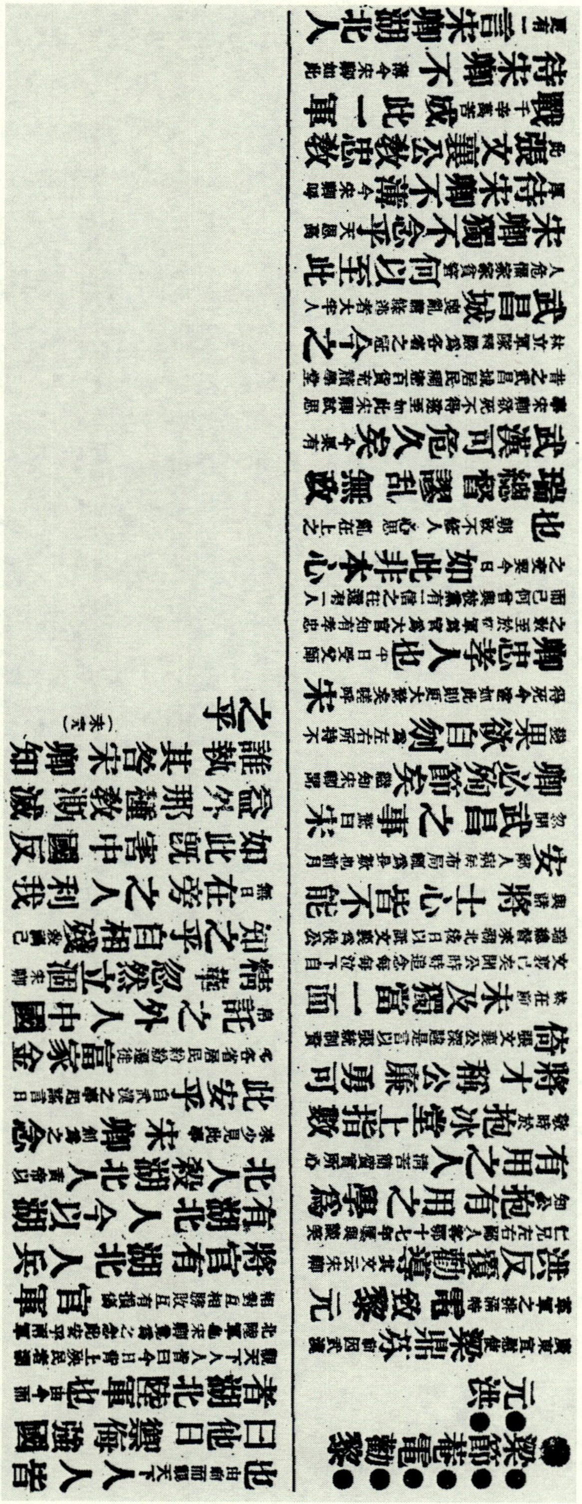

梁节庵电劝黎元洪（未完）. 盛京时报，宣统三年十月初八日（1911年11月28日），第1518号：第1张第4版.

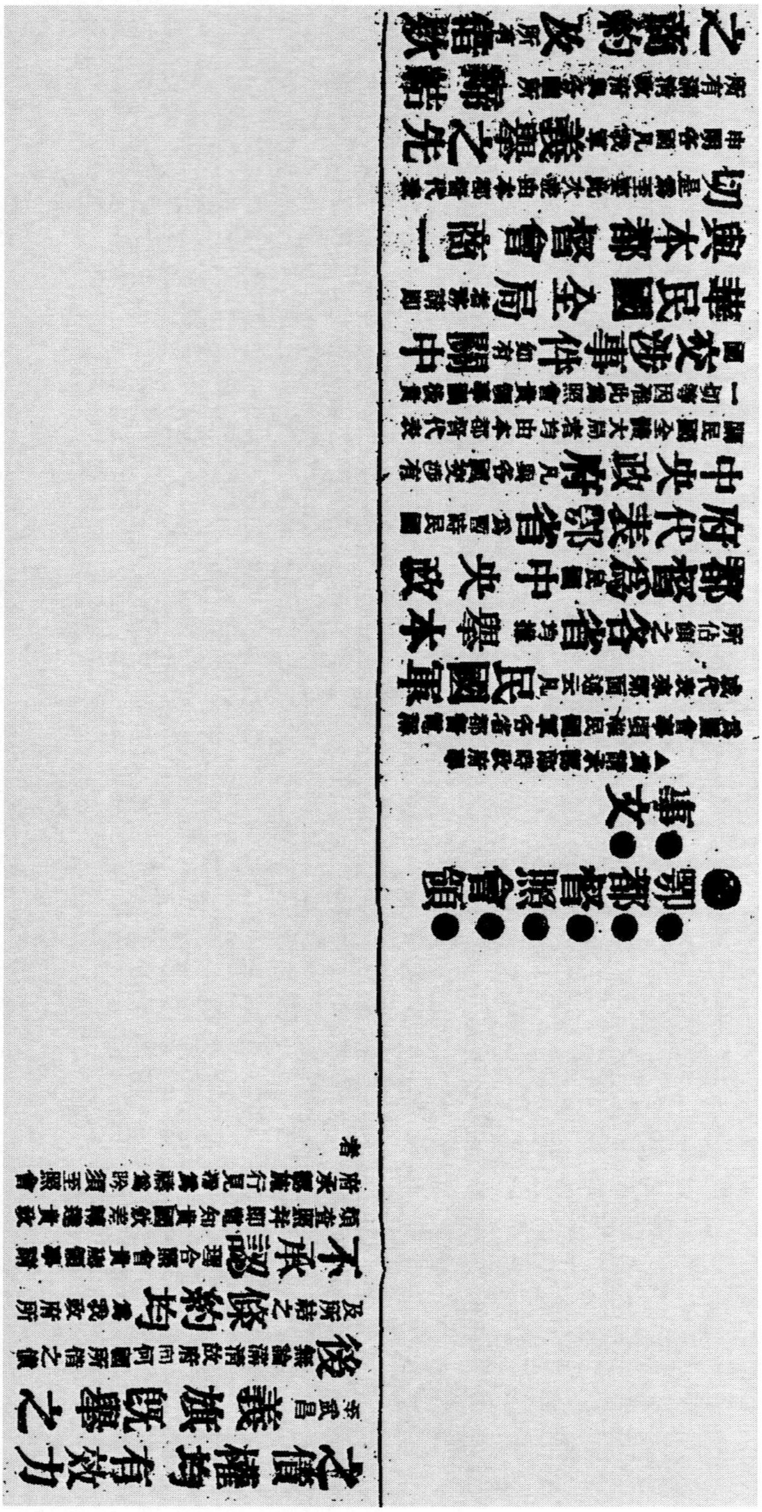

●鄂●都●督●照●會●領●事●文●

▲爲請承認臨時政府事

爲照會事頃准民國軍各省都督電稱成代表來鄂面議云凡民國軍所佔領之各省均推舉本都督爲民國中央政府代表鄂省爲民國臨時中央政府凡與各國交涉有關民國全體大局者均由本都督代表一切等因准此爲照會貴領事請煩貴國交涉事件如有關中華民國全局者務請即與本都督會商一切是爲至要此次由本都督代表申明各國凡我軍義舉之先所有滿清政府與各國所締結之商約及所有借款之債權均有效力自武昌義旗既舉之後無論滿清政府向何國所借之債及所締之條約均爲我政府所不承認理合照會貴總領事請煩查照并即電知貴國欽差轉達貴政府承認施行見複爲禱須至照會者

鄂都督照会领事文. 盛京时报, 宣统三年十月初八日(1911 年 11 月 28 日), 第 1518 号: 第 1 张第 4 版.

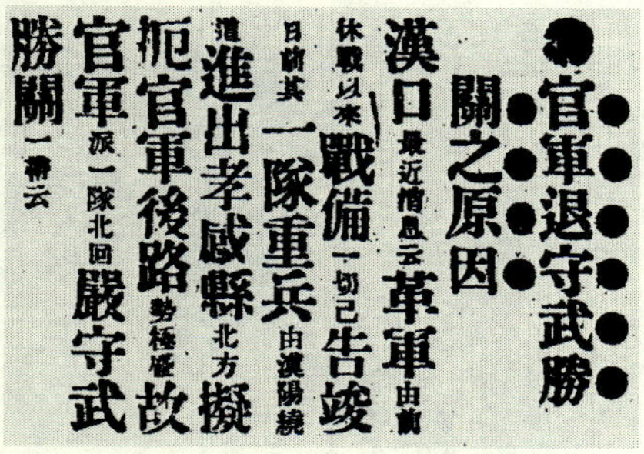

官軍退守武勝關之原因

漢口最近消息云革軍由前休戰以來戰備一切已告竣日前其一隊重兵由漢陽繞道進出孝感縣北方擬扼官軍後路勢極猛故官軍派一隊北回嚴守武勝關一帶云

官军退守武胜关之原因．盛京时报，宣统三年十月初八日（1911 年 11 月 28 日），第 1518 号：第 1 张第 4 版．

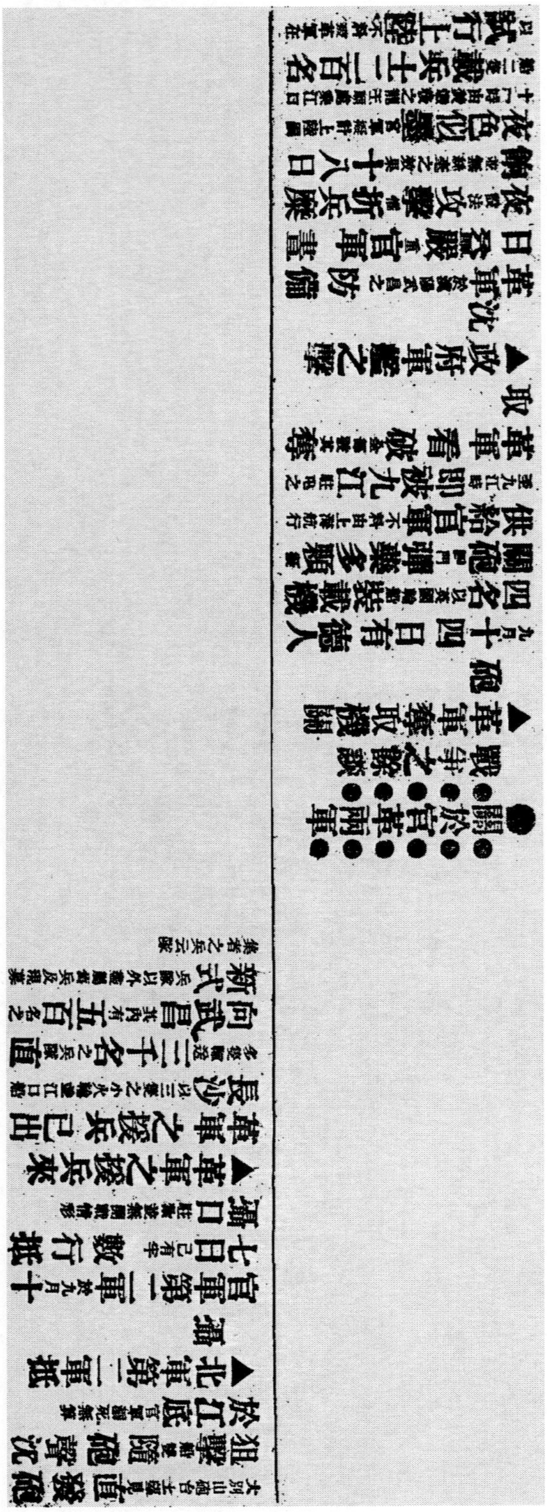

关于官革两军战争之余谈．盛京时报，宣统三年十月初八日（1911 年 11 月 28 日），第 1518 号：第 1 张第 4 版．

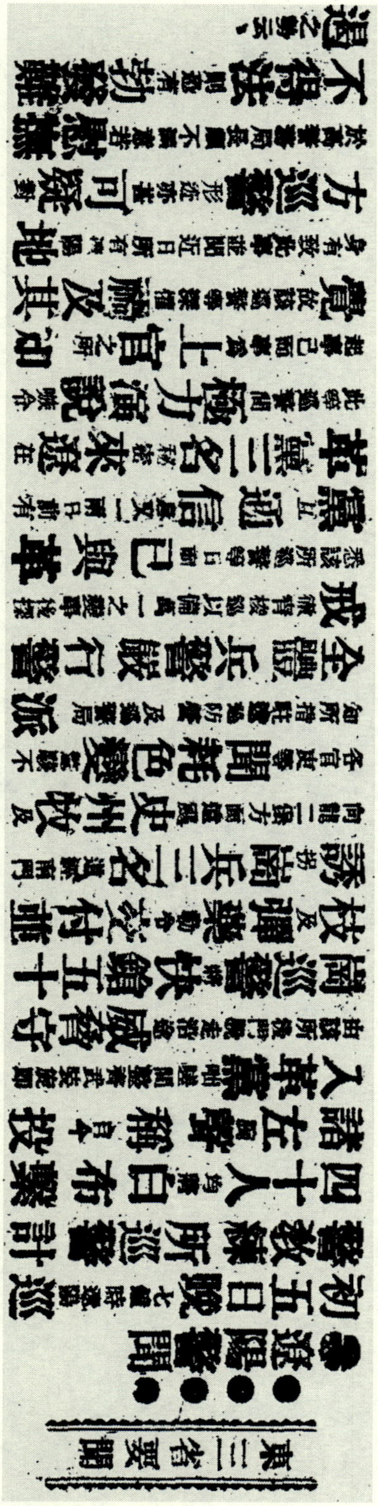

東三省要聞

●遼陽警聞●●●

初五日晚七鐘時遼陽巡警教練所巡警計四十人均將白布繫諸左臂稱自今投入革黨啪譴聞整齊武裝旋即由該所後門脫走沿途威脅守崗巡警將快鎗五十枝及彈藥勒令交付並誘拐崗兵三名遁赴南門向龍二保方面遁竄史州牧及各官吏等聞耗色變驚駭不知所措遂飭防營及巡警局派全體兵警嚴行警戒徹宵梭巡以備萬一之變事後探悉該所巡警等日前已與革黨互通信息又一兩日前有革黨三名秘密來遼在此與巡警間極力演說煽令起事已而事爲上官之所知覺故該巡警等探悉禍及其身有致此事並聞近日所有遼陽地方巡警形迹亦甚可疑對於高警察局長顯不滿意若慰撫不得法則恐有勃發難遏之勢云、

辽阳警闻.盛京时报,宣统三年十月初八日(1911年11月28日),第1518号:第1张第4版.

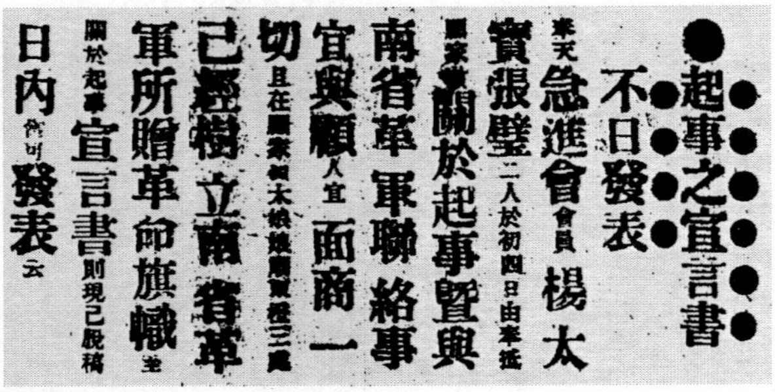

●起事之宣言書不日發表

奉天急進會會員楊太實張璧二人於初四日由奉抵關家[illegible]關於起事暨與南省革軍聯絡事宜與顧人宜面商一切且在關家劄太娘娘廟實[illegible]三處已經樹立南省革軍所贈革命旗幟並關於起事宣言書則現已脫稿日內即可發表云

起事之宣言书不日发表．盛京时报，宣统三年十月初八日（1911 年 11 月 28 日），第 1518 号：第 1 张第 4 版．

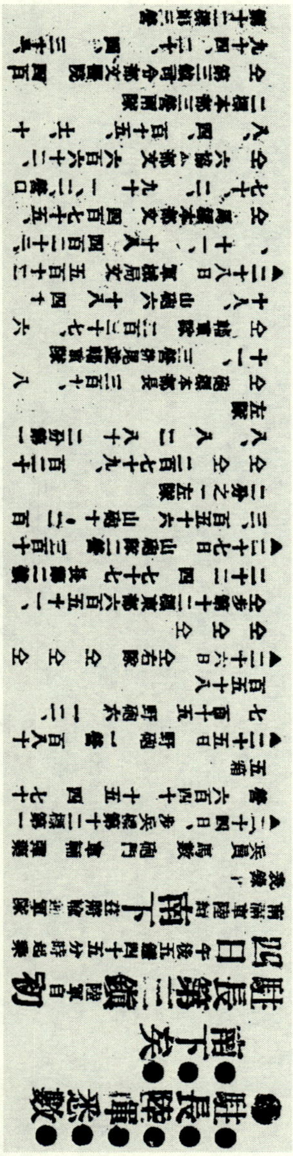

駐長陸軍悉數南下矣

驻长陆军悉数南下矣.盛京时报,宣统三年十月初八日(1911年11月28日),
第1518号:第1张第4版.

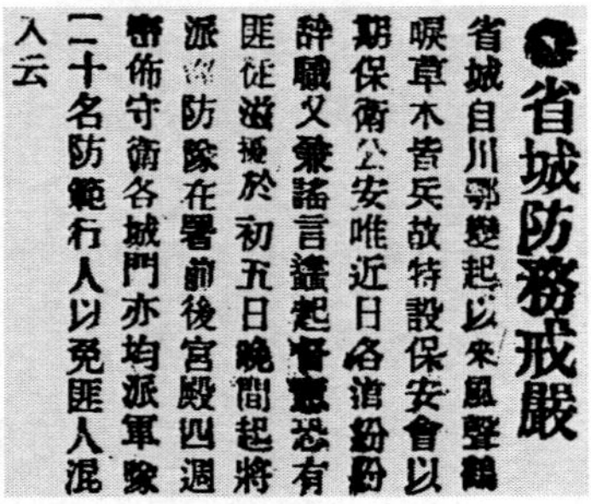

省城防務戒嚴

省城自川鄂變起以來風聲鶴唳草木皆兵故特設保安會以期保衛公安唯近日各道紛紛辭職又兼謠言蠭起督憲恐有匪徒滋擾於初五日晚間起將派巡防隊在署前後宮殿四週密佈守衛各城門亦均派軍隊二十名防範行人以免匪人混入云

省城防务戒严.盛京时报,宣统三年十月初八日(1911 年 11 月 28 日),第 1518 号:第 1 张第 5 版.

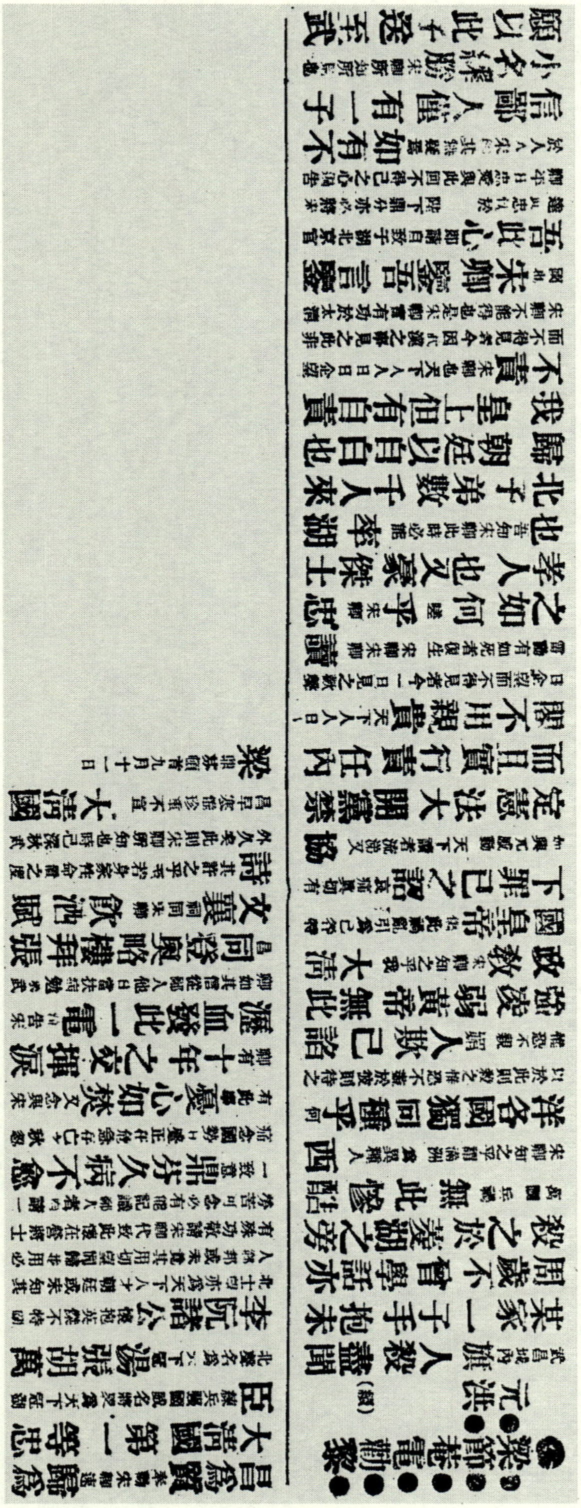

梁节庵电劝黎元洪（续）. 盛京时报, 宣统三年十月初九日（1911 年 11 月 29 日）, 第 1519 号：第 1 张第 4 版 .

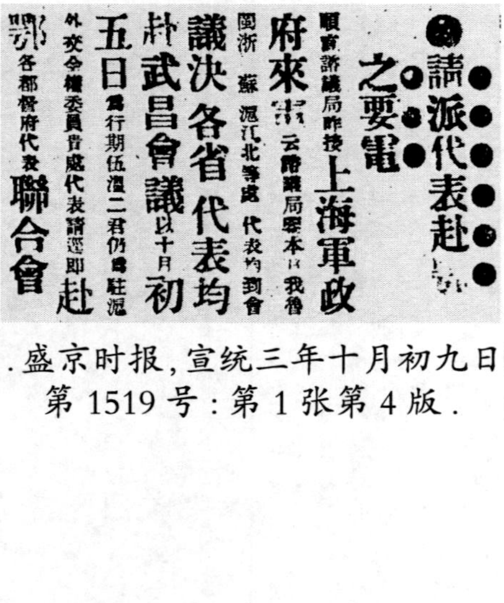

請派代表赴鄂之要電

順直諮議局昨接上海軍政府來電云諮議局鑒本我魯閩浙蘇滬江北等處代表均到會議決各省代表均赴武昌會議以十月初五日爲行期伍溫二君仍留駐滬外交全權委員貴處代表請選即赴鄂各都督府代表聯合會

请派代表赴鄂之要电.盛京时报,宣统三年十月初九日(1911年11月29日),第1519号:第1张第4版.

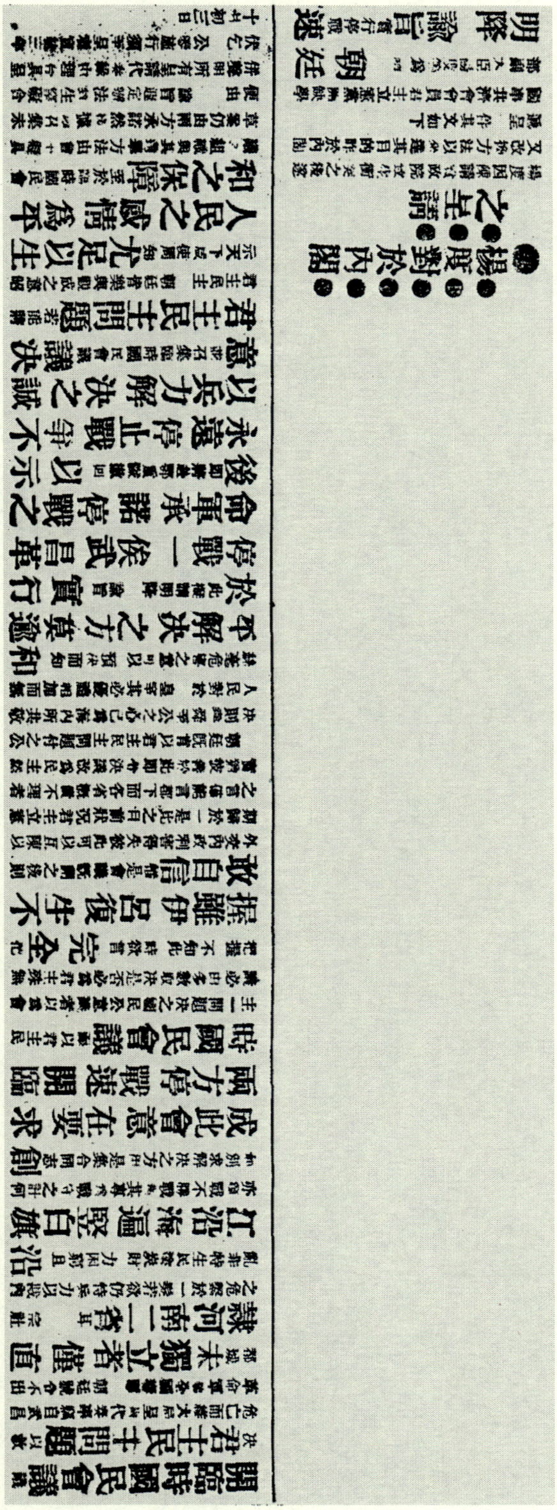

杨度对于内阁之呈请.盛京时报,宣统三年十月初十日(1911年11月30日),第1520号:第1张第4版.

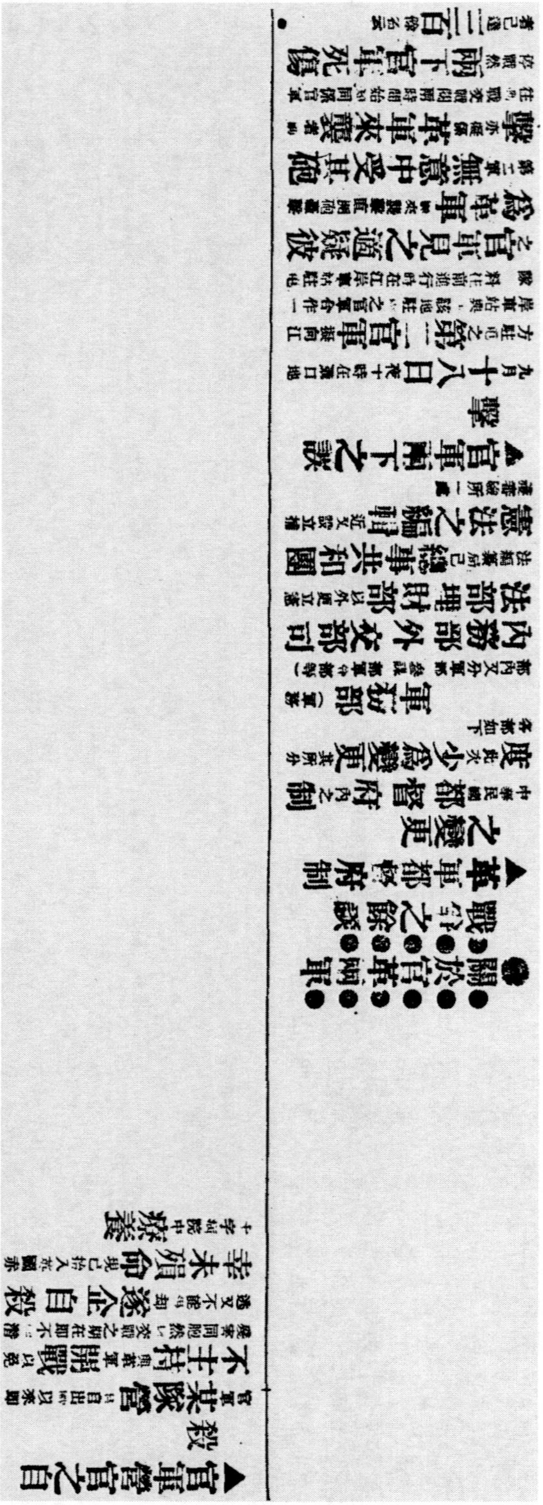

●關於官革兩軍●
●戰爭之餘談●

▲革軍都督府制之變更

中華民國都督府內之制度此次少爲變更其所分各部如下

軍務部（軍務部內又分軍部參謀部軍令部等）內務部外交部司法部理財部以外更立憲法編纂局已總事共和國憲法之編輯近又設立稽查審綫所一處

▲官軍兩下之誤擊

九月十八日夜十時在漢口地方駐屯之第二官軍擬向江岸軍站與該地駐屯之官軍合作一隊料往前進行時在江岸車站駐屯之官軍見之適疑彼爲革軍乃來襲擊直開砲轟擊第二軍無意中受其砲擊亦疑係革軍來襲者兩往復戰交戰閱兩時間始知同係官軍停戰然兩下官軍死傷者已達三百餘名云●

▲官軍營官之自殺

官軍某隊營官自出師以來即不主持與革軍開戰以免殘害同胞然交戰之期在即不能潛逃又不能抗却遂企自殺幸未殞命現已抬入赤十字病院中療養

关于官革两军战争之余谈．盛京时报，宣统三年十月初十日（1911年11月30日），第1520号：第1张第4版．

省城人心又復不靖

省城自湘鄂警耗傳至後人心已不靖因嗣保安會成立始各安堵現因急進黨首領張某晉見督憲要求東省獨立是以每晚在公署一帶加添陸軍守護入民聞悉情形其惶恐較前尤甚矣

省城人心又复不靖.盛京时报,宣统三年十月初十日(1911年11月30日),第1520号:第1张第5版.

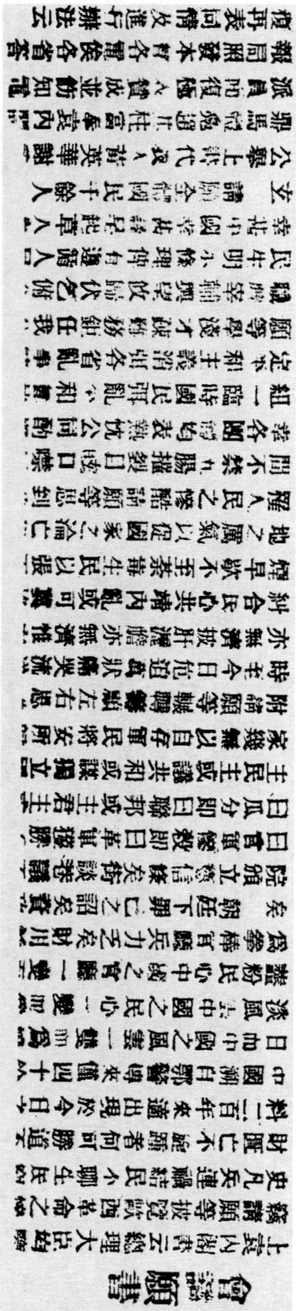
國民弭亂平和會請願書

国民弭乱平和会请愿书．盛京时报，宣统三年十月十一日（1911年12月1日），第1521号：第1张第1版．

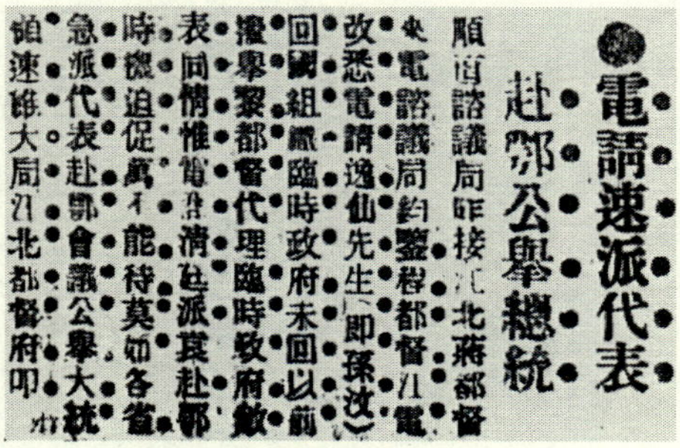

電請速派代表赴鄂公舉總統

順直諮議局昨接江北蔣都督來電諮議局約黎都督江電改悉電請逸仙先生（即孫汶）回國組織臨時政府未回以前擬舉黎都督代理臨時政府敝表同情惟電請清廷派員赴鄂時機迫促萬不能待莫如各省急派代表赴鄂會議公舉大統領速維大局江北都督府叩

电请速派代表赴鄂公举总统．盛京时报，宣统三年十月十一日（1911 年 12 月 1 日），第 1521 号：第 1 张第 2 版．

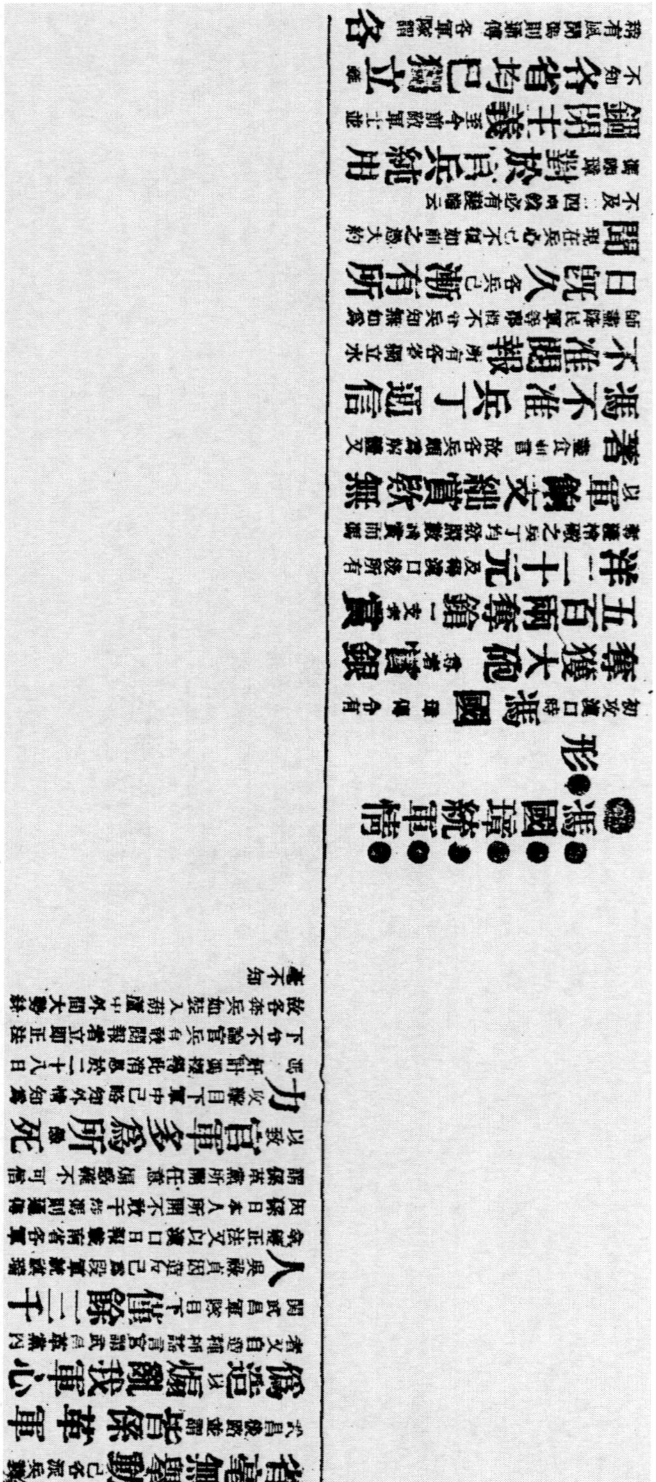

馮國璋統軍情形

冯国璋统军情形.盛京时报,宣统三年十月十一日(1911 年 12 月 1 日),第 1521 号:第 1 张第 4 版.

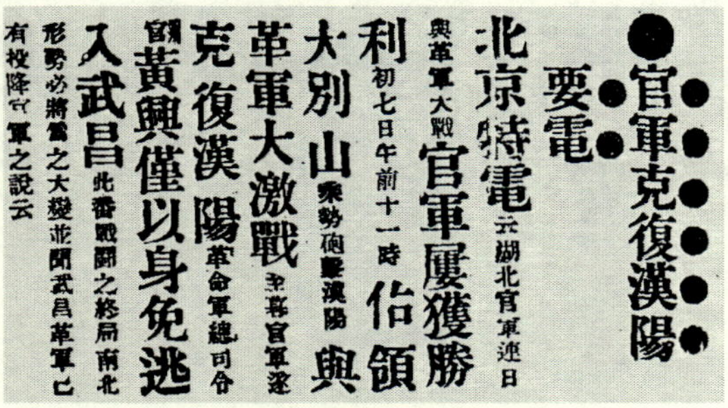

官軍克復漢陽要電

北京特電云湖北官軍連日與革軍大戰官軍屢獲勝利初七日午前十一時佔領大別山乘勢砲擊漢陽與革軍大激戰至暮官軍遂克復漢陽革命軍總司令官黃興僅以身免逃入武昌此番戰鬬之終局南北形勢必將當之大變並聞武昌革軍已有投降官軍之說云

官军克复汉阳要电 . 盛京时报, 宣统三年十月十二日（1911 年 12 月 2 日）,
第 1522 号 : 第 1 张第 4 版 .

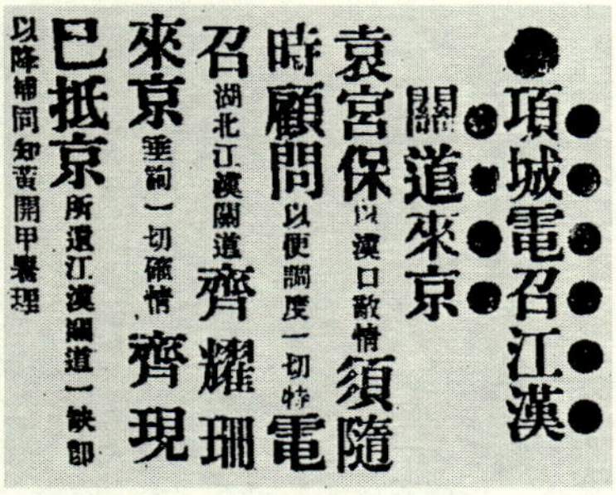

項城電召江漢關道來京

袁宮保以漢口敵情須隨時顧問以便調度一切特電召湖北江漢關道齊耀珊來京垂詢一切確情齊現已抵京所遺江漢關道一缺即以降補同知黃開甲署理

项城电召江汉关道来京 . 盛京时报, 宣统三年十月十二日
（1911 年 12 月 2 日）, 第 1522 号 : 第 1 张第 4 版 .

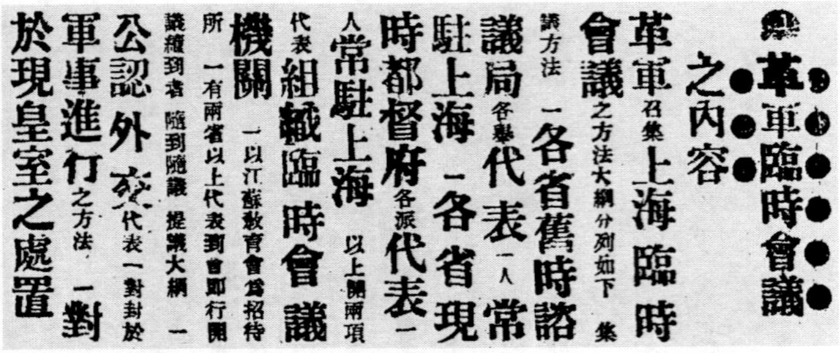

革軍臨時會議之內容

革軍召集上海臨時會議之方法大綱分列如下 集議方法 一各省舊時諮議局各舉代表一人常駐上海 一各省現時都督府各派代表一人常駐上海 以上開兩項代表組織臨時會議機關 一以江蘇教育會為招待所 一有兩省以上代表到會即行開議續到者隨到隨議 提議大綱 一公認外交代表 一對於軍事進行之方法 一對於現皇室之處置

革军临时会议之内容.盛京时报,宣统三年十月十二日(1911年12月2日),第1522号:第1张第4版.

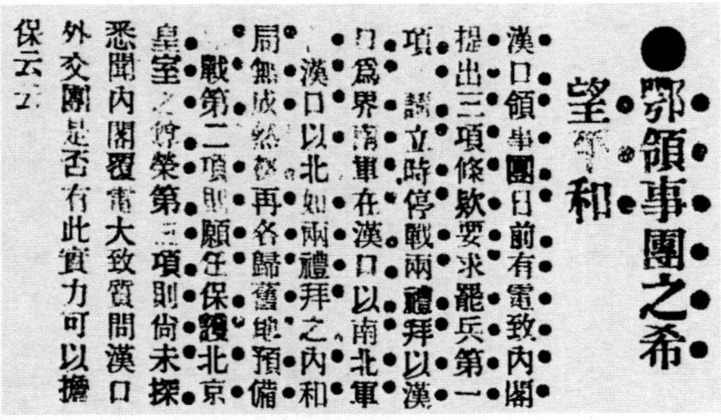

鄂領事團之希望平和

漢口領事團日前有電致內閣提出三項條款要求罷兵第一項請立時停戰兩禮拜以漢口為界清軍在漢口以南北軍在漢口以北如兩禮拜之內和局無成然後再各歸舊地預備[illegible]戰第二項則願任保護北京皇室之尊榮第三項則尚未探悉聞內閣覆電大致質問漢口外交團是否有此實力可以擔保云云

鄂领事团之希望平和.盛京时报,宣统三年十月十二日(1911年12月2日),第1522号:第1张第7版.

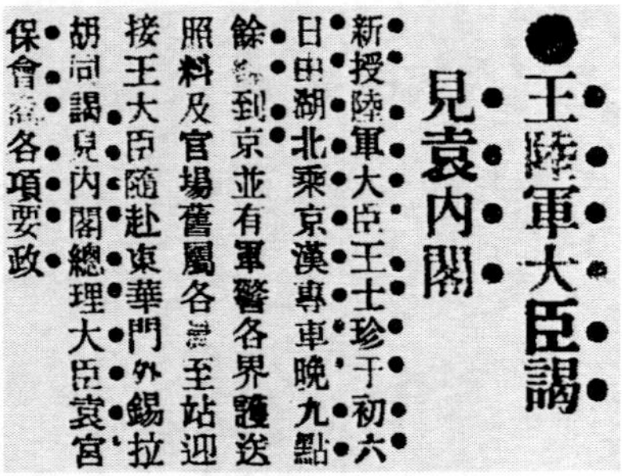

王陸軍大臣謁見袁內閣

新授陸軍大臣王士珍于初六日由湖北乘京漢專車晚九點餘鐘到京並有軍警各界護送照料及官場舊屬各員至站迎接王大臣隨赴東華門外錫拉胡同謁見內閣總理大臣袁宮保會商各項要政

王陆军大臣谒见袁内阁.盛京时报,宣统三年十月十二日(1911年12月2日),第1522号:第1张第7版.

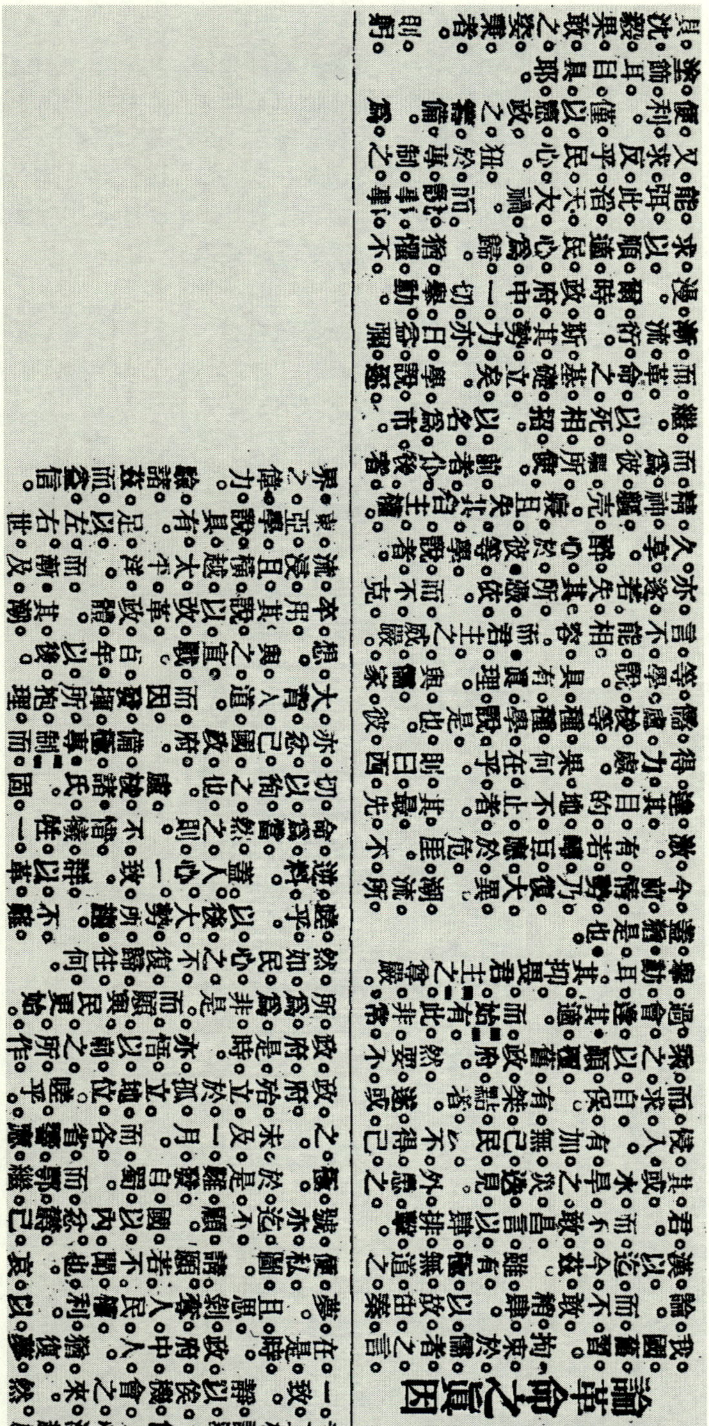

論說

論革命之眞因

我國舊習。拘束於儒者之言論。而不敢稍肆。以故由秦漢以迄今茲。雖有極無道之君。而不敢昌言以肆排擊。其或水旱之災迭見。外患之侵入。有加無已。民乃不得已而求自保。有桀黠者。遂或乘之以顛覆舊政府。然要不過會逢其適。而始有此非常舉動耳。其抑畏君主之尊嚴蓋猶是也。今則情勢乃復大異。潮流所激。有若轉互應於危匪。不達其目的地不止者。其最先得力處。果何在乎。則日西儒盧梭等種種學說是也。彼等學說。具有眞理。與儒家言不能相容。而君主之威嚴亦遂若失其所憑依。而不克久享。醉心於彼等學說者。精神軀殼。寖且失其君主權。而爲彼所使。前者仆後者繼。以死相招。以名爲市。而革命之基礎立矣。學說遂漸流衍。斯其勢力亦日益彌漫。爾時政府中一切舉動。求以順適民心爲歸。猶懼不能弭此滔天大禍。而訑事事又求反乎民心。狃於專制之便利。僅以憲政之籌備。爲塗飾耳目具耶。具沈毅果敢之姿稟者。則躬爲革命事業。其他亦復以輿舌互相誘導。俾人心漸趨於一致。靜以俟機會之來。然在是時。政府中人。猶復夢夢。且思剝奪人民權利。以便私圖。請願若不聞也。哀號亦迄不顧。國以內忿積已極。於是難發自蜀。而鄂繼之。未及一月。而各省響應政府殆立於孤立地位。嗟乎。政府是時。亦悟以前之所作所爲爲非是。而願與民更始。然如民心之不復歸往何。嗟乎。以後大勢所趨。不難逆料。蓋人心一致。群以革命爲當然之則。不惜犧牲一切以徇之也。盧梭諸氏。固亦忿己國政府。備極專制。而大聲入道。而因發揮所抱理想。與之宣戰。百年以後。卒用其說以改革政體。其潮流浸且橫越太平洋。而漸及東亞學說具有。足以左右世界之偉力。驗諸茲而益信。

论革命之真因．盛京时报，宣统三年十月十三日（1911 年 12 月 3 日），
第 1523 号：第 1 张第 1 版．

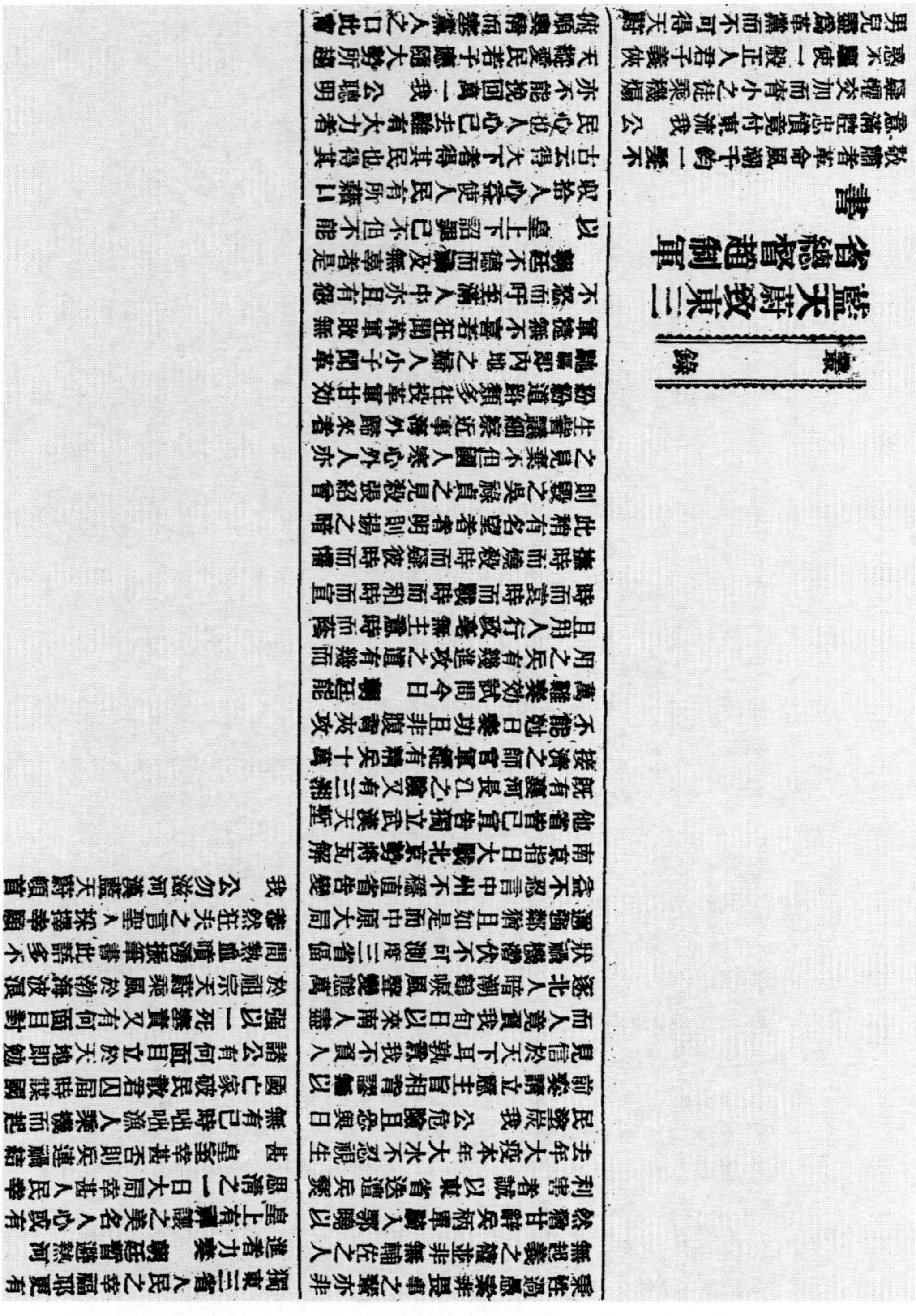
要錄
藍天蔚致東三省總督趙制軍書

蓝天蔚致东三省总督赵制军书.盛京时报,宣统三年十月十三日（1911年12月3日）,第1523号:第1张第1版.

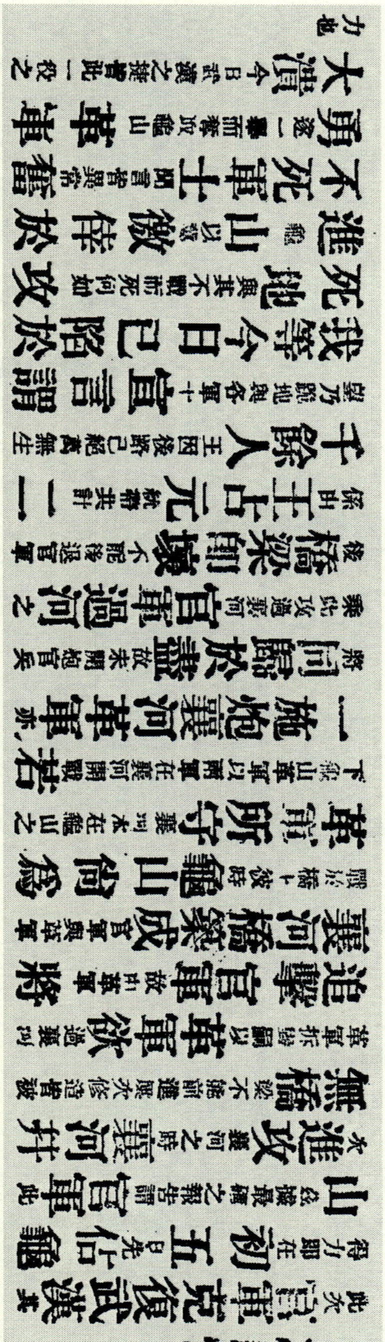
◉官軍佔據龜山二
之詳情
此次官軍克復武漢其
得力即在初五日先佔龜
山茲據最確之報告謂官軍此
次進攻襄河之時襄河幷
無橋梁不能前進屢次修造皆被
革軍拆毀以革軍欲過襄河
追擊官軍故由革軍將
襄河橋築成官軍與革軍
戰於橋上彼時龜山尚爲
革軍所守襄河水在龜山之
下龜山革軍以兩軍在襄河開戰若
一施炮襄河革軍亦
將同歸於盡故未開炮官兵
乘此攻過襄河官軍過河之
後橋梁即壞不能後退官軍
係由王占元統帶共計二
千餘人王因後路已絕萬無生
望乃跪地與各軍士宣言謂
我等今日已陷於攻
死地與其不戰而死何如
進龜山以冀徼倖於
不死軍士聞言皆異常奮
勇遂一擧而奪攻龜山革軍
大潰今日武漢之捷皆此一役之
力也

官军占据龟山之详情.盛京时报,宣统三年十月十三日(1911年12月3日),
第1523号:第1张第4版.

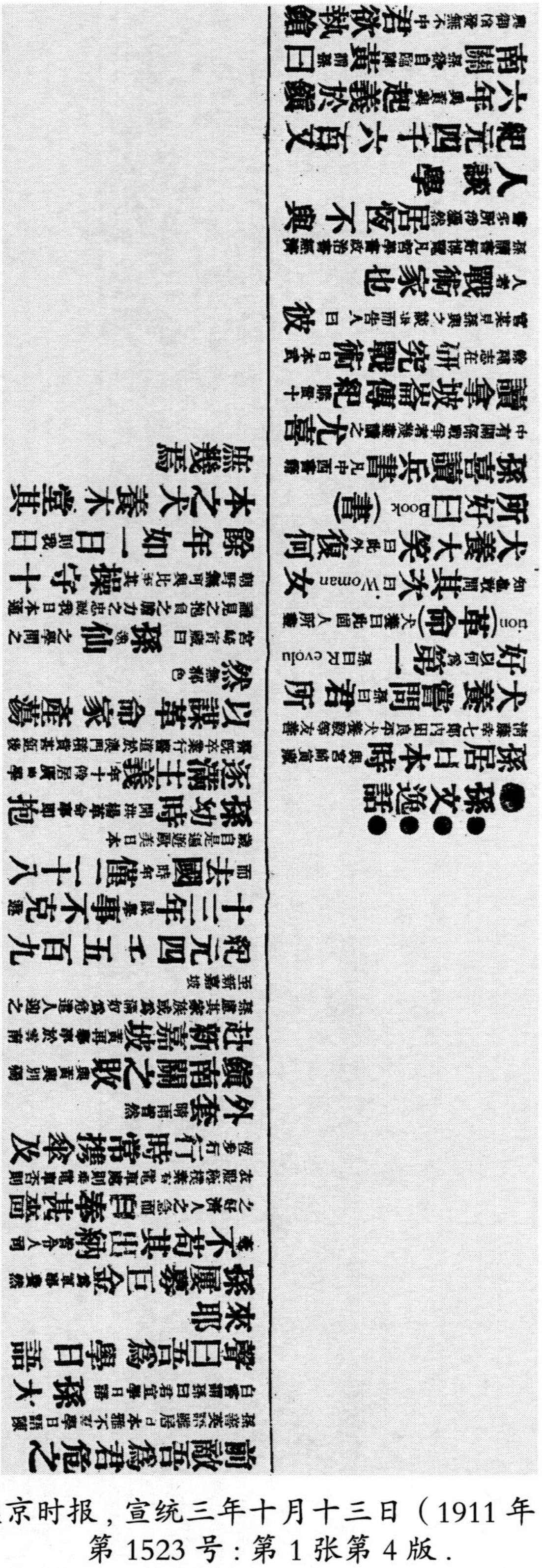

●孫●文●逸●話●

孫居日本時與宮崎寅藏清藤幸七郎內田良平犬養毅等友善犬養嘗問孫曰君所好以何爲第一孫曰Revolution（革命）犬養曰此固人所共知敢問其次曰Woman女犬養大笑曰此外復何所好曰Book（書）

孫喜讀兵書凡中西書籍中有關係戰爭者幾盡讀之尤喜讀拿破崙傳紀曉會十餘種志在研究戰術日本武官某見孫與之談退而告人曰彼人者戰術家也

孫讀書好博覽凡哲學會政治書經濟書亦所涉獵然居恆不與人談學

紀元四千六百又六年與黃興起義於鎭南關孫欲自臨陣黃謂孫曰興御侮發無不中君欲執鎗前敵吾爲君危之

孫善英語雖居日本雅不喜學日語陳白嘗謂孫曰君宜學日語孫大聲曰吾爲學日語來耶

孫屢募巨金爲軍餉費然毫不苟其出納嘗令人司之好濟人之急而自奉甚嗇衣服極樸素有電車處則乘電車否則恆步行行時常攜傘及外套晴雨皆然

鎭南關之敗與黃興別獨赴新嘉坡黃再舉事於雲南孫慮其家族或爲滿奴爲危遣人迎之至新嘉坡

紀元四千五百九十三年謀舉事不克遁而去國時年僅二十八歲自是遍遊歐美日本

孫幼時開洪楊革命事即抱逐滿主義年十餘居廣州學醫既卒業行醫道於澳門積貲甚鉅後以謀革命家產蕩然無郝色

宮崎寅藏曰孫逸仙之學問之識見之抱負之膽力之忠誠我日本通朝野無可與比者其操守十餘年如一日則我日本之犬養木堂其庶幾焉

孙文逸话.盛京时报，宣统三年十月十三日（1911年12月3日），第1523号：第1张第4版.

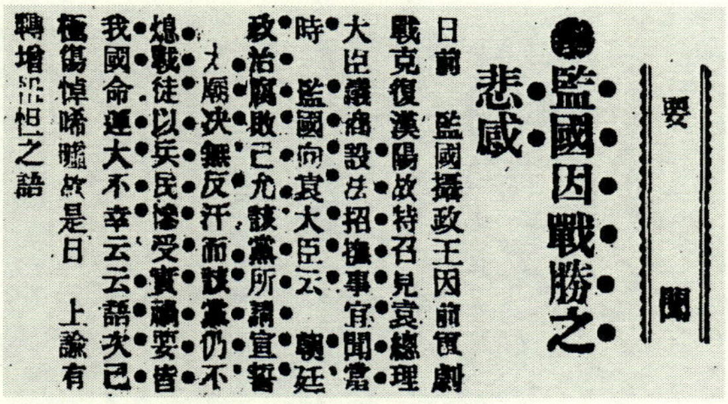
要聞

●監國因戰勝之悲感

日前 監國攝政王因前日劇戰克復漢陽故特召見袁總理大臣籌商設法招撫事宜聞當時 監國向袁大臣云 朝廷政治腐敗已允該黨所請宣誓大願決無反汗而該黨仍不熄戰徒以兵民慘受實禍要皆我國命運大不幸云云語次已極傷悼唏噓故是日 上諭有轉增慚恧之語

监国因战胜之悲感. 盛京时报, 宣统三年十月十五日(1911 年 12 月 5 日), 第 1524 号: 第 1 张第 2 版.

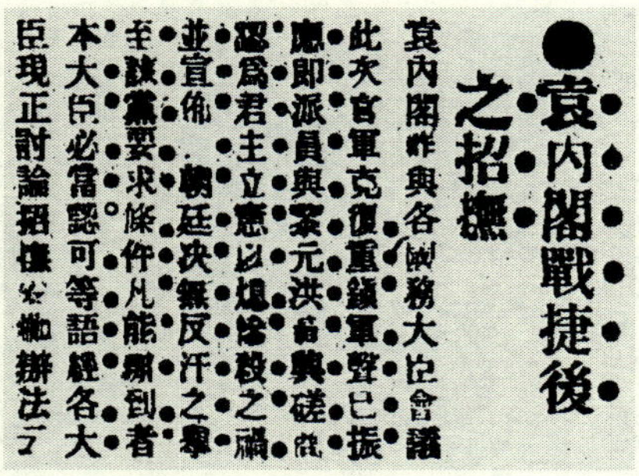
●袁內閣戰捷後之招撫

袁內閣昨與各國務大臣會議此次官軍克復重鎮軍聲已振應即派員與黎元洪商與磋商認爲君主立憲以熄慘殺之禍並宣佈 朝廷決無反汗之舉至該黨要求條件凡能辦到者本大臣必當認可等語經各大臣現正討論招撫妥協辦法云

袁内阁战捷后之招抚. 盛京时报, 宣统三年十月十五日(1911 年 12 月 5 日), 第 1524 号: 第 1 张第 2 版.

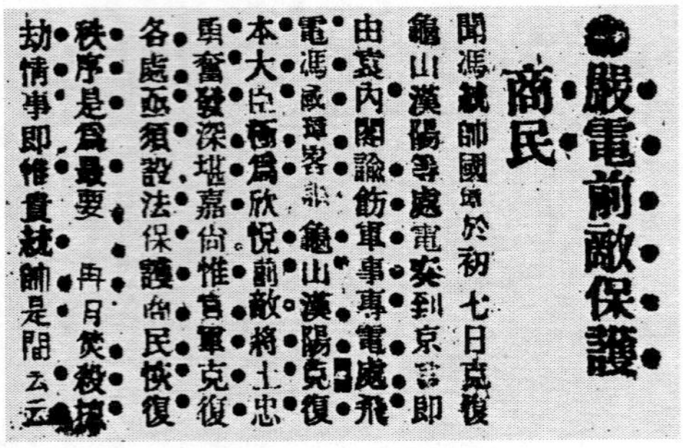

嚴電前敵保護商民

聞馮統帥國璋於初七日克復龜山漢陽等處電奏到京即由袁內閣諭飭軍事專電處飛電馮咸璋略謂龜山漢陽克復本大臣極為欣悅前敵將士忠勇奮發深堪嘉尚惟官軍克復各處亟須設法保護商民恢復秩序是為最要再有焚殺搶劫情事即惟責統帥是問云云

严电前敌保护商民.盛京时报,宣统三年十月十五日(1911年12月5日),第1524号:第1张第2版.

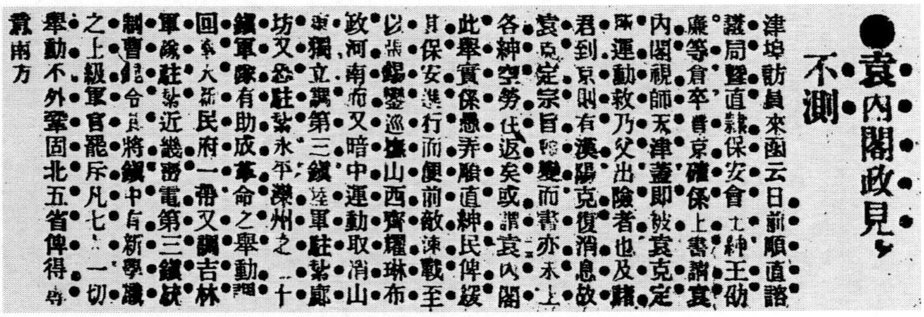

袁內閣政見不測

津埠訪員來函云日前順直諮議局暨直隸保安會士紳王劭廉等倉卒晉京確保上書請袁內閣視師天津蓋即被袁克定所運動救乃父出險者也及聞君到京則有漢陽克復消息故袁克定宗旨變而書亦未上各紳空勞往返矣或謂袁內閣此舉實保愚弄順直紳民俾緩其保安進行而便前敵速戰至以張錫鑾巡撫山西齊耀琳布政河南亦又暗中運動取消山東獨立調第三鎮並軍駐紮廊坊又恐駐紮永平灤州之二十鎮軍隊有助成革命之舉動調回奉天新民府一帶又調吉林軍隊駐紮近畿密電第三鎮統制曹錕合其將領中有新學識之上級軍官罷斥凡七八一切舉動不外鞏固北五省俾得專意南方

袁内阁政见□不测.盛京时报,宣统三年十月十五日(1911年12月5日),第1524号:第1张第2版.

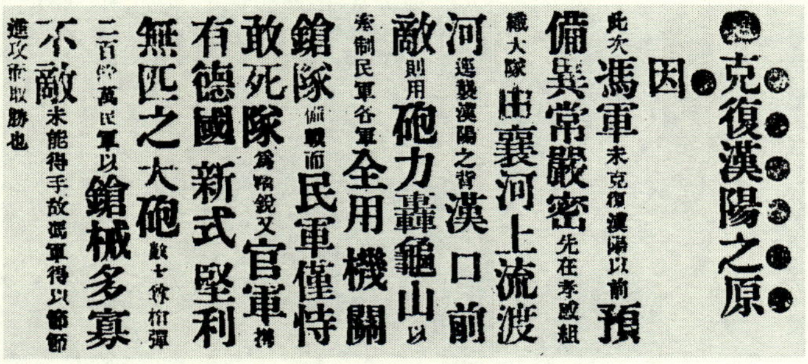

克復漢陽之原因

此次馮軍未克復漢陽以前預備異常嚴密先在孝感組織大隊由襄河上流渡河進襲漢陽之背漢口前敵則用砲力轟龜山以牽制民軍各軍全用機關鎗隊備戰而民軍僅恃敢死隊為精銳又官軍携有德國新式堅利無匹之大砲數十餘枱彈二百餘萬民軍以鎗械多寡不敵未能得手故馮軍得以節節進攻而取勝也

克复汉阳之原因．盛京时报，宣统三年十月十五日（1911 年 12 月 5 日），
第 1524 号：第 1 张第 4 版．

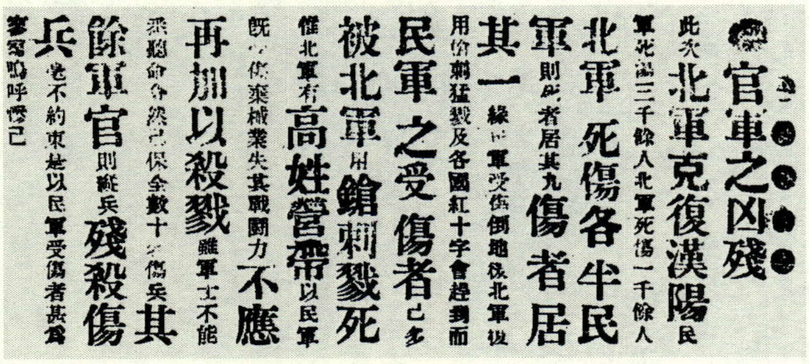

官軍之凶殘

此次北軍克復漢陽民軍死傷三千餘人北軍死傷一千餘人北軍死傷各半民軍則死者居其九傷者居其一緣民軍受傷倒地後北軍復用刺刀猛戳及各國紅十字會趕到而民軍之受傷者已多被北軍用鎗刺戮死惟北軍有高姓營帶以民軍既已傷棄械業失其戰鬥力不應再加以殺戮雖軍士不能悉聽命令然已保全數十名傷兵其餘軍官則縱兵殘殺傷兵毫不約束是以民軍受傷者甚為寥寥嗚呼慘已

官军之凶残．盛京时报，宣统三年十月十五日（1911 年 12 月 5 日），
第 1524 号：第 1 张第 4 版．

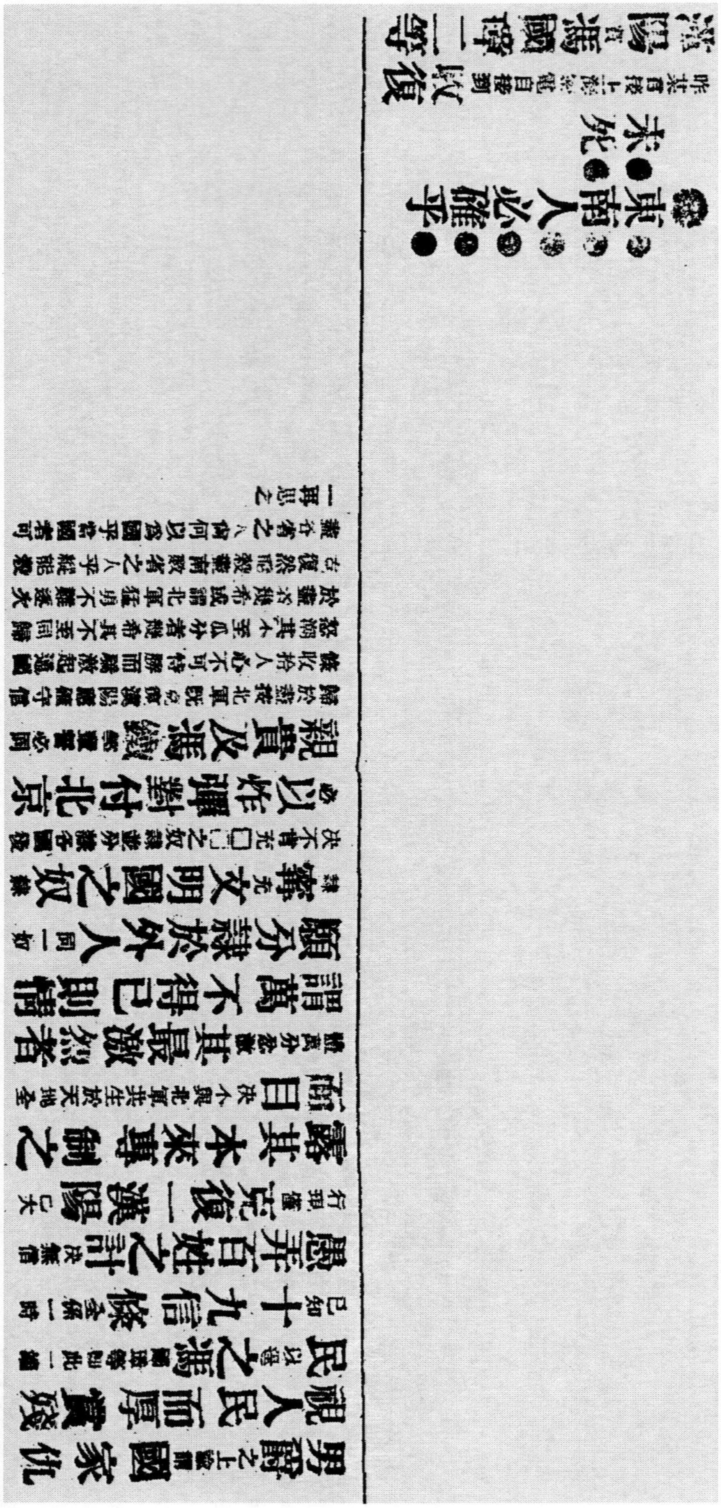

東南人必確乎未死

昨某官接上海密電自接到收復漢陽賞馮國璋二等

男爵之上諭謂國家仇視人民而厚賞殘民以逞之馮國璋等如此一端已知十九信條全係一時愚弄百姓之計決無信行理由克復一漢陽已大露其本來專制之面目決不與北軍共生於天地全體萬分忿激其最激烈者謂萬不得已則情願分隸於外人同一奴隸寧充文明國之奴隸決不肯充□□之奴隸並分隸各國後必以炸彈對付北京親貴及馮國璋等必同歸於盡我北軍既克復漢陽應確守信條收拾人心不可恃勝而驕激起通國怒潮其不至瓜分者幾希其不至同歸於盡者幾希或謂北軍猛勇不難逐次克復然屠殺東南數省之人乎縱能殺盡各省之人尚何以為國乎當國者可一再思之

东南人必确乎未死.盛京时报,宣统三年十月十五日(1911年12月5日),第1524号:第1张第4版.

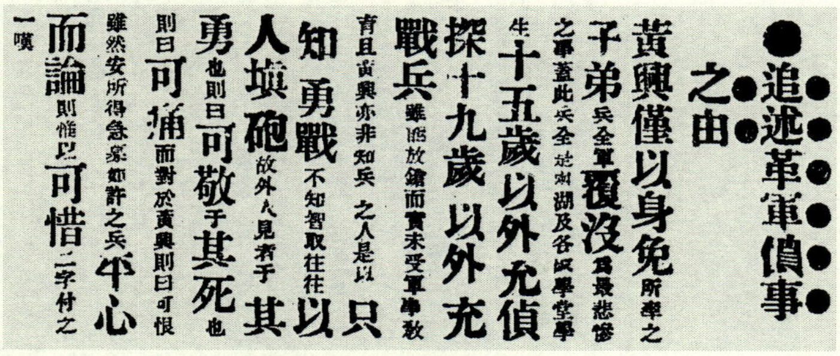

●追述革軍僨事之由

黃興僅以身免所率之子弟兵全軍覆沒爲最悲慘之事蓋此兵全是兩湖及各級學堂學生十五歲以外充偵探十九歲以外充戰兵雖然放鎗而實未受軍事教育且黃興亦非知兵之人是以只知勇戰不知智取往往以人塡砲故外人見者于其勇也則曰可敬于其死也則曰可痛而對於黃興則曰可恨雖然安所得急豪如許之兵平心而論則惟以可惜二字付之一嘆

追述革军偾事之由.盛京时报,宣统三年十月十五日(1911年12月5日),第1524号:第1张第4版.

論說

論中國民氣之可用

歐洲自十六世紀以來。文明潮流。遞推遞嬗。日見進步。至於今日。而演成此美麗龐大之現象。謀拓地。謀殖民。謀輸母財。以實行其民族帝國主義者。實自其民族主義之發達始。民族主義。既組織完備於祖國之中。斯其實力。乃不覺磅礴橫溢於祖國以外。而吾中國。則自道咸以降。凡與各國交涉之往事。其著著讓步。而著著失利者。蓋誠不可以僂指數。憤時之士。嘗舉向者著著讓步。著著失利。以責我政府之昏瞶羸弱。而不知向之所以讓步。所以失利者。雖政府諸公。或亦不無可責之地。而究之前此中國。民族主義。未見發達。以我孤撐露立之政府。而與彼張中彪外之澎漲力相對待。實有無可如何者焉。惟然曷不歡乎吾民族主義漸次發達之中國。自昔年上海有四明公所之事。甬人獨以堅忍之力。合團體以與法人抗。一時風聲所播。凡浙人之受傭於法者。無大無小。一概歇業。是爲中國民族主義發達之第一期。然猶曰。此所爭者。祇一公所之地。而又其事爲一省之事。其團體爲一省之團體。未聞有聯合數省之公民。以同謀數省之公益者也。粵漢鐵路之交涉起。湘鄂粵三省之紳民出。彼此一心。義勇奮發。抗議廢約。收回自辦。則至海外之志士。應之三省之僑。更助之。是爲中國民族主義發達之第二期。然猶曰。此所爭者。爲一部分之權利。而非全体之權利。且只合三省之群力。以謀三省之公益。非合一國之羣力。而謀一國之公益也。比者武漢倡義。政治革命之活劇出現。不及三旬。各省響應。輭廷屈意求和。民氣爲之大張。雖婦人女子。亦且以政治之革命爲當然。助餉備任戰事。不遺餘力。希冀達其最初之目的焉。是爲中國民族主義發達之第三期。夫倡政治革命者。其人未必另抱非常之希望。確爲求以後之國利民福。而不憚犧牲一切以徇之。是非由箇人主義。家族主義。漸進而爲民族主義之明証耶。今日熱心改革者。其志願爲推翻舊政府。另行組織共和政府。成否某亦未敢斷言。惟民氣之澎漲。已至若斯地位。則可用者正多。蓋不特用以對於內國。可改良一切。即以之爲外交之後盾。當迄無効果之可言。蓋此主義之原質。其胚胎也以公義。其滋長也以熱血。而又鼓之以方新之氣。持之以萬衆之力。譬如一機器焉。機關悉備。火門方啓。於此而欲遏其流管。使不能行。吾恐外界阻碍之力。必不勝其內界澎漲之力。異一時而速力且倍之爲耳。

论中国民气之可用.盛京时报,宣统三年十月十六日(1911年12月6日),第1525号:第1张第1版.

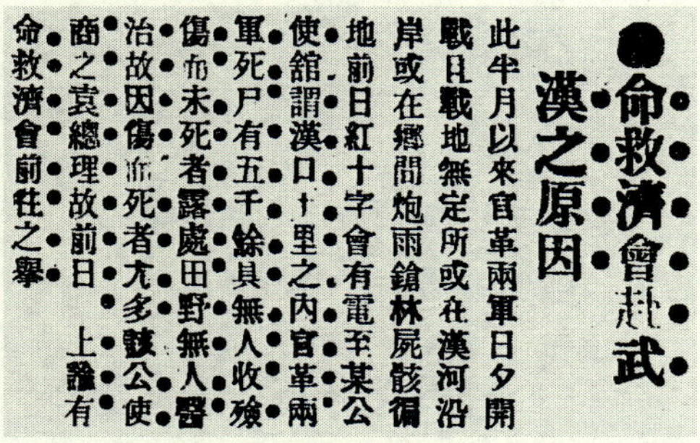

●命救濟會赴武漢之原因

此半月以來官革兩軍日夕開戰且戰地無定所或在漢河沿岸或在鄉間炮雨鎗林屍骸徧地前日紅十字會有電至某公使館謂漢口十里之內官革兩軍死尸有五千餘具無人收殮傷而未死者露處田野無人醫治故因傷亦死者尤多該公使商之袁總理故前日 上諭有命救濟會前往之舉

命救济会赴武汉之原因．盛京时报，宣统三年十月十七日（1911 年 12 月 7 日），第 1526 号：第 1 张第 7 版．

論說

敬告革命團

一業之成。一事之就。蓋必經多數之折挫拂阨。而後始有幾希之望。若稍受折挫。稍遭拂阨。便心灰意懶。以爲業已墮入無可爲之地域。是自棄也。自棄者烏足與言天下大事。一業之成。一事之就。又必經幾番之審愼遲回。長慮却顧。而後始有下手之方。若冒昧進行。不自審度。是直授人以可譏之端。陷己於難堪之地。若是者謂之自賊也。自賊者非特無成功之希望。抑且爲僨事之階梯。雖然。今中國固不乏此兩種人。某且不惜辭費。而思一匡正其失焉。

今日中國之大事。誠莫革命若。然而聞官軍敗。則獨立聲喧。聞革軍敗。則又心驚膽戰者。固不乏其人焉。夫今日官軍。斷不能殺盡東南各省人。藉曰能之。吾亦應於死中求生。而斷不應半途而廢。因革命而流血。各國具有實例。吾求倖免。其又奚從。夫在未起事前。尋有尺寸之土。比既起事。不足三旬。響應者十有餘省。區區漢陽之得失。復何足介意耶。是故革命團而或無意於大業也。則自可拋棄。前日以生命購得之土地及權利。否則必須力征經營。不因小挫而遽懷退志。是非好殘嗜殺。甘以人命爲兒戲。以賭少數人之榮利也。謂夫不如是。斷不足以弭亂源而奠家國也。自棄固不可。而自賊者又何如。夫革命而成。固屬莫大幸事。然而風氣向稱錮塞各省。則且以有自賊者。而引起無數葛藤。枉送若干人之生命。而効果毫無者。固不足言。有就令力足以鎮懾一切。辨足以傾倒一時。漸時會未來。或外交棘手。輕事妄動、乃適以種後日之殃。勢力未恢張者。賊及一身。勢力稍彌滿者。賊及一省。尤彌滿者。則牽動全局。夫在事機未露之先。禍患方伏之頃。自賊者固亦雄甚。無識之徒。或且隨聲附和。希冀其事之或成。孰知事固未成。而患且立至。則何若遲回審愼。長慮却顧。待可下手時。始行下手之爲得耶。夫在若輩。殆亦熟心功名所致。以爲各省均已光復。一般志士。榮譽有加。我亦丈夫。乃竟黯然無色。可悲孰甚。然而方寸中有此一念。即可斷定爲非真求革命者。蓋已墮落於有所爲而爲。其有違人道主義。與營營私利者。一而已矣。

敬告革命团．盛京时报，宣统三年十月十八日（1911年12月8日），第1527号：第1张第1版．

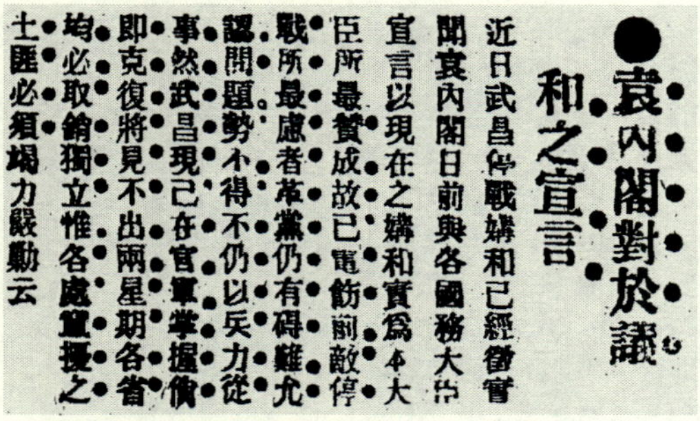

●袁內閣對於議和之宣言

近日武昌停戰媾和已經徵實聞袁內閣日前與各國務大臣宣言以現在之媾和實爲本大臣所最贊成故已電飭前敵停戰所最慮者革黨仍有碍難允認。問題。勢不得不仍以兵力從事然武昌現已在官軍掌握倘即克復將見不出兩星期各省均必取銷獨立惟各處宜援之土匪必須竭力殿勦云

袁内阁对于议和之宣言 . 盛京时报，宣统三年十月十九日（1911 年 12 月 9 日），第 1528 号 : 第 1 张第 2 版 .

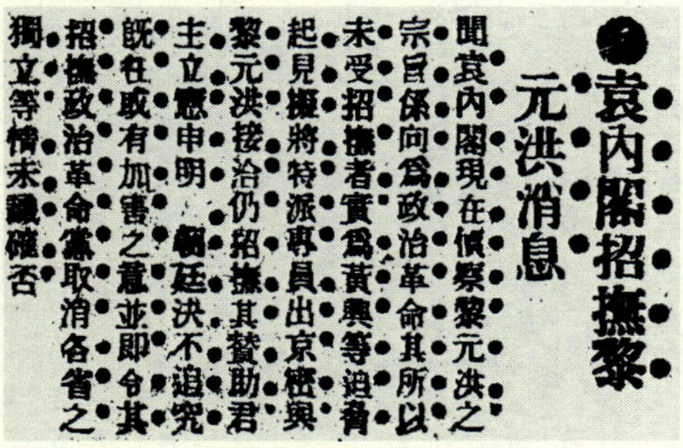

●袁內閣招撫黎元洪消息

聞袁內閣現在偵察黎元洪之宗旨係向爲政治革命其所以未受招撫者實爲黃興等迫脅起見擬將特派專員出京繼與黎元洪接洽仍招撫其贊助君主立憲申明　朝廷洪不追究既往或有加害之意並即令其招撫政治革命黨取消各省之獨立等情未識確否

袁内阁招抚黎元洪消息 . 盛京时报，宣统三年十月十九日（1911 年 12 月 9 日），第 1528 号 : 第 1 张第 2 版 .

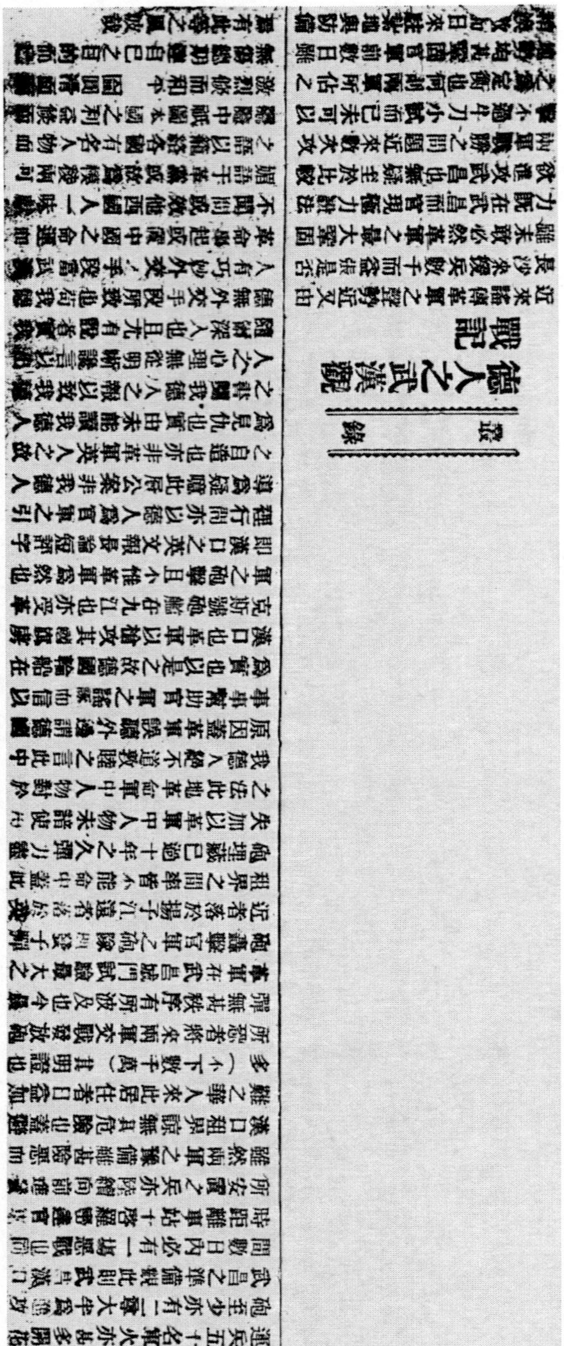

德人之武汉观战记 . 盛京时报, 宣统三年十月二十日 (1911 年 12 月 10 日),
第 1529 号 : 第 1 张第 1 版 .

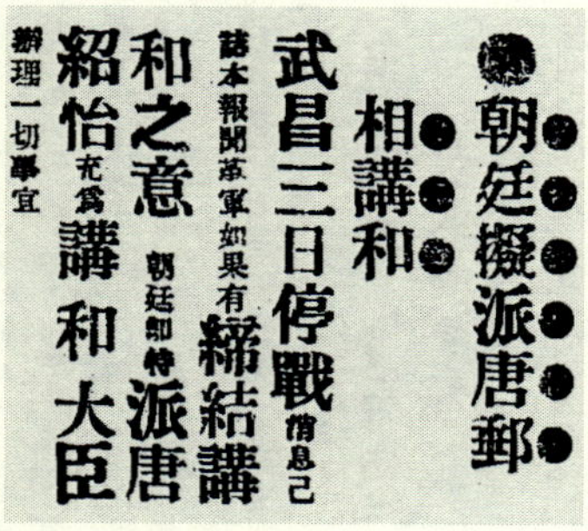
朝廷擬派唐郵相講和
武昌三日停戰消息已誌本報聞革軍如果有締結講和之意朝廷即特派唐紹怡充爲講和大臣辦理一切事宜

朝廷拟派唐邮相讲和.盛京时报,宣统三年十月二十日(1911年12月10日),第1529号:第1张第4版.

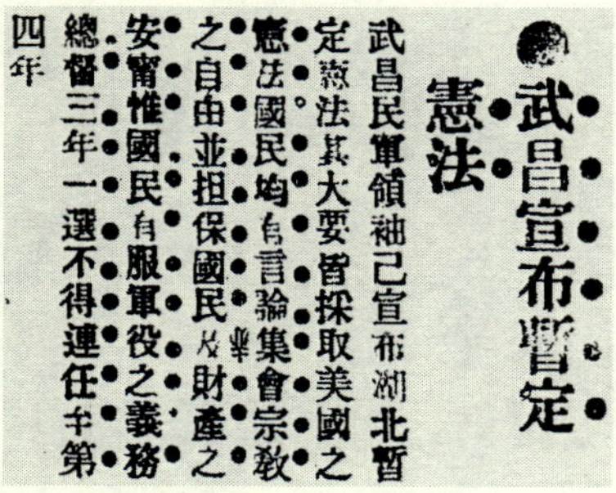
武昌宣布暫定憲法
武昌民軍領袖已宣布湖北暫定憲法其大要皆採取美國之憲法。國民均有言論集會宗教之自由並担保國民及財產之安甯惟國民有服軍役之義務總督三年一選不得連任年第四年

武昌宣布暂定宪法.盛京时报,宣统三年十月二十日(1911年12月10日),第1529号:第1张第7版.

●袁內閣獎賞第一軍

袁內閣此次第一軍克復漢陽之戰勇猛可嘉故於日前已撥銀一萬兩寄往(前)敵交各統帶獎賞出力之軍人以資鼓勵其餘將佐等官皆俟奏請優保

袁内阁奖赏第一军.盛京时报,宣统三年十月二十日(1911年12月10日),第1529号:第1张第7版.

●議和之特派員

聞昨有特旨派唐紹怡充全權大臣代表內閣總理前往武昌與革軍議和並派嚴修楊士琦充議和參預大臣可就各省京官中各派代表一員充當參議員其名列下

蒙古熙鈺 福建陳寶琛 直隸劉若曾 奉天紹彝 吉林齊忠甲 黑龍江慶山 浙江章宗祥 河南陳善同 江蘇許鼎霖 山西渠本翹 安徽孫多森 江西朱益藩 雲南張鍇 貴州蹇念益 四川傅曾湘 湖南鄭沅 湖北張國淦 甘肅劉慶篤 陝西雷多壽 廣東馮耿光 廣西關冕鈞 山東周自齊

并聞議和之全權大臣參預大臣以及各參議員均於十七日午後五時在內閣會議請示機宜十九日即乘快車出京赴武昌矣

议和之特派员.盛京时报,宣统三年十月二十二日(1911年12月12日),第1530号:第1张第4版.

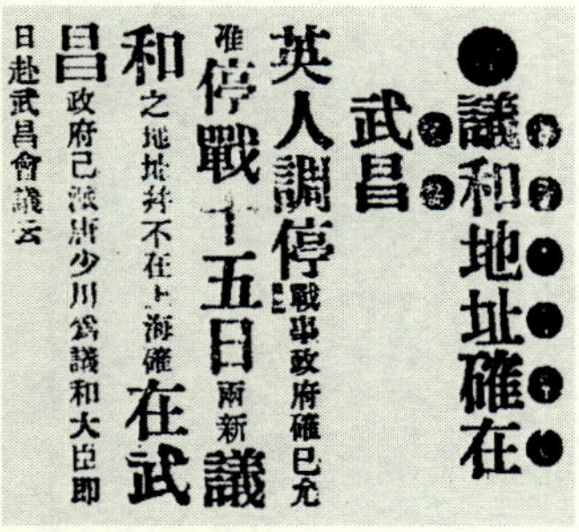

議和地址確在武昌

英人調停戰事政府確已允准停戰十五日兩新議和之地址并不在上海確在武昌政府已派唐少川爲議和大臣即日赴武昌會議云

议和地址确在武昌.盛京时报,宣统三年十月二十二日(1911年12月12日),
第1530号:第1张第4版.

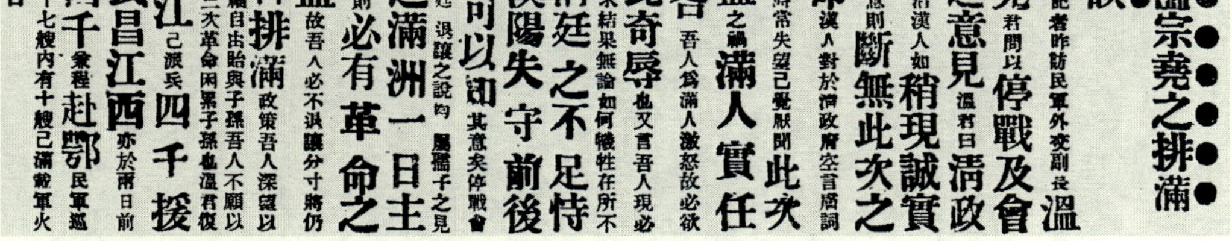

溫宗堯之排滿談

大陸報記者昨訪民軍外交副長溫宗堯君問以停戰及會議之意見溫君曰清政府之治漢人如稍現誠實可信之意則斷無此次之革命漢人對於滿政府空言膚詞之綸旨時常失望已覺厭聞此次流血之禍滿人實任其咎吾人爲滿人激怒故必欲除此奇辱也又言吾人現必力戰以求結果無論如何犧牲在所不惜夫清廷之不足恃即觀漢陽失守前後之措詞可以知其意矣停戰會議及清廷退讓之說均屬孺子之見總之滿洲一日主我中國則必有革命之流血故吾人必不退讓分寸將仍實行排滿政策吾人深望以榮耀幸福自出貽與子孫吾人不願以第二第三次革命困累子孫也溫君復謂九江已派兵四千援救武昌江西亦於兩日前派兵四千衆程赴鄂民軍巡洋艦二十七艘內有十艘已滿載軍火開往漢口

温宗尧之排满谈.盛京时报,宣统三年十月二十二日(1911年12月12日),
第1530号:第1张第4版.

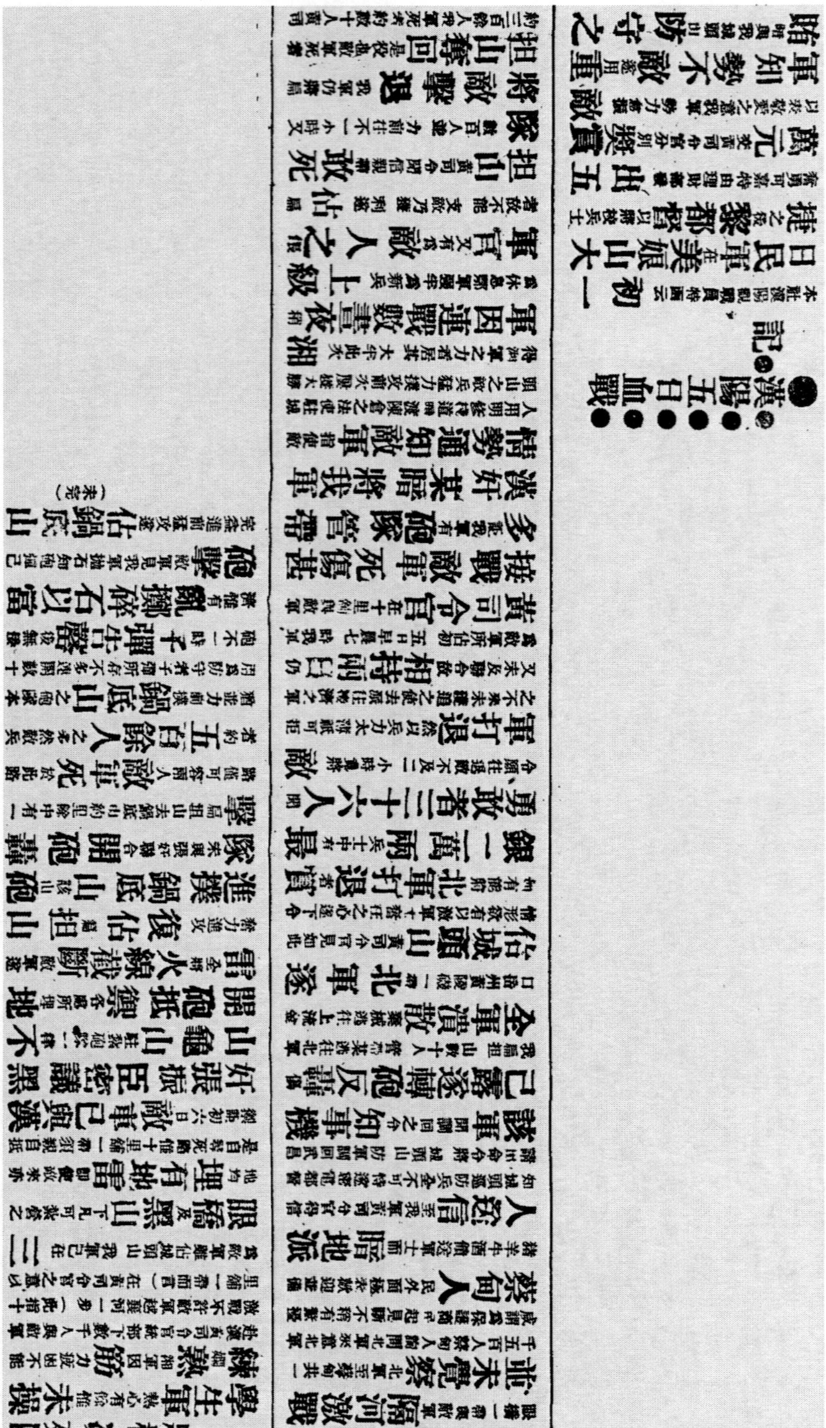

漢陽五日血戰記

汉阳五日血战记（未完）．盛京时报，宣统三年十月二十二日（1911 年 12 月 12 日），第 1530 号：第 1 张第 4 版．

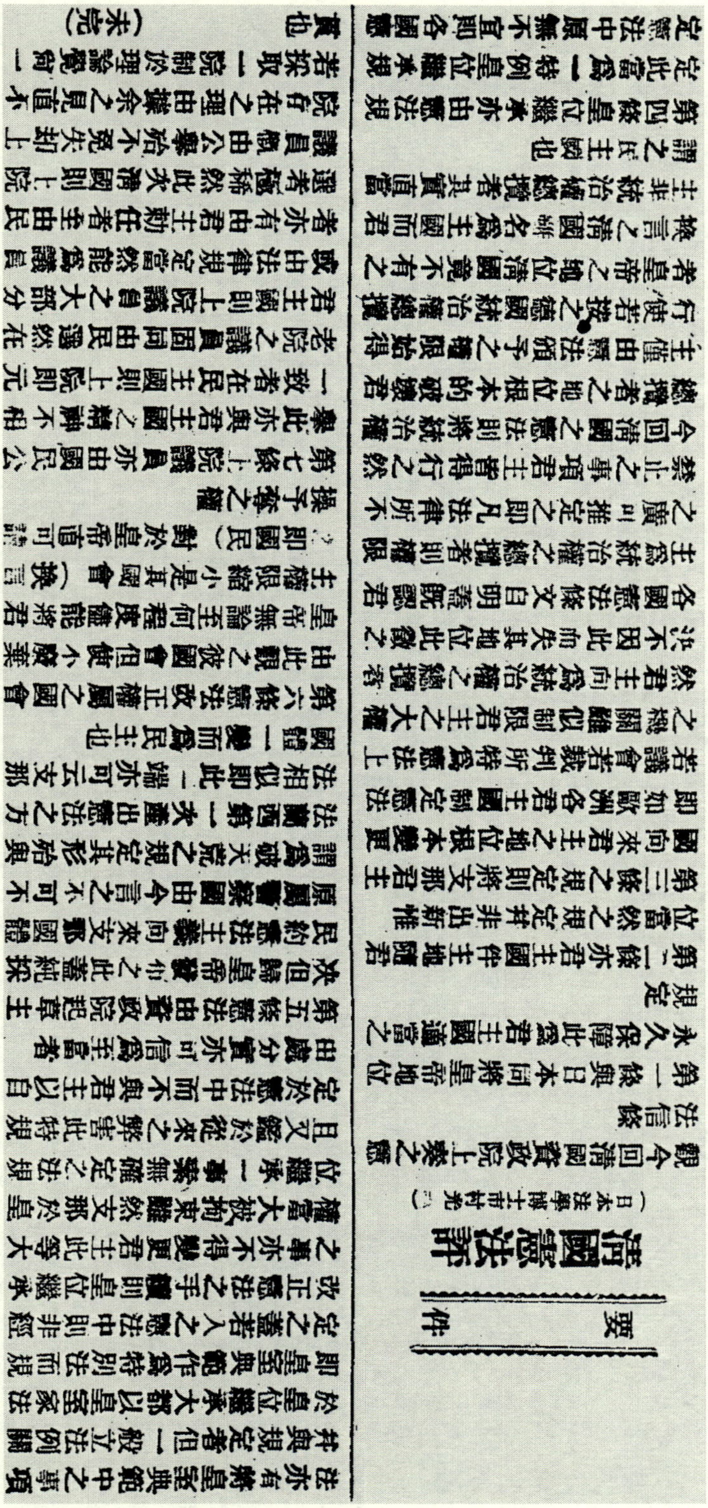

清國憲法評

（日本法學博士市村光恵）

觀今回清國資政院上奏之憲法信條

第一條與日本同將皇帝地位永久保障此為君主國適當之規定

第二條亦君主國件主地隨君位當然之規定并非出新惟

第三條之規定則將支那君主國向來君主之地位根本變更即如歐洲各君主國制定憲法若議會若裁判所皆為憲法上之機關雖似制限君主之大權然君主向為統治權之總攬者決不因此而失其地位此徵之各國憲法條文自明蓋既認君主為統治權之總攬者則權限之廣可推定之即凡法律所不禁止之事項君主皆得行之然今回清國之憲法則將統治權總攬者之地位根本的破壞君主僅由憲法所予之權限始得行使若按之憲國統治權總攬者皇帝之地位清國竟不有之換言之清國雖名為主國而君主非統治權總攬者其實直當謂之民主國也

第四條皇位繼承亦由憲法規定此當為一特例皇位繼承規定憲法中原無不宜即各國憲法亦有將皇室典範中之事項并與規定者但一般立法例關於皇位繼承大都以皇室家法即皇室典範作為特別法而規定之蓋若入之憲法中則非經改正憲法之手續則皇位繼承之事亦不得變更君主此等大權當大被拘束雖然支那於皇位繼承一事素無確定之法規且又鑑於從來之弊害此特規定於憲法中而不與君主以自由處分實亦可信為至當者

第五條憲法由資政院起草主決但歸皇帝發布之此蓋純採民約憲法主義向來支那國體原屬專制國由今言之不可不謂為破天荒之規定其形殆與法蘭西第一次產出憲法之方法相似即此一端亦可云支那國體一變而為民主也

第六條憲法改正權屬之國會由此觀之彼國會但使不廢棄皇帝無論至何程度儘能將君主權限縮小是其國會（換言之即國民）對於皇帝直可謂操予奪之權

第七條上院議員亦由國民公舉此亦與君主國之精神不相一致者在民主國則上院即元老院之議員固同由民選然在君主國則上院議員之大部分或由法律規定當然能為議員者亦有由君主勅任者全由民選者極稀然此次清國則上院議員概由公舉殆不免失却上院存在之理由據余之見直不若採取一院制於理論覺較一貫也

（未完）

清国宪法评(未完).盛京时报,宣统三年十月二十三日(1911年12月13日),
第1531号:第1张第1版.

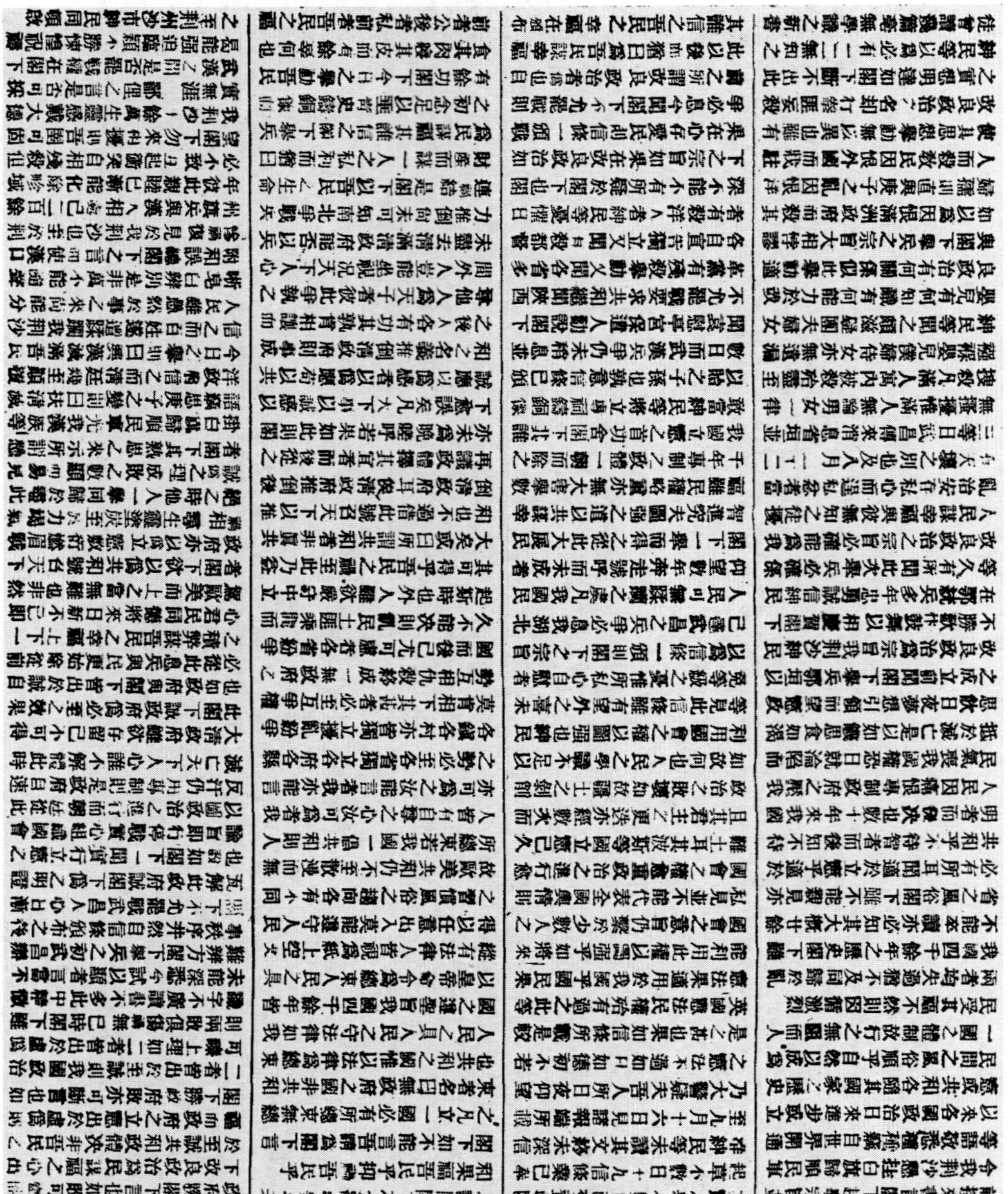

荆州沙市绅民复黎元洪书．盛京时报，宣统三年十月二十三日（1911 年 12 月 13 日），第 1531 号：第 1 张第 1 版．

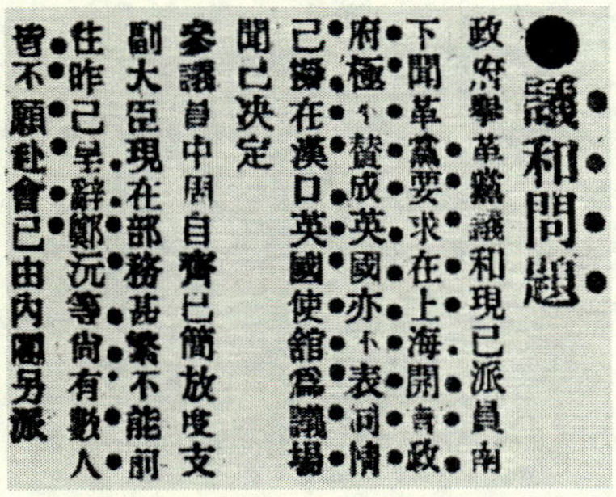
議和問題
政府與革黨議和現已派員南下聞革黨要求在上海開會政府極不贊成英國亦不表同情已擇在漢口英國使館爲議場聞已決定
參議員中聞自齊已簡放度支副大臣現在部務甚繁不能前往昨已呈辭鄭沅等尚有數人皆不願赴會已由內閣另派

议和问题. 盛京时报, 宣统三年十月二十三日（1911 年 12 月 13 日）, 第 1531 号: 第 1 张第 2 版.

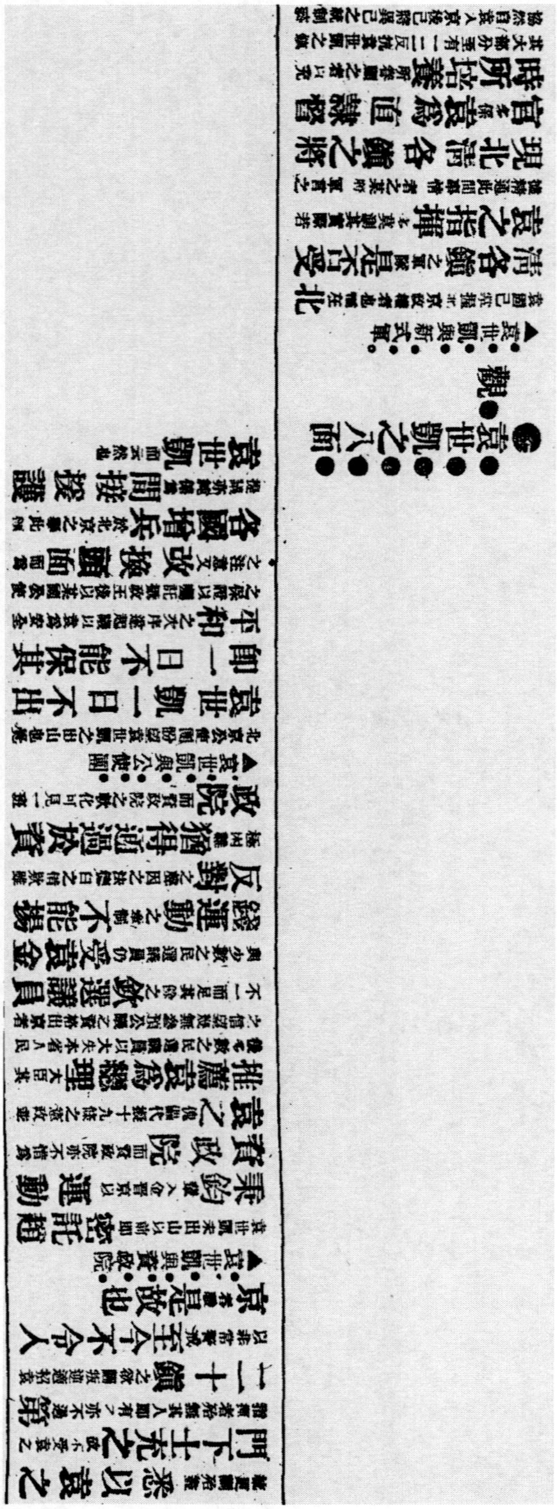

袁世凯之八面观．盛京时报，宣统三年十月二十三日（1911年12月13日），第1531号：第1张第4版．

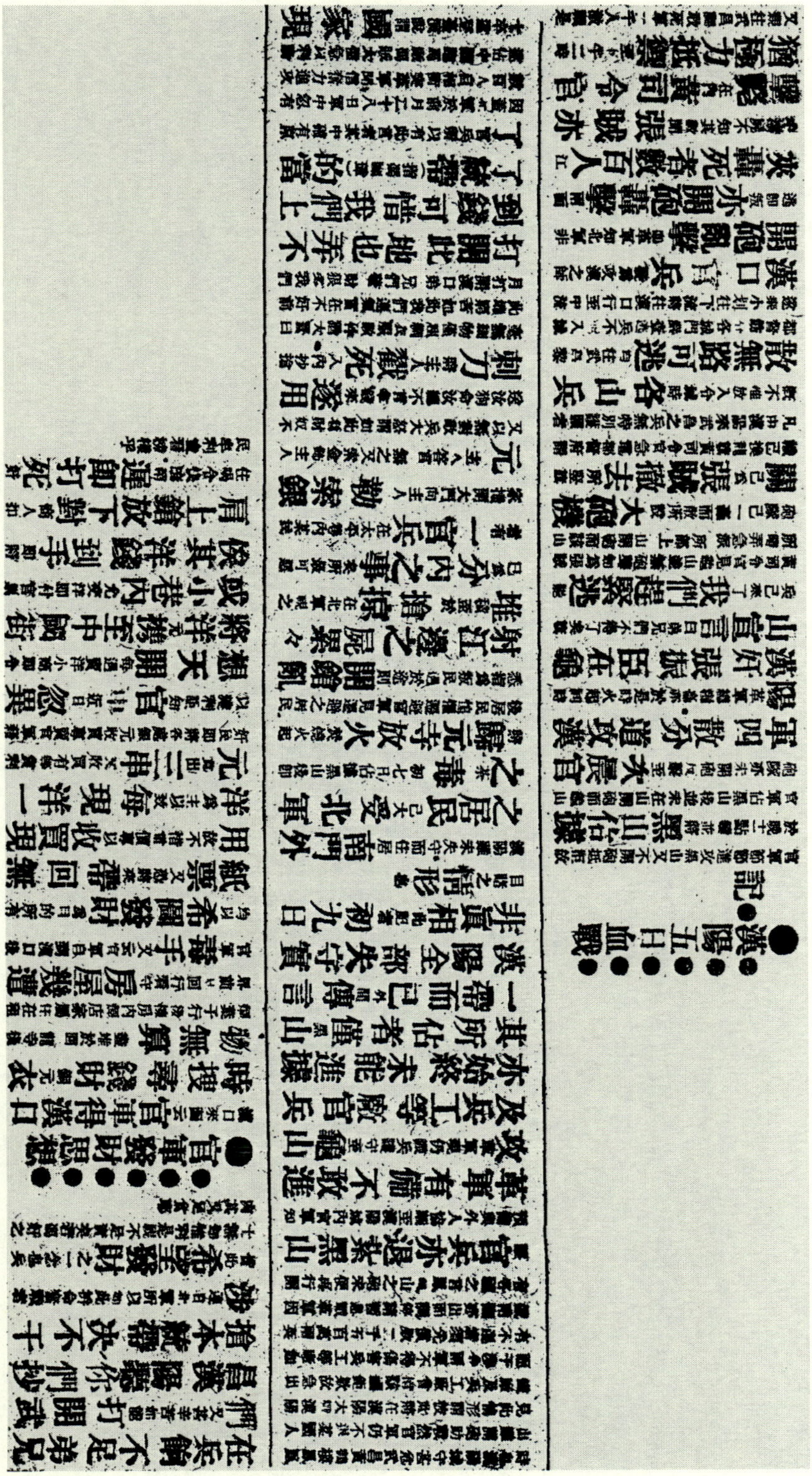

汉阳五日血战记（续）. 盛京时报，宣统三年十月二十三日（1911 年 12 月 13 日），第 1531 号：第 1 张第 4 版.

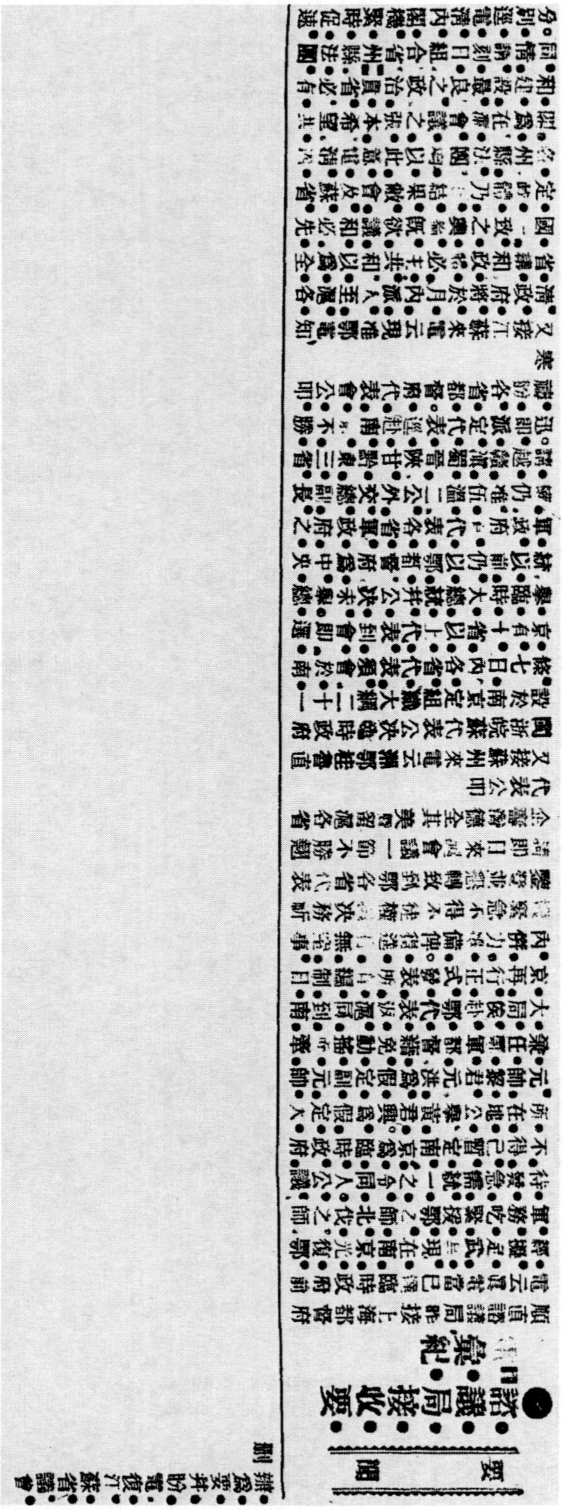

谘议局接收要电汇纪.盛京时报,宣统三年十月二十三日（1911年12月13日）,第1531号:第1张第7版.

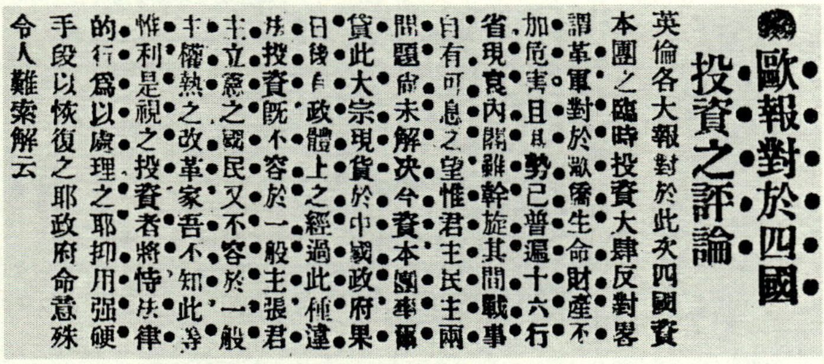

歐報對於四國投資之評論

英倫各大報對於此次四國資本團之臨時投資大肆反對畧謂革軍對於歐僑生命財產不加危害且其勢已普遍十六行省現在內閣雖幹旋其間戰事自有可息之望惟君主民主兩問題尚未解決今資本團率爾貸此大宗現貨於中國政府果日後自政體上之經過此種違法投資既不容於一般主張君主立憲之國民又不容於一般主權熱之改革家吾不知此等惟利是視之投資者將恃法律的行爲以處理之耶抑用强硬手段以恢復之耶政府命意殊令人難索解云

欧报对于四国投资之评论．盛京时报，宣统三年十月二十三日（1911 年 12 月 13 日），第 1531 号：第 1 张第 7 版．

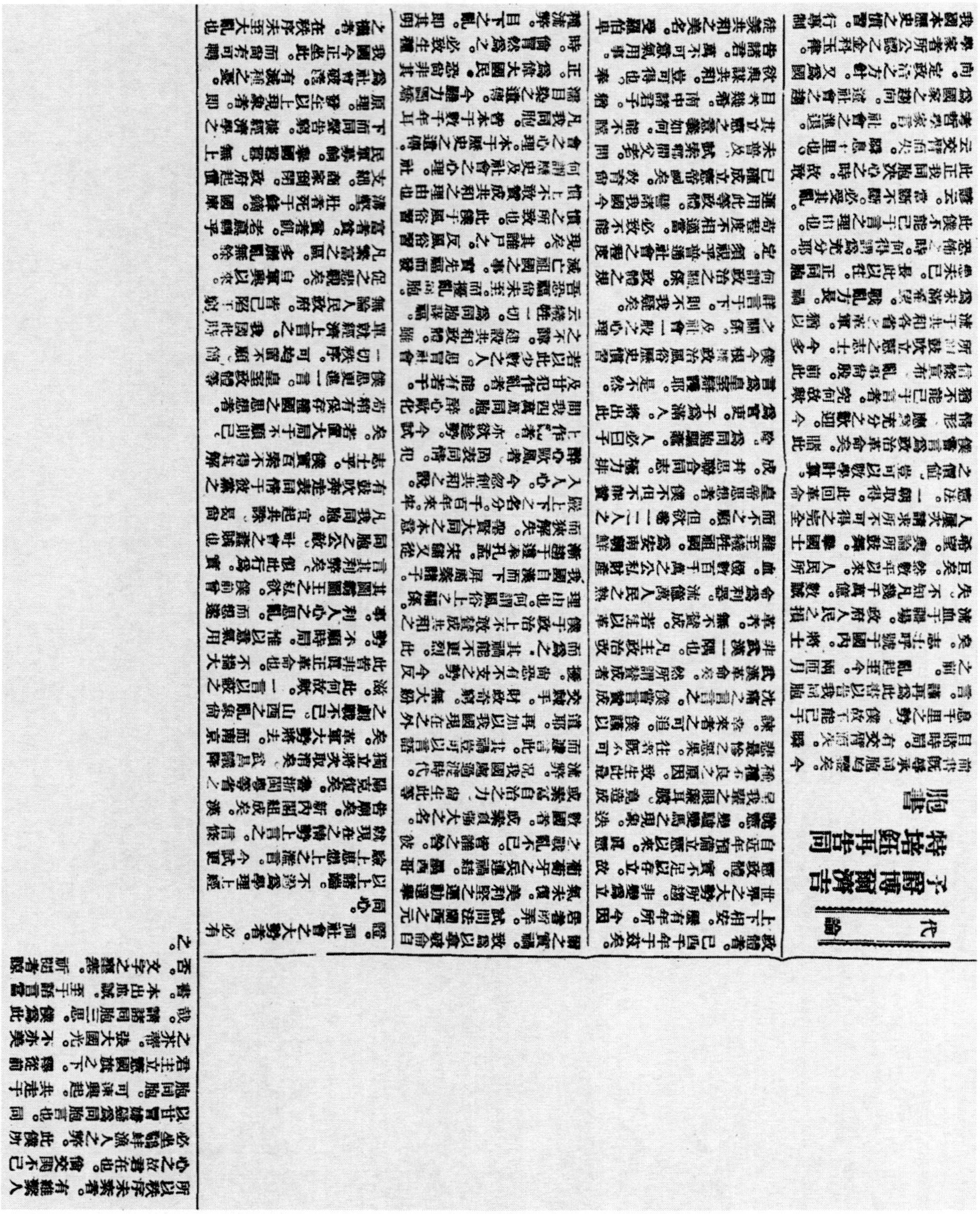

子爵博尔济吉特培钰再告同胞书.盛京时报，宣统三年十月二十四日（1911年12月14日），第1532号：第1张第1版.

要件

清國憲法評（續）

（日本法學博士市村光惠）

第八條總理大臣由國會公舉此在君主國實爲未見之事竟國向例以下院占多數之黨派組織內閣然該國并無此憲法之明文不過依永久習慣而然故在英國總理大臣之地位謂非法律所認今支那乃一躍而使國會公舉總理大臣殆可笑全世界無此先例

第九條之規定全採英國制此比之我日本衆議院解散竟無論幾次并無制限則清國此條實協合於立憲政治之本義者不可不謂爲進步之規定也

第十條之規定無需多論

第十一條所云不得以命令代法律在立憲國實應有之規定但緊急勅令必限於某某特定非常始可得發此爲我日本憲法所無之制限蓋採仿外國二三憲法而規定者也此若從緊急勅令之性質而思尤爲適當之規定我日本無論如何事項皆可用緊急勅令規定之殊欠穩當此亦可見清國於此實爲一層進步者

第十二條國際條約之締結必需國會議決此亦無非將國會權限極爲擴張之意在君主國締結條約之權皆通以屬之君主爲原則唯事關立法不經國會協賛不行則其條約始必需國會議決然清國無論如何條約非經國會議決無效則未免將國會權限失於過張即如宣戰媾和亦不可不經國會之議決從事件之敏活與秘密上而論實爲極不利益之規定也雖然今時之憲法大都偏於國會主權主義一方此亦可云當然之結果

第十三條官制官規悉以法律定之凡皇帝之組織命令權全然否認此普通君主國到底不可得見之異例

第十四條關於豫算之規定絕對不許爲非常之財產處分此一旦有事之日政府之行動甚被束縛余謹對此規定殊難贊成

第十五條當然之規定亦與我日本之規定相似但皇室經費之減額國會亦得議決此對於皇室經費之保障著微薄歟歐洲各君主國亦不能見之例也

第十六條皇室大典不得與憲法牴觸憲法原爲國家最高之法律此規定自是當理我日本憲法亦然

第十七條國務裁判機關由兩院議員組織之此殆彈劾大臣之場合而爲裁判者此規定原係本於英國制度即德意志諸國亦大體採此主義此等裁判所我日本亦久認爲必要今清國乃規定之於憲法中於責任內閣實行上極爲適當者比之我日本憲法可謂益爲進步要之今日之清國猶在純然君主國且爲專制政治之中乃觀此回憲法信條則全然顛覆其國體將樹立極端民主主義殆世界憲法史上稀有之英斷也自我輩觀之實爲供給極有益之材料自不待言故樂得以滿腔興味觀望其事實之進行焉

（原文見東匯十一月六日大阪每日新聞）

清国宪法评（续）.盛京时报，宣统三年十月二十四日（1911年12月14日），
第1532号：第1张第1版.

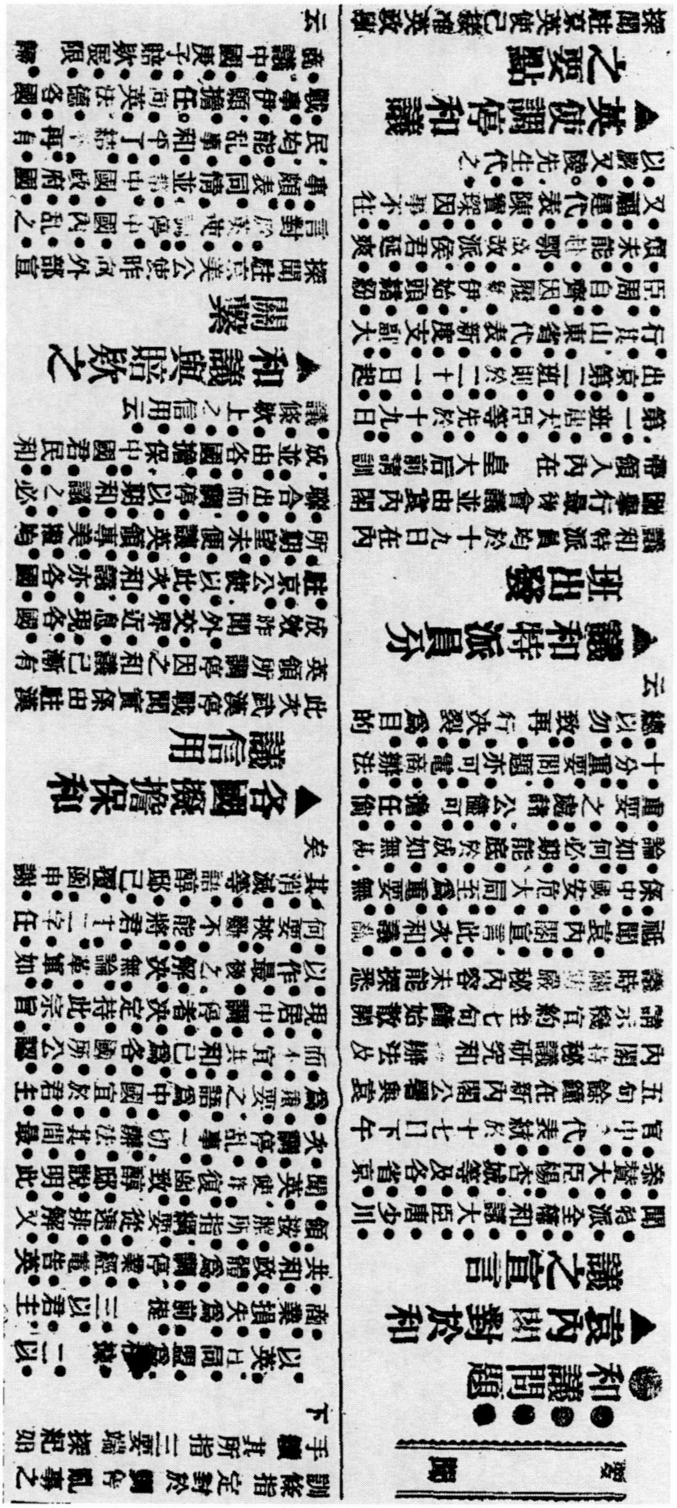

和议问题.盛京时报,宣统三年十月二十四日(1911 年 12 月 14 日),
第 1532 号:第 1 张第 4 版.

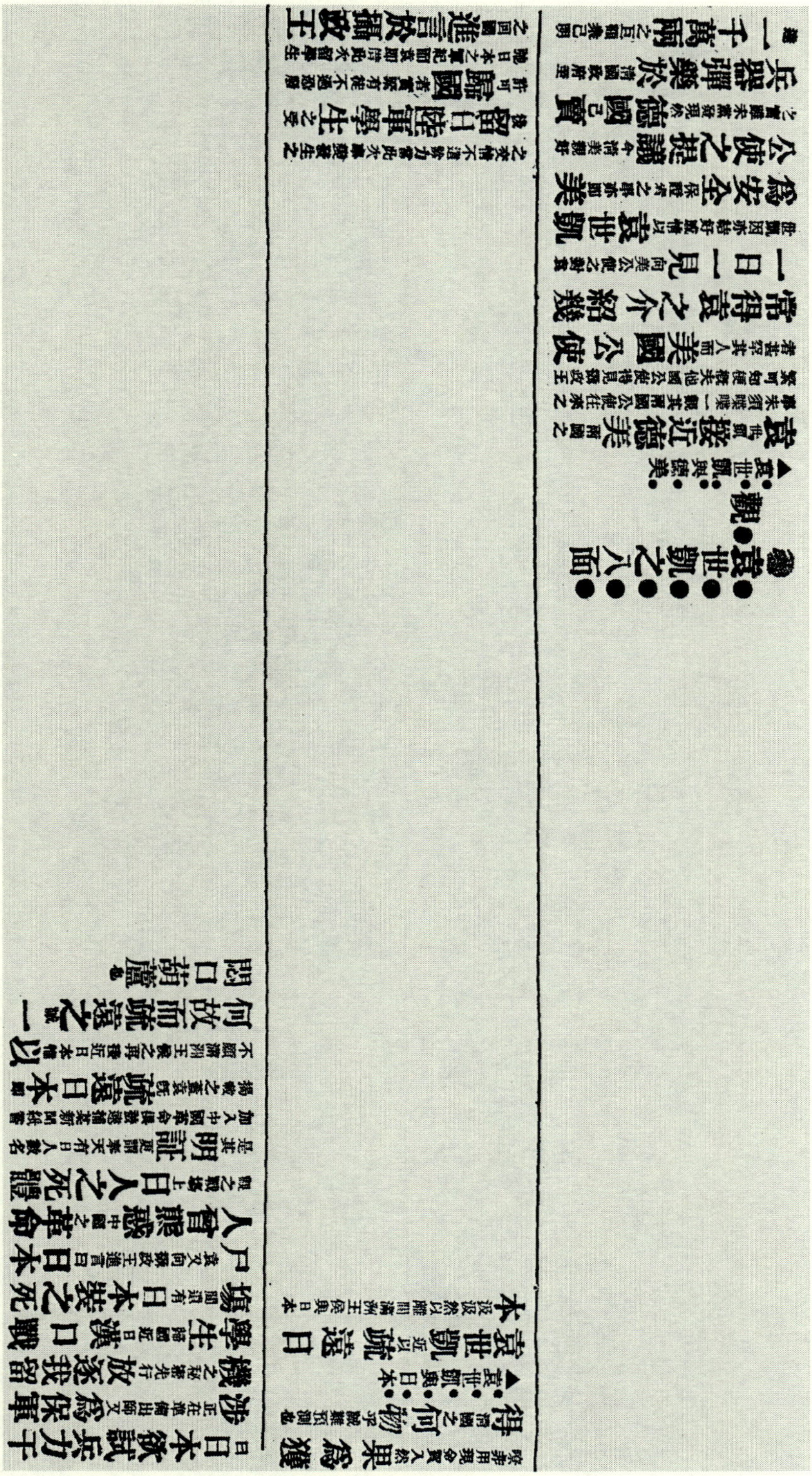

●袁世凱之八面觀●

▲袁世凱與德美

袁世凱接近德美兩國之事未須喋喋一觀其兩國公使往來之繁可知梗概夫他國公使得見攝政王者甚罕其人而美國公使常得袁之介紹幾一日一見向美公使之對袁世凱因亦結好感情以袁世凱為安全保證者之事亦即美公使之提議今清美親好之實雖未嘗發現於德國己賣兵器彈藥於清國政府至達一千萬兩之巨額業己明瞭非用現金買入然果為獲得清國之何物乎誠難預測也

▲袁世凱與日本

袁世凱近以疏遠日本汲汲然以離間滿洲王侯與日本之交情不遺餘力當此次事變發生之後留日陸軍學生之受許可歸國者實繁有徒不過恐服膺日本之軍紀而袁即持此次留學生之回國進言於攝政王曰日本欲試兵力干涉正在準備出師又為保軍機之秘密先行放逐我留學生歸國近日漢口戰場間還有日本裝之死尸袁又向攝政王進言曰日本人曾煽惑中國之革命觀之戰場上日人之死體是其明証更謂奉天有日人數名加入中國革命黨遂捕某新聞紙警揭載之蓋袁既疏遠日本即不願滿洲王侯之再接近日本惟以何故而疏遠之誠一悶口葫蘆也

袁世凯之八面观．盛京时报，宣统三年十月二十四日（1911年12月14日），第1532号：第1张第4版．

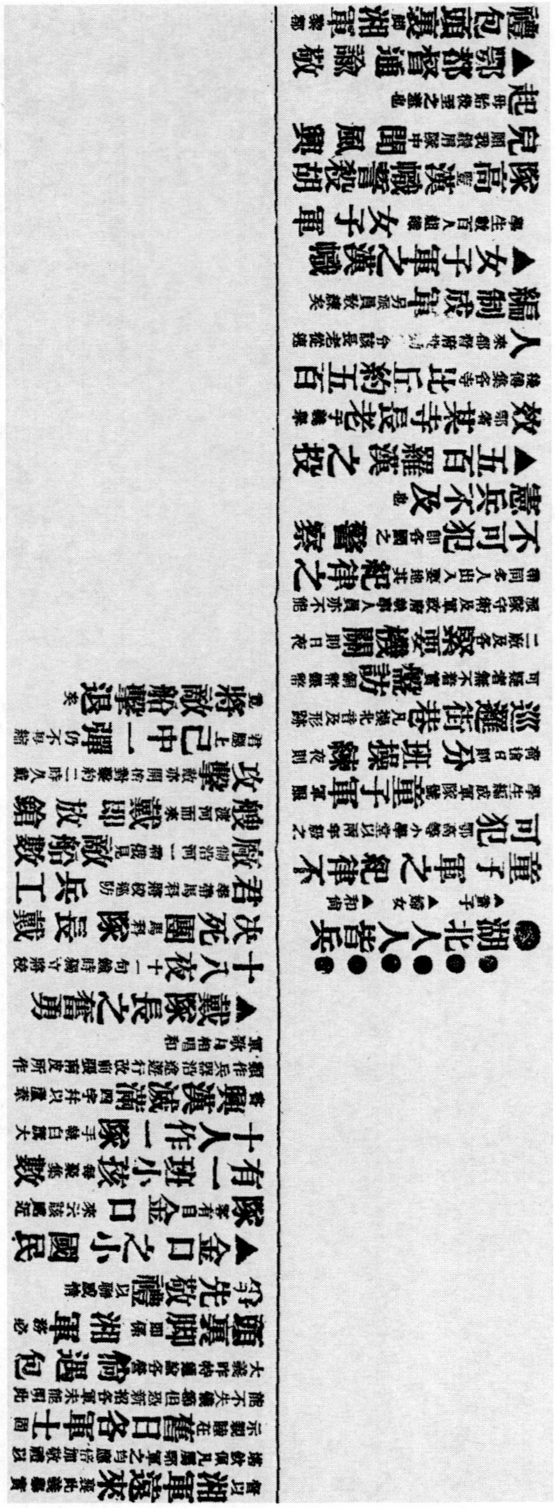

●湖北人人皆兵●

▲童子 ▲婦女 ▲和尚

童子軍之紀律不可犯鄂高等小學堂以兩年級之學生編成軍隊號童子軍軍服商飭日間分班操練夜則巡邏街巷凡操北音及形跡可疑者無不着實盤訪銅幣銀幣二廠及各緊要機關則日夜派隊守衛及軍政府執事人員亦不能稍同多人出入要地其紀律之不可犯即各國之警察憲兵不及也

▲五百羅漢之投效鄂省某寺長老于義舉捷傳集各寺比丘約五百人來鄂督府投効令該長老從速編制成軍另派員教練矣

▲女子軍之漢幟學生數百人組織女子軍隊高豎漢幟誓殺胡兒願我[illegible]隊中聞風興起毋貽後至之羞也

▲鄂都督通諭敬禮包頭裏脚湘軍黎都督以湘軍遠來襄此義舉實堪欽佩凡屬鄂軍之均應倍加敬禮以示親睦在舊日各軍士固能不失儀節但恐新招各軍未能明此大義昨特通飭各營倘遇包頭裏脚即係湘軍務必爭先敬禮以聯感情

▲金口之小國民隊零有自金口來云該處近有一班小孩每聚集數十人作一隊手執白旗大書興漢滅滿四字并以蘆蓆類作兵器沿途遊行改前張兩皮所作軍歌且相唱和

▲戴隊長之奮勇十八夜十一句鐘時獨立將校決死團馬科隊長戴君舉帶馬科將校巡防兵工廠側沿河一帶俄見敵船數艘渡河而來戴即放鎗攻擊敵亦開槍對擊約二時久戴君腿上己中一彈仍不畏縮竟將敵船擊退矣

湖北人人皆兵．盛京时报，宣统三年十月二十四日（1911年12月14日），第1532号：第1张第4版．

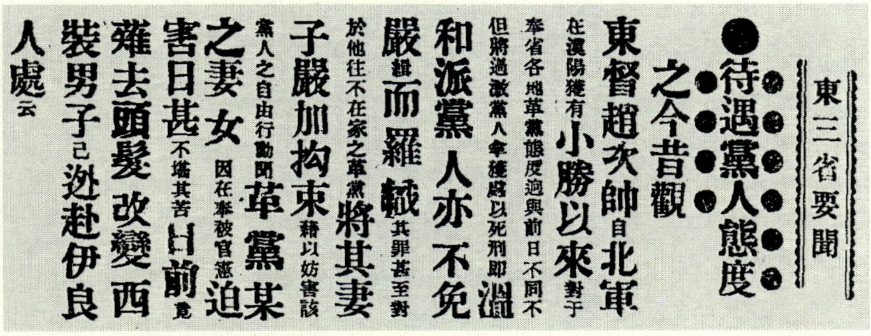

東三省要聞

待遇黨人態度之今昔觀

東督趙次帥自北軍在漢陽獲有小勝以來對于奉省各地革黨態度迥與前日不同不但將過激黨人拿獲處以死刑即溫和派黨人亦不免嚴緝而羅織其罪甚至對於他往不在家之革黨將其妻子嚴加拘束藉以妨害該黨人之自由行動聞革黨某之妻女因在奉被官憲迫害日甚不堪其苦日前竟薙去頭髮改變西裝男子已逃赴伊良人處云

待遇党人态度之今昔观．盛京时报，宣统三年十月二十四日（1911 年 12 月 14 日），第 1532 号：第 1 张第 4 版．

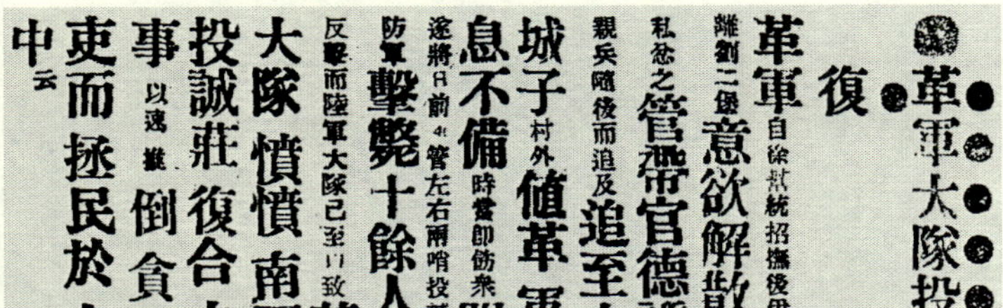

革軍大隊投莊復

革軍自徐幫統招撫後伊遂拔隊離劉二堡意欲解散不料挾私忿之管帶官德謙帶領親兵隨後而追及追至小川城子村外值革軍休息不備時當即飭衆開鎗遂將日前所管左右兩哨投誠革黨之防軍擊斃十餘人及革軍反擊而陸軍大隊已至門致革軍大隊憤憤南下聞已投誠莊復合力舉事以遂推倒貪官酷吏而拯民於水火中云

革军大队投庄复．盛京时报，宣统三年十月二十四日（1911 年 12 月 14 日），第 1532 号：第 1 张第 4 版．

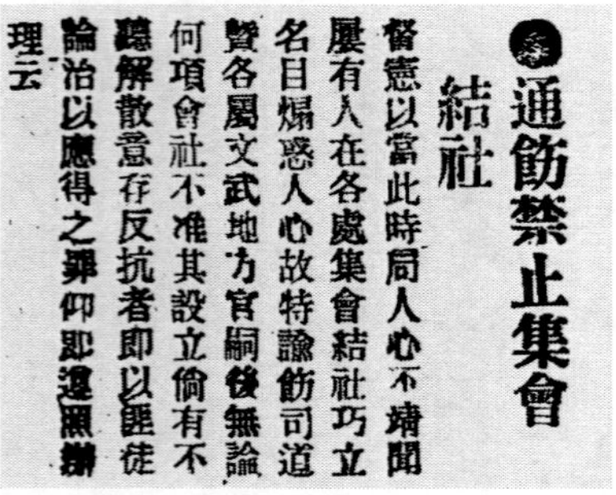

●通飭禁止集會結社

督憲以當此時局人心不靖聞屢有人在各處集會結社巧立名目煽惑人心故特諭飭司道暨各屬文武地方官嗣後無論何項會社不准其設立倘有不聽解散意存反抗者即以匪徒論治以應得之罪仰即遵照辦理云

通饬禁止集会结社.盛京时报,宣统三年十月二十四日(1911年12月14日),第1532号:第1张第5版.

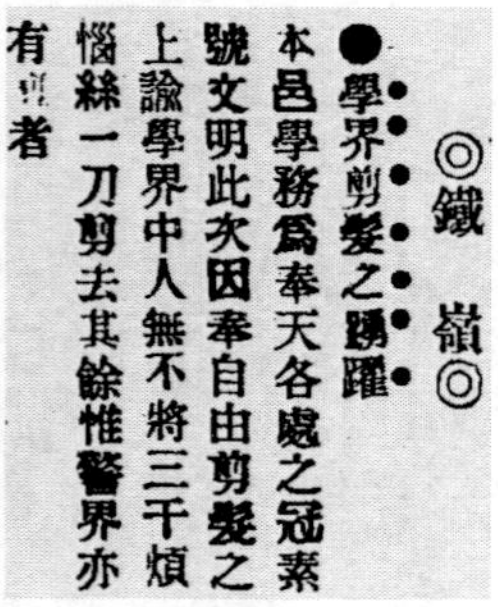

◎鐵嶺◎

●學界剪髮之踴躍●

本邑學務爲奉天各處之冠素號文明此次因奉自由剪髮之上諭學界中人無不將三千煩惱絲一刀剪去其餘惟警界亦有[illegible]者

学界剪发之踊跃.盛京时报,宣统三年十月二十四日(1911年12月14日),第1532号:第1张第5版.

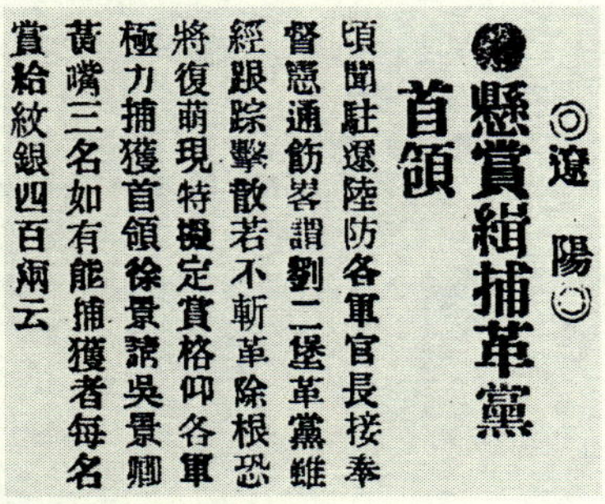

◎遼　陽◎

懸賞緝捕革黨首領

頃聞駐遼陸防各軍官長接奉督憲通飭畧謂劉二堡革黨雖經跟踪擊散若不斬革除根恐將復萌現特擬定賞格仰各軍極力捕獲首領徐景詩吳景卿黃嘴三名如有能捕獲者每名賞給紋銀四百兩云

悬赏缉捕革党首领.盛京时报,宣统三年十月二十四日(1911年12月14日),第1532号:第1张第5版.

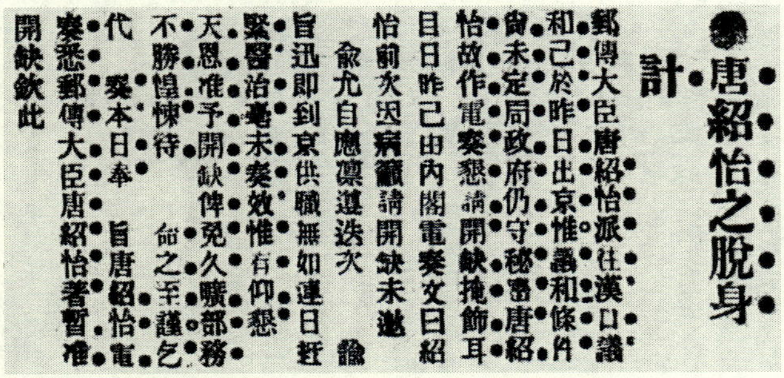

唐紹怡之脫身計

郵傳大臣唐紹怡派往漢口議和已於昨日出京惟議和條件尚未定局政府仍守秘密唐紹怡故作電奏懇請開缺掩飾耳目日昨已由內閣電奏文曰紹怡前次因病籲請開缺未邀俞允自應凜遵迭次諭旨迅即到京供職無如連日赶緊醫治毫未奏效惟有仰懇天恩准予開缺俾免久曠部務不勝惶悚待命之至謹乞代奏本日奉旨唐紹怡電奏懇郵傳大臣唐紹怡著暫准開缺欽此

唐绍仪之脱身计.盛京时报,宣统三年十月二十四日(1911年12月14日),第1532号:第1张第7版.

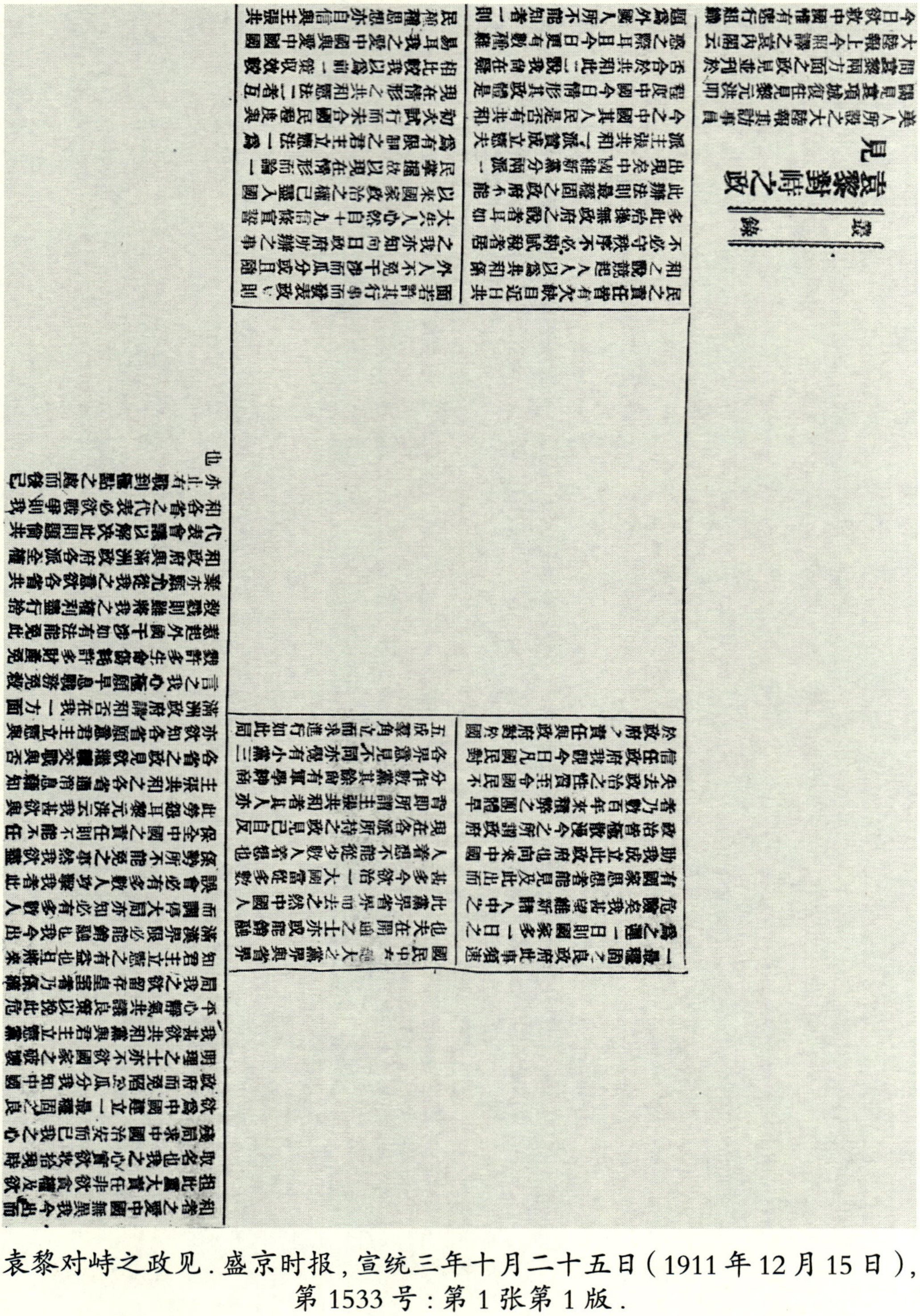

袁黎對峙之政見

袁黎对峙之政见.盛京时报,宣统三年十月二十五日(1911年12月15日),第1533号:第1张第1版.

劉志歐上程雪樓都督書

（上略）自武漢義旗一舉望風而降附者十有七省殃民之政悉數祛除商賈歌頌萬民歡欣三代仁敬不是過也以現勢觀之武漢義軍堅守如故清兵頓於堅城之下勞師糜餉後路驚擾江浙聯軍又已進規金陵張勳困蹙北都震驚外則中立之局甚堅內則應政已漸次進行此大局之已無足慮者也然千里之堤潰於一蟻事之苟忽於細微者終足以爲大患愚以今之時局有急宜補救者二願爲都督陳之夫人民無法以制其意需之自餘關者被其殃强者力以抗其何以維持秩序而從事於建設也今日之市場金融停滯已達極點人民苟能出之以鎮靜恐慌之機不難立殺當蘇常各屬驚恐吃緊之時人民遷徙十室九空商業遂直蒙其影響即有一二錢業力顧大局勉爲維持然以借戶懷金自利抗不清償以致周轉不靈旬日以來買者不以賣貸者不稱利賒於人者反安身以去索逋無從居民皆畏言交易而各店戶遂懷一捲金倒閉之念我江蘇市場之秩序尚未全失且有賢長官在上猶尚如斯況若他省之已經兵革而市場秩序之擾亂百倍於江蘇者乎然而未見營業之停止者何也亦以居民於外部之情形或未深悉且舉舊日之機關猶存轉瞬年關逼平昔之奸民無復以干涉爲懼爲是資本之細微者因遷徙失業而喪其資本之殷實者亦因拖欠而倒閉此日蕭條之情狀雖欲挽救已無及矣夫民者國之本也由來收入之源也今使其困頓如斯其何以固邦本乎且夫强弱貧富之所衆者相爭之機也以常情論之一人鉅富則無所衣食者必什伯倍之飢寒之逼强暴之多良民遂岌岌矣於斯時也彼所恃而無恐而獨律法耳然以今日所布之軍律其果能包括一切民刑案件而無遺乎不然則横逆之來隨地可見彼島所託命乎西諺曰惡法亦法此蓋深言無法之爲害也爲今之計急宜將滿清所編刑商破產諸法暫時繼續其效力庶冀商業得以保全國用得以優裕此急宜保持治安以維商業者一也夫賢才之集如水之就下不疏其流而暢其源欲水之就道也難矣蠹者滿清政府之用人概以情面賄賂爲準則官吏恬嬉於上人民憤怒於下是以事發而不可救今則東南大局粗定誠宜求疏流暢源之策愚以爲宜仿東西各國之制編訂官吏任用章程以輔郅治也蓋人民之自繇與夫身家之安固與否莫不以官吏之賢否爲斷欲知官吏之賢否則斷非據一條陳之可得而察知此急宜編訂官吏任用章程以求眞才者二也

（未完）

刘志歐上程雪楼都督书（未完）. 盛京时报，宣统三年十月二十五日（1911 年 12 月 15 日），第 1533 号：第 1 张第 1 版.

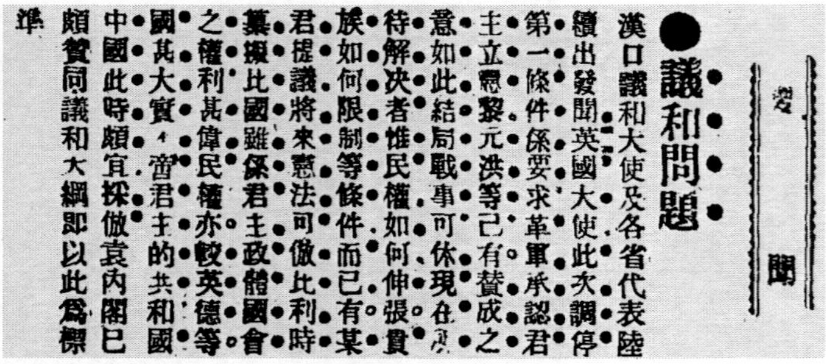

要聞

●議和問題●●●●

漢口議和大使及各省代表陸續出發聞英國大使此次調停第一條件係要求革軍承認君主立憲黎元洪等已有贊成之意如此結局戰事可休現在所待解決者惟民權如何伸張貴族如何限制等條件而已有某君提議將來憲法可做比利時纂擬比國雖係君主政體國會之權利甚偉民權亦較英德等國甚大實不啻君主的共和國中國此時頗宜採做袁內閣已頗贊同議和大綱即以此爲標準

议和问题 . 盛京时报，宣统三年十月二十五日（1911 年 12 月 15 日），第 1533 号：第 1 张第 2 版 .

俄報論中國之前途

又新時報評論中國亂事云現在中國最危險者不在皇帝處於無可退讓地位乃在中國政治大權操之於一般不負責任者之手據最近電傳資政院議定信條十九欵爲將來立憲之總綱想選舉法律亦必在內又據革黨首領孫文云中國不惟予滿蒙回藏人選舉雖婦人亦可得有選舉權由是觀之議院人員果照此組織憲法以備將來開設議院實行之預備則中國前途之如何可以言而喻矣何以言之日前得與中國官界人員談中國現勢想某某二君諸不能謂之爲名士則必爲中國文明社會及上等社會中人物不意該繙譯竟以合衆二字與總統混合然則中國上等社會之程度既然如此則中國蓋萬中之中下等社會之政治思想如何更不可問矣現北京資政院初參預國家大事居然能贊成計民生豈能如此之易耶若革黨一面亦以鹵莽從事不顧大局之利害未見其能有効果由是觀之中國不幸遭此變亂遠東之和局岌岌可危寧不爲之痛惜乎

俄报论中国之前途.盛京时报,宣统三年十月二十五日(1911年12月15日),第1533号:第1张第2版.

叢錄

劉志敭上程雪樓都督書

夫國不能無所費而所費之額
又莫不取給於民然政費浩繁
民力有限是以選擇稅源當以
多大而不苛煩爲要義我國人

十干財政素少研究歷來之稅
制類皆沿襲於稅徵收額之
不多恃民力已疲矣故當此軍
需浩繁之時與其選擇細徵之
稅源以病商民毋寧改正地租
以維國計也夫政費之負擔首
在普及今民間之私田日多農
民之負擔
不公將來
必啓土地
集中之弊
且今日之
租率猶二
百餘年前
之所定也
土地之分
配雖云天
然而因報
酬漸減之
理地味等
級已有變
遷今欲以
二百餘年
前之稅率
衡之於二
百餘年後
之地價其
不公孰此
此急改正地租以維國用者三
事（未完）

刘志敭上程雪楼都督书（续）. 盛京时报，宣统三年十月二十六日（1911 年 12 月 16 日），第 1534 号：第 1 张第 1 版.

英使調停戰事之熱心

聞駐京英使會同各國公使提議吾國亂事英使畧謂中國政府現已派代表附下兩方面均由駐漢英領擔任必期和平了結於各國在中國之商務不致有所損失並革軍現已將南京占領勢必聯軍北攻今各國既出而調停議和必首以停戰爲入手辦法以免戰爭慘殺之禍遂由各公使公電駐滬及駐寧各國領事阻止其進兵並聞其電阻革軍北上之意實由袁內閣探悉林都督所統民軍已有行抵袞州嶧縣之耗實由停戰之約不合故特照會日英兩使由兩使允認故即發電阻止云

英使调停战事之热心．盛京时报，宣统三年十月二十六日（1911年12月16日），第1534号：第1张第2版．

楊度赴漢參加會議

議和參預大臣楊度日昨起程前往漢口以便參列議和大會外間云楊氏之學識之口才較各省之代表者爲優長爲善辯詢可謂政府之得人矣

杨度赴汉参加会议．盛京时报，宣统三年十月二十六日（1911年12月16日），第1534号：第1张第2版．

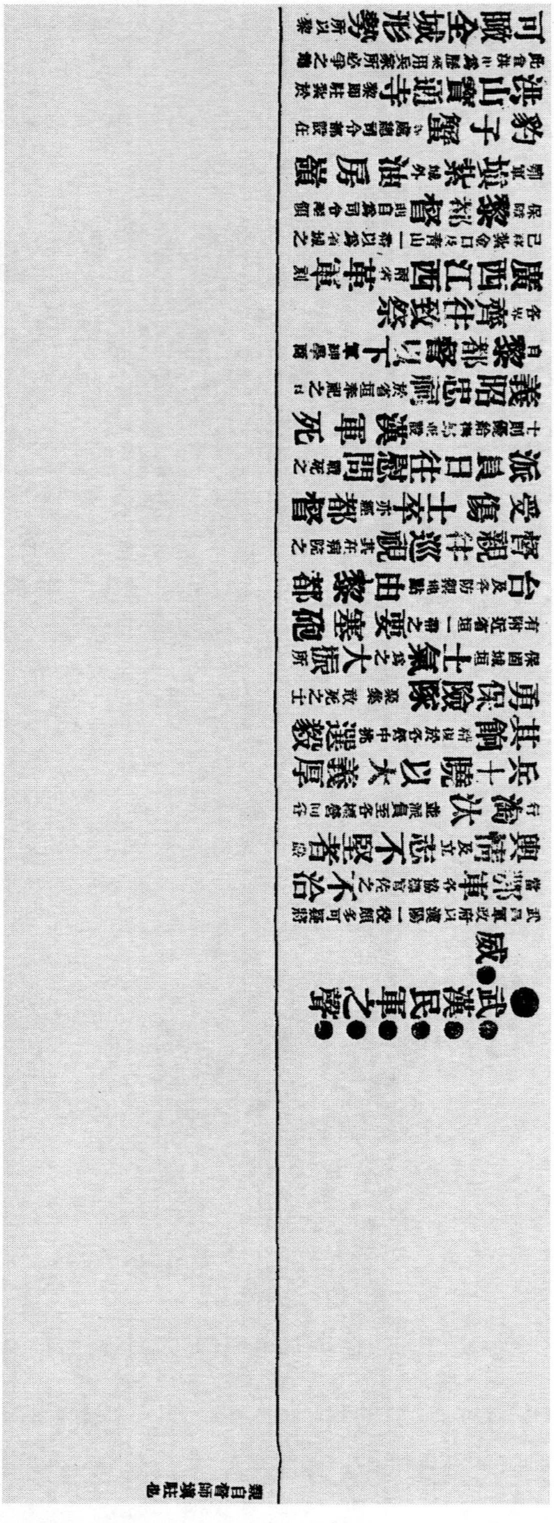
●武漢民軍之聲●威●
武昌軍政府以漢陽一役頗多可疑將
當鄂軍各協標官佐之不洽
輿情及立志不堅者設
行淘汰並派員至各標營同谷
兵士曉以大義厚
其餉精復於各營中挑選毅
勇保險隊聚集敢死之士
保固城垣士氣為之大振所
有附近省垣一帶之要塞砲
台及各防禦地點由黎都
督親往巡視其在病院之
受傷士卒亦經都督
派員日往慰問戰死之
士則優給撫卹並設漢軍死
義昭忠祠於省垣奉祀之日
自黎都督以下軍紳學商
各界齊往致祭
廣西江西兩省革軍到
己抵漢金口及青山一帶以為省城之
保障黎都督則自為司令總領
鄂軍填紮城外油房嶺
豹子蠏總司令部設在
洪山寶通寺黎即駐紮於
此查洪山為歷來用兵家所必爭之地
可瞰全城形勢所以黎
親自督師填駐也

武汉民军之声威.盛京时报,宣统三年十月二十六日(1911年12月16日),
第1534号:第1张第4版.

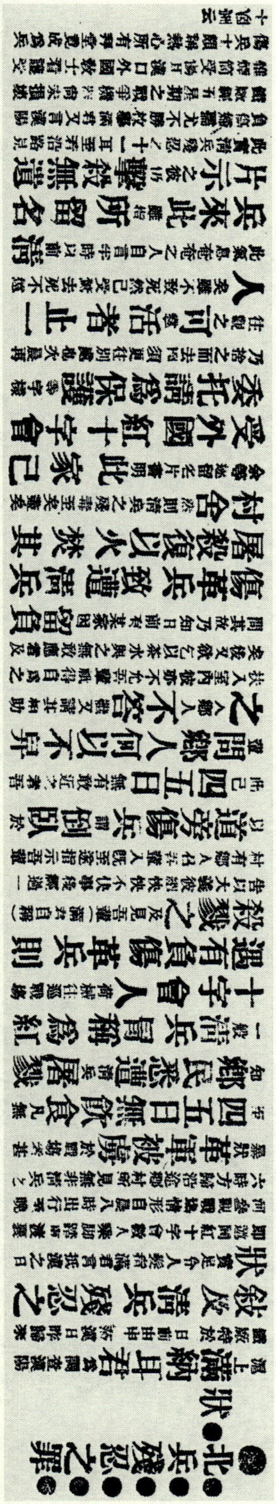

北兵殘忍之罪狀

北兵残忍之罪状．盛京时报，宣统三年十月二十六日（1911 年 12 月 16 日），第 1534 号：第 1 张第 4 版．

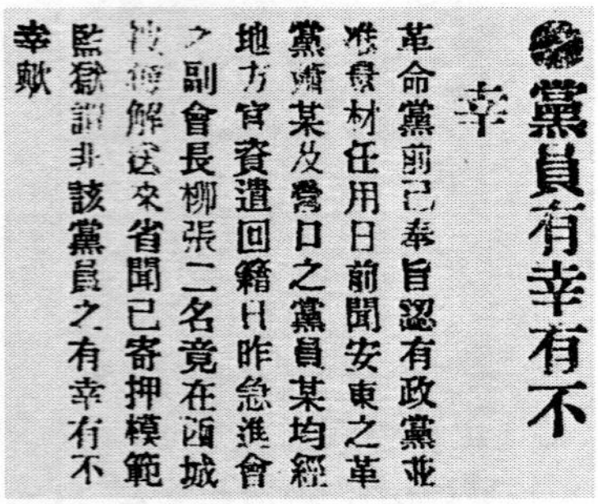

黨員有幸有不幸

革命黨前已奉旨認有政黨並准量材任用日前聞安東之革黨[illegible]某及營口之黨員某均經地方官資遣回籍日昨急進會之副會長柳張二名竟在西城被拘解送來省聞已寄押模範監獄詛非該黨員之有幸有不幸歟

党员有幸有不幸.盛京时报,宣统三年十月二十六日(1911年12月16日),第1534号:第1张第5版.

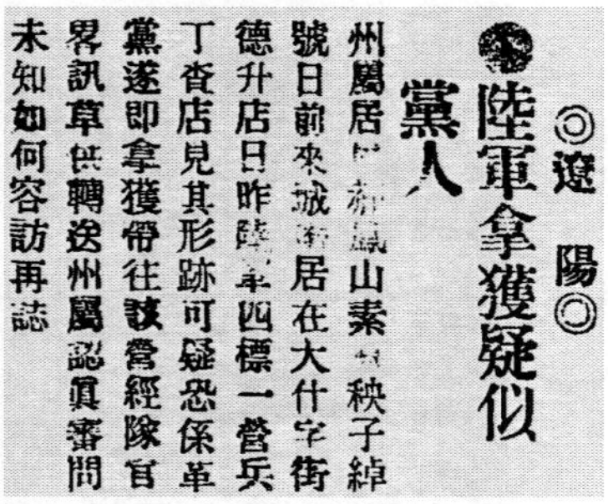

◎遼陽◎

陸軍拿獲疑似黨人

州屬居[illegible]山素[illegible]秧子綽號日前來城[illegible]居在大什字街德升店日昨陸軍四標一營兵丁查店見其形跡可疑恐係革黨遂即拿獲帶往該營經隊官畧訊草供轉送州屬認眞審問未知如何容訪再誌

陆军拿获疑似党人.盛京时报,宣统三年十月二十六日(1911年12月16日),第1534号:第1张第5版.

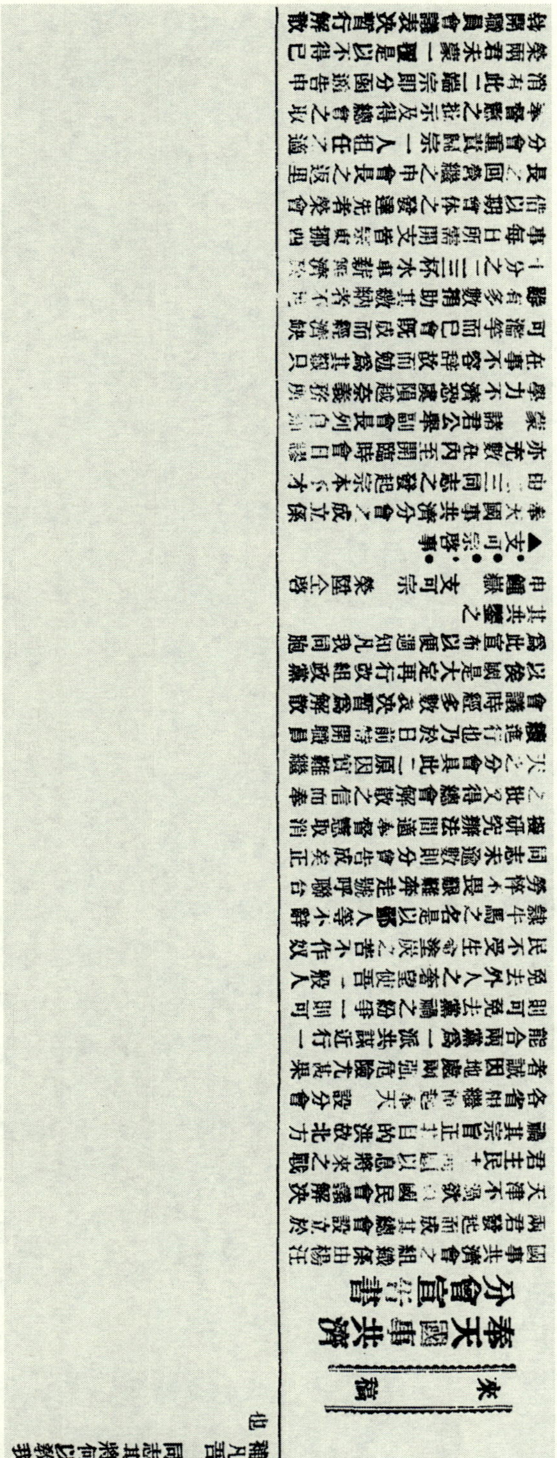

來稿

奉天國事共濟分會宣言書

國事共濟會之組織係由楊汪兩君發起而成其總會設立於天津不過欲以國民會議解決君主民主問題以息將來之戰禍其宗旨正大目的遠故北方各省相繼而起奉天設分會者誠因地處兩强危險尤甚果能合兩黨為一派共謀進行一則可免去黨禍之紛爭一則可免去外人之奢望使吾一般人民不受生命塗炭之苦不作奴隸牛馬之名是以鄙人等不辭勞悴不畏艱難奔走號呼聯合同志未逾數則分會告成矣正擬研究辦法間適奉總會取消之批又得總會解散之信而奉天之分會具此二原因實難繼續進行也乃於日前特開職員會議時經多數表決暫為解散以俟國是大定再行改組政黨為此宣布以便週知凡我同胞其共鑒之

申鐵嶽　支可宗　榮隆全啓

▲支可宗啓事

奉天國事共濟分會之成立係由二三同志之發起宗本不才亦充數在內至開臨時會日鄙蒙　諸君公舉副會長列名學力不濟恐貽隕越奈義務所在事不容辭故而勉為其難只可濫竽而已會既成而經濟缺點有多數捐助其繳納者不過十分之二三杯水車薪無濟於事每日所需開支皆宗暫挪借以期會体之發達先者榮會長之回奉繼之申會長之返里分會重責歸宗一人擔任了適奉總會之批示及得總會之取消有此二端宗即分函諸告申榮兩君未蒙一覆是以不得已始開職員會議表決暫行解散所有經宗手外假款項一無抵補凡吾同志其將何以教我也

奉天国事共济分会宣告书．盛京时报，宣统三年十月二十六日（1911年12月16日），第1534号：第1张第7版．

論說

希望和議之成立

今日朝野上下所最希望者。為和議之成立。誠以和議萬一不成。則北軍必將以武力擁護黃河以北各地。而南軍亦且思傚倖於一擊。以竟革命全功。然而最後之結果。雖有智者。恐亦未能逆料。兵連禍結。固屬意中事。其或不幸而引起利害關係國之干涉。則收拾尤覺棘難耳。頃日趨勢。東南人士。早已醉心革命。而西北各省人民程度。則以蟠伏於專制有年。款以非常。轉覺不便。以故東南各地。一呼四應。而西北各地。則主動者為軍隊。而人民末之從焉。其桀黠者。乃反假借名義。以肆其擄奪奸淫之故技。官軍一至。而鳥獸散。東南各省。所缺乏者為財。而西北名省。則才財兩缺。而人心之不統一。又為之大梗。和議幸成。事或可為。不成則南北分離。浸且爭戰連年。而始決勝負之所在。爾時元氣固已大傷。即無意外之干預。國力殆已疲憊不支。而況未必然耶。頃日東南人士。固亦慮及於此。因聽從外人之調和。而願以和平了結。唯爾後一國之主權者勢將出於公推。急切間實無人足以擔任此席。然較之以前上下互相猜忌。彼此不負責任。要必有間。財政固稱竭蹶。然國中富源。要自不竭。若改正地租案。尤簡便易行者。夫有其人。有其財。何者不舉。十年以後。中國其凌駕歐美。而執大同盟之牛耳乎。及是時而彼此銷融其意見。共奔赴於中國之前途。斯為吾人所最切望之事。蓋中國此次革命。就爆發之驟。及響應之速言之。似乎掃除君主立憲弊制。一躍而入於共和。誠非難事。然以地理歷史人文上之種種關係。黃河南北。雖然有一大鴻溝在焉。此大鴻溝。非俟之鐵道縱橫密布以後。殆不能化除。故與其徒損失若干人之生命財產。以爭不必可得之功。則何若順時勢以為推移。而俟其自化之為得乎。有心人其亦默喻斯言。

希望和议之成立.盛京时报，宣统三年十月二十九日（1911年12月19日），第1536号：第1张第1版.

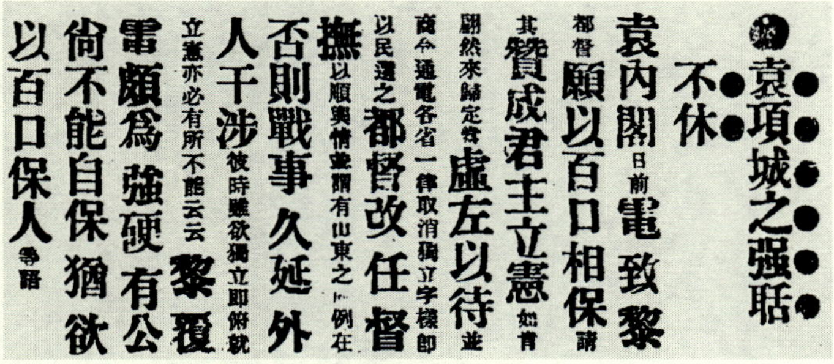

袁項城之强聒不休

袁內閣日前電致黎都督願以百口相保請其贊成君主立憲如肯翻然來歸定當虛左以待並商令通電各省一律取消獨立字樣即以民選之都督改任督撫以順輿情並謂有山東之前例在否則戰事久延外人干涉彼時雖欲獨立即俯就立憲亦必有所不能云云黎覆電頗爲强硬有公尚不能自保猶欲以百口保人等語

袁项城之强聒不休.盛京时报,宣统三年十月二十九日(1911年12月19日),第1536号:第1张第4版.

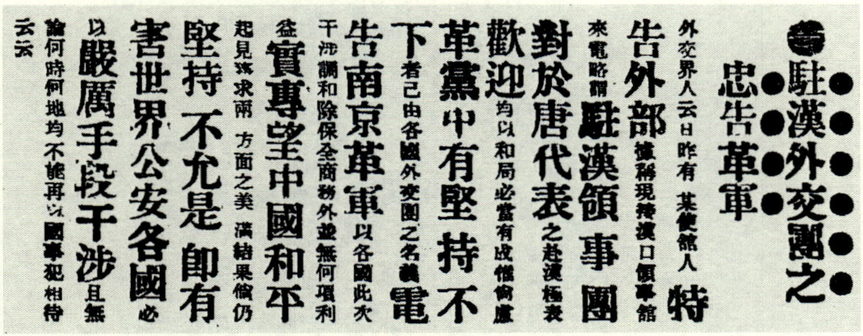

駐漢外交團之忠告革軍

外交界人云日昨有某使館人特告外部據稱現接漢口領事館來電略謂駐漢領事團對於唐代表之赴漢極表歡迎均以和局必當有成惟倘處革黨中有堅持不下者已由各國外交團之名義電告南京革軍以各國此次干涉調和除保全商務外並無何項利益實專望中國和平起見茲求兩方面之美滿結果倘仍堅持不允是即有害世界公安各國必以嚴厲手段干涉且無論何時何地均不能再以國事犯相待云云

驻汉外交团之忠告革军.盛京时报,宣统三年十月二十九日(1911年12月19日),第1536号:第1张第4版.

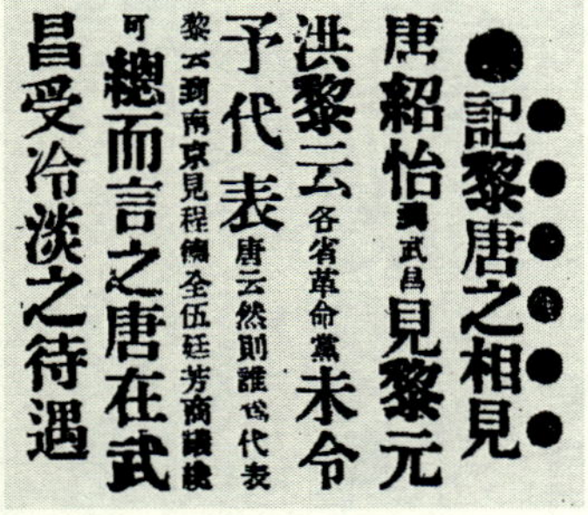

記黎唐之相見

唐紹怡到武昌見黎元洪黎云各省革命黨未令予代表唐云然則誰爲代表黎云到南京見程德全伍廷芳商議後可總而言之唐在武昌受冷淡之待遇

记黎唐之相见.盛京时报,宣统三年十月二十九日(1911年12月19日),第1536号:第1张第4版.

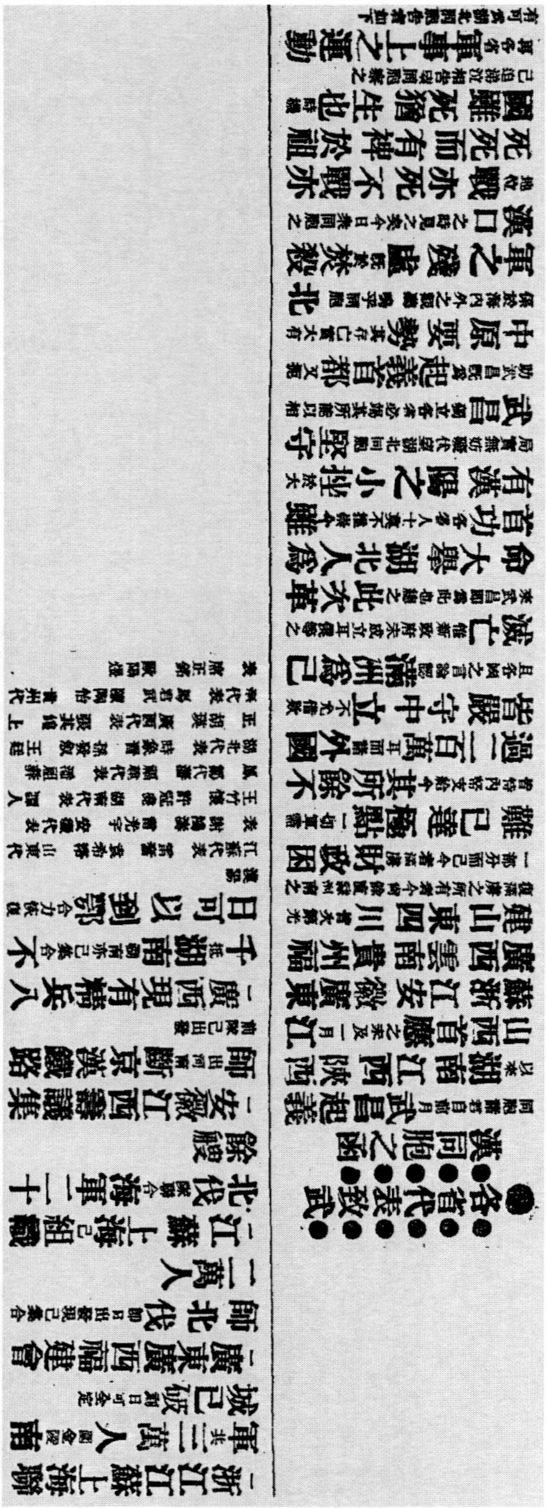

各省代表致武漢同胞之函

同胞諸君自前月武昌起義以來湖南江西陝西山西首應之未及一月江蘇浙江安徽廣東廣西雲南貴州福建山東四川皆次第光復滿虜之所有者今僅餘直隸河南之一部分而已今者滿虜財政困難已達極點一切軍需皆恃內帑支給今其所餘不過二百萬耳而諸外國皆嚴守中立不允借款且各國之言論認滿洲爲已滅亡惟新政府未成立耳俱等之來武昌即爲此也總之此次革命大舉湖北人爲首功各省人士莫不推崇今雖有漢陽之小挫於大局實無妨礙代望湖北同胞堅守武昌獨立各省必竭其所能以相助武昌既爲起義首都又扼中原要勢其存亡實大有關係於海內外之觀聽嗚呼同胞北軍之殘虐既於焚殺漢口之時見之矣今日我同胞之地位戰亦死不戰亦死死而有裨於祖國雖死猶生也時機已迫揮淚相告望同胞察之再各省軍事上之運動有可爲湖北同胞告者如下

一浙江江蘇上海聯軍共三萬人圍金陵南城已破剋日可全定

一廣東廣西福建會師北伐即日出發現已集合二萬人

一江蘇上海已組織北伐隊聯合海軍二十餘艘

一安徽江西籌議集師出河南斷京漢鐵路前隊已出發

一廣西現有精兵八千抵湖南湖南亦已集合不日可以到鄂合力恢復漢陽

江蘇代表 雷奮 袁希濤 山東代表 謝鴻燾 雷光宇 安徽代表 王竹懷 許冠堯 湖南代表 譚人鳳 鄒代藩 福建代表 潘祖彝 湖北代表 時象晉 孫發緒 王廷正 胡瑛 廣西代表 張其鍠 上海代表 馬君武 陳陶怡 貴州代表 席正銘 歐陽煜

各省代表致武汉同胞之函．盛京时报，宣统三年十月二十九日（1911 年 12 月 19 日），第 1536 号：第 1 张第 4 版．

民軍不認借欵

上海民軍領袖十九日接北京電謂清政府與勾堆男爵磋商借欵已經無效故改向滙豐花旗德華麥加利四銀行借銀二千萬兩以充經費勾堆男爵業於十八日在法啟程走西比利亞鐵路十四日內可抵上海主持此事伍廷芳君聞知因即照會北京公使暨上海各領事謂民軍政府將來共和政體建立以後不能承認此項借欵北京電文內並謂袁世凱欲以京漢鐵路作抵押並允授四銀行以管理該路財政之權十八日下午民軍因此特開會議商對付方法但會議詳情未曾宣布黃興陳英士及民軍中之領袖均與會云

民军不认借款. 盛京时报, 宣统三年十月二十九日（1911年12月19日）, 第1536号: 第1张第4版.

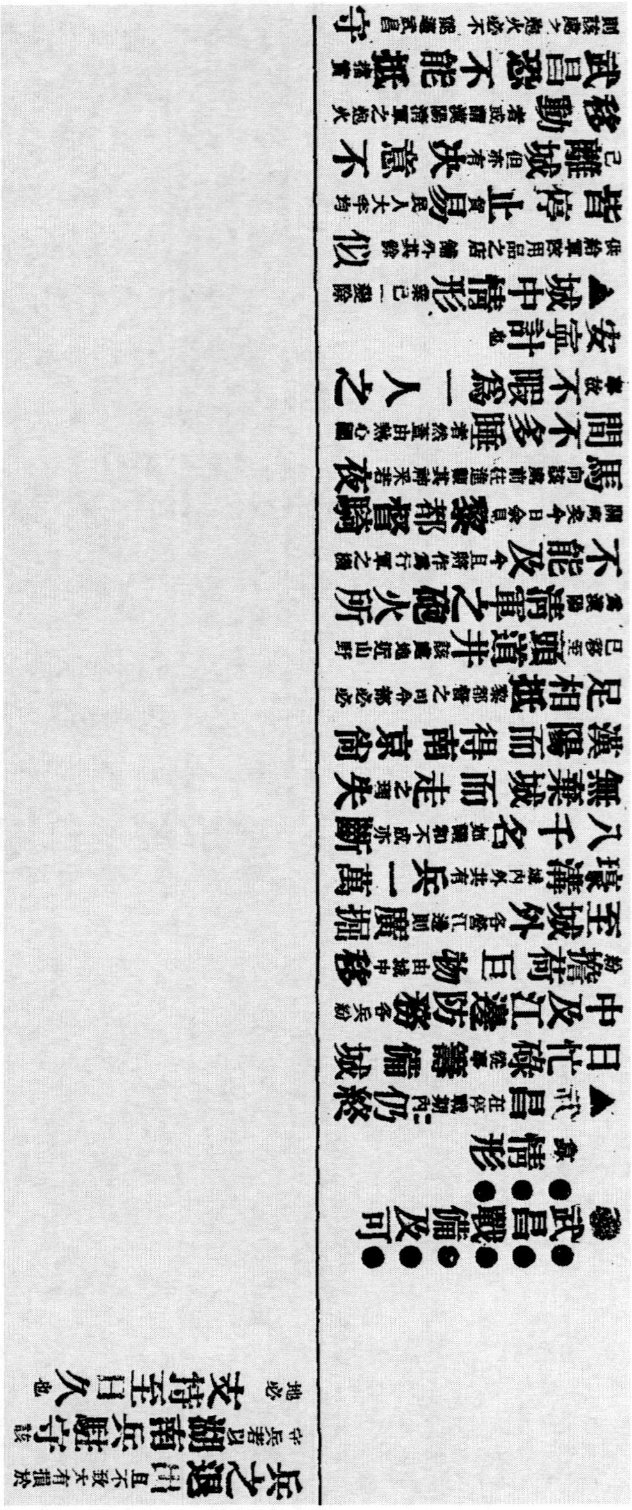

武昌战备及可靠情形．盛京时报，宣统三年十月二十九日（1911 年 12 月 19 日），第 1536 号：第 1 张第 4 版．

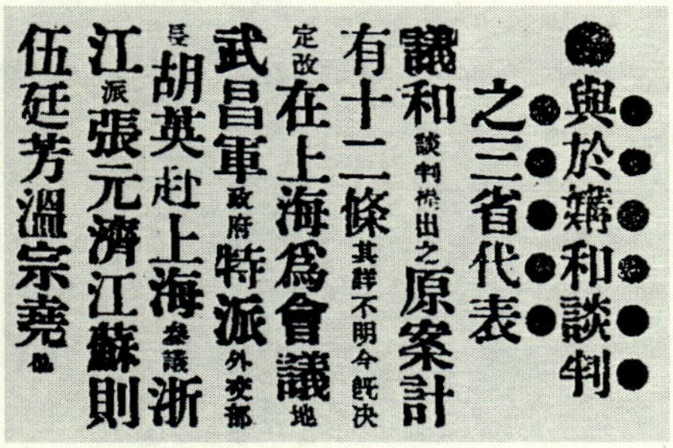

與於媾和談判之三省代表

議和談判擬出之原案計有十二條其詳不明今既決定改在上海為會議地武昌軍政府特派外交部長胡瑛赴上海參議浙江派張元濟江蘇則伍廷芳溫宗堯也

关于媾和谈判之三省代表．盛京时报，宣统三年十月二十九日（1911 年 12 月 19 日），第 1536 号：第 1 张第 4 版．

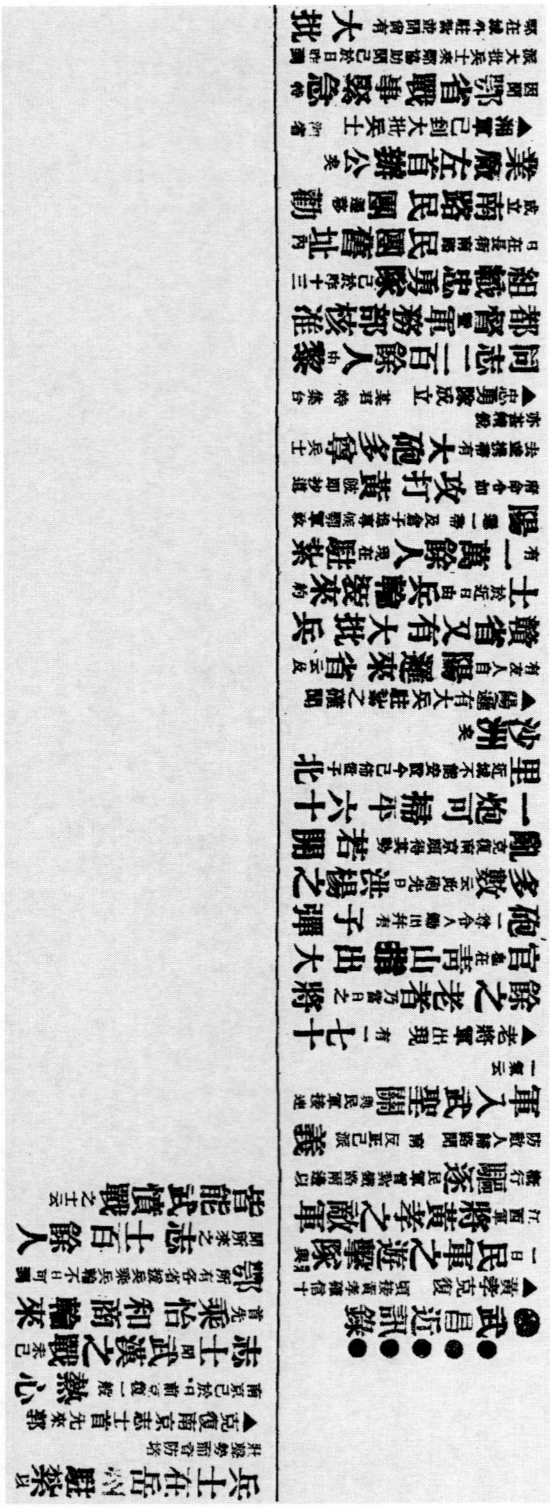

武昌近訊錄

武昌近讯录.盛京时报,宣统三年十月二十九日(1911 年 12 月 19 日),第 1536 号:第 1 张第 4 版.

●諜者朱芾煌●●●●●

▲初九日有朱芾煌者由京來鄂云係袁世凱派來代表持有袁之護照信件言袁世凱於初八日攻北京特命其來鄂令兩方面停戰合力北伐都督接見後即派人同至馮國璋處宣布此事馮國璋疑信參半已專人至京探詢朱某現猶押於馮處

▲武昌軍政府對於朱某亦不探信軍隊防守益加嚴密蓋恐袁以詐術緩惰軍心也

谍者朱芾煌．盛京时报，宣统三年十月二十九日（1911年12月19日），第1536号：第1张第4版．

要聞

●外交團函問袁總理

日前駐京外交團有正式公文致袁總理其大旨略稱此次革政府派赴漢口議和各省代表是否名望素著係由各省公舉者乞即速覆袁總理當即函覆內云赴漢各省代表臨由敝政府委派然皆係素蒙本省輿論所信仰者各省人民尚不致反對云

外交团函问袁总理．盛京时报，宣统三年十月二十九日（1911年12月19日），第1536号：第1张第7版．

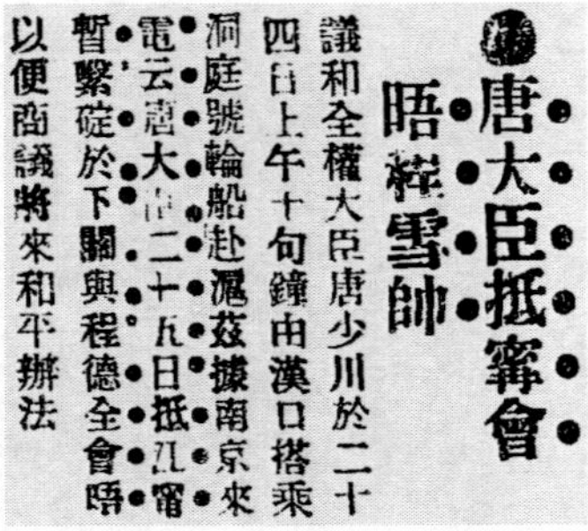

唐大臣抵寗會晤程雪帥

議和全權大臣唐少川於二十四日上午十句鐘由漢口搭乘洞庭號輪船赴滬茲據南京來電云唐大臣二十五日抵江寗暫繫碇於下關與程德全會晤以便商議將來和平辦法

唐大臣抵宁会晤程雪帅．盛京时报，宣统三年十月二十九日（1911 年 12 月 19 日），第 1536 号：第 1 张第 7 版．

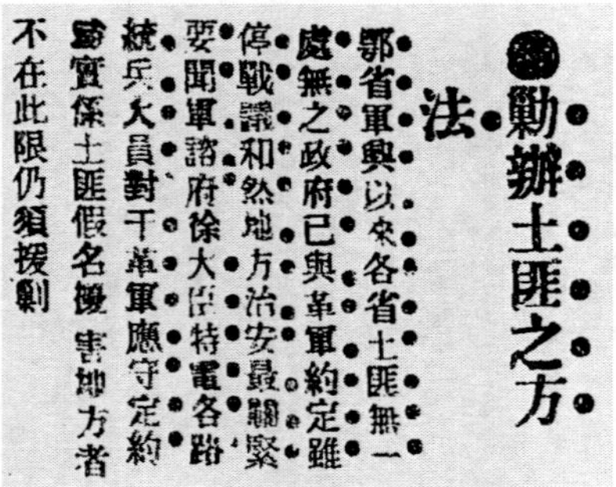

剿辦土匪之方法

鄂省軍興以來各省土匪無一處無之政府已與革軍約定雖停戰議和然地方治安最關緊要聞軍諮府徐大臣特電各路統兵大員對于革軍應守定約惟實係土匪假名擾害地方者不在此限仍須援剿

剿办土匪之方法．盛京时报，宣统三年十月二十九日（1911 年 12 月 19 日），第 1536 号：第 1 张第 7 版．

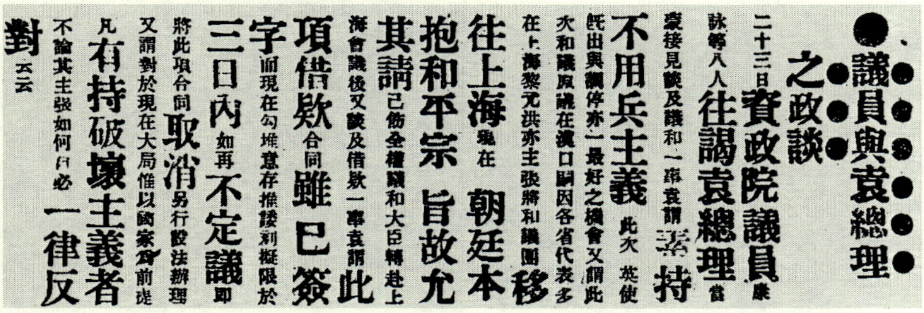

議員與袁總理之政談

二十三日資政院議員康詠等八人往謁袁總理當蒙接見談及議和一節袁謂素持不用兵主義此次英使既出與調停亦一最好之機會又謂此次和議原議在漢口嗣因各省代表多在上海黎元洪亦主張將和議團移往上海現在朝廷本抱和平宗旨故允其請己飭全權議和大臣轉赴上海會議後又談及借款一事袁謂此項借款合同雖已簽字而現在勾堆意存推諉刻擬限於三日內如再不定議即將此項合同取消另行設法辦理又謂對於現在大局惟以國家爲前提凡有持破壞主義者不論其主張如何自必一律反對云云

议员与袁总理之政谈．盛京时报，宣统三年十一月初一日（1911 年 12 月 20 日），第 1537 号：第 1 张第 4 版．

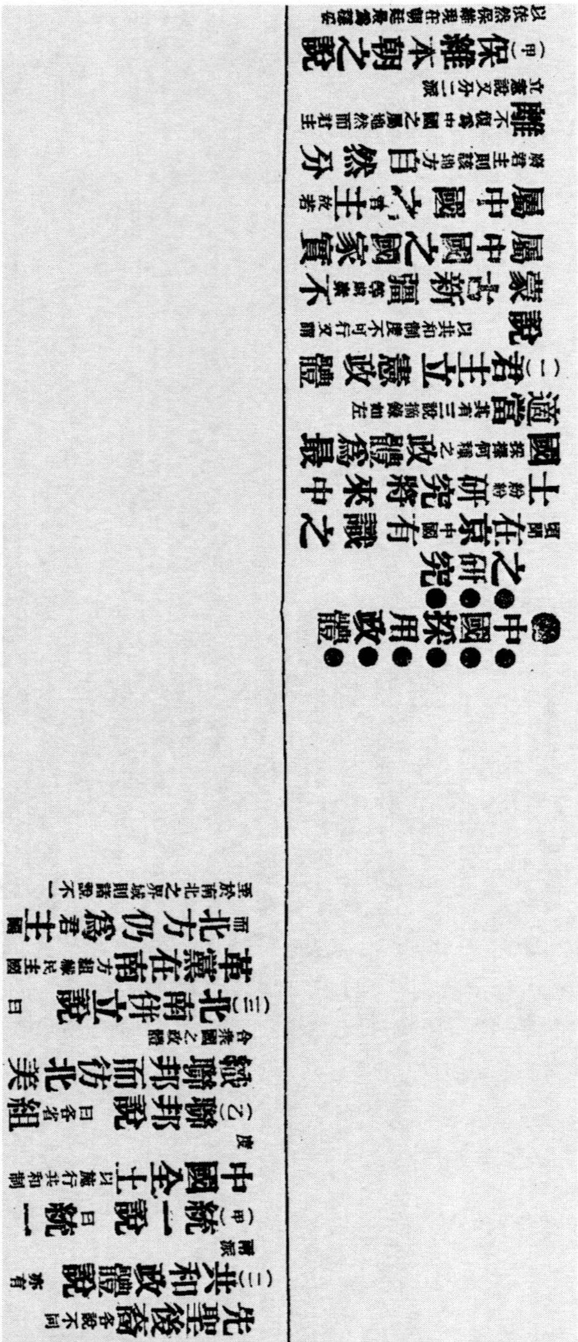

中國採用政體之研究

頃聞在京中國有識之士紛紛研究將來中國採擇何種之政體爲最適當其有三說摘錄如左

(一)君主立憲政體說 以共和制度不可行又謂蒙古新疆等處素不屬中國之國家實屬中國之一省主故若離君主則該地方自然分離不復爲中國之屬地然而君主立憲說又分二派

(甲)保維本朝之說 以依然保維現在朝廷最爲穩妥

(乙)奉戴漢人說 謂若不得已則奏請退位以漢人代之然以何人爲適當或指先聖後裔或指袁總理各說不同

(二)共和政體說 亦有兩派

(甲)統一說 曰統一中國全土以施行共和制度

(乙)聯邦說 曰各省組織聯邦而彷北美合衆國之政體

(三)北南併立說 曰革黨在南方組織民主國而北方仍爲君主國至於南北之界域則諸說不一

中国采用政体之研究．盛京时报，宣统三年十一月初一日（1911 年 12 月 20 日），第 1537 号：第 1 张第 4 版．

革軍電覆孫寶琦

兩電均悉維持大局 甚佩苦心 漢苦滿虐普天同憤故起義五旬而全國響應人心如此豈公婉言調解所能挽回現滿清困守僞都亡在旦夕公爲漢族且聞魯已舉公督師即當奮然改圖直搗幽燕共成大業覊縻依違不決貽誤事機明達如公甚所不取會議地點已確定在滬不能移我就彼清廷如肯遜位當卽停戰宣布中外立派袁世凱赴鄂會議否則征北之師已編成不日出發俟北京光復如彼投降再議寬待此時圖每庸公曉々不休乞即將此意電達清廷爲盼

革军电覆孙宝琦. 盛京时报, 宣统三年十一月初一日(1911年12月20日), 第1537号: 第1张第4版.

推定北伐聯軍總司令官之通告

上海黃大元帥武昌黎副元帥各省都督各報館均鑒 滿清未倒北燄尚張不迅掃虜巢恐蹈洪秀全苟安東南之覆轍同人等本日特開大會決定北伐問題全體解决立卽進行又議公推北伐聯軍總司令以謀軍事統一當用投票選舉式多數選定徐紹楨擔任蘇軍浙軍海軍民軍駐寧鎭軍全體贊成又揚州徐寶山亦願隸屬聯軍受總司令指揮惟徐紹楨尚謙讓不遑擬請公同承認電促就職以維大局仍盼電復聯軍團體警蘇軍都督府幷來賓等公叩印

推定北伐联军总司令官之通告. 盛京时报, 宣统三年十一月初一日(1911年12月20日), 第1537号: 第1张第4版.

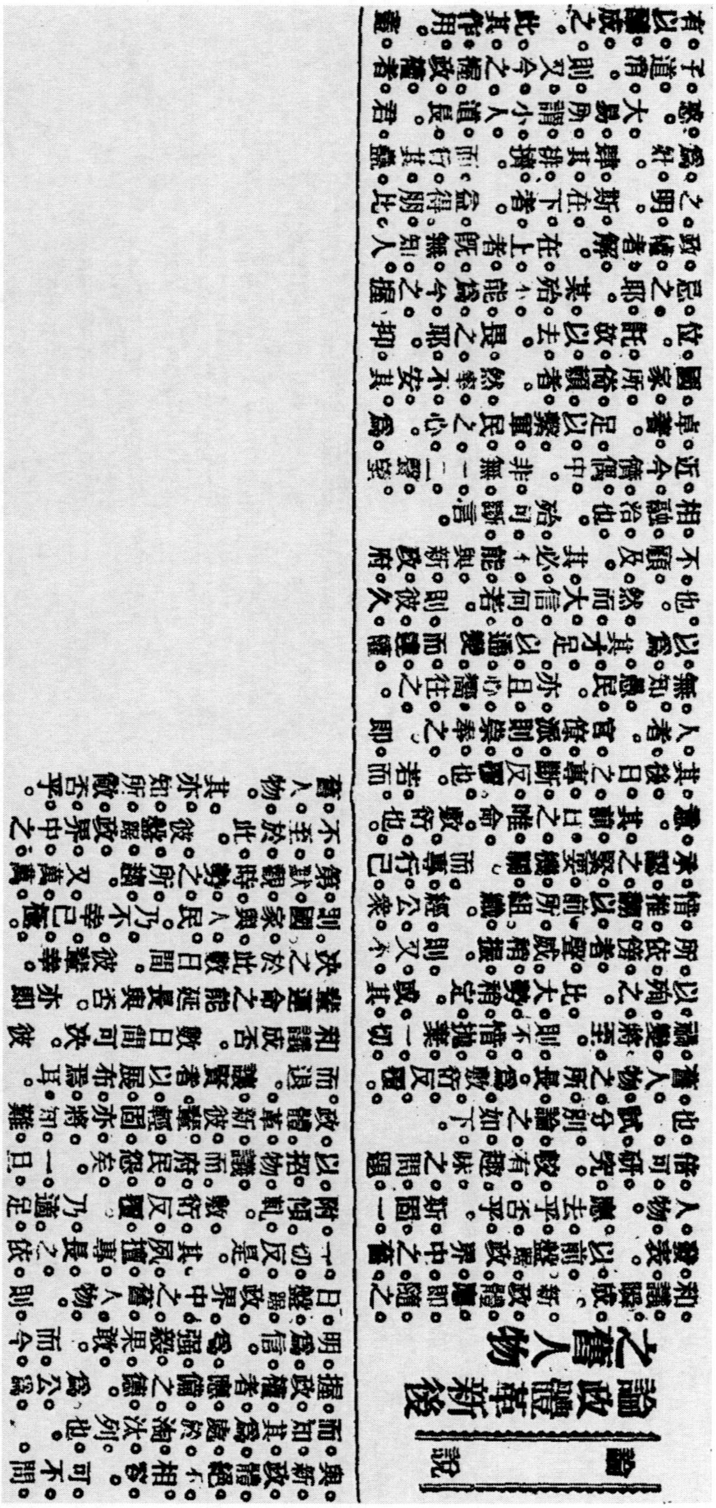

論說

論政體革新後之舊人物

和議將成。新政體即隨之發表。以前盤踞政界中之舊人物。應去乎否乎。斯固一借可研究。較有趣味之問題也。試分別論之如下。

舊人物之所長。爲敷衍反覆。禍變將至。則不惜拋棄一切以殉之。比大勢稍定。或其所依傍者聲威稍振。則又不惜推翻以前所組織。經公衆承認之緊要機關。而專行己意。其前日之唯命。敷衍也。其後日之專斷反覆也。若而人者。官僚派則崇奉之。即無知愚民。亦且心嚮往之。以爲其才足以通變而達權也。然而大信何若。則彼久不顧及。其必不能與新政府相融洽也。殆可斷言。

近今儕偶中。非無一二聲望卓著。足以繫軍民之心。爲國家所倚賴者。然率不安其位。託故以去。畏之耶。抑忌之耶。某殆不能爲今之握政權者解。在上者既無知人之明。斯在下者益得朋比爲奸。肆其排擠。而行其蠱惑。大易所謂小人道長。君子道消。則又今之握政權者有以釀成之。此其作用。蓋與新政體絕不相容。可不問而知其爲處於淘汰列也。

爲握政權者應備之德。爲公爲明爲信。爲強毅果敢。而今日盤踞政界中之舊人物。則一切反是。其夙擅長之依附傾軋。敷衍反覆。乃適足以招物議。而府民怨矣。一旦政體革新。彼輩輕固亦將知難而退。讓賢者以展布爲耳。

和議成否。數日間可決。彼輩運命之能延長與否。亦即決之於此數日間。彼輩幸。則國家與人民乃不幸已極。第默觀時勢之所趨。又萬萬不至於此。彼盤踞政界中之舊人物。其亦知所儆否乎。

论政体革新后之旧人物．盛京时报，宣统三年十一月初二日（1911 年 12 月 21 日），第 1538 号：第 1 张第 1 版．

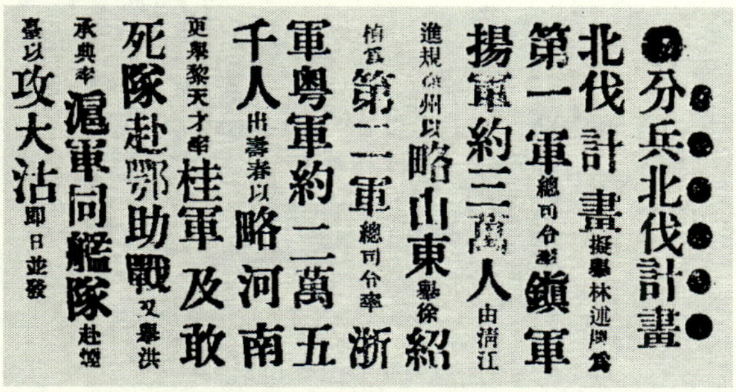

分兵北伐計畫
北伐計畫擬舉林述慶爲第一軍總司令率鎭軍揚軍約三萬人由清江進規徐州以略山東舉徐紹楨爲第二軍總司令率浙軍粵軍約二萬五千人出壽春以略河南更舉黎天才率桂軍及敢死隊赴鄂助戰又舉洪承典率滬軍同艦隊赴煙臺以攻大沽即日並發

分兵北伐计划．盛京时报，宣统三年十一月初二日（1911 年 12 月 21 日），第 1538 号：第 1 张第 4 版．

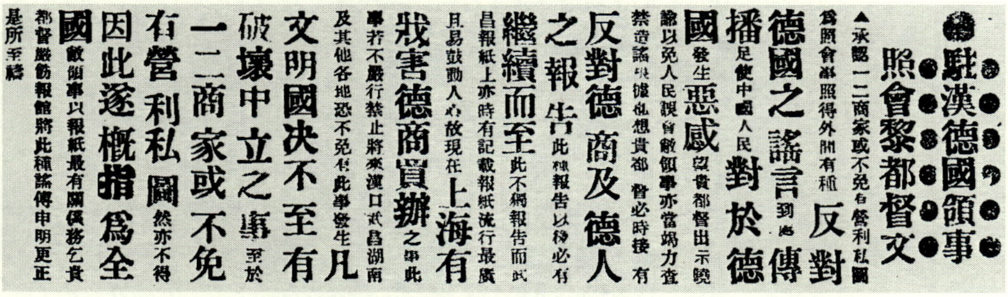

駐漢德國領事照會黎都督文
▲承認一二商家或不免有營利私圖
爲照會事照得外間有種反對德國之謠言到處傳播足使中國人民對於德國發生惡感深盼貴都督出示曉諭以免人民誤會敝領事亦當竭力查禁造謠之人惟敝領事想貴都督必時接有反對德商及德人之報告此種報告以後必有繼續而至此不獨報告而武昌報紙上亦時有記載報紙流行最廣且易鼓動人心故現在上海有戕害德商買辦之事此事若不嚴行禁止將來漢口武昌湖南及其他各地恐不免有此事發生凡文明國決不至有破壞中立之事至於一二商家或不免有營利私圖然亦不得因此遂概指爲全國敝領事以報紙最有關係務乞貴都督嚴飭報館將此種謠傳申明更正是所至禱

驻汉德国领事照会黎都督文．盛京时报，宣统三年十一月初二日（1911 年 12 月 21 日），第 1538 号：第 1 张第 4 版．

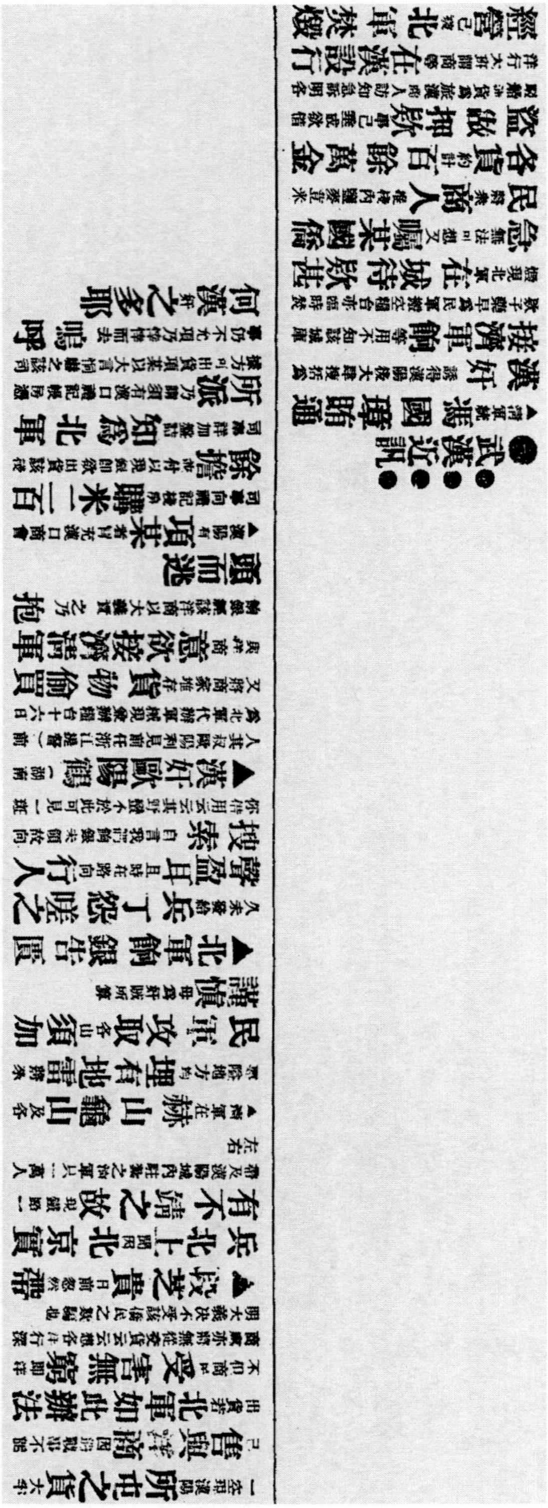

武汉近讯．盛京时报，宣统三年十一月初二日（1911 年 12 月 21 日），第 1538 号：第 1 张第 4 版．

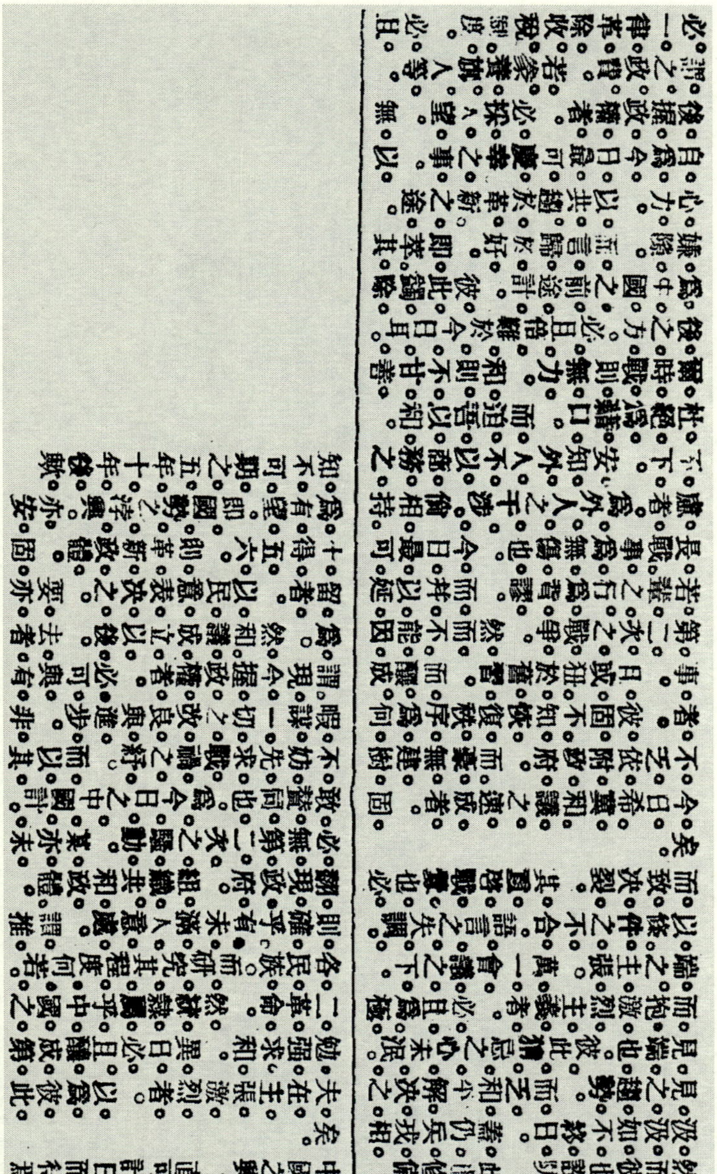

和议成立后之希望. 盛京时报, 宣统三年十一月初三日(1911年12月22日), 第1539号: 第1张第1版.

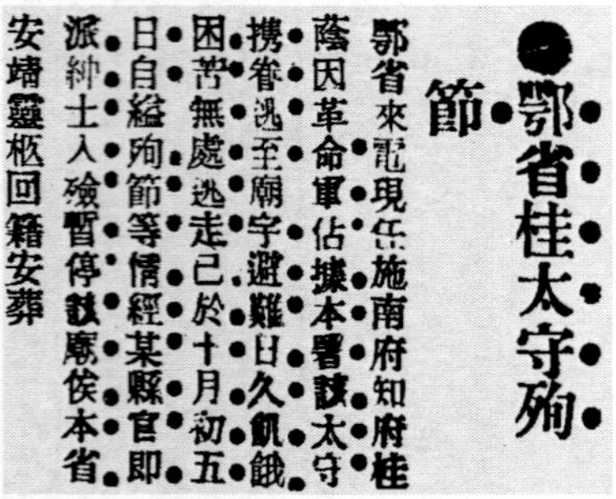

鄂省桂太守殉節

鄂省來電現任施南府知府桂蔭因革命軍佔據本署該太守携眷逃至廟宇避難日久飢餓困苦無處逃走已於十月初五日自縊殉節等情經某縣官即派紳士入殮暫停該廳俟本省安靖靈柩回籍安葬

鄂省桂太守殉节．盛京时报，宣统三年十一月初三日（1911 年 12 月 22 日），第 1539 号：第 1 张第 7 版．

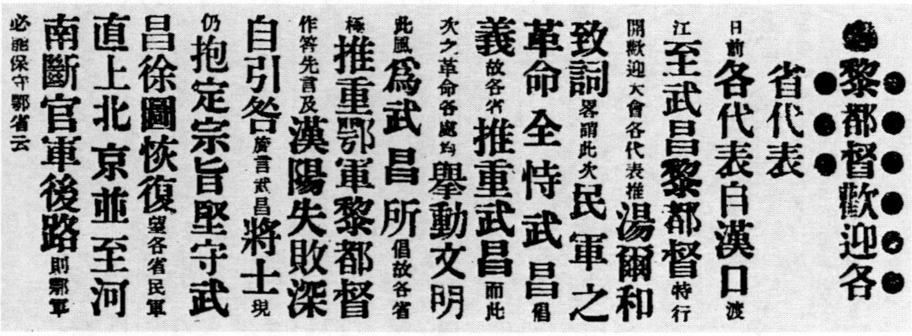

黎都督歡迎各省代表

日前各代表自漢口渡江至武昌黎都督特行開歡迎大會各代表推湯爾和致詞畧謂此次民軍之革命全恃武昌倡義故各省推重武昌而此次之革命各處均舉動文明此風爲武昌所倡故各省極推重鄂軍黎都督作答先言及漢陽失敗深自引咎廣言武昌將士現仍抱定宗旨堅守武昌徐圖恢復望各省民軍直上北京並至河南斷官軍後路則鄂軍必能保守鄂省云

黎都督欢迎各省代表．盛京时报，宣统三年十一月初四日（1911 年 12 月 23 日），第 1540 号：第 1 张第 4 版．

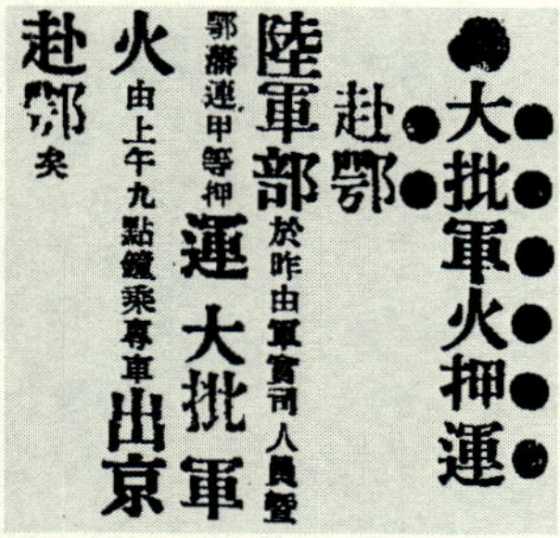
大批軍火押運赴鄂

陸軍部於昨由軍實司人員暨鄂籍選甲等押運大批軍火由上午九點鐘乘專車出京赴鄂矣

大批军火押运赴鄂.盛京时报,宣统三年十一月初七日(1911年12月26日),
第1542号:第1张第4版.

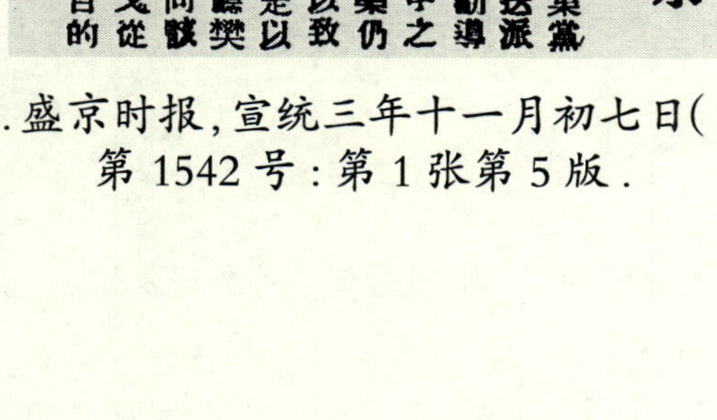
莊河黨人尚未就範

莊河亂事黨首顧人宜招集黨人數千聲勢赫燿經督憲遴派官紳前往開城佈公剴切勸導諭令歸正惟所要求四欵中之二項須由官給與餉糈子藥仍自行管領一節雙方爭執以致未能就範茲已相持多H是以督憲現特諭飭新任莊河廳樊牧並諮議局議員王某仍向該黨人等妥爲商榷以免干戈從事而保和平惟未知能達目的否

庄河党人尚未就范.盛京时报,宣统三年十一月初七日(1911年12月26日),
第1542号:第1张第5版.

代論

日本浮田博士評論中國之時局（一）

中國革命黨崛起武漢。在其性質固非爲排外思想所煽亦非爲宗教迷信所馳。觀之髮辮各異。其宗旨亦平非類焉。綜而觀之。彼等皆係染歐美之新思想。欲剷除滿洲朝廷之根株。而實行政體之大革命者也。乃名之曰中國革命黨。則無不可。更名之曰青年支那黨。亦無不可也。夫清國政府之顢頇莫能爲。則向爲衆所俱覩。至此次內亂一起。更見其早喪統治中國之實力矣。惟於北部有領土而已。至於南方各省。均已實行獨立。如西部一帶。雖有尚未搖動之地方而此由該地方自守靜中耳。固非政府實力之所致也。蓋中國國民。自古嫻於地方自治之風習。故如中央政府之起仆。地方所受影響。亦無甚大。則爲中國歷史上之特色也。今如欲改良清國政府。其事究屬棘手。則以其無實行改良之實力故也。譬諸治病者。如其人身體本壯則藥之餌之。而可望康復也。如至其身體已衰。則藥餌固無效驗。而病竟不可救也。夫國家亦如是耳。所謂實力者。何也。一曰兵力也。二曰財力也。縱國家惟有其一而不能兼備兩力。亦尚有改良政治之望。如至二力皆乏則竟無法可救也。乃如清國政府內乏財力。不足以資振興要務。外乏兵力。不足以資鎮定內憂外患。尚亦以無事於中外者。全由于日俄戰事之結果。列强於亞東維持均勢。一面由中國人民之柔順性質。素愛平和所致也。雖然。今者無事如是。然一旦希圖改革。必非出以實力不可。即就今日之中國論之如欲實行改革。則必不可不將中央政府之行政制度。根然一新。而稅制一宗實爲根柢也。如中央政府而乏財力亦乏兵力 則改革稅制一事究難平實行也。如中央政府而財力豐富。則官吏薪俸之額。可以從優。而苛斂貪蹟之弊習自除。如中央政府而兵力充實。則[illegible]上之營雄 皆可黜革。而地方行政之腐敗自除。且夫有財力者可以養兵力。有兵力者。可以蓄財力也。即如清國政府欲養兵力。則若於無款。欲蓄財力。則待於兵力。在在迍邅。殆無策可施也。竟出籌借外款之計。無論中央及地方均出此一道。亦誠屬不得已也。蓋中歐地大民衆。富於資產。裕於關稅。故如供以內債之抵押。籌借外款事亦匪難。蓋國家而具有實力外債亦不足爲憂耳。但至現今之清國政府。如一經籌借外款。必招外國之干涉。致啓亡國之禍。可勝言也。

日本浮田博士评论中国之时局（一）．盛京时报，宣统三年十一月初八日（1911 年 12 月 27 日），第 1543 号：第 1 张第 1 版．

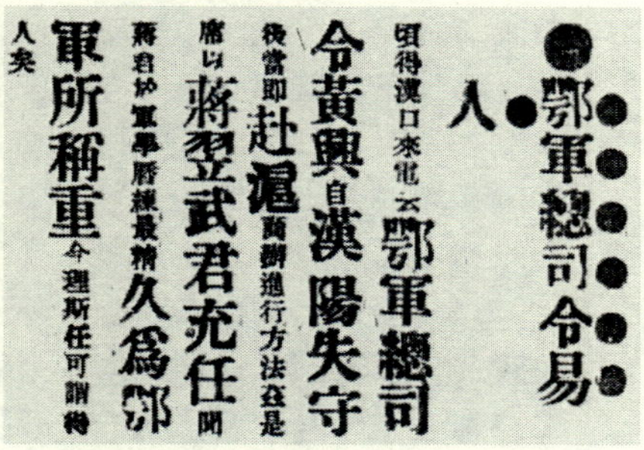

●鄂軍總司令易人●

頃得漢口來電云鄂軍總司令黃興自漢陽失守後當即赴滬籌辦進行方法茲是席以蔣翊武君充任聞蔣君於軍學曆練最精久為鄂軍所稱重今理斯任可謂得人矣

鄂军总司令易人.盛京时报,宣统三年十一月初八日(1911年12月27日),第1543号:第1张第4版.

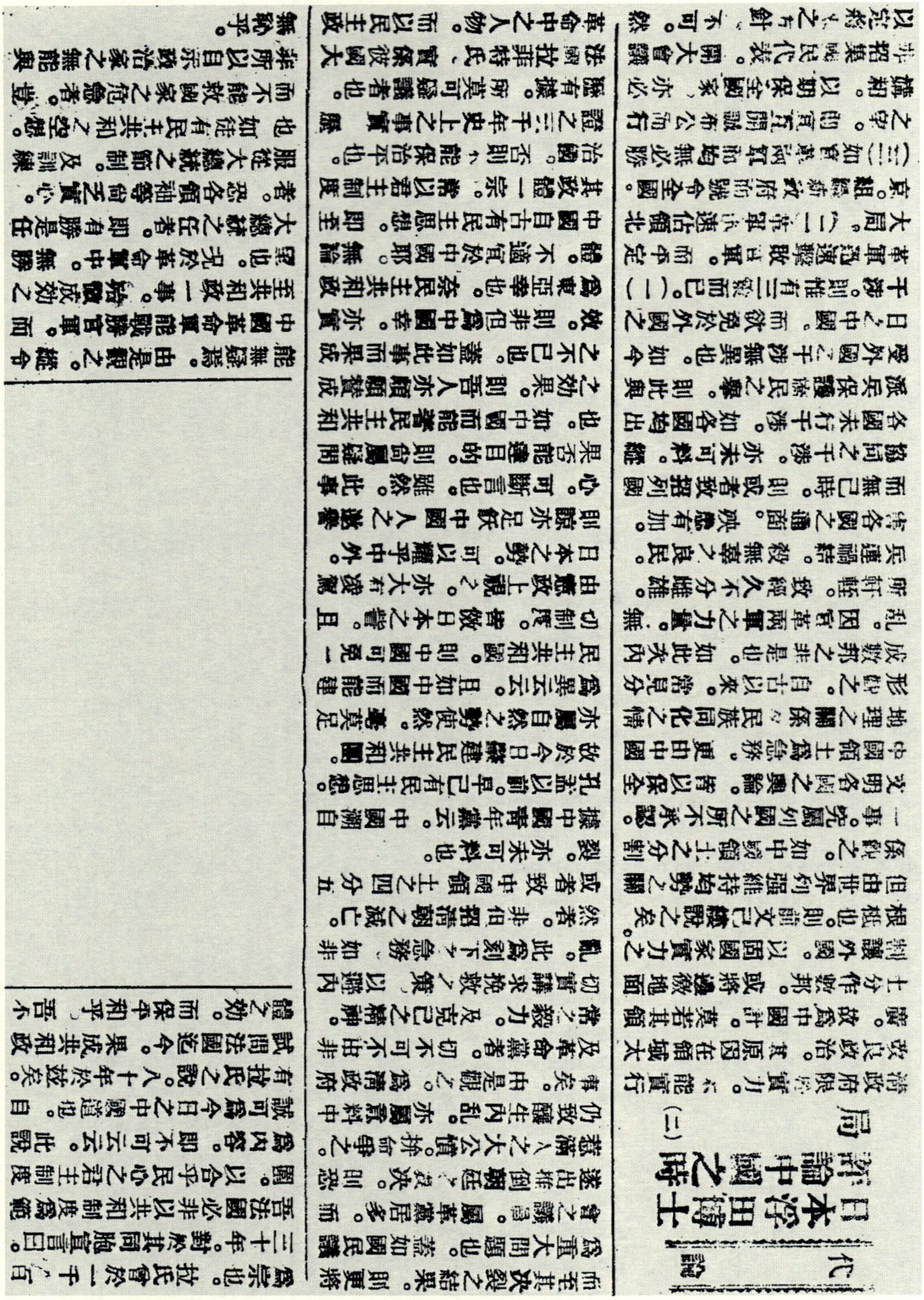
代論

日本浮田博士評論中國之時局（二）

清政府限於實力。不能實行政以致治。其原因在領域太廣。故爲中國計。莫若其領土分作數邦。或將邊徼地面割讓外國。以固國家實力之根柢也。則前文已縷晰之矣。但由世界列強維持均勢之關係觀之。如中國領土之分割一事。究屬列國之所不承認。文明各國之輿論。皆以保全中國領土爲急務。更由中國地理之關係與民族同化之情形觀之。自古以來。常見分成數邦之非是也。如此次內亂。因官革兩軍之力量。無所軒輊。致經久不分雌雄。兵連禍結。殺戮無辜之良民。害各國之通商。殃禍有加。而無已時。則或者致招列國協同之干涉。亦未可料。縱各國未行干涉。如各國均出派兵保護僑民之舉。則此與受外國之干涉無異也。如今日之中國。而欲免於外國之干涉。則惟有二策而已。（一）革軍迅速擊敗北軍。而平定大局。（二）革軍亟速佔領北京。組織新政府而號令全國。（三）如官革兩軍而均無必勝之望。則宜互開誠布公而行媾和。以期保全國家。亦必非招集國民代議。開大會議以定將來之方針不可。然而至其決裂之結果。則更將爲重大問題也。蓋如國民議會之議員。屬革黨居多。而遂出推倒朝廷之表決。則恐惹滿人之大公憤。拚命爭之。仍致釀生內亂。亦屬意料中事矣。由是觀之。爲清政府及革命黨者。切不可不出非常之努力。及克己之精神。切實講求挽救之策。以避內亂。此爲刻下之急務。如非然者。非但招清朝之滅亡。或者致中國領土之四分五裂。亦未可料也。據中國青年黨云。中國溯自孔孟以前。早已有民主思想。故於今日難建民主共和國。亦屬自然之勢使然。毫莫足爲異云云。且如中國而能建民主共和國。則中國可免一切制限。皆倣日本之管。且由憲政上觀之。亦大有裨益日本之勢。可以權平中外。則觀亦足饜中國人之欲望心。可斷言也。雖然。此事果否能達目的。則尚屬疑問也。如中國而能著民主共和之効果。則吾人亦頗願贊成之不已也。蓋如此事而果成效。則非但爲中國幸。亦實爲東亞幸也。奈民主共和政體。不適宜於中國耶。無論中國自古有民主思想。即至其政體一宗。常以君主制度治國。否則不能保治平也。歷證之三千年史上之事實。歷歷有據。所莫可隱諱者也。法國拉菲特氏。實係彼國大革命中之人物。而以民主政爲宗也。拉氏曾於一千八百二十年。對於其同胞宣言曰。吾法國必非以共和制度爲範圍。以合乎民心之君主制度爲內容。即不可云云。此說誠可爲今日之中國道也。自有拉氏之說。八十年於茲矣。試問法國迄今。果成共和政體之効。而保平和乎。吾不能無疑焉。由是觀之。縱令中國革命軍能戰勝官軍。而至共和政一事。始收成効之望也。況於革命軍中。無勝大總統之任者。即有勝是任者。恐各領袖等尚乏之實心。服從大總統之節制。及訓練也。如徒有民主共和之空想。而不能救國家之危急者。豈非所以自示政治家之無能與無識乎。

日本浮田博士评论中国之时局（二）．盛京时报，宣统三年十一月初九日（1911年12月28日），第1544号：第1张第1版．

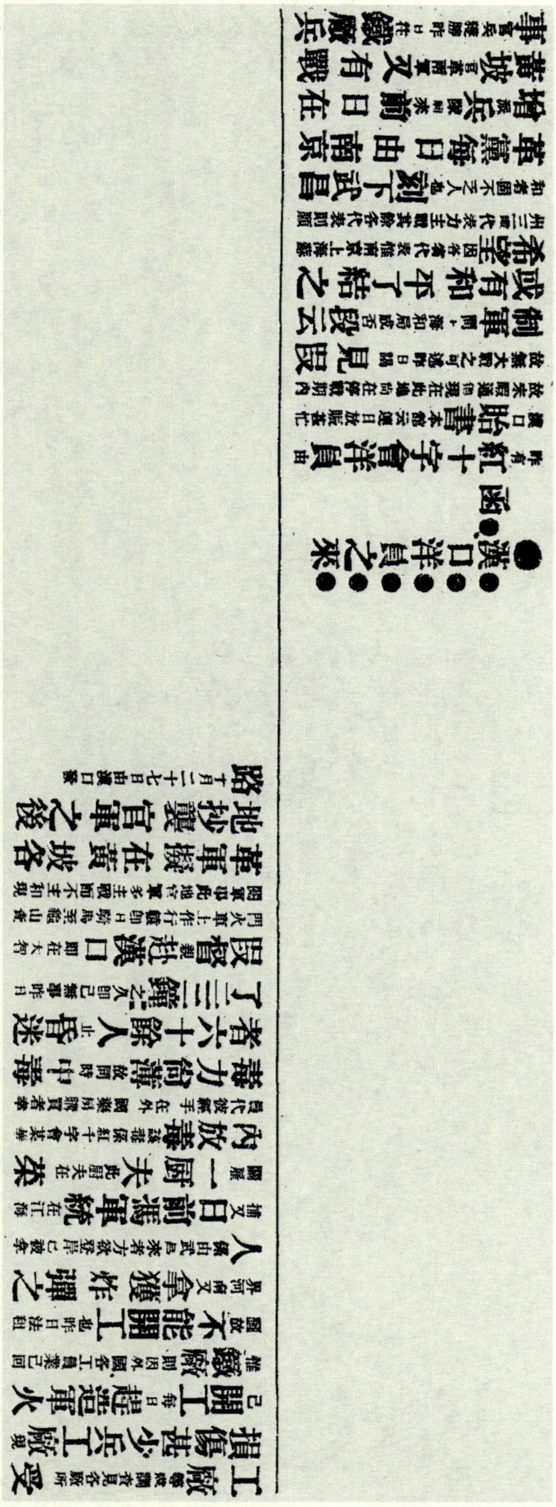

●漢口洋員之來函●

昨有紅十字會洋員由
漢口貽書本館云連日放賑甚忙
故未暇通信現在此地尚在停戰期內
故無大戰之可述昨日謁見段
制軍問上海和局成否段云
或有和平了結之
希望因各省代表惟南京上海蘇
州三處代表力主戰其餘各代表則願
和者固不乏人也刻下武昌
革黨每日由南京
增派兵隊前來前日在
黃坡官革兩軍又有戰
事官兵獲勝昨日往鐵廠兵
工廠參觀調查見各廠所受
損傷甚少兵工廠現
已開工每日趕造軍火
惟鐵廠則因外國各工員業已回
國故不能開工也昨日法租
界河內又拿獲炸彈之
人係由武昌來者方欲登岸已被拿
捕又日前馮軍統在江漢
關屋一廚夫此廚夫在菜
內放毒該毒係紅十字會某華
員代彼經手在外國藥房購買者幸
毒力尚薄故同時中毒
者六十餘人止昏迷
了二三鐘之久即已無事昨日
段督親赴漢口即在大智
門火車上作行轅即日騎馬至龜山查
閱軍事此地官軍多主戰而不主和現
革軍擬在黃坡各
地抄襲官軍之後
路十月二十七日由漢口發

汉口洋员之来函. 盛京时报, 宣统三年十一月十一日(1911年12月30日),
第1546号: 第1张第4版.

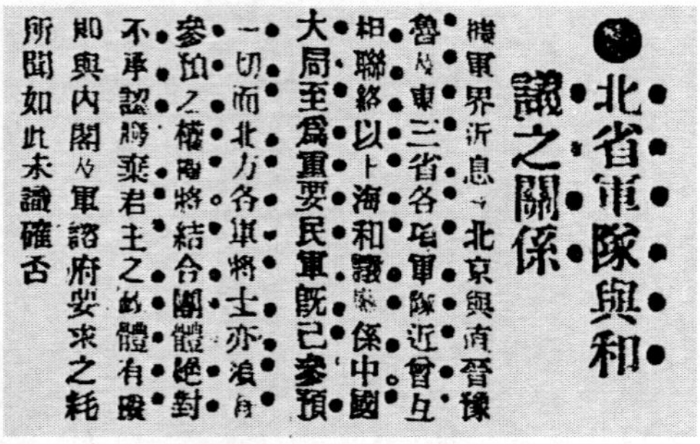

●北省軍隊與和議之關係●

據軍界消息、北京與直晉豫魯及東三省各項軍隊近曾互相聯絡以上海和議關係中國大局至爲重要民軍既已參預一切而北方各軍將士亦須有參預之權因將結合團體絕對不承認將棄君主之政體有議即與內閣及軍諮府要求之耗所聞如此未識確否

北省军队与和议之关系.盛京时报,宣统三年十一月十一日（1911年12月30日）,第1546号:第1张第7版.

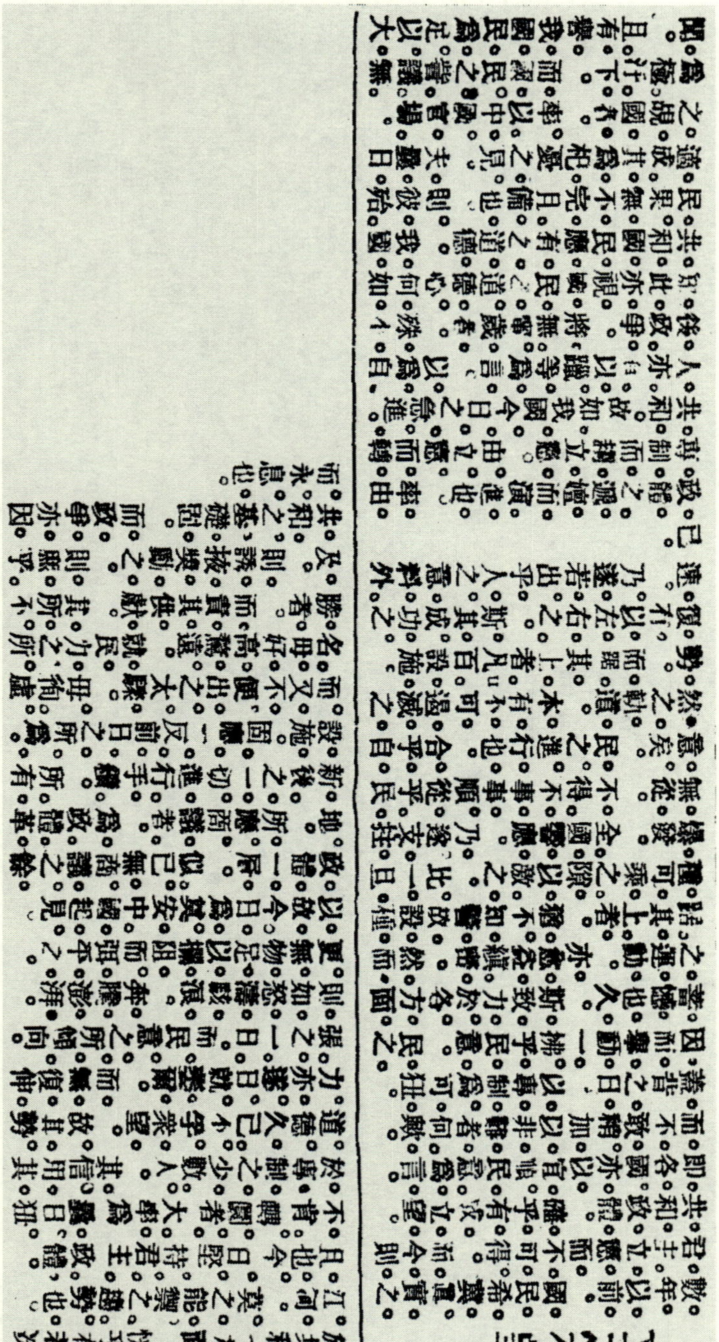

论共和政体成立之有望．盛京时报，宣统三年十一月十二日（1911 年 12 月 31 日），第 1546 号：第 1 张第 1 版．

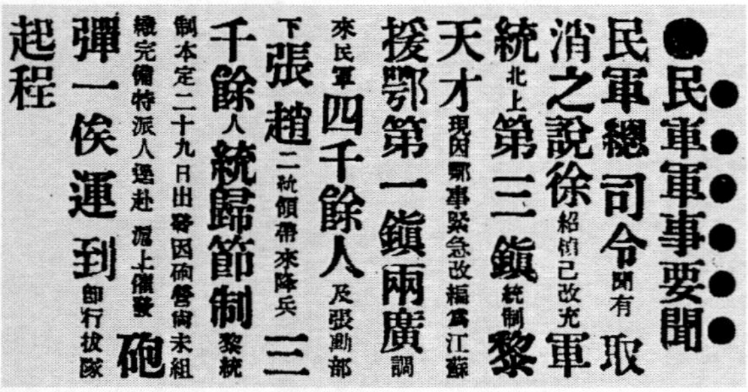

●民軍軍事要聞●●●●●●

民軍總司令聞有取消之說徐紹楨已改充軍統北上第三鎮統制黎天才現因鄂事緊急改編爲江蘇援鄂第一鎮兩廣調來民軍四千餘人及張勳部下張趙二統領帶來降兵三千餘人統歸節制黎統制本定二十九日出發因砲營尚未組織完備特派人逕赴滬上催發砲彈一俟運到卽行拔隊起程

民军军事要闻．盛京时报，宣统三年十一月十二日（1911年12月31日），第1546号：第1张第4版．

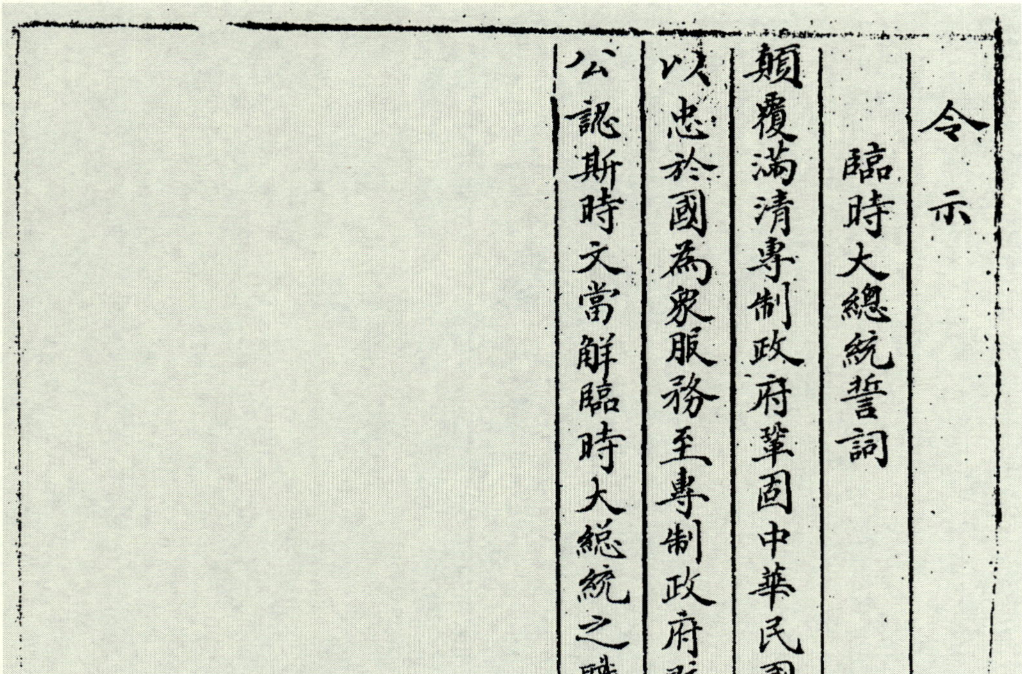
令示

臨時大總統誓詞

顛覆滿清專制政府鞏固中華民國圖謀民生幸福此國民之公意文實遵之以忠於國為衆服務至專制政府既倒國內無變乱民國卓立於世界為列邦公認斯時文當解臨時大總統之職謹以此誓於國民

临时大总统誓词. 临时政府公报, 1912年1月29日, 第1号: 令示.

臨時大總統宣言書

中華民國締造之始而文以不德膺臨時大總統之任夙夜戒懼慮無以副國民之望夫中國專制政治之毒至二百餘年來而滋甚一旦以國民之力踣而去之起事不過數旬光復已十餘行省自有歷史以來成功未有如是之速也國民以為於內無統一之機關於外無對待之主體建設之事更不容緩於是以組織政府之責相屬自推功讓能之觀念以言文所不敢任也自服務盡實

之觀念以言則文所不敢辭也是用黽勉從國民之後能盡掃專制之流毒確定共和以達革命宗旨完國民之志願端在今日敢披瀝肝胆為國民告國家之本在於人民合漢滿蒙回藏諸地為一國即合漢滿蒙回藏諸族為一人是曰民族之統一武漢首義十數行省先後獨立所謂獨立對於清廷為脫離對於各省為聯合蒙古西藏意亦同此行動既一決無歧趨樞機成於中央斯經緯周於四至是曰領土之統一血鐘一鳴義旗四起擁甲帶戈之士遍於十餘行省雖編制或不一號令或不齊而目的所在則無不同由共同之目的以為共同之行動整齊畫一夫豈其難是曰軍政之統一國家幅員遼闊各省自有其風氣所宜前此清廷強以中央集權之法行之以遂其偽立憲之術今者各省聯合互謀自治此後行政期於中央政府與各省之關係調劑得宜大綱既挈條目自舉是曰內治之統一滿清時代藉立憲之名行斂財之實雜捐苛細

民不聊生此後國家經費取給於民必期合於理財學理而尤在改良社會經濟組織使人民知有生之樂是曰財政之統一以上數者為政務之方針持此進行庶無大過若夫革命主義為吾儕所昌言萬國所同喻前此雖屢起屢蹶外人無不鑒其用心弥月以來義旗飆發諸友邦對之抱和平之望持中立之態而報紙及輿論尤每表其同情鄰誼之篤良足深謝臨時政府成立以後當盡文明國應盡之義務以期享文明國應享之權利滿清時代辱國之舉措與排外之心理務一洗而去之持和平主義與我友邦益增睦誼將使中國見重於國際社會且將使世界漸趨於大同循序以進不為倖獲對外方針實在於是夫民國新建外交內政百緒繁生文自顧何人而克勝此然而臨時之政府革命時代之政府也十餘年來從事於革命者皆以誠摯純潔之精神戰勝其所遇之艱難即使後此之艱難遠逾於前日而吾人惟保此革命之精神一往

而莫之能阻必使中華民國之基礎確立於大地然後臨時政府之職務始盡
而吾人始可告無罪於國民也今以與我國民初相見之日披布腹心惟我四
萬萬同胞共鑒之

临时大总统宣言书．临时政府公报，1912年1月29日，第1号：令示．

告海陸軍士文

中華民國臨時大總統孫文敬告我全國海陸軍將士蓋聞捍族衛民者軍人之天職朝乾夕惕者君子之用心自逆胡猾夏盜據神州奴使吾民驅天下俊傑勇健之士而入卒伍以固其專制自恣之謀我軍人之俯首戢耳以聽其鞭策者亦既二百六十有餘年豈誠甘心為異族效命哉勢劫於淫威則本心之良能無由發見也乃者義師起於武漢旬月之閒天下響應雖北寇崛强困獸有猶鬬之念遺孽負固瘈犬存反噬之心賴諸將士之戮力征經營卒復舊都保據天塹民國新基於是始奠此不獨歷風霜冒彈雨致命疆場之士其毅魄

為可矜即凡以一成一旅脫離滿清之羈絏以趨光復之旗下者其有造於漢族皆吾國四萬萬人所不能忘也曠觀世界歷史其能成改革大業者皆必有甲冑之士反戈內向若土若葡其前例矣吾國軍人伏處異族專制之下最久慷慨激烈之氣蓄之也深則其發之也速同一軍也為漢戰則奮為滿戰則潰同一艦也為漢用則勇為滿用則怯凡此攻城克敵之豐功皆吾將士有勇知方之表證內外覘國者徒致嘆於吾國成功之迅速為從來所未有文獨有以知吾海陸軍將士皆深明乎民族民種之大義故能一致進行知死不避以成此烈也文奔走海外垂二十年心懷萬端百未償一賴國人之力得返故土重睹漢儀諸君子以北虜未滅志切同仇不以文為無似責以臨時大總統之任文內顧菲材懼無以當顧觀於吾陸海軍將士之同心戮力功成不居而有以知共和民國之必將有成也用敢勉策駑鈍以從吾人之後願吾海陸將士上

下軍人共勵初心守之勿失弗嬰心小忿而釀鬩牆之譏弗藉口共和而昧服從之義弗怠弛以遺遠寇弗驕矜以誤事機擁樹民國立於泰山磐石之安則不獨克盡軍人之天職而吾黃漢民族之精神且發揚流行於無極文之望也敢布腹心惟共鑒之

告海陆军士文.临时政府公报,1912年1月29日,第1号:令示.

勸告北軍將士宣言書

民國光復十有七省義旗雖舉政體未立凡對內對外諸問題舉非有統一之機關無以達革新之目的此臨時政府所以不得不亟為組織者也文以薄德謬承公選効忠服務義不容辭用是不揣綿薄暫就臨時之任藉以維秩序而圖進行一俟民國會議舉行之後政體解決大局略定敬當遜位以待賢明區區此心天日共鑒凡我同胞備聞此言惟是和平雖有可望戰局尚未終結凡我籍隸北軍諸同胞同為漢族同是軍人舉足重輕動關大局竊以為有不可

不注意者數事敢就鄙吝為我諸同胞正告之此次戰事遷延亦既數月塗炭之慘延亘各地以滿人竊位之私心開漢族仇殺之慘禍操戈同室貽笑外人我諸同胞不可不注意者此其一古語云民之所欲天必從之是知民心之所趨即國體之所由定也今禹域三分光復逾二雖有孫吳之智賁育之勇亦詎能為滿廷挽此既倒之狂瀾乎我諸同胞不可不注意者此其二民國新成時方多事執干戈以衛社稷正有志者建功樹業之時我諸同胞如不明燭幾先即時反正他日若大功既定効用無門豈不可惜我諸同胞不可不注意者此其三要之義師之起應天順人掃專制之餘威登國民於衽席此功此責乃文與諸同胞共之者也如其洞觀大勢消釋嫌疑同舉義旗言歸於好行見南北無衝突之憂國民蒙共和之福國基一定選賢任能一秉至公南北軍人同為民國干城決無歧視我諸同胞當審斯義早定方針無再觀望以貽後日之悔

敢布腹心唯圖利之

劝告北军将士宣言书．临时政府公报，1912年1月29日，第1号：令示．

祝參議院開院文

中華民國既建越二十有八日參議機關乃得正式成立文誠忻喜慶慰謹掬中懷之希望告諸參議諸君子之前而為之辭曰人有恒言革命之事破壞難建設尤難夫破壞云者仁人志士任俠勇夫苦心焦慮於隱奥之中而丧元斷脰於危難之際此其艱難困苦之狀誠有人所不及知者及一旦事機成熟倏然而發若洪波之決危堤一瀉千里雖欲禦之而不可得然後知其事似難而實易也若夫建設之事則不然建一議贊助者居其前則反對者居其後矣立一法令日見為利則明日見為弊矣又況所議者國家無窮之基所創者亘古未有之制其得也五族之人受其福其失也五族之人受其禍嗚呼破壞之難各省志士先之矣建設之難則自今日以往諸君子與文所黽勉仔肩而弗敢

推翻者也矧為北虜未滅戰雲方急立法事業在在與戎機相待為用破壞建設之二難畢萃於茲諸君子勉哉各盡乃智竭乃力以固民國之始基以揚我族之大烈則不徒文一人之頌禱其四萬萬人實嘉賴之

祝参议院开院文．临时政府公报，1912年1月29日，第1号：令示．

法制

修正中華民國臨時政府組織大綱

第一章　臨時大總統副總統

第一條　臨時大總統副總統由各省代表選舉之以得票滿投票總數三分之二以上者為當選代表投票權每省以一票為限

第二條　臨時大總統有統治全國之權

第三條　臨時大總統有統率海陸軍之權

第四條　臨時大總統得參議院之同意有宣戰媾和締結條約之權

第五條　臨時大總統得制定官制官規兼任免文武職員但制定官制暨任免國務各員及外交專使須參議院之同意

第六條　臨時大總統得參議院之同意有設立臨時中央審判所之權

第七條　臨時副總統於大總統因故去職時得升任之但於大總統有故障不能視事時得受大總統之委任代行其職權

第二章　參議院

第八條　參議院以各省都督府所派之參議員組織之

第九條　參議員每省以三人為限其派遣方法由各省都督府自定之

第十條　參議院開會議時各參議員有一表決權

第十一條　參議院之職權如左

一　議第四條及第六條事件

二　承諾第五條事件

三　議決臨時政府之預算

四　檢查臨時政府之出納

五　議決全國統一之稅法幣制及發行公債事件

六　議決暫行法律

七　議決臨時大總統交議事件

八　答復臨時大總統咨詢事件

第十二條　參議院會議時以到會參議員過半數之所決為準但關於第四條事條非有到會議員三分之二之同意不得決議（未完）

修正中华民国临时政府组织大纲(未完).临时政府公报,1912年1月29日,第1号:法制.

電報

廣東陳都督及各省都督鑒近聞各省時有仇殺保皇黨人事彼黨以康梁為

魁首棄明趨暗衆所周知然皆係受康梁三數人之蠱惑故附和入會者尚不能解保皇黨名義猶之赤子陷穽自有推墮之人受人欺者自在可矜之列今滋南紀肅清天下曠蕩舊染汙俗咸與維新法令所加祇問其現在有無違犯不得執既往之名稱以爲罪罰至於挾私復怨藉是爲名擅行仇殺者本法之所不恕亟宜申明禁令庶幾海隅蒼生咸得安堵特此電告總統孫文勘南京去電

廣東陳競存都督及中國同盟會公鑒近聞在嶺東之同盟會光復會不能調和日生軋轢按同盟光復二會在昔同爲革命黨之團體光復會初設實在上海無過四五十人其後同盟會興於東京光復會亦漸渙散二黨宗旨初無大異特民生主義之説稍殊耳最後同盟會行及嶺外外暨南洋光復會亦繼續前迹以南部爲根基推東京爲主幹當其初興入會者本無爭競不意推行嶺表漸有差池蓋不圖其實際惟以名號爲爭端則二會之公敵也同盟會實行

革命之歷史粵人知之較詳不待論述光復會則有徐錫麟之殺恩銘熊成基
之襲安慶近者攻上海復浙江下金陵則光復會新舊部人皆與有力其功表
見於天下兩會欣戴宗國同仇建虜非祇良友有如弟昆縱前茲一二首領政
見稍殊初無關於全體今茲民國新立建虜未平正宜協力同心以達共同之
目的豈有猜忒而生鬩牆為此馳電傳知應隨時由貴都督解釋調處同盟光
復二會會員尤宜共知此義雖或有少數人之衝突亦不可不慎其微漸以免
黨見橫生而負一般社會之期許切切總統孫文勘

南京去電

临时政府电各省都督不得仇杀保皇党人的令．临时政府公报，1912年1月29日，第1号：电报．

武昌来電

南京孫大總統上海伍外交總長鑒停戰期限將滿和議尚未告成聞滿清已簡放張勲為南京總督按此情形顯係滿清不願意共和徒廢時期以疲我軍士此停戰期滿彼方若不決定退位共同組織共和民國再議展期決不承認曲實在彼即前次所提待遇從優之條件一律取銷鄂中全體軍士均已預備作戰誓不願與滿清共和再不可聽其狡展致遏我軍義勇之氣請大總統外交總長將種種情形通告各國是幸元洪廿六號

黎元洪电临时大总统满清若不退位，鄂军预备作战．临时政府公报，1912 年 1 月 29 日，第 1 号：电报．

令示

大總統咨參議院作戰方略並令部急籌財政

本日准

貴院咨開議戰議和關係軍國重要固不宜黷武以致塗炭生民亦豈宜老師甘墮敵人奸計除原文有案不錄外復開茲本院於本日開會議決辦法三條除推事參議員三員面陳外抄祈查照辦理并希先行見復施行并開辦法三條等因准此查此時和局未終停戰期滿敵之一方電求停戰不欲遽與決裂故未及提出且講和一事早經公認此次展期乃由此一事發生并非另生一事似與臨時政府組織大綱尙無違反至議和成否於數日內解決現在用兵方略當以鄂湘爲第一軍由漢京鐵道前進寗皖爲第二軍向河南前進與第一軍會合於開封鄭州之間淮揚爲第三軍烟台爲第四軍向山東前進會於濟南秦皇島合關外之軍爲第五軍山陝爲第六軍向北京前進一二三四軍旣達第一之目的復與第五六軍會合共破虜巢和議一破本總統當親督江皖之師此時毋庸另委他員再中央財政匱乏已極各項租稅急難整理餉源一事業令由財政陸軍兩

部會同籌畫合併聲明特此咨復

大总统咨参议院作战方略并令部急筹财政.临时政府公报，
1912 年 1 月 30 日，第 2 号：令示：1−2.

電報

▲上海來電　孫大總統陸軍部總長黃黎副總統各省都督及北伐聯軍總司令公鑒頃接唐代表轉段芝桂來電如下陽電悉瑞與各路統兵大員

於今晨聯銜電奏請定共和政體都中已有布置切告各路民軍萬勿稍有
衝突以免貽誤大局瑞齊特轉電奉聞廷芳宥

伍廷芳关于段祺瑞等领衔电奏请定共和政体致孙中山等电．临时政府公报，1912 年 1 月 30 日，第 2 号：电报:4–5.

▲至急南京孫大總統黃陸軍總長壤黎副總統各省都督北伐聯軍總司令公鑒頃唐君紹儀送來段君祺瑞電文如下三電均悉某國欲漁利又豈止一某國尚有慫恿外蒙獨立爲吞併計者禍機之發不知胡底兄弟閱牆分梗禦侮謀國利民福者似宜遠瞻近矚審愼出之端夙抱宗旨不忍地方

再有糜爛塗炭生靈且公使俱在都門秩序一亂是將授以干涉之柄也聯
奏昨夜半好到丸今日未知如何況兩軍相持太近時有衝突已擬稍退民
軍不可再進致生惡感孫黃兩公統祈代爲致意瑞青云云現此電段君詢
明大義廷已屢電黎副總統請解派員與之接洽黃陂等處兩軍尤爲接近
更須妥爲處置並望大總統陸軍總長致電段君與之聯絡以期一致進行
完全達到共和目的是所切盼芳廷儉

伍廷芳关于请与段祺瑞接洽以防外国干涉共和致孙中山等电．
临时政府公报，1912 年 1 月 30 日，第 2 号：电报:5–6.

▲孫大總統鑒沁電敬悉停戰之期至明日上午八時爲滿不再展期已經
決定惟段祺瑞現與北京四十二將校聯名電奏清廷速行宣佈共和段現
統第一第二兩軍處武漢前敵如黎副總統與之接洽則明日武漢方面可

聯為一不復致有戰爭之事至張勳一軍唐君紹儀屢電勸其贊同共和張回電反對唐君又電袁內閣囑其嚴飭張軍勿得暴動倘明日停戰期滿張果然跳梁則兵釁非自我開更可令天下萬國知曲直所在此處得袁內閣來電據唐見皆係表面文字其實袁運動清帝退位未嘗少輟廷昨致袁電謂若停戰期滿尚未得清帝退位之意以致兵釁再開再行發表如是清則廷以爭一君位之故不惜流全國之血必為人道所不容而我民國政府希望和平之意更昭著於天下對外可得友邦之同情對內可激同胞之義憤似尤為妥協特奉覆廷芳儉二

伍廷芳关于张勋反对共和等情形致孙中山电．临时政府公报，1912年1月30日，第2号：电报:6-7.

▲至急南京孫大總統黃陸軍總長武昌黎副總統各省都督北伐聯軍總司令公鑒寢電想已達覽段祺瑞現統北洋第一第二黎駐紮孝感爲武漢前敵今既聯合各路統兵將帥贊同共和似宜就近由黎副總統派員與之接洽再寢電祺瑞二字誤作芝桂合幷更正廷芳感

伍廷芳关于段祺瑞赞同共和请黎元洪派员与之接洽致孙中山等电．
临时政府公报，1912年1月30日，第2号：电报：8.

▲大通來電　大總統陸軍部總長黃黎副總統各省都督各軍總司令上

海各報館公鑒接議和代表伍廷芳君寢電北軍統兵大員聯銜奠定共和政體各路民軍勿稍衝突等語和議展期已非一日共和者爲鐵血之共和非哀求之共和應請伍代表切實質問袁世凱如力求共和即與民軍一致進行推倒奄奄待斃之滿政府當易如反掌如反對共和即定期宣戰不必再以支吾相延宕各軍義憤塡胸總祈早爲解决以全大局而定人心儆軍枕戈以待毋任焦灼大通軍政分府黎宗嶽叩沁印

臨時政府公報　電報　第二號　九

黎宗岳反对和议展期致孙中山等电 . 临时政府公报 ,1912 年 1 月 30 日 , 第 2 号 : 电报 :8–9.

法制

修正中華民國臨時政府組織大綱續前

第十三條　參議院議决事件由議長具報經臨時大總統蓋印發交行政各部執行之

第十四條　臨時大總統對於參議院議决事件如不以爲然得於呈報後十日內聲明理由交令復議

參議院對於復議事件如有到會參議員三分之二以上之同意仍執前議時應仍照前條辦理

第十五條　參議院議長由參議員用記名投票法互選之以得票滿投票總數之半者爲當選

第十六條　參議院辦事規則由參議院議定之

第十七條　參議院未成立以前暫由各省都督府代表會代行其職權但表决權每

以一票爲限

第三章　行政各部

第十八條　各部設部長一人總理本部事務

第十九條　各部所屬職員之編制及其權限由部長規定經臨時大總統准施行

第四章　附則

第二十條　臨時政府成立後六個月以內由臨時大總統召集國民議會其召集方法由參議院議決事

第二十一條　臨時政府組織大綱施行期限以中華民國憲法成立之日爲止

臨時政府公報　法制　第二號　十三

修正中华民国临时政府组织大纲(续前).临时政府公报,1912年1月30日,第2号:法治:12-13.

中華民國臨時政府中央行政各部及其權限

第一條　中央行政各部如左

陸軍部　海軍部　外交部　司法部　財政部

內務部　敎育部　實業部　交通部

第二條　各部設總長一人次長一人

次長由大總統簡任次長以下各員由各部部長按事之繁簡酌定人數

第三條　各部局長以下各員均由各部總長分別荐任委任

第四條　各部部長管理事務如下

陸軍部長　管理陸軍經理軍事教育衛生警察司法幷編制軍隊事務監督所轄軍人軍佐

海軍部長　管理海軍一切軍政事務監督所轄軍人軍佐

外交部長　管理外國交涉及關於外人事務幷在外僑民事保護在外商業監督外交官及領事

司法部長　關於民事刑事訴訟事件戶籍監獄保護出獄人事務幷其他一切司法行政事務監督法官

財政部長　管理會計庫帑賦稅公債錢幣銀行官產事務監督所轄各官署及府縣與公共之會之財產

內務部長　管理警察衛生宗教禮俗戶口田土水利工程善舉公益及行政事務監

督所轄各官署及地方官

教育部長　管理教育學藝及歷象事務監督所轄各官署學校統轄學士教員

實業部長　管理農工商鑛漁林牧獵及度量衡事務監督所轄各官署

交通部長　管理道路鐵路航路郵信電報航船并運輸造船事務統轄船員

第五條　次長輔佐部長整理部務監督各局職員

中华民国临时政府中央行政各部及其权限.临时政府公报,1912年1月30日,第2号:法治:13-15.

宣布夏祖慶罪狀

武昌起義之前有憲兵長夏祖慶探悉我軍之行爲將憲兵彭慶雲兵士劉堯臣楊洪烈三烈十密報於清督瑞徵致被清督瑞澂駢戮至十九夜民軍攻打督署夏又抵抗義軍槍斃老勇二十餘名後又保清督瑞澂逃出武昌繼民軍得勢夏即遠颺昨忽潛來京師寓居下關大觀樓希圖不法經密探查悉報告

大總統飭派巡警拏獲審訊明確奉

大總統命令宣布罪狀立予槍斃矣

宣布夏祖庆罪状．临时政府公报，1912年1月31日，第3号：令示：4.

▲武昌來電　急甯孫大總統鑒接伍總長感電宥電郎於二十七日派員至孝感與北軍接洽聯絡一致進行段祺瑞派員接待據稱段對於共和政體允有同意此次軍隊退却實不願與民軍衝突損傷元氣至進行方法現已規定請民軍不必前進致生誤會云云敝處已通飭各軍駐紮原地暫不前進所有一切准備亦不得稍懈致受老師費財之害庶共和政體得早日

臨時政府公報　電報　第三號　六

告成下游各軍請黃總長通知相機動作是盼元洪艷印

黎元洪关于派员与段祺瑞接洽商讨共和致孙中山电．临时政府公报，1912 年 1 月 31 日，第 3 号：电报:5−6.

▲上海來電　孫大總統陸軍黃總長鑒維密頃接段芝帥來電文如下二武昌代表易來孝已令幕僚接洽瑞昨晚移駐廣水爲保平和不意下車遇放火藥二次車雖無大損因之稽遲致與後車相觸死傷二十餘人士氣大憤此等舉動能否嚴禁勿使瑞過於爲難也已派混成一標又步五營赴京又商擬令第二鎭斛保相機進止雖然如是未能一蹴而就瑞眞等語請迅電黎副總統查照飭禁怡豔二一電

唐绍仪关于因段祺瑞遇刺请黎元洪查照饬禁致孙中山等电.
临时政府公报,1912年1月31日,第3号:电报:7.

電報

幫辦直東防務大臣張鑒文電悉初聞執事固執今乃知其不然南北一致贊同共和則內憂外患無難消弭執事所論亦即文之所懷然非立使清帝退位宣布共和更無解決之方法袁內閣陷於危困乃復猶豫於理於勢俱萬不可切實進行惟在公等之援助耳至彼此協商辦法日前已電袁公文但求達我共和之目的無所私執公既洞明大局於間不容髮之際請速圖之孫文叩

（萬急南京去電）

孙中山关于商讨共和致张怀芝电．临时政府公报，1912年2月1日，第4号：电报：8.

信陽州統制王占元濟南統制張永成大同府統制何宗蓮河南統領張士鈺南苑統制張殿儒北京毅軍姜桂題軍門天津張懷芝軍門潁州朱家寶倪嗣冲新民府潘統制公鑒民國義軍本爲四萬萬人謀幸福不得已而訴諸武力近與袁內閣切商清帝退位辦法已有成言而爲滿洲少數皇族所把持挾制遂令內閣爲難陷於危困南北本是一家豈肯爲彼少數人之私而流血民國政府但圖共和成立救同胞於水火他無所戀天下之事將與公等共之今日段公芝泉亦聯銜奏請共和可見漢族同胞人人同此心理所企一致進行無復猜貳轉敵爲友實在今日否亦在今日請熟思而審處之幸甚中華民國臨時大總統孫文叩豔（南京去電）

臨時政府公報　電報　第四號　九

孙中山关于商讨共和致王占元等电．临时政府公报，1912年2月1日，第4号：电报：9.

北京喀爾沁親王喀爾喀扎薩克和碩親王（名彥圖）那科爾沁輔國公（迪蘇）博暨蒙古諸王公各台吉均鑒漢蒙本屬同種人權原自天賦自宜結合團體共謀幸福況世界潮流所趨幾於大同若以芸芸衆生長聽安危於一人既非人道之平抑亦放棄天職今全國同胞見及於此群起解除專制并非仇滿實欲合全國人民無分漢滿蒙回藏相與共享人類之自由究之政體雖更國猶是國故稍有知識之滿人亦莫不贊同恐後諒諸

公明達必表同情文以薄德謬膺臨時總統之舉上述各意已一再宣佈蒙地遼遠或未盡悉而俄人野心勃勃乘機待發蒙古情形尤爲艱險非群策羣力奚以圖存夙仰貴王公等關懷時局眷念桑梓際茲國勢阽危浮言四煽西北秩序端賴維持祈將區區之意遍告蒙古同胞戮力一心共圖大計務堅忍以底成勿誤會而僨事并請速舉代表來甯參議政要不勝厚望中華民國大總統孫文勘

孙中山阐述对蒙古政策致蒙古王公电．临时政府公报，1912年2月1日，第4号：电报：10－11.

北京駐京蒙古那王博公兩先生鈞鑒中國困於專制國勢日憯外侮頻仍邊疆日蹙先生有鑒於此以爲强國必先籌邊故在蒙古辦理實業公司提倡小學教育在北京組織殖邊學堂爲蒙藏作人材愛國愛鄉至肫至摯生等沐教三年愧無以報方今革故鼎新合漢滿蒙回藏五大民族爲一共和國家各省民志已趨於同惟蒙藏地阻情岐尙未聯合近聞外人對於兩地狡焉思逞際此危急正先生所以報國家而生等所以報先生之時現新政府聯合蒙藏一視同仁取消舊時理藩不意之名而組織一蒙藏經理局於內務部爲對蒙藏中央行政機關一面以保全領土爲國際宣言杜外人之野心務望本愛國初意勸導蒙藏同人戮力齊心共謀幸福竊思清廷自且不保遑可恃以爲安西北安

僑生等固當與先生共之聞政府將派有聯絡使來蒙蒙亦應速派代表南來雙方結合始爲完善中國前途幸甚殖邊學生團受業唐彥保蕭澂燕丕基蕭颺會等叩勘（南京去電）

唐彦保等关于五族共和致蒙古那王等电．临时政府公报，1912 年 2 月 1 日，第 4 号：电报：11−12.

令示

大總統令駐滬川路公司管款員汪緩卿等移交川路股款籌辦蜀軍

本月初四日據鄂軍都督黎元洪轉到蜀軍都督張培爵夏之時來電稱蜀自趙爾豐荼毒後糜爛不堪重慶成都雖各宣告獨立蒲殿俊朱慶瀾趙不討反委以西藏與以軍餉五百萬以致防軍潰變任意焚掠朱被砲傷蒲亦竊逃趙賊仍踞成都土匪蜂起民不聊生重慶軍械缺乏不能進剿懇賜援助等語察成都一隅倡義最先受禍最烈光復未幾復陷水火誰非赤子實堪惻念中央政府統籌全局自應速事戡定惟近值和議未決北伐在即需款浩繁勢難兼顧前據蘇軍都督程德全滬軍都督陳其美呈稱據蜀商童子鈞陳少谷等稟稱自武漢起義川路停修各省及留滬各川人皆欲提用滬上所存股款籌辦蜀軍駐滬川路公司管款員汪緩卿窮於應付懼禍遠颺以川路存款股票摺據交與商等管理惟自汪去後川人提款者皆與商等爲難竊思以川路股款籌辦蜀軍亦屬以公濟公商等何敢固持不與唯名目既多良莠不齊若俾付託非人竊恐虛縻無補若得中央政府作主擔保即行交出以供軍用等語該商等深明大義熱心時局殊堪嘉

倘唯念該款本係商股若由私人借用事前既易起紛爭事後恐難於歸還不如改由中央政府照數給與公債證券似此辦法既有裨於大局復無損於商本除即委派黃復生熊克武二員到滬接收路款外爲此令該商等妥速將所存川路股款一律清算點交黃熊二員接收俟交收清楚即由財政部發給公債證券以昭信用而重商股事關軍務幸勿遲延此令駐滬川路公司管欵員汪縵卿管理摺據員童子鈞陳少谷知照

大总统令驻沪川路公司管款员汪缦卿等移交川路股款筹办蜀军．临时政府公报，1912 年 2 月 2 日，第 5 号：令示：1−2.

十萬火急孫大總統黃總長上海伍外交總長鑒頃接宿遷確實電報敵軍已佔領窰灣派人監視電局民軍電報不通正在南下除飭前敵徹軍竭力抵抗外用特飛報江北雁行勘（清江來電）

蔣雁行关于北军南下致孙中山等电．临时政府公报，1912年2月2日，第5号：电报：7.

孫總統上海伍外交總長鑒昨奉轉到段祺瑞電稱北軍各路統兵大員聯銜電奏主張共和已抱定宗旨不忍生靈塗炭致招外人干涉擬稍退却民軍不可再進致生惡感又接我軍宿遷確報敵軍已佔領窰灣正在南下各等語前敵各隊游移觀望者著落後請將最近交涉情狀速行宣佈以便正式作戰江北雁行艷叩

（同上）

蒋雁行关于北军各路主张共和及北军南下等情致孙中山等电．临时政府公报，1912年2月2日，第5号：电报：7.

孫大總統陸軍黃總長鑒勘兩電悉已分袁轉段夾張勳處已再電勸勿堅執尙未得覆

怡眞（上海來電）

唐绍仪关于劝张勋勿坚执致孙中山等电．临时政府公报，1912 年 2 月 2 日，第 5 号：电报：7.

孫大總統黎副總統鑒頃得袁內閣蒸二電如下據漢口商務總會全體商人電稱漢口爲華洋薈萃之區漢陽乃各廠林立之所商務繁盛甲於中國自經此次兵燹漢口房屋幾被燒盡漢陽財產亦多損失糜爛情形慘難言狀嗣因停戰議和北兵撤退各商陸續回漢深望和議早成各謀善後以圖振興乃停戰期迫和議尙未發表未來者率多裹足

已來者咸有戒心商業凋殘華洋交困且値此年關伊邇正商人清理賬務之時若再展延則房屋既失於前賬款又耗於後摧殘殆盡禍有不堪設想爲此商等一再集議擬請仿照歐西市政辦法轉懇兩方政府漢口漢陽東至長江西至蔡甸南至沌口北至攝口劃作中立地點不再開戰至保護治安則由市自募巡警妥爲辦理俾在漢各商得以安業市面亦得流通庶陽夏商民或尙有一線生機伏思大總理素以恤商愛民爲懷再不忍陽夏生靈再受塗炭之苦用特冒瀆鈞聽倘蒙俯念商艱准如商等所請將漢口漢陽分劃界限作爲中立地點不再在此開戰並求速賜電達駐滬唐代表即日宣布以蘇商困而惠民生等語應即轉達希查照見覆爲盼云云廷意段君祺瑞聯合各路統兵大員主張共和廷已屢電請副總統派員與之接洽尙未得復至爲懸系如彼此接洽妥協則武漢方面當不至再有戰事至允許該處中立由市自辦巡警於軍事之計畫有無妨礙請速酌復以便轉電袁氏爲盼廷芳艷　（上海來電）

伍廷芳关于汉口商务总会恳将汉口、汉阳划作中立地点致孙中山等电．临时政府公报，1912年2月2日，第5号：电报：7-8.

內務部通飭保護人民財產令

內務部總長程德全咨行事頃奉大總統令開江甯克復之際各軍封存房屋作爲辦公駐軍之用原爲取便於一時並非攘以爲利臨時政府成立以來即以保護人民財產爲

急務貴部職司民政尤屬責無旁貸仰即通飭所屬共體此意凡人民財產房屋除經正式裁判宣告充公者外勿得擅行查封以安閭閻並將此意出示通告等因奉此查各處審判廳多未完全成立正式裁判宣告一時尙難舉行而於保護人民財產一事苟非設有專條恐顯係民國之公敵違犯民國之禁令者輒爲口實得以擁護其逆產而並無過犯之人民及終未反抗民國之官吏反被侵害其私業殊非民國弔民伐罪之宗旨本部對於人民財產負完全保護之責何敢瞻狥玩忽至使吾國民於干戈之後再有剝削之虞因特規定保護人民財產令五條除飭京內各地方官切實遵行外應即咨請貴都督通飭所屬一律照辦以安民心而維大局須至咨者附保護人民財產令五條

（一）凡在民國勢力範圍之人民所有一切私產均應歸人民享有

（二）前爲清政府官產現入民國勢力範圍者應歸民國政府享有

（三）前爲清政府官吏所得之私產現無確實反對民國證據已在民國保護之下者應歸該私人享有

（四）現雖爲清政府官吏其本人確無反對民國之實據而其財產在民國勢力範圍下者

應歸民國政府保護俟該本人投歸民國時將其財產交該本人享有

(五)現爲清政府官吏而又爲清政府出力反對民國政府虐殺民國人民其財產在民國勢力範圍內者應一律查抄歸民國政府享有

内务部通饬保护人民财产令.临时政府公报,1912年2月3日,
第6号:令示:4−6.

紀事

大總統覆參議會論國旗函

貴會咨來議決用五色旗爲國旗等因本總統對於此問題以爲未可遽付頒行蓋現時民國各省已用之旗大別有三武漢起義則用內外十八省之徽誌蘇浙則用五色之徽誌今用其一必廢其二所用者必比較爲最良非有絕大充分之理由不能爲折衷定論故本總統不欲遽定之於此時而欲俟滿虜既亡民選國會成立之後付之國民公決若決定於此時則五色旗遂足爲比較最良之徽誌否殆未易言

一清國舊例海軍以五色旗爲一二品大官之旗今黜滿清之國旗而用其官旗未免失體

二其用意爲五大民旗然其分配代色取義不確如以黃代滿之類

三既言五族平等而上下排列仍有階級

夫國旗之頒用所重有三一旗之歷史二旗之取義三旗之美觀也武漢之旗以之爲全國之首義尙矣蘇浙之旗以之克復南京而天日之旗則爲漢族共和黨人用之南方起義者十餘年自乙未年陸皓東身殉此旗後如黃岡防城鎭南關河口最近如民國紀元前二年廣東新軍之反正倪映典等流血前一年廣東城之起義七十二人之流血皆以此旗南洋美洲各埠華僑同情於共和者亦已多年升用外人總認爲民國之旗至於取義則武漢多有極正大之主張而青天白日取象宏美中國爲遠東大國日出東方爲恒星之最著且青天白日示光明正照自由平等之義著於赤幟亦爲三色其主張之理由尙多但本總統以爲非於此時決定則可勿詳論因而知武漢所主張亦有完滿之解說究之革命用兵之際國旗統一尙非所急有如美國亦幾經更改而後定現所行用之旗章故本總統以爲暫勿頒定施行而俟諸民選國會成立之後謹覆並請公安

附粘天日旗樣式兩紙

今日適得武昌來電則主張用首義之旗亦有理由非經將來大會討論總難決定

也（十二日）

大总统覆参议会论国旗函．临时政府公报，1912 年 2 月 3 日，第 6 号：纪事：6–8.

孫大總統鑒頃接段制軍電文如下昨電計達京保須有重兵弟現派員與黎商定後擬即北上惟頃又接倪藩來電南軍攻潁州甚急請兄速爲阻止以免破壞平和切盼瑞元等語特聞怡三十一號

（上海來電）

唐绍仪关于段祺瑞电请阻止南军攻颍州致孙中山电．临时政府公报，1912 年 2 月 3 日，第 6 号：电报：12.

孫大總統國務各總長參議院武昌黎副總統各省都督北伐聯軍總司令公鑒自陰
十月二十八日廷芳與清內閣袁世凱所派全權代表開議和事所議定者一爲湖北
西陝西山東安慶江蘇奉天各省一律停戰彼此不得進攻一爲開國民會議解決國
迨既定經訂定國民會議選舉法而袁氏忽撤銷代表自與廷芳直接電商並欲取消
全權代表所已經簽定之條款廷以議和非可電商已定之條欵尤不能更動始終堅
不允迨停戰期滿解決無期袁復提請繼續停戰廷芳適接駐滬等處洋商團希望和

解決之忠告復得臨時政府之同意再允展期十四日並聲明此後決不再展戰期以誤時日適此期內清帝有退位之議彼此切實籌商先由廷以清帝退位後優待清皇室條件及優待滿蒙回藏人條件正式通告清內閣以示民國政府優容之度繼由孫大總統以參議院之同意通告袁氏謂袁氏若能於清帝退位之後發表贊同共和之政見由駐北京外交團通告臨時政府則孫大總統當卽解職由參議院公舉袁氏爲大總統凡此皆足表明民國政府希望和平之誠意祇求共和目的完全達到別無私意於其間乃清廷少數親軍把持反抗屢接北京內閣來電謂禁衛軍極力反抗慮北京秩序擾亂牽動外交已密爲布置未可與於停戰期滿前相逼云云是則未能在停戰期內和平解決者咎在清廷非民國政府始料所及也目今段君祺瑞聯合各路統兵大員四十二人奏請清廷早日宣布共和以定大局段君現統第一第二軍隊武漢前敵廷已屢電黎副總統與之接洽如能聯爲一致則武漢方面當不復再有戰事至於陝西皖北徐州等處清軍屢攻違約而反以違約責我迭經詰駁袁已允飭張勳倪嗣冲勿得妄動陝西方面袁亦允派員繞道持函赴升允軍前禁其前進並飭進逼潼關之軍不可再進未知能否實行

總之現在停戰期限已滿若彼先行決裂則非釁自我開民國政府外對於友邦內對於國民均可昭示此意謹將始末大略情形電陳尚祈鑒察廷芳陷印　（上海來電）

伍廷芳关于南北议和始末致孙中山等电．临时政府公报，1912 年 2 月 3 日，第 6 号：电报：12－14.

令示

陸軍部頒行維持地方治安臨時軍律文 附軍律及示

照得民軍之起原以光復漢室擁護人權爲第一要義寧省自光復以來軍隊雲集其能恪守軍律風紀者固係多數而在外滋擾者亦復不少近日本部所收商民訴狀如假託長官名義擅自查封房屋搜抄家產等已有數起一處如此他處可知都會如此外省外州縣更可知似此不法行爲殊屬妨害治安有悖弔民伐罪之本旨若不嚴行振整禍將胡底茲特由本部暫定維持治安臨時軍律十二條頒行各軍隊明白宣示使知所警惕倘仍不自愛貽害地方在統御各軍隊長官既負維持軍紀風紀之責即應將該軍士詳愼審訊取具切實供證按照本部所訂軍律懲辦可也

計開維持治安臨時軍律十二條

一任意擄掠者槍斃

一强姦婦女者槍斃

一焚殺良民者槍斃

一無長官命令竊取名義擅封民屋財產者槍斃

一硬撤良民箱籠及銀錢者槍斃

一勒索强買者論情抵罪

一私鬥殺傷人者論情抵罪

一私入良民家宅者罰

一行竊者罰

一賭博者罰

一縱酒行凶者罰

一有類以上滋擾情形者酌量罰辦

陸軍部示諭

照得民軍起義　原以保衛民生

各省同時響應　恢復府州縣城

秩序井然不亂　中外久著聲稱

現在虜廷未滅　正宜軍民一心
彼此互相愛敬　毋爲異族所乘
庶幾早平北部　同享共和太平
近聞各路軍隊　不無滋擾情形
其中固有假冒　告訐亦實紛紛
願我軍人自愛　勿忘起義初心
願我商民安業　不必猜疑互生
部定簡明軍律　現已頒布實行
倘敢在外滋事　即屬不法軍人
定即按律懲辦　以保地方安寧
如有匪徒假冒　一律嚴拿重懲
自此剴切曉諭　其各安分凜遵

陆军部颁行维持地方治安临时军律文（附军律及示）. 临时政府公报，
1912 年 2 月 4 日，第 7 号：令示 :1–3.

外交部電各省都督保護外人文 附九江司令官復電

各省都督鑒停戰期滿軍事再興恐有不法之徒乘機滋擾害及外人生命財產頃奉大總統命通電各省都督加意保護此佈外交部三十一

(附)九江司令官朱漢濤覆電保護外人文

中央外交部鑒三十一電悉除遵照來電通知各軍隊轉電南昌馬都督一體照辦暨由潯外交局示諭城廂並移知九江府警務部妥飭兵差認真防範保護外人生命財產外特此電覆九江司令官朱漢濤東

外交部电各省都督保护外人文（附九江司令官复电）.临时政府公报，1912年2月4日，第7号：纪事:8.

孫大總統黃大元帥鑒徐州光復宿爲最早凡有治理悉守民國範圍張賊北潰佔徐宿以彈丸小邑恃有民國保護故對於浦兵到宿防堵倚若長城詎張賊於停戰期內猝派軍隊攻佔宿之窰灣鎭浦兵昨忽退去致北軍擬分路大進宿城危在旦夕商民萬分恐急竊思宿邑既爲光復之地民國卽負有保護之責他縣聞風亦恐解體惟有籲懇總統大帥卽日遴派得力援軍星夜馳至以保宿城而顧大局宿遷紳商士民陳光甲沈薪萊葉蔚張鴻鼎胡光季學源公叩三十號

（宿遷來電）

陈光甲等关于请派援军保宿城致孙中山等电．临时政府公报，1912年2月4日，第7号：电报：11.

孫大總統伍代表各省都督鈞鑒頃據段軍統祺瑞派來全權代表與敝處接洽一切并要求并敝處給與照會以便回復其照會文如下爲照會事據貴軍統派來全權代表吳光新徐樹錚等本軍政府代表孫武余大鴻張大昕等接洽貴代表稱貴軍統主張共和援師北上恐敵軍前道距離太近致生衝突妨碍進行等因本軍政府代表陳述前來本都督甚表同情當派本軍政府代表等與貴代表公同商酌旬日之內必可解决現約定

陰歷本年之內敝軍保持現狀其有鄂境以外者本都督亦設法維持如陰歷年內不能解決敝軍卽當前進以資援助爲此照會貴軍統查照可也須至照會者云云特此電聞再據該代表面述段軍統言凡北軍退出地點卽歸鄂軍管理合併聲叙元洪先印（武昌來電）

黎元洪关于与北军接洽情况致孙中山等电．临时政府公报，1912年2月4日，第7号：电报：11－12.

孫大總統黃陸軍總長鑒頃得袁內閣豔一電亟接徐州張提督電稱我軍遵守信約決不前進請電伍代表飭民軍迅止進攻等語希查照切實禁阻以維和局並復云云特爲轉致如何發表請卽示知廷芳東一印

（上海來電）

伍廷芳关于请示停战事宜致孙中山等电．临时政府公报，1912 年 2 月 4 日，第 7 号：电报：12.

令示

實業部通告漢口商民建築市場文

爲通告事奉大總統孫命鄂江起義以來戰事倥傯凡百生業咸受影響商家貿易尤遭損失而漢口全市爲北兵焚燬其慘酷情形本總統蹙焉憫之幸今者東南底定民國肇基商務爲實業要政之一亟應恢復善後各事尤宜審慎須立永遠之計毋爲權宜之策茲據漢鎮商民張鑾吳沛霖等呈請籌辦漢鎮商務建築市場等情本總統察核情形尚屬可行爰審定辦法先清丈被焚各家基址卽行登錄經地主議定地價每年由公司納租於地主地主須按照所定地價百分之一納地稅於國家逕由公司繳納由租內扣除以一事權他日國家因公需地之時卽照現定地價隨時買收豁除前清給發官價之苛例凡我國民仰體時艱咸知大義和衷共濟庶幾商業之日興戮力同心相躋共和之郅治特發通告俾衆咸知元年二月二日

实业部通告汉口商民建筑市场文. 临时政府公报, 1912 年 2 月 5 日, 第 8 号: 令示:1.

總統府秘書耿覲文電舒清阿贊同共和文

天津舒質夫鑒民國義軍本爲四萬萬人謀幸福但圖共和成立即可屏除武力與漢滿蒙回藏共任天下之事近與袁內閣切商皇帝退位辦法已有成言而爲少數皇族所阻迄未發表賚臣死後公爲滿族之俊傑欲保全五百萬人之生命財產宜力顧大局破除種見竭力主張共和以破頑冥貴族之迷夢伍唐代表所議優待皇室皇族及籌八旗生計可謂仁義並到如果退位從茲滿漢携手竟破壞之功開建設之緒登我共和國家之前途增我五族人民之幸福公才識過人仍可出人頭地若再猶疑戰端更啓生靈塗炭自不待言而受其禍者以滿族爲最烈公更爲衆矢所中以公明哲或早慮此文曾受私恩無以爲報累陳數言伏望熟慮耿覲文叩

总统府秘书耿觐文电舒清阿赞同共和文．临时政府公报，1912 年 2 月 5 日，第 8 号：纪事：8.

孫大總統黃陸軍總長鑒頃得北京來電云徐潁兩路實係民軍先進攻我軍抵禦已切電張勳萬勿前進派員與民軍協商但須商民軍徐潁兩路勿再進攻方可飭令退紮請切實商明以維和局而免生靈塗炭又電云據朱統帶震電民軍於十一夜陷潁州云云甚爲駭異查民軍違約攻潁迭經電告今兩方既未宣布戰事重開命令該民軍卽不應有任意攻陷之舉務望速飭退出以免決裂等語如何之處祈卽示覆爲盼廷芳東

（上海來電）

伍廷芳关于力保停战事宜致孙中山等电．临时政府公报，1912年2月5日，第8号：电报：10.

孫大總統黃陸軍總長武昌黎副總統各省都督北伐聯軍總司令鑒唐紹儀君電詢段

軍統聯名贊成共和諸將姓名茲得復電開列於左署理湖廣總督第一軍總統段祺瑞古北口提督毅軍總統姜桂題護理兩江總督長江提督張勳察哈爾都統張軍統制官何宗蓮副都統段芝貴河南布政使幫辦軍務倪嗣冲陸軍統制官王占元陳光遠李純曹錕吳鼎元潘榘楹孟恩遠總兵高金叙謝寳勝王懷慶參議官靳雲鵬呂光新曾毓雋陶雲鶴參謀官徐樹錚砲隊協領官蔣廷梓陸軍統領官朱泮藻王金鏡鮑貴卿盧永研陳文運李厚基何豐林張模元馬繼增周符麟蕭廣傳聶求淬張錫元施從濱蕭安國營務處張士鈺袁乃寬巡防統領王汝賢洪自成高文貴劉金標趙倜仇俊圖椹啓劉洪順柴得貴幫辦天津防務張懷芝正定鎮徐邦傑亦同意覆電遲故未列云云特爲轉致廷芳冬三

（上海來電）

伍廷芳关于电复唐绍仪联名赞成共和诸将姓名致孙中山等电．
临时政府公报，1912年2月5日，第8号：电报：13–14.

雜報

教育部徵集國歌廣告

國歌所以代表國家之性質發揚人民之精神其關係至大今者民國成立尚未有美善之國歌以供國民諷詠良用恧焉本部現擬徵集歌譜俟取材較多再敦請精於斯學者共同審定頒行全國倘蒙海內音樂名家制作曲譜並附歌詞郵寄本部不勝企盼之至

教育部謹啓

教育部征集国歌广告．临时政府公报,1912 年 2 月 5 日,第 8 号：杂报：16.

電報

大同府何都統鑒寒電悉卓識偉論不勝欽佩文始終主義在救同胞於水火毫無私意於其間共和民國係結合漢滿蒙回藏五大種族同謀幸福安有自分南北之理更安有苛遇滿族之理來電指摘各節實無其事想係反對共和民國者造謠誣蔑之語萬不可信若賴公等之力令共和國家早日成立文當卽避賢路國家之事由全國五族人共組織之文何私焉請釋疑念並希卽圖進行爲禱孫文江

（南京去電）

孙中山关于五族共和致大同府何宗莲都统电．临时政府公报，1912年2月6日，第9号：电报：9.

電報

大總統陸軍部總長各部總長衛戍總督武昌黎副總統各司令官各省都督各軍政分府暨列銜諸君公鑒頃接北京南北軍由統一聯合會來電文如下陳其美馮耿光華振基舒厚德陳炯明黃郛楊會蔚管雩臣張紹曾高爾登藍天蔚蔣方震幷請代轉黎宋卿黃克强徐固卿章亮元何澄吳紹璘曲同豐陳其采石星川許葆英劉元潔莊思緘馬毓寶黎宗嶽蔣尊簋吳榮生孫少侯柏文蔚胡萬泰蔣雁行耿覲文孫道仁朱慶瀾蔡鍔陸榮廷王芝祥譚延闓周道南程潛胡漢民汪兆民諸君公鑒此次人民要求共和處處依賴軍隊之力以南軍種其因以北軍結其果所謂武裝解決由專制時代一變而成共和

時代誠數千年未有之偉舉億萬同胞之幸福且公和不日頒布南北公舉臨時大總統組織臨時新政府內政外交萬彙待舉吾軍洎同人自應振刷精神首先提倡化除私見輔助統一之大總統組織一堅强完全之新政府聳立於環球之上爲最有權利最有勢利之中華民國所慮者南北軍界萬一意氣用事各樹黨羽互相殘殺不僅足貽君主黨人之口實其糜爛大局牽動外交勢必因之而起瓜分較君主尤力豈我軍隊希望之本心哉寂焉思懼夙夜難安以爲借此推翻與建設過渡時代吾南北軍人必須協力同心組織團體先以三大綱領爲範圍臚列如左一俟朝廷宜布共和後中央統一新政府成立時務須報從統一政府之命令二恢復各地方之安甯秩序三保護外人之生命財產以上三綱爲吾南北軍人應盡之義務完全之天職均應一律遵守所有一切手續擬俟軍隊統一聯合會成立後再行由兩方將校討論繹紬條件及軍法草案呈由統一政府核定有不遵行者當認爲文明軍隊之公敵實於中國共和前途大有裨益倫表同情希即通告各軍隊同胞并將贊成諸君銜名示知除通電北方各軍隊外盼速復南北軍界統一聯合會發起人傅良佐唐在禮王賡劉洵非雲鵬廖宇春陸錦張士鈺王丕煥李士

銳段啓勳方咸五紇汝勤毛繼成蔡成勳陳文運同啓等因理合轉達希卽查核無任盼

荷滬軍都督陳其美印上（上海來電）

陈其美关于北京南北军界统一联合会宣言书致孙中山等电.
临时政府公报,1912年2月6日,第9号:电报:9–11.

萬急南京孫大總統黃陸軍總長王外交總長武昌黎副總統公鑒頃由唐代表紹怡送來北京電如下伍代表鑒優禮條件事關皇室本大臣前以職在行政談不及此是以兩接來電未便答復現本大臣有權以商酌此事情自十七日早八鐘起至廿三早八鐘止續停戰一星期以便協商如承允許即可由兩方電飭各軍隊遵照餘另電達內閣袁世凱應如何答覆乞即酌奪示知以便電復廷芳覺 （上海來電）

臨時政府公報　電報　第九號　十三

伍廷芳关于停战展期问题致孙中山等电．临时政府公报，1912 年 2 月 6 日，第 9 号：电报：13.

大總統令內務部籌畫興復漢口市場

據漢口紳商宋煒臣等呈請改良商場寓賑於工並請設立建築公司各由繪圖具說前來所陳各節不爲無見此次武漢首義漢口受禍最酷僞清政府迫於人道尙擬事定賠償民國政府對於漢口市場興復問題提倡補助自是應有之義本大總統尤深同情惟漢口爲水陸要衝鐵路航路俱以爲集合點該紳商等所擬規模未免限於市廛一方面於各路停車場與輪船繫留所銜接方法以及電車市廳等項尙缺完全計畫內務部於市政土木各事有統籌全局之責希卽迅速籌畫與該紳商等妥爲接洽務使首義之區變爲模範之市有厚望焉原呈二件圖一幅幷發此令

大总统令内务部筹划兴复汉口市场 . 临时政府公报 ,1912 年 2 月 8 日 ,
第 10 号 : 令示 :2.

總統府秘書陳晉電馮國璋贊同共和文

北京馮國璋軍統鑒讀報載北方將帥多數贊成宣布共和惟吾師與張勳受滿清運動

倡議反對張不足責以吾師之賢而亦爲之殊堪詫異此間衆論謂項城能推倒滿淸贊成共和則民國第一任大總統卽舉項城北方將帥之贊成共和者必特別優待南北一家決無猜忌總之事至今日爲大局計爲滿人計爲個人計均不能不贊成共和禍福之機决在俄頃惟吾師實重圖利之受業陳晉叩江

总统府秘书陈晋电冯国璋赞同共和文．临时政府公报，1912年2月8日，第10号：纪事：7−8.

北京馮軍統覆電贊成共和文

陳晉兄鑒江電悉報紙登載不足信改革政治素所贊成但我所持正大以保秩序爲宗旨政體解決後當從公論絕無反對之理國璋先印

北京冯军统覆电赞成共和文．临时政府公报，1912年2月8日，第10号：纪事：8.

電報

孫大總統伍外交總長各總司令季招討使各省都督鑒據漢口商會轉段軍代表徐樹錚滕電稱京電政體已決現袁內閣伍代表正在會商條件不日想發明諭段軍帥今夜已北行諸事可望圓滿北方軍隊籌畫回京已有開赴馬廠者既已推誠相信決不再作戰備貴處命令如能行及各處固無他慮卽有一二未能體會吾輩意嚮至起衝突者弟等從心束手待斃決無怨言請以此意代白諸同人為感昨晚廣水鎮有土匪勾結不肖

兵士放火圖掠循釀鼓噪洶以此間兵力無多又軍帥啓行故未能力禁僅於天明時追獲數匪詢係熊聯七黨羽日前由劉鴻臯君約定佈置者當以體置在情意未密以前不爲無禮盡數縱去自以據劉君言先來解散故未力防以致地方受累軍隊之禍貽及無辜吾輩軍人寧不愧死刻下吳君北行弟留此間會同紳耆商會議商以重民產斷不令有無告之苦物事兵士退後即嚴查重辦不稍姑息又黃陂道處已電飭照札辦事但全局之外交未定以前一切仍宜照舊章辦理以免外人藉口等語特此轉達元洪歌

（武昌來電）

黎元洪关于北军代表通电土匪勾结兵士肇事致孙中山等电．
临时政府公报，1912 年 2 月 8 日，第 10 号：电报：8–9.

孫大總統鑒維密頃接駐日汪使復電稱電悉初三電奏有舉國趨向共和請幸熱河以全皇室而保國境等語旋因日師團將動復電奏催均已由內閣代遞悉同俟旨當再陳催等語又接駐英劉使電稱電悉已轉各使並商會銜麟等語又接吉電稱已電張倪派員與民軍和商仍希轉送前途飛電該處民軍派員迅與張倪接洽免再衝突外前敵統兵大員並無朱姓究係何人請轉示知等語查照辦理怡江（上海來電）

唐绍仪关于驻外大使通电等致孙中山电．临时政府公报，1912 年 2 月 8 日，第 10 号：电报：9.

臨時政府公報 附錄

（中華民國元年二月八日 隨報附出 不另徵費）

電報

南京孫大總統國務各總長參議院議長公鑒頃按北京總統官馮國璋段祺瑞姜桂題張勳翼長段芝貴防務大臣張懷芝會辦河南軍務倪嗣冲統制官何宗蓮王占元曹錕陳光遠吳鼎元李純潘矩楹孟恩遠統領官李奎元李泮藻王金鏡鮑貴卿盧永祥陳文運李厚基何豐林馬良張樹元馬繼增周符麟張趙元王佩蘭伍祥楨范國璋高鳳城裴其勳聶汝清提督馬金叙總兵官王懷慶徐邦傑黃懋澄李俊才范書田葉長盛田保玉張善義謝寶勝李永芳謝有功楊榮泰張文生武衛右軍各路統領官陳希義殷貴趙倜方田高雲鵬韓大武河南統領官劉洪順柴得貴奉天統領官吳峻陞張作霖馮德麟吳慶桐洽電稱北方軍界不忍生靈塗炭現多主張共和國體朝廷亦無成見無非尊重人道以國利民福爲宗旨朝廷若以政權公諸國民爲數千年未有之盛德凡我臣民自應

歡迎感戴以盡報答之微忱我軍界同人協同北方各界商議優待各條件務請貴代表照此承認庶可望從此戢禍息兵得以和平解決免至兵連禍結橫生分裂之慘想貴代表應亦同此心理云云查閱所開優待條件與袁內閣所提出者無一字之異廷當即復電云尊處所開優待條件舉本代表前所提交袁內閣者大旨不相出入已由袁內閣於二月初五日答復其所開條件與尊處相同本代表因事關重要特赴南京與臨時政府參議院協商對於袁內閣提出之優待條件有所修正已得參議院全體議決由本代表照電袁內閣矣查此次修正案與袁內閣所提出者大旨相同較本代表前所提出者更爲優渥惟所堅持者在清帝實行遜位蓋必如是然後共和國體乃完全成立否則有類君位之嫌故獨於此始終堅持要之全國人民爲共和而流之血前後積聚可成江河萬不能含糊了事以貽後禍諸公既贊成共和熱心闊識爲薄海所同仰而對於故君拳拳之厚意亦爲薄海所同諒此次修正案一面優禮清皇室俾遜位之後不失尊榮一面鞏固共和國體俾民國基礎不致搖動實已斟酌妥善想必爲諸公所願納也云云特此奉聞廷芳魚一印

（上海來電）

伍廷芳关于清室优待条件修正案致孙中山等电．临时政府公报，1912 年 2 月 9 日，第 11 号：附录－电报：1–2.

孫大總統國務各總長參議院議長公鑒頃接北京蒙古聯合會阿王那王等篠電云全國人心現已多數趨於共和朝廷以國家爲重俯順民情並無成見惟皇室既以國利民福爲念不私政權公之國民國民如願以償可省無數頭顱生命是皇室讓之德隆誠爲古今中外所罕有按之報施之道自應格外尊崇蕃禮以饜四方之觀聽而副改革之初心若優待條件稍有貸損不但別滋疑議亦非統合五大民族共成大共和國之本旨貴代表深明中外大勢切望極力主持以定衆志而服群情庶免功虧一簣不勝盼切希見復云云查閱所開條件與袁內閣所提出者無一字之異廷當即復電云諸王公贊成共和熱心偉抱薄海同欽而對於故君不忘拳拳之意務期優禮始終此情亦薄海所同諒本代表查閱所開優待條件與本代表前所提交袁內閣者大旨不相出入袁內閣已於二月初五日答復其所開條件與尊處相同本代表因事重要特赴南京與臨時政府參議院協商對於袁內閣所開條件有所修正已得參議院全體議決由本代表電照袁內閣矣查此次修正案與袁內閣所提出者大旨相同較之本代表前所提出者更爲優渥惟所堅持者在清帝實行退位蓋必如是然後共和國體乃完全成立否則有類於虛君

位之嫌故獨於此始終堅持要之全國人民爲共和而流之血前後積聚可成江河共和萬不可含糊了結以貽後禍故此次修正案一面優禮清皇室俾遜位之後不失尊榮一面鞏固共和國體俾民國基礎不致搖動實已斟酌妥善想必爲諸王公所願意至關於滿蒙回藏各民族之待遇條件如滿蒙回藏各民族贊成共和則五大民族同建民國當然有此辦法不必因清帝遜位然後立此條件也專此奉復云云謹聞廷芳魚二

（上海來電）

伍廷芳关于清室优待条件修正案及满蒙回藏各民族之待遇条件致孙中山等电．临时政府公报，1912 年 2 月 9 日，第 11 号：附录－电报:3－4.

伍總長電聞卽墨民軍與德領事交涉並往來電文

孫大總統鑒連接山東卽墨民軍班麟書發來三電如下（一）山東卽墨光復後秩序非然各界歡迎外人教堂一律保護現靑島德提督疑爲土匪派兵查看勢將乘機干涉乞鼎力維持速向德總領事交涉並急電住靑德提督令嚴守中立承認本處爲完全獨立之民軍切勿藉端派兵釀成意外交涉牽動全局（二）德馬隊本日午後到卽吾軍招待如禮彼軍强行査驗吾軍械且堅稱彼前與滿淸訂約距租界百五十里內之軍隊

快槍不得過五十枝民軍亦當守此條約似此用軍決不承認乞速卽日向德人交涉免致貽誤班麟書叩（三）今日去電租界外百里內之軍隊快槍不得過五十枝百里字誤作百五十里謹此更正廷覆電如下山東卽墨民軍班麟書君鑒三電均悉已與德領事交涉聲明民軍之目的爲建立共和政體所有與外人交涉皆愼照公法宜守中立不可干涉德總領事已允卽電達膠州總督頃遣副領事來言已得膠督回電謂昔日租借膠州灣之時曾與淸廷立約附膠州灣百里以內作爲甌脫之地不得通過軍隊如必須通過要先商明膠督今卽墨民軍在膠州灣百里之內不守此約故來責言云云按淸廷與外國立約此等損失主權之事已數見不鮮條約既須履行則民軍宜與膠督商明以便通過始符原約特此電復祈查照辦理東惟此爲外交總長權限內事因接班君電時情形緊急故卽爲辦理以後凡遇此項交涉應概行移交外交總長核辦以符權限特此奉聞廷芳東

伍总长电闻即墨民军与德领事交涉并往来电文．临时政府公报，1912 年 2 月 10 日，第 12 号：纪事:4–5.

大總統暨外交總長電烟台都督飭卽墨民軍照約暫行退出文

烟台都督鑒頃據駐甯德領事面稱接駐北京德使電開卽墨縣由民軍佔據宣布獨立

查卽墨縣離膠澳海面潮平附近一百里內據光緒二十四年二月中德條約第一款內載大清國允許離膠澳海面潮平周遍一百里內係中國里准德國官兵隨時過調惟自主之權仍歸中國如有中國飭令設法等事應向德國商定該地內應駐兵營中國允與德國會商辦理等語是此款所訂者該處民軍未嘗遵照辦理飭向貴部電飭該處民軍迅卽照約退出等語卽希貴都督迅飭該處民軍照約暫行退出候本部與德國商定再行辦理總統孫文外交總長王寵惠江

大总统暨外交总长电烟台都督饬即墨民军照约暂行退出文.临时政府公报，1912 年 2 月 10 日，第 12 号：纪事:5–6.

外交部電伍總長轉袁內閣照覆德使彼此遵約退兵文

上海伍總長鑒冬電悉已分電烟台即墨軍政府照約退兵希轉覆袁內閣照覆德使請其電知膠督彼此遵約同時退兵外交部江

外交部电伍总长转袁内阁照覆德使彼此遵约退兵文．临时政府公报，1912年2月10日，第12号：纪事:6.

外交部電伍總長嚴詰袁內閣責令速飭清軍退出卽墨文

上海伍總長鑒頃接青島電稱卽墨民軍已照約退出距清軍忽又運兵五百名至城陽進逼卽墨高密均遭失陷等語前袁鹽二電請轉飭民軍照約退出今卽墨民軍已照辦袁竟違約進兵實屬有意挑釁希卽電袁嚴詰責令速飭該處清軍退出以免開戰端而啓交涉外交部支

外交部电伍总长严诘袁内阁责令速饬清军退出即墨文．临时政府公报，1912 年 2 月 10 日，第 12 号：纪事：6-7.

外交部電伍總長嚴詰袁內閣責令速止高密清兵勿悖人道文

急上海伍總長鑒清兵違約進逼卽墨支日會請電袁詰責頃據山東民軍代表劉冠三到部面稱舊歷十二月十三日卽墨民軍已全數退往萊陽高密十四日午後三時有清兵二百餘人進城殺戮商民張愼齋魏顯章等十一人並按保安會名册查究多所株連等語似此縱兵慘殺大悖人道應請速電袁內閣嚴詰並責令迅卽電止清兵殺戮勿再株捕外交部虞

外交部电伍总长严诘袁内阁责令速止高密清兵勿悖人道文.临时政府公报，1912年2月10日，第12号：纪事:7.

臨時政府公報 附錄

中華民國元年二月十日星期六
隨報附出 不另徵費

電報

孫大總統鑒頃接唐君紹儀送來梁君士詒電文如下周黑撫致閣部電謹抄閱希告伍文如下頃據臚濱撫張守壽增電稱十七日早八鐘俄馬步砲隊約八百餘蒙馬步隊約四百餘合隊府營當即懸旗停戰請蒙員車總管到署面商九鐘車同俄官二員到署限十二鐘交槍馬否則開砲轟擊磋商四小時之久非交槍馬不可增等因兵力不敷若再開戰增等一身不足惜必至牽動外交不得已將槍馬交蒙下午四鐘帶兵出署明晚回省等語查呼倫騷之變初由俄人暗助既則顯然干涉終則幫兵合圍該府孤懸絕徼援斷兵單勢難固守惟該府一失沿邊二十餘卡倫及吉拉林議治局均不可守呼倫道所轄全境已成土崩之勢間接而入俄人之手除飭李守鴻謨將俄逕蒙兵攻臚等情調查明確以爲交涉地步外應請大部設法挽回並盼示機宜樹謨十八日等語云云特爲轉

臨時政府公報　第十二號　附錄　二

（上海來電）

致廷芳處四印

伍廷芳关于呼伦䮂之变致孙中山电．临时政府公报，1912 年 2 月 10 日，第 12 号：附录－电报：1-2.

中華民國元年二月十一日星期日

隨報附出　不另徵費

臨時政府公報 附錄

電報

上海伍廷芳先生鑒轉北京電悉張勳爲民軍擊退所報殺使等事殊爲子虛現查張勳倪嗣冲均增兵增械勢欲南下倪軍尤爲狡詐屢誘攻潁上民團慘殺無狀應請彼方嚴行約束勿使徒託函電空言至退位之事更宜催促早定不堪久待也總統孫文叩庚

（南京去電）

孙中山关于电悉张勋为民军击退所报杀使等事为子虚乌有请彼方严行约束致伍廷芳电．临时政府公报，1912年2月11日，第13号：附录－电报：1.

孫大總統黃陸軍長參議院議員諸公鑒查優待清帝條件第一款遜位之後尊號仍存云云貌襲文明實伏亂源竊不敢取夫君主民主國體絕不相容總統皇帝名稱自不能兩立今總統之外再擁皇帝非驢非馬不獨無以尊崇國體實恐見侮外人其危險一清廷退位非出於禪讓之本心而屈於民軍之勢力若陽許遜位陰行帝制將來暗植私黨巧借外援路易十六之禍行將立見其危險二既許以外國君主之禮相待本無干涉內政之特權惟國交儀式係尊重其國體非尊重其個人玉帛往來僅一時之禮遇今清廷退位國體變更五種民族視為一體君權已全體取消帝號竟無所依據若視為外國君

主而稱帝於民國之內則將懷抱野心煽惑蒙藏徐圖恢復啓藩部分離之漸壞中華統一之基其危險三遜位之後領土主權一律轉移於民國此應然之勢若仍擁帝號難保無爾巽升允之徒地據偏隅遙奉名義以相號召將來內部征討勞民傷財殆無寧日其危險四且就事實行之清廷一面講和一面備戰山陝民軍迭遭蹂躪那桐載澤私借外兵將來利用保皇名義陰行割據手段破壞大局貽害子孫其危險五頃閱總統及陸軍長通電亦知停戰展期不可再允鄙意空文辯駁實墮虜計而懈士心現南北軍隊既經聯絡彼寡我衆彼曲我直以此進戰何攻不克惟有激勵各軍同時北上人鳳立當悉索敝賦以相周旋倘再遷延縱寇長奸誰尸其咎時危事迫敢效狂言知我罪我聽諸公論

北面招討使譚人鳳叩齊印

谭人凤关于反对保留清帝称号致孙中山等电．临时政府公报，1912 年 2 月 11 日，第 13 号：附录－电报：2–3.

孫大總統黃陸軍總長鑒頃接北京袁內閣洽一電云接東督趙銑電稱民軍以多兵由
金州中立隙地登岸云又奉軍馬統領龍潭删電稱莊河境尖山口初十午後民軍艦五
艘運下大炮十餘尊子彈炸彈多箱民黨三百餘名內有洋人三十餘名本地土匪亦皆
附入其砲位安置米家商墩台後玉皇廟尖山口四處逼向我軍云此等舉動實是敗壞

大局咎有攸歸況現方續議停戰和平有望希嚴切電飭該民軍迅即退回免致另生枝節是爲至要迅復等語查金州等處密邇日界民軍進行亟應審愼倘舉動稍越範圍輒生外交重要問題決非吾人所忍出況目下續定停戰期限和議將有端倪似不宜過以武力相逼乞酌核情形立刻電飭金州等處民軍聽候尊處命令免生枝節至盼廷芳語

（上海來電）

伍廷芳关于电饬金州等处民军退回致孙中山等电．临时政府公报，1912 年 2 月 11 日，第 13 号：附录－电报:3–4.

紀事

外交部致北京德公使止勿借欵與清西文電譯稿

近悉瑞記已允借欵於清政府此項借欵實足破壞中立民國政府不能承認茲特申明此種態度之危險前以此故會啓社會對德之惡感爲民國政府所解免若此類事端時常發見其結果如何吾輩亦未能擔其責也請貴公使細加斟酌

外交部致北京德公使止勿借款与清西文电译稿．临时政府公报，1912年2月13日，第14号：纪事:9.

急南京孫逸仙先生黃克强先生上海伍秩庸先生鑒瑞昨日率兵到保二次電奏想有所聞政體解决已有端緒善後手續自應預籌鄙見宣布共和之日兩方政府同時取銷臨時大總統並須預行推定至臨時政府必要人員及臨時政府暫設地點應由全體公同商定卽以退位之時爲共和臨時政府成立之日庶統治機關不致曠時兩方不致陷於無政府之危險諸君如以爲然卽請將應推之大總統及臨時政府必要之人員與地點迅速電示俾與北方軍界公議免相猜疑現在南北軍民均盼解决望將善後綱領迅示以便催促宣布瑞才疏身弱毫無希圖俟國利民福之目的達到後當卽解甲歸農藉藏鳩拙區區微忱統希鑒原段祺瑞禡

（保定來電）

段祺瑞主张另组临时政府致孙中山等电．临时政府公报，1912年2月13日，第14号：附录－电报：3.

臨時政府公報

附錄

中華民國元年二月十四日星期三

隨報附出　不另徵費

電報

萬急南京孫大總統參議院各部總長武昌黎副總統同鑒共和爲最良國體世界之公認今由弊政一躍而躋及之實諸公累年之心血亦民國無窮之幸福大清皇帝旣明詔辭位業經世凱署名則宣布之日爲帝政之終局卽民國之始基從此努力進行務令達到圓滿地位永不使君主政體再行於中國現在統一組織至重且繁世凱極願南行暢聆大教共謀進行之法祇因北方秩序不易維持軍旅如林須加部署而東北人心未盡一致稍有動搖牽涉各國諸君洞察時局必能諒此苦衷至共和建設重要問題諸君研究有素成算在胸應如何協商組織統一治法尚希迅卽見教世凱眞

袁世凯拒绝南行致孙中山等电．临时政府公报，1912 年 2 月 14 日，第 15 号：附录－电报：1.

臨時政府公報附錄

中華民國元年二月十四日星期三
隨報附出 不另徵費

電報

上海唐少川伍秩庸南京孫大總統黎副總統各部總長參議院鑒本日上諭朕欽奉隆
裕皇太后懿旨前因民軍起事各省嚮應九夏沸騰生民塗炭特命袁世凱遣員與民軍

代表討論大局議開國會公決政體兩月以來尚無確當辦法南北睽隔彼此相持商輟於途士露於野徒以國體一日不決致民生一日不安今全國人民心理多傾向共和南中各省既倡議於前北方諸將亦主張於後人心所嚮天命可知予亦何忍因一姓之尊榮拂兆人之好惡是用外觀大勢內審輿情特奉皇帝將統一治權公諸全國定爲共和立憲國體近慰海內厭亂望治之心遠協古聖天下爲公之義袁世凱前經資政院選舉爲總理大臣當茲新舊代謝之時際定有南北統一之方卽由袁世凱以全權組織臨時共和政府與民軍協商統一辦法總期人民安堵海宇乂安仍合漢滿蒙回藏五族完全領土爲一大中華民國予與皇帝得以退處寬閑優游歲月長受國民之優禮親見郅治之告成豈不懿歟欽此宣統三年十二月二十五日蓋用御寶內閣總理大臣署名謹達

袁世凱眞

袁世凯转达清帝上谕致唐绍仪等电．临时政府公报，1912 年 2 月 14 日，第 15 号：附录－电报：1－2.

萬急北京姜軍門桂題段軍帥芝泉馮統制國璋均鑒讀報載公等致北軍各路統兵官刪電不勝駭異同是中國人有何南北之分卽以南北軍論目今南軍中北人極多南人悉推誠相待毫無疑忌矧南北軍人現正聯合一致贊同共和函電交馳驩訢無間同袍握手遐邇咸欽何謂南北軍界由分而合感情未必盡洽耶至於强權武力云云此乃各國政治家對外之辭絕未含有對內性質公等明達胡竟誤會殊不可解至謂武力之最健全在北方軍隊一節目下南北携手不忍以同種相殘誠不知誰健誰弱然與等愚見以爲能驅除異族戰勝敵國乃可謂武力之健若爲虎作倀自殘同種如昔日湘淮諸軍之所爲則雖戰必勝攻必取仍不可稱爲武力之健歐美偉人評論具在非與等一二人之私言也要之今日之事總以鞏固中華共和爲前提而一切强生界限植黨營私亡國

之爲皆當一掃刮絕以成我五大種族建設大共和國之盛業方足以饜世界列國之望而奠漢滿蒙回藏羣生之安若如尊電所云則不惟於南北軍人聯合進行橫生障碍且於中華共和大局顯啓紛歧破壞之漸竊爲公等不取也事關大局不容緘默區區此心統希亮察南北軍人聯合會黃興蔣作賓鈕永建柏文蔚杜淮川姚雨平劉毅陳晉李書城耿覲文仇亮沈郗文覃師范史久光黃承恩黃愷元仝叩尤（南京去電）

南北军人联合会反击删电致姜桂题等电．临时政府公报，1912 年 2 月 14 日，第 15 号：附录－电报：3-4.

孫逸仙先生上海伍秩庸先生黃克强先生鑒北軍主張共和舉兵北上原以謀國民之幸福免各方之糜爛瑞派代表與黎君宋卿提議得有黎君照會雙方均保恒狀以待解決乃頃得信陽來電云本月十九夜三點鐘南軍困羅山縣城焚掠縣衙釋放縣獄而徐州張君少軒來電云南軍連日攻擊進逼徐州似此破壞平和塗炭生靈恐非執事爲國利民福之初心即希實行禁止以維大局祺瑞禡

（保定來電）

段祺瑞关于商禁南军攻击致孙中山等电．临时政府公报，1912年2月14日，第15号：附录－电报：5.

中華民國元年二月十五日星期四
隨報附出　不另取費

臨時政府公報 附錄

電報

南北各省都督各軍司令天津民意報李石貞天津及全國各報館均鑒現在清帝業已退位民國統一茲定於本月十五日舉行民國統一大慶典孫文元

（南京去電）

孙中山关于举行民国统一大庆典致南北各省都督等电．临时政府公报，1912年2月15日，第16号：附录－电报：1.

令示

臨時大總統咨參議院辭職文

前後和議情形並昨日伍代表得北京一電本處又接北京一電又接唐紹儀電均經咨明貴院在案本總統以爲我國民之志在建設共和傾覆專制義師大起全國景從清帝鑒於大勢知保全君位必然無效遂有退位之議今既宣布退位贊成共和承認中華民國從此帝制永不留存於中國之內民國目的亦已達到當締造民國之始本總統被選爲公僕宣言誓書實以傾覆專制鞏固民國圖謀民生幸福爲任誓至專制政府既倒國內無變亂民國卓立於世界爲列邦公認本總統即行解職現在清帝退位專制已除南北一心更無變亂民國爲各國承認旦夕可期本總統當踐誓言辭職引退爲此咨告貴院應代表國民之公意速舉賢能來南京接事以便解職附辦法條件如左

一臨時政府地點設於南京爲各省代表所議定不能更改

一辭職後俟參議院舉定新總統親到南京受任之時大總統及國務各員乃行辭職

一臨時政府約法爲參議院所制定新總統必須遵守頒布之一切法制章程此咨

临时大总统咨参议院辞职文. 临时政府公报,1912年2月20日,第17号:令示:1.

臨時政府公報　令示　第十七號　二

臨時大總統咨參議院推荐袁世凱文

今日本總統提出辭職要求改選賢能選舉之事原國民公權本總統實無容喙之地惟前使伍代表電北京有約以清帝實行退位袁世凱君宣布政見贊成共和卽當推讓提議於貴院亦表同情此次清帝遜位南北統一袁君之力實多發表政見更爲絕對贊同舉爲公僕必能盡忠民國且袁君富於經驗民國統一賴有建設之才故敢以私見貢荐於貴院請爲民國前途熟計無失當選之人大局幸甚此咨

临时大总统咨参议院推荐袁世凯文．临时政府公报，1912年2月20日，第17号：令示：2.

紀事

大總統謁陵文

維有名失祀之二百六十有七年中華民國始建越四十有二日淸帝退位共和聿立民國統一永無僭亂越三日國民公僕臨時大總統孫文謹率國務卿士文武將吏祗謁大明太祖高皇帝之陵而祝以文曰昔宋政不綱遼元乘運擾亂中夏神人共憤惟我太祖奮起草野攘除奸凶光復舊物十有二年遂定大業禹域淸明汚濊蕩絕蓋中夏見制於邊境小夷者數矣其驅除光復之勳未有能及太祖之偉邵者也後世子孫不肖不能繼厥武委政小人爲猶不遠卵翼東胡坐滋强大因緣盜亂入據神京憑肆淫威宰制赤縣山川被其瑕穢人民供其刀砧雖義士逸民跋涉嶺海冀拯冠裳之沈淪續祚胤於一綫前仆後起相繼不絕而天未悔禍人謀無權徒使歷史編末添一傷心耆事而已自時厥後法令益嚴罪罟益密嗟我漢人有重足傾耳嵌口結舌以保性命不給而又假借名教盜竊仁義錮蔽天下使無異志帝制之計旣周且備將藉奸術長保不義然而張皇書策於私室林淸奮起於京畿張李倡教於川陝洪楊發迹於金田雖義旗不覺終厥亦足以見人心之祈嚮矣降及近世眞理昌明民族民權盎然人心加以虜氛不競强敵四臨不寶我土宇以其鄰國人雖不肖猶是神明之冑豈能忍此終古以忝先人之靈乎於是倡

桀之士飈發雲起東南厥始發難吳樾震以一擊徐錫麟注彈丸於滿酋之腹熊成基舉烽燧於大江之涘以及萍鄉之役鎮南關之役最近北京暗殺之役羊城起義之役屢起屢躓再接再厲天下為之昭蘇虜廷為之色悸蘊釀蟬蛻以成茲盛武漢首義天人合同四方嚮風海隅景從遂定長江淹有河淮北方旣協携手歸來虜廷震懼莫知所為奉茲大柄還我國人五大民族一體無猜嗚乎休哉非我太祖在天之靈何以及此昔嘗聞之夷狄之運不過百年滿淸歷年乃倍而三非天無常事會則然共和之制亞東首出事衆創造時異遲速求仁得仁焉用怨讟又聞在昔救時之士嘗躋斯丘用勵軍志俯仰山川欷歔流涕昔之所悲今也則樂鬱鬱金陵龍蟠虎踞宅是舊都海宇無吪有旆肅肅有旐振振我民來斯胥告厥成喬木高城後先有耀長仰先烈以式來昆伏維尚饗

大总统谒陵文．临时政府公报，1912年2月20日，第17号：纪事：6－8．

臨時政府公報 附錄

中華民國元年二月二十日星期二
隨報附出　不另徵費

◉電報◉

黎副總統鑒今日文偕各部總長向參議院辭職已得承諾俟新總統接任卽行解職同時文並推薦袁公慰亭明日開選舉會日間擬委代表偕唐君少川前赴北京與袁公慰亭協商統一辦法本擬到武昌面謁執事再由漢口乘車赴京因漢口以北火車不便改由海道祈執事迅卽委派代表到滬會同前往以速爲妙盼切卽復總統孫文（南京去電）

孙中山关于委派代表赴京与袁世凯协商统一办法致黎元洪电．
临时政府公报，1912 年 2 月 20 日，第 17 号：附录－电报：1.

萬急南京孫大總統黃陸軍總長武昌黎副總統各省都督前部各軍司令公鑒連接陸軍來電知各處清軍爲我軍相近者仍時有衝突惟今者清帝辭位清國統治權業已消滅自此以後國內所有軍隊皆中華民國之軍隊豈宜自相衝突廷爲唐君已電告袁君慰亭通飭各處軍隊一律改懸中華民國五色旂以示畫一此後見同一國旂之軍隊不可挑釁如見從前清國軍隊尚未改懸國旂者應即通知囑其遵照袁君電命改懸民國旗如果始終甘爲民國之敵則必爲兩方所共棄謹此電聞廷芳元印　（上海來電）

伍廷芳关于军队各改悬民国五色旗致孙中山等电．临时政府公报，1912 年 2 月 20 日，第 17 号：附录－电报:2.

萬急北京袁慰庭先生鑒真電及唐轉來真電具悉清帝辭位執事宣言贊成共和民國從此大定不勝忻慶蓋全國人民之幸福也現即報告參議院提出辭表推荐執事至共和政府不能由清帝委任組織若果行之恐生莫大枝節執事明於理勢當必知此請即速來甯以副衆望如慮一時北方無人維持秩序當可由執事舉人電知臨時政府畀以鎮守北方全權謹佈候覆併表歡迎之至意孫文

（南京去電）

孙中山请袁世凯来宁就职致袁世凯电．临时政府公报，1912年2月21日，第18号：附录－电报：2.

萬急武昌黎副總統各省都督鑒清帝退位民國統一文以革命之目的已達當受職之始曾有誓言幸可以踐此後建設之事當讓熟有政治經驗之人袁公慰庭委曲求全終達吾人和平之目的其功莫大清帝既退袁公宣布政見絕對贊成共和文是以推荐於

參議院參議院既承認文之辭職今日二時行正式選舉舉袁公爲臨時大總統臨時政府地點仍定南京以袁公到南京接事日爲文解職之期現已派專使迎袁南來以爲我國民服務特此電聞孫文

（南京去電）

孙中山关于让位袁世凯致黎元洪电．临时政府公报，1912 年 2 月 21 日，第 18 号：附录－电报：2–3.

萬急上海漢口路財政部辦事所陳錦濤君鑒鄧電悉清帝退位民國大定新選總統係承受現在南京臨時政府之事凡民國現行財政事宜如公債外債中國銀行之創辦及一切財政之已經施行者當然繼續有效絕無疑問可由財政部宣布總統孫文

（南京去電）

孙中山关于已施行财政继续有效致陈锦涛电．临时政府公报，1912年2月21日，第18号：附录－电报:3.

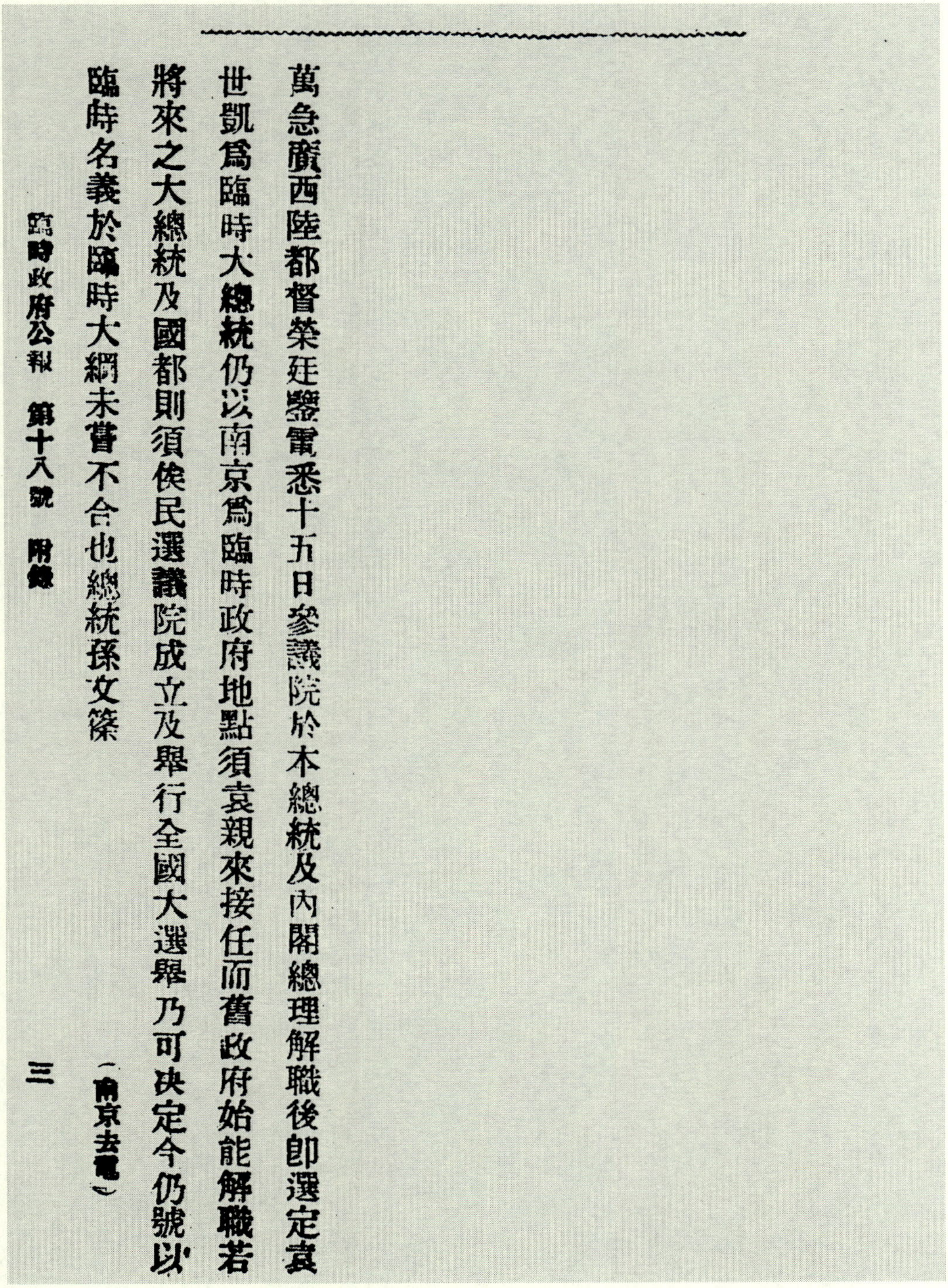

萬急廣西陸都督榮廷鑒電悉十五日參議院於本總統及內閣總理解職後卽選定袁世凱爲臨時大總統仍以南京爲臨時政府地點須袁親來接任而舊政府始能解職若將來之大總統及國都則須俟民選議院成立及舉行全國大選舉乃可決定今仍號以臨時名義於臨時大綱未嘗不合也總統孫文篠（南京去電）

臨時政府公報　第十八號　附錄　三

孙中山关于让位袁世凯致陆荣廷电．临时政府公报，1912年2月21日，第18号：附录－电报：3.

萬急上海陳都督其美鑒現在清帝退位民國統一上海爲江南要區非有大將鎮守不能維持一切據各地紛紛來電咸以公爲民國長城關繫全局力請挽留人心如此公不可告退尙望勉爲其難勿懷退志總統孫文篠

（南京去電）

孙中山请陈其美继续镇守上海致陈其美电．临时政府公报，1912 年 2 月 21 日，第 18 号：附录－电报:4.

令示

大總統布告國民消融意見蠲除畛域文

今中華民國已完全統一矣中華民國之建設專爲擁護億兆國民之自由權利合漢滿蒙回藏爲一家相與和衷共濟丕振實業促進教育推廣東球之商務維持世界之和平偉五洲列國益敦親睦於我視爲唇齒兄弟之邦因此敢告我國民而今而後務當消融意見蠲除畛域以營私爲無利以公益爲當謀增祖國之榮光造國民之幸福文謹惴惴焉

臨時政府公報　法制　第二十號　一

大总统布告国民消融意见蠲除畛域文. 临时政府公报,1912年2月23日,第20号:令示:1.

大總統覆五洲同志華僑詢推舉袁世凱爲第二臨時大總統函

旅居五洲同志華僑諸君同鑒因推舉袁君爲第二臨時總統紛接來電相爭其詞頗多誤會恕不能縷縷見復謹括舉其要以相答曰諸君盡其心力與內地同志左右挈提仆滿清而建民國今目的已達以此完全民國歸諸全體四百兆人之手我輩之義務告蕆而權利則享自由人權而已其他非所問也至於服務之行政團若總統類者皆我自由國民所舉用之公僕當其才者則選焉袁君之性情不苟於然諾當其未以廢君爲可也則持之及其既以共和爲當也則堅之其諾甚濡其言彌信彼之布告天下萬世有云不使君主政體再發生於民國大哉言矣復何瑕疵至彼之委曲求全予亡清以優待亦隱消同氣之戰爭功罪弗居心迹自顯前日之袁君爲世界之一人今日之袁君爲民國之分子量才而選彼獨賢勞正我國民所當慰勉道歉責之以盡瘁愛之以熱誠者也總統既非酬庸之具袁君卽爲任務之人宜觀其從容敷施以行國民之意使民國之根基由

臨時盡力維持而完固焉我同志其鑒文之微忱

大总统覆五洲同志华侨询推举袁世凯为第二临时大总统函.临时政府公报,
1912年2月23日,第20号:令示:3-4.

陸軍部通告各省都督將前清忠義各祠分別改建大漢忠烈祠電文

各省都督鑒民國統一大功告成凡在同胞永享共和幸福而死難諸烈士或橫被逮捕血肉早已摧殘或戰死沙場而姓名猶虞湮沒亟應薦以血食以慰忠魂懇　貴都督迅將前清忠義各祠分別改建爲大漢忠烈祠彙集各該省盡忠民國死事諸烈士入祀其中由本部派專員致祭以後即由各執政春秋致奠并於每歲舊歷八月十九即武漢起義紀念日及新歷二月十五日即民國統一紀念日恭行祀典永以爲例以慰死者之靈以作生者之氣以明昭烈誅奸之義一舉而三善備陸軍部號印

陆军部通告各省都督将前清忠义各祠分别改建大汉忠烈祠电文．临时政府公报，1912年2月23日，第20号：令示：4.

臨時政府公報 附錄

中華民國元年二月二十三日星期五
隨報附出 不另徵費

北京袁大總統鑒頃得安慶孫都督來電稱有志士柳大年號曼清者於陰歷十月中旬同吳蓮伯組織急進會事洩爲趙爾巽派張作霖於甯遠捕去與張涵初等同禁模範監獄今清帝退位民國統一應電袁君慰亭電趙各政治犯立釋等情據此即電使趙督釋放是所切感孫文嘯

（南京去電）

孙中山关于请袁令赵尔丰释放柳大年等致袁世凯电．临时政府公报，1912年2月23日，第20号：附录－电报:1.

孫大總統轉汪兆銘胡漢民馬伯援居正楊玉如田桐諸君及各同志公鑒湖北同盟會支部一節已經同志多人開會兩次公決聯合衆有之共進文學及各種機關成一共和同盟會融化各黨共成一會以促進共和而達惟一之目的所有章程辦法貴處必有條理請詳細函知以使遵行湖北同盟會支部同叩寒

（武昌來電）

湖北同盟会支部关于章程办法致孙中山等电．临时政府公报，1912 年 2 月 23 日，第 20 号：附录－电报：2.

法制

大總統令陸軍內務財政三部照參議院議案將各省軍政分府酌改爲司令長不得干涉民政財政由（附議案）

案據陸軍部呈開統一軍政民政財政辦法請咨參議院議定辦法等因據此當卽咨移參議院照議茲據咨覆前來合就令行該部仰卽會同陸軍財政內務三部遵照原議妥爲辦理可也此令

原議案錄左

查各省光復後軍政民政財政等權往往歸於同一機關如軍政分府雖在一隅之地而權限輒逸出軍事範圍以外致民政財政難於統一今官制既未訂定急宜發布臨時命令將軍政分府名目卽日撤銷如地勢上爲應駐兵之處應由該省都督酌設司令部專管該處軍事所需款項開列預算呈由都督核撥其他民政財政悉由地方官主政司令部長絕對不得干涉仍候官制頒行後另遵通則辦理應祈飭由陸軍部內務部財政部會電各省都督切實遵辦並令其將遵辦情形隨時電告各部以資查考

大总统令陆军、内务、财政三部照参议院议案将各省军政分府酌改为司令长不得干涉民政、财政由（附议案）. 临时政府公报，1912 年 2 月 24 日，第 21 号：法治：1.

外交部照會駐甯英美德日各國領事滬通商交涉使除清帝原有私產外所有清廷手內之動產或不動產均屬國有不得私相授受由

爲照會事照得清帝退位民國統一按照優待清帝條件有保護清帝原有私產之一條除此項私產外凡未退位前在清廷手內之動產或不動產自退位之日起均屬民國國有其物主權不得私相授受如有此項情事我民國政府當視爲無法律效力之買賣必將該物產追還除電知各國駐北京公使外合行照會貴領事查照通告

通商交涉使即希通告照會駐滬領

貴國人民

事並請其轉告各國人民一體知悉可也須至照會者

外交部照会驻宁英美德日各国领事、沪通商交涉使，除清帝原有私产外，所有清廷手内之动产或不动产均属国有，不得私相授受由．临时政府公报，1912年2月24日，第21号：令示:4.

內務部咨各省頒布新歷由

前奉大總統令現在改定陽歷應卽編訂歷書頒布全國等因奉此本部卽派專員綜合中外歷書體察人民習慣採擷精要迅卽編成呈請大總統核准後卽行付梓現已印就合卽將印頒行全國惟書成倉卒印出無多每省頒發五千部其不敷之數由各都督府翻印以期普及而利推行此咨

内务部咨各省颁布新历由．临时政府公报，1912 年 2 月 24 日，第 21 号：令示：4－5.

孫大總統鑒咸電備悉現在政體解決元洪副總統及大元帥之職已向參議院電辭俟重新舉定後卽行解職尊處推荐袁公一節此間同人均頗贊成赴京代表頃已委任不日卽附輪往滬以便偕唐君少川等同行特復元洪删

（武昌來電一）

臨時政府公報　第二十一號　附錄　五

黎元洪关于辞职等事宜致孙中山电．临时政府公报，1912年2月24日，第21号：附录－电报:5.

孫大總統黃陸軍總長同鑒迭接奉省趙督及軍官等先後電稱奉省已贊成共和改稱中華民國換懸五色國旗改行陽歷云如藍天蔚不再擾攘東方大局可望保全袁世凱巧

（北京來電六）

袁世凯关于奉省赞成共和致孙中山等电．临时政府公报，1912年2月24日，第21号：附录－电报：6.

孫大總統鈞鑒接海軍部鹽電敬悉清帝退位北方贊成共和於十五日舉行民國統一大慶典禮海軍人員無不歡欣鼓舞已飭各船升旗放砲慶賀矣據陸軍部電傳鈞命所有北伐軍悉改爲討虜軍以符名實而免誤會等因薌銘念北來海軍勢力頗厚且整齊嚴肅爲中外所欽佩旌旂所指海面肅清今既南北一家彼此自無庸歧視特內地交通不便惟恐沿海各省尚未週知因懇由大總統電諭魯燕各港口暨在港各軍隊自清帝

退位之日起升掛民國五色旗一月銘當率各艦親往查視其有不遵命令不懸國旗者當照伍代表之處辦理是否可行尚祈鈞示北伐海軍總司令湯薌銘叩銑（烟台來電五）

汤芗铭关于升挂民国五色旗致孙中山电．临时政府公报，1912 年 2 月 24 日，第 21 号：附录－电报：6–7.

咨

大總統咨黎副總統轉達參議院公舉仍爲臨時副總統文

兹據參議院咨開本院接黎副總統電稱中央政府已准備重新組織副總統及大元帥之職應先辭退云云本院當開會公決謹從黎君之意於二十一日開臨時副總統選舉會全體一致公舉黎元洪君爲臨時副總統應具正式公文恭請受任兹特具公文一份敬請大總統轉達等因准此相應備文轉咨並特派本府參軍黃大偉敬賫該項公文前赴尊處即希貴副總統查照接受爲荷此咨

大总统咨黎副总统转达参议院公举仍为临时副总统文．临时政府公报，1912年2月25日，第22号：咨:1.

陸軍部通告各省迅將前清湘楚淮軍昭忠各祠改建爲大漢忠烈祠文

爲通告事照得民國統一共和告成中外人心同深歡忭此實吾全國殉難諸烈士及戰死將士鐵血之功也邇年以來俊傑之士飈發雲起東南厥始倡義鄒容禹之謨之駢首史堅如楊卓林吳樾之捐軀徐錫麟注彈丸於滿酋之腹熊成基舉烽燧於大江之涘以及萍鄉之役欽廉之役鎭南關之役黃花岡之役最近武昌發難之役金陵光復之役北京暗殺之役吳祿貞被刺於獲鹿温生才飛矢於羊城彭家珍收功於丸彈皆不惜犧牲性命拋棄骨肉或抗節虜廷從容就義或横罹黨禍慷慨捐生其間赴湯蹈火免冑衝鋒功未成而身先死名湮沒而不彰如諸烈士者何可勝道雖殉難之先後遲速不同而其愛民愛國之苦衷耿耿不滅於天壤則一也亟應立祠崇祀薦以血食而卹幽魂合亟通告各軍政學報各界迅將前清湘楚淮軍昭忠各祠改建爲大漢忠烈祠詳細訪查各省盡忠大漢死事諸君子入祀其中由本部特委專員前往致奠以後即由執政春秋致祭並於每歲民國紀念日恭行祀典以爲定例一以慰烈士在天之靈一以褫漢奸死後之

魄於以激勵軍志發揚武氣蔚成民國無疆之盛業遠於四裔豈不懿歟須至通告者

臨時政府公報　令示　第二十二號　三

陆军部通告各省迅将前清湘楚淮军昭忠各祠改建为大汉忠烈祠文.
临时政府公报,1912年2月25日,第22号:令示:2-3.

臨時政府公報 附錄

中華民國元年二月二十五日星期日
隨報附出 不另徵費

電報

黎副總統鑒箇電悉查民國軍興以來各戰地將士赴義捐軀傷亡不尠均賴紅十字會救護掩埋善功所及靡特鄂省一役而已文實德之茲接電示以該會前在武漢設立臨時病院救傷掩亡厥功尤偉復經日本有賀氏修改會章已得萬國紅十字會公認囑予立案等因該會熱心毅力誠不可無表彰之處應即令由內務部准予立案以昭獎勸孫文梗

（南京去電三十三）

孙中山赞扬红十字会救伤葬亡并准予立案致黎元洪电．临时政府公报，1912 年 2 月 25 日，第 22 号：附录－电报:1.

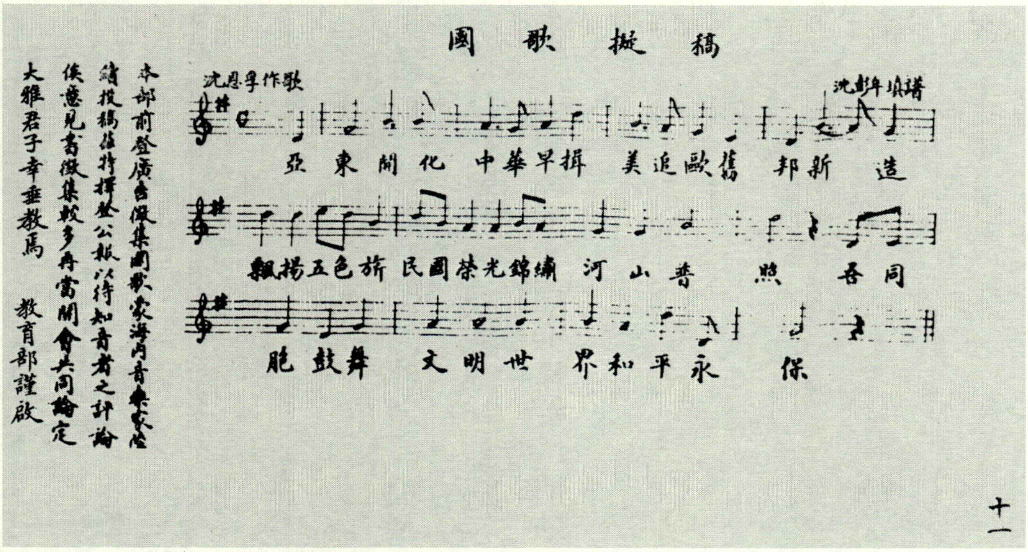

国歌拟稿（谱）. 临时政府公报 ,1912 年 2 月 25 日 , 第 22 号 : 特白 .

中華民國元年二月二十七日星期二

隨報附出　不另徵費

臨時政府公報附錄

電報

寧孫大總統鑒和議期內清兵違約襲諸城大肆刼掠殺民軍平民四百餘曾經何日密電陸軍部近退位詔下仍借口搜匪刼奪鄉城商紳捕去平民若干立殺剪髮學生五人迫捐抄沒兇橫已極祈速設法禁止諸城議事會員臧伯壎等公叩（青島來電四十二）

诸城议事会关于祈设法禁止清兵劫掠杀人致孙中山电．临时政府公报，1912年2月27日，第23号：附录－电报:1.

臨時政府公報 附錄

中華民國元年二月二十七日星期二　隨報附出　不另徵費

電報

孫大總統暨參議院鑒東撫張廣建與警道吳炳湘朋比肆虐倒行逆施封報館禁議會仇殺黨人擢辱士紳於宣布共和後之二十五至三十等日諸城一帶捕殺民黨數人縱兵殃民淫威慘酷近復運動袁新總統覬覦都督東人誓死不承認我胡都督瑛魯東西各郡縣一體歡迎懇速電促胡都督來濟統一政權以甦民困不勝迫切待命之至東全省商會教育會紳學界各團體暨居烟各界公叩

（烟台來電四十三）

山东省商会、教育会等关于电促胡瑛都督来济统一政权致孙中山电．临时政府公报，1912年2月27日，第23号：附录－电报：1.

南京孫大總統鑒鄂省自起義以來血戰數十日尸骸枕藉傷殘無算幸賴中華紅十字會在武漢設立臨時醫院救治被傷兵士並施掩埋茲查該會已由日本赤十字社長松方侯爵特派法學博士有賀長雄來滬商榷修改會章復承日本介紹得邀萬國紅十字聯合會公認該會爲中華民國正式紅十字會此次民軍起義東西南北各省均設立分會共五十餘處所費不資其功甚巨如此熱心慈善事業似不可不特別表彰伏懇准予立案揭諸報章以資提倡而重誠感是爲至要元洪箇

（武昌來電四十四）

黎元洪关于表彰红十字会致孙中山电．临时政府公报，1912 年 2 月 27 日，第 23 号：附录－电报：2.

南京大總統各部總次長參議院武昌黎副總統各省都督各軍司令各軍政分府公鑒頃准北京蒙古聯合會電開本會前次養電已得直豫晉魯蘇各省暨伍代表孫中山先生黎宋卿復電均表同意茲由本會備文陳請項城袁公其文如下天佑吾國賴公之力確定共和際此建設方新非得聲威顯著之人不足當統理南北政府之任我公於大局事始終苦心孤詣不恤疑謗不避險艱卒能措天下於泰山之安躋五族於和平之域功在寰宇德在生民凡屬有知同深推戴查蒙古各部因時艱孔棘外侮方滋本會同人等前次欽仰我公威德知必挽此横流是以聯合同人力爲維護不令於共和一舉別生異

議現大局粗定自請我公仍任其艱難免生枝節現已通電各處由本會代表全蒙推公為統一政府臨時大總統謹再代表全蒙具函陳請務懇我公力任天下之重以繫衆心俾同人等亦可藉手助籌綏馭蒙疆各務臨潁不勝翹盼謹祝幸福蒙古王公聯合會等因特達陳其美叩箇印

（上海來電三十三）

陈其美关于北京蒙古联合会推袁世凯为统一政府临时大总统致孙中山等电．临时政府公报，1912年2月27日，第23号：附录－电报：2-3.

臨時政府公報　令示　第二十四號　二

陸軍部擬裁撤軍政分府通告各都督電文

黎副總統各都督鑒滿清退位南北統一大局將底和平恢復秩序整飭紀綱實爲目前要舉查軍興以來各省以軍事之要求多於適要地點設立軍政分府以資鎮懾現戰事已將告終民政應設專員軍政應籌統一軍政分府多屬無用希貴都督酌量情形將所屬軍政分府分別裁撤以一事權又戰爭方殷之際各省兵卒皆倉猝召募編配入伍兵格既屬參差服裝餉械亦多缺乏現南北軍隊維持秩序勦滅匪徒儘可敷用凡各省軍隊宜就各該省情形酌留若干外務希設法遣散俾免濫竽事關大局敢祈竭立施行賜覆爲叩陸軍部黃興皓

陆军部拟裁撤军政分府通告各都督电文.临时政府公报,1912年2月28日,第24号:令示:2.

北京袁大總統鑒奉天哈爾濱黑龍江等處官吏反對共和慘殺民黨當此南北統一拯救民生維持秩序最爲要策豈容東省官吏破壞全局況北滿介於兩大更不宜有鬩牆之禍祈速電阻妄殺並將段軍就近彈壓保護大局國民幸甚孫文梗（南京去電四十七）

孙中山关于阻止东三省官吏妄杀并将段军就近弹压致袁世凯电．
临时政府公报，1912年2月28日，第24号：附录－电报：2.

令示

大總統令內務部准予中華民國紅十字會立案文

茲准黎副總統電開鄂省自起義以來血戰數十日尸骸枕藉無算幸賴中國紅十字會在武漢設立臨時醫院救治被傷兵士幷施掩埋茲查該會已由日本赤十字社長松元侯爵特派法學博士有賀長雄來滬商榷修改會章復承介紹得邀萬國紅十字聯合會公認該會爲中華民國正式紅十字會此次民軍起義東西南北各省均設立分會共五

十餘處所費不貲其功甚巨如此熱心慈善事業似不可不特別表彰伏懇准予立案揭諸報章以資提倡而重誠感等因前來查該會熱誠毅力殊堪嘉尚應予立案以昭奬勸合就令行該部仰即查照可也此令

大总统令内务部准予中华民国红十字会立案文．临时政府公报，1912 年 2 月 29 日，第 25 号：令示：1－2.

紀事

大總統致新選袁總統函

慰廷先生鑒文服務竭蹶艱大之任旦夕望公以文個人之初願本欲藉交代國務薄遊
河朔嗣以國民同意挽公南來文遂亦以爲公之此行易新國之視聽副輿人之想望所

闕頗鉅於是已申命所司繕治館舍謹陳章綬靜待軒車現在海內統一南北皆有重要將帥爲國民之心膂維持秩序之任均有所委付不必我輩簿書公僕躬親督率今所急要者但以新國民暫時中央機關之所在繫乎中外之具瞻勿任天下懷廟宮未改之嫌而使官僚有城社尙存之感則燕京暫置爲閑邑甯府首建爲新都非特公之與文必表同意於國民即凡南北主張共和疾首於舊日腐敗官僚政治之羣公甯有間焉至於異日久定之都會地點之所宜俟大局既奠决之正式國論今且勿預計也總之文之志願但求作新邦國公之心迹更願戮力人民故知南北奔馳公必忘其自暇嗟乎我輩之國民爲世界賤視久矣能就新民國之發達登我民於世界人道之林此外豈尙有所恤乎公之旋轉之勞消磨其盛年文亦忽忽其將衰耿耿我輩之心所足以質無窮之方來者惟盡瘁於大多數幸福之公道而已公其毋以道途爲苦以爲強勉服務者倡公旆南滋文當依末光左右起居俾公安愉俟公受事而文退翹盼不盡

大总统致新选袁总统函．临时政府公报，1912年2月29日，第25号：纪事：5－6.

陸軍部通告各省開追悼歷年死難及陣亡諸烈士會電文

武昌黎副總統各省都督均鑒吾華革命之事繼續幾二十年艱苦卓絕始有今日其間仁人志士任俠勇夫慷慨赴義者固不乏人而將士登陴陷陣以死報國粉身碎骨而不辭糜肝腦蹈白刃而不悔者尤更僕難數夫求仁得仁死者可以無憾而報功崇德吾儕未忍忘情爰訂三月一日午前十時邀集此間政學軍警商報各界開追悼大會於小營演武廳尚冀貴處同時並舉藉抒哀悃以慰死者之靈以作生者之氣所有歷年死難及此次陣亡諸烈士並乞詳細調查見示以憑彙案分別入祀忠烈祠無任盼禱陸軍部黃興宥叩

陆军部通告各省开追悼历年死难及阵亡诸烈士会电文. 临时政府公报, 1912年2月29日, 第25号: 纪事:9.

臨時政府公報 附錄

中華民國元年二月二十九日星期四
隨報附出 不另取費

◎電報◎

北京袁大總統鑒頃得陝都督廿二電升允聞清帝辭位仍反對共和已破醴泉現攻咸陽省城危急萬分請電尊處速爲救援查升允實爲國民公敵前已承段軍允借餉械助戰惟慮不足應急更請從速設法爲援幸甚孫文宥

（南京去電）

孙中山关于援陕应对升允进攻致袁世凯电．临时政府公报，1912年2月29日，第25号：附录－电报:1.

咨

大總統咨參議院答覆漢冶萍借欵并無違法文

二月十二日貴院質問違法借欵兩則政府據院議通過之國債一萬萬圓因倉猝零星徵集頗難應急遂向漢冶萍及招商局管產之人商請將私產押借鉅款由彼等得款後以國民名義轉借於政府作爲一萬萬圓國債內之一部分嗣又因政府批准以漢冶萍由私人與外人合股得錢難保無意外枝節旋令取銷五百萬圓合股之議仍用私人押借之法借到二百萬圓轉借於政府是政府原依院議而行因火急借入二百萬圓以應軍隊之要需手續未及分明至貴院有違法之防至現行於江寧之軍用手票係借自上海地方政府之中華銀行當時軍用萬急兵士索餉據稱卽空票亦願領受查得上海政府已通行有此手票遂向借發旋恐有碍商市即將漢冶萍私人借來之國債隨時收放貴院欲得該手票之報告當由上海地方政府一併造報以免紛歧據此實無違法及另造報告之處故未卽答爲歉此咨

大总统咨参议院答覆汉冶萍借款并无违法文．临时政府公报，1912 年 3 月 1 日，第 26 号：咨：1.

咨

大總統准財政部電稱擬借華俄道勝銀行欵項咨參議院提前決議

文

民國統一戰事已息目前以恢復秩序分別安置軍隊爲第一要義必需鉅款方足敷布
而各處瘡痍未復未能遽取諸民擬借用外債昨日得財政部電稱現擬借華俄道勝銀
行之款係五釐息九七扣一年期用中央名義擔保毋庸抵押由下次大宗借款內扣還
併須許以下次政府有大借款如所索權利與他家相等華俄銀行有優先權共借一百
五十萬磅經濤於箇廿一日簽字候孫袁總統及京行電許併參議院通過卽行作實一
星期內卽交三百萬兩請卽交院議併電覆爲此要求貴院卽開臨時會提前決議此咨

大总统准财政部电称拟借华俄道胜银行款项咨参议院提前决议文．
临时政府公报，1912 年 3 月 1 日，第 26 号：咨：1–2.

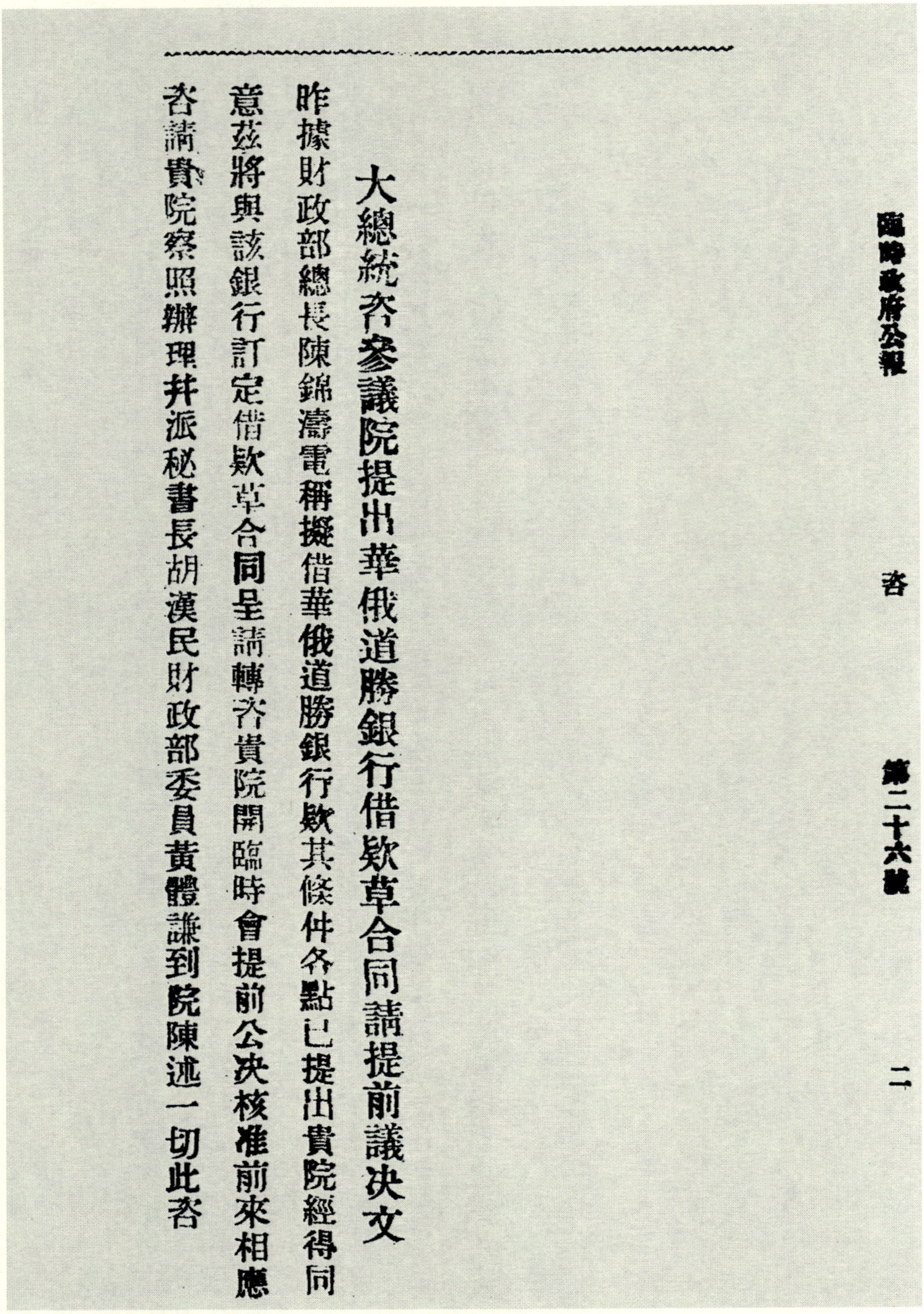
臨時政府公報　咨　第二十六號　二

大總統咨參議院提出華俄道勝銀行借欵草合同請提前議決文

昨據財政部總長陳錦濤電稱擬借華俄道勝銀行欵其條件各點已提出貴院經得同意茲將與該銀行訂定借欵草合同呈請轉咨貴院開臨時會提前公決核准前來相應咨請貴院察照辦理并派秘書長胡漢民財政部委員黃體謙到院陳述一切此咨

大总统咨参议院提出华俄道胜银行借款草合同请提前议决文.
临时政府公报,1912年3月1日,第26号:咨:2.

大總統令陸軍部遵照財政部公債票定章並飭所屬一體遵行由

據財政部總長陳錦濤呈稱准公債司呈爲公債募集不宜雜亂以杜流弊而免厲民事竊維公債之擔負在於國民公債之利病視乎辦法發行有方則償還可必經理畫一則募集不紊此次發行軍需公債定章祇准各省都督分任募集業經咨明各督在案查此項公債原以集鉅款而助軍需惟不便聽令各軍隊進行來部請領債票以爲軍餉蓋如是則紛歧可免辦理有條庶流弊不生投資應募及納稅任還者皆得減輕其擔負而於民國共和之治總統民生之義不相違背乃今各處軍隊紛紛以出發購械爲詞來部領票殊乖定章於公債前途實多窒碍應請呈明大總統飭下陸軍部及各省都督毋許軍隊進行來部請領公債票或預約劵須由該管各都督備咨轉領發給以昭劃一伏請裁酌施行等因准此查原呈所稱各節係爲愼重債務起見除分咨各省都督外理合據情轉呈鈞府鑒核伏乞迅令陸軍部查照轉飭所屬一體遵辦等情爲此合行令仰該部查照並飭所屬一體遵行以重公債而昭劃一切切此令

大总统令陆军部遵照财政部公债票定章并饬所属一体遵行由．临时政府公报，1912年3月1日，第26号：令示：13.

臨時政府公報 附錄

中華民國元年三月一日星期五
隨報附出 不另徵費

電報

北京袁大總統鑒頃接陝督養電升允因清帝退位激而愈兇已破醴泉現攻咸陽取過之地焚殺過半竊思升允塗炭西北之人民擾亂五族之平和及今不除後患滋大甘新大局端莊遺孽在在堪虞不獨關輔受害已也前聞飭由段軍撥陝軍火本會同人實深感紉今所求者(一)已允接濟者從速運陝(二)懇請再撥機關槍野戰砲各數尊使張都督奏破虜之全功即大總統愛和平之保障西北幸甚全局幸甚豫晉秦隴協會于右任等叩宥

(六十二)

豫晋秦陇协会于右任等关于再拨军火援陕应对升允进攻致袁世凯电.
临时政府公报,1912 年 3 月 1 日,第 26 号:附录－电报:1.

臨時政府公報　令示　第二十七號　二

內務部咨各部省革除前清官廳稱呼文

頃奉大總統令開官廳爲治事之機關職員乃人民之公僕本非特殊之階級何取非分之名稱查前清官廳視官等之高下有大人老爺等名稱受之者增慙施之者失體義無取焉光復以後聞中央各地方官廳漫不加察仍沿舊稱殊爲共和政體之玷嗣後各官廳人員相稱咸以官職民間普通稱呼則曰先生曰君不得再沿前清官廳惡稱爲此令行該部遵照速卽通知各官署幷轉飭所屬咸喻此意此令等因奉此應卽咨行貴部貴都督速飭所屬一律照令改換名稱以滌舊染之汚而示更新之象此咨

内务部咨各部省革除前清官厅称呼文. 临时政府公报,1912 年 3 月 2 日,第 27 号: 咨:2.

大總統令內務部通知各官署革除前清官廳稱呼文

官廳爲治事之機關職員乃人民之公僕本非特殊之階級何取非分之名稱查前清官廳視官等之高下有大人老爺等名稱受之者增慙施之者失體義無取焉光復以後聞中央地方各官廳漫不加察仍沿舊稱殊爲共和政治之玷嗣後各官廳人員相稱咸以官職民間普通稱呼則曰先生曰君不得再沿前清官廳惡稱爲此令仰該部遵照速卽

通知各官署並轉飭所屬咸喻此意此令

大总统令内务部通知各官署革除前清官厅称呼文．临时政府公报，
1912年3月2日，第27号：令示:5-6.

臨時政府公報 附錄

中華民國元年三月二日星期六
隨報附出 不另徵資

孫大總統及各部總次長公鑒蔚奉委任關外都督本爲大局犧牲非爲個人權利數月以來各方連絡奉省志士雲集響應佔領莊河鐵嶺開原等處均在未換國旗之先自奉共和宣布南北統一之命卽嚴飭各部停止進行並一面將已成軍隊撤回烟埠其未成

軍散布各處爲趙張兵力所阻隔者亦飭安靜不動以免破壞全局乃閱報載趙爾巽電
呈謂蔚自稱關外都督指爲土匪殊深詫異前後爲趙爾巽張作霖等肆意殘殺同胞人
達數千以上及集合各要地進退維谷者不下數萬人乃趙爾巽猶派兵剿捕日事搜殺
軍隊所至殃及婦孺滅絕人道至此已極名雖贊成共和實爲民軍公敵關外同志拚頭
顱熱血舍命破家爲造國家竟得如此結果進行則有礙大局欲退則生路全無死者無
以慰生者無以安恐至激成事變糜爛大局釀成交涉蔚不特有負革命同志於地下且
將負罪於全國務乞我大總統指示善後辦法以便遵行關外都督藍天蔚叩沁

（烟台來電七十五）

蓝天蔚关于进退两难请示善后办法致孙中山等电．临时政府公报，1912年3月2日，第27号：附录－电报:1–2.

令示

大總統令滬都督轉飭財政司即日停止發行公債票文

據財政部呈稱此次發行中央公債票原以統一財政鞏固信用前因報載上海發行公債票廣告一則當由本部援鄂軍政府成案咨請滬軍都督轉飭財政司迅將廣告停刊等因在案迄今多日未得咨覆昨閱大共和日報仍載此項廣告其中仍有商明本部長定以三百萬元爲限等語查滬軍政府發行債票誠爲救急之舉其在中央債票未發行

以前所售之票本部長准其發行其在發行中央債票以後所有滬軍政府未售之票即當截止屢經王震朱佩珍二君來部相商俱以此對本部長並未認可三百萬元之數乃今閱報載廣告所云事實全不相符傳聞難免誤會本部長職權所在竊有不能已於言者姑勿論購票之人財力有限此盈彼絀無裨實益但以上海一隅即有兩種債票之流行非特有傷國體抑恐貽譏外人況民國初立萬端待理各省均有度支匱絕之虞若皆紛紛援例目前虛糜之害猶小政出多門之誚尤大本部忝掌全國財政長此紛歧錯出將何以收整齊劃一之效除咨滬軍都督外爲此呈請大總統俯賜察核迅電滬軍政府轉飭財政司將上海公債票停止發行無庸續售並請查照前咨將已售出之債票查明號碼數目詳細列册剋日報部以憑稽核一面仍來部續領中央債票繼續辦理俾昭統一等因前來查該部所呈爲免紛歧而昭信用起見中央公債票既經發行上海公債票應即停止自是正辦爲此令仰該都督即行轉飭上海財政司將上海公債票即日停止發行並查照財政部前咨將已售之債票查明號碼數目詳細列册剋日報部一面到財政部續領中央債票繼續辦理俾昭劃一切切此令

大总统令沪都督转饬财政司即日停止发行公债票文. 临时政府公报, 1912年3月3日, 第28号: 令示:5-6.

紀事

大總統追悼革命死義諸烈士文

中華民國元年三月朔臨時大總統孫文率國務卿士文武將吏以清酌致奠於近二十載以迄今茲革命死義諸烈士之靈

嗚呼古有死重泰山實逾尺璧或號百夫之防或作萬人之敵競雄角秀同歸共跡企閱

水於千齡舀衝飆於一息有明庇天下之大賜而不尸其功有陰定社稷之大緒而不露
其迹先改紘易轍之會而滌其苛網去其螟螣還國家幾頓未頓之元氣開中外欲洩未
洩之胸臆吁嗟羣靈穿或痌之維靈從容尙豎在茲日、月爗爗不謂無沓前仆後繼不謂
無基孰閟厥積而詘之施孰豐厥遇而促之期孰爲成而孰爲毀羌維靈其知之粤以嘻
曩甲乙歲紀外侮內訌絲紛叢委尤有蟊賊拊心爲宄猗歟羣靈南服崛起灼爍其眸龍
驤其趾辟彼太阿一出剚兕朱陸邱程蝎蹶支掎萬古晨昏山嶽螻蟻白日青天寸衷可
指奈一紩而妬羿彖萬載之交毀拮据葡匐頓成痏瘨當道豺狼毒蛇封豕嗚呼羣靈何
爲羅此失意傷心魂魄遂褫懷抱寃阻天崩地圮此豈猶日天道不遠而伊邇邪又孰知
乎精神洞契而成合乎千古之知己邪嗣乎篳路籃縷草萊以修人亦有言聲應氣求去
秕與螆不盡不休噓枯植弱俾之出幽聯袂翩翾異地同舟轟轟楊禹煌煌史鄒灩灩滬
江隆隆惠州梁洪影影於嶺海吳彈煏煏於燕幽奚皆天閽未膺天聽無繇嗚呼彼蒼念
茲悠悠云何羣烈爲國宣猷而乃美弗終逮果靡與收殁不牖下險不安鞅豈眞不牖我
衷而卒值其尤迺有徐熊競興聯縹龔紫冠佩珊鏘烽燧熢爛厥楨如機軋軋寸累銖顯

芒寒斂以越砥荃竟不須暝不覩只繇是四海遐聽頸延踵企萍鄉標舊欽廉猋起雄飛鎮南之關鶺矣珠江之涘赫矣溫侯雖揄悠揚而何先驅乎黃花之岡之七十有二也雖然熗絶武漢彯翺聿渲漫瀰大江漩漩來還南部陸離旬月之間而我老彭收功彈丸黟夫戰雲靉靆起於江關我師我旅騣遝駢闐熊羆虎貔以逮裨偏其血膋雪赤心爍金堅者又何可勝覼縷也今也言合南朔相與噢咻殷念羣靈進予一言嗚呼此日何日此恩何恩殷念羣靈生死骨肉豈惟凉溫撫我芸芸微靈其何以朝饔而夕飧何靈之去而無與解箨贈珮以佐其輀綍之轑大年何靳大化何旋嗚呼夗剔固艱孤特尙焉彼論者或猶求全責不知罷勞豈愛有缺斯圓茲也既生既育苟合苟完夫孰非我靈之所延嗚呼可謂賢矣第化莫巧於推遷物不逃乎機緣値其泰雖凡卉其昭蘇比其屯雖芳華而顚連夫安諗宙合軋陰陽盪孰使之然而自然余願靈之衎衎偕物化其漣蟮余弗獲攤靈而執鞭而拂韄乃徒修蕪詞而視豆籩嗚呼晉矣惟然靈有知乎豈其無鑒乎余之拳拳

尙饗

大总统追悼革命死义诸烈士文. 临时政府公报, 1912年3月3日, 第28号: 纪事: 10–12.

令示

大總統令內務部曉示人民一律翦辮文

滿虜竊國易於冠裳强行編髮之制悉從腥羶之俗當其初高士仁人或不屈被執從容就義或遁入緇流以終餘年痛矣先民慘罹荼毒讀史至此輒用傷懷嗣是而後習焉安之騰笑五洲恬不爲怪矧茲縷縷易萃黴菌足滋疾癘之媒殊爲傷生之具今者滿廷已覆民國成功凡我同胞允宜滌舊染之污作新國之民茲查通都大邑翦辮者已多至偏鄉僻壤留辮者尙復不少仰內務部通行各省都督轉諭所屬地方一體知悉凡未去辮者於令到之日限二十日一律翦除淨盡有不遵者違法論該地方官毋稍容隱致干國犯又查各地人民有已去辮尙剃其四周者殊屬不合仰該部一併諭禁以除虜俗而壯觀瞻此令

大总统令内务部晓示人民一律剪辫文．临时政府公报，1912 年 3 月 5 日，第 29 号：令示：4.

臨時政府公報 附錄

中華民國元年三月五日星期二

隨報附出 不另徵費

電報

南京孫大總統鑒昨夕三時第三鎮駐城內兩營因誤聽謠言譁變搶掠城內外街市繼以放火旋經彈壓秩序業已回復察專使所駐法政學堂適在鬧事左近亦被搶掠蔡公及同行諸君均分途避出幸各無恙今晨移寓六國飯店事出倉猝又在夜間防範不周至爲歉仄除派員妥爲照料並嚴懲亂兵外特先電聞希轉知各省勿聽謠言幸甚袁世凱東印

（北京來電八十三）

臨時政府公報 第二十九號 附錄

袁世凯关于北洋第三镇两营哗变致孙中山电．临时政府公报，1912 年 3 月 5 日，第 29 号：附录－电报：1.

孫大總統黃參謀總長鑒勘電悉奉省善後辦法已囑段軍統與藍都督派備戴范二代表面商一是業有頭緒戴君今日回烟台將所議情形轉致藍君趙督處昨已電飭對於民軍派員和平接洽惟擾亂治安者仍應視爲公敵特復袁世凱艷（北京來電八十六）

袁世凯关于奉省善后办法致孙中山等电．临时政府公报，1912年3月5日，第29号：附录－电报：2.

法制

內務部頒布暫行報律電文

上海中國報界俱進會轉全國新聞雜誌各社知照民國完全統一前清政府頒布一切法令非經民國政府聲明繼續有效者應失其效力查滿清行用之報律軍興以來未經民國政府明白宣示自無繼續之效力而民國報律又未遽行編定頒布茲特規定暫行報律三章即希報界各社一體遵守其文如下 （一）新聞雜誌已出版及今後出版者其發行及編輯人姓名須向本部呈明註册或就近地方高級官廳呈明咨部註册茲定自暫行報律頒到之日起截至陽歷四月一號止在此期限內其已出版之新聞雜誌各社須將本社發行及編輯人姓名呈明註册其以後出版者須于發行前呈明註册否則不准其發行 （二）流言煽惑關於共和國體有破壞弊害者除停止其出版外其發行人編輯人并坐以應得之罪 （三）調查失實汚毀個人名譽者被汚毀人得要求其更正要求更正而不履行時經被汚毀人提起訴訟訊明得酌量科罰內務部冬電

臨時政府公報　法制　第三十號

内务部颁布暂行报律电文．临时政府公报，1912年3月6日，第30号：法治：1.

臨時政府公報 附錄

中華民國元年三月八日 星期五

隨報附出 不另徵費

電報

南京孫大總統北京袁大總統各省都督各路司令各政黨各社團鈞鑒自宣布共和後宗社黨四出運動山東舊官受惑最深前次取消獨立事張吳諸人復暗助之遂聽軍人橫行商賈罷市省垣禍機已迫朝夕不保各府州縣分兵四出搶掠不堪有黨反對共和甘爲公敵公爲國家所推戴幸勿忘我山東三千萬無告之人民則山東幸甚大局幸甚

山東統一會哀懇（青島來電九十七）

山东统一会关于宗社党反对共和致孙中山、袁世凯等电．临时政府公报，1912 年 3 月 8 日，第 32 号：附录－电报：1.

臨時政府公報

附錄

中華民國元年三月八日星期五

隨報附出　不另徵費

孫大總統北京袁大總統各省都督各路司令各報館各政黨各社團公鑒共和宣布已逾半月山東之亡清故官壓制日甚如公園議場逮捕黨人目無髮辮爲匪拘煙台代表如囚妄定黃縣爲中立地縱兵搶掠居民拑制輿論强分南北猶敢電告各處係我新大總統命令直目我南北四萬萬同胞所公認之新大總統爲法之拿破崙第三顯係反對

共和若公等猶不速籌辦法驅逐舊吏是棄我山東三千萬人民於不顧也山東雖不肖又何敢負公等已具呈乞哀憐之山東統一會啓

（青島來電九十八）

山东统一会关于请速筹办法驱逐清旧吏致孙中山、袁世凯等电．临时政府公报，1912年3月8日，第32号：附录－电报：1－2.

令示

大總統令內務部取消暫行報律文

昨據上海報界俱進會及各報館電稱接內務部電詳定暫行報律三章報界全體萬難承認請轉飭部知照等語案言論自由各國憲法所重善從惡改古人以爲常師自非專制淫威從無過事摧抑者該部所布暫行報律雖出補偏救弊之苦心實昧先後緩急之要序使議者疑滿清鉗制輿論之惡政復見於今甚無謂也又民國一切法律皆當由參議院議決宣布乃爲有效該部所布暫行報律既未經參議院議決自無法律之效力不得以暫行二字謂可從權辦理尋三章條文或爲出版法所必載或爲國憲所應稽無取特立報律反形裂缺民國此後應否設置報律及如何訂立之處當俟國民議會決議勿遽亟亟可也除電復上海各報外合行令仰該部知照此令

大总统令内务部取消暂行报律文. 临时政府公报,1912年3月9日,
第33号:令示:1.

臨時政府公報 附錄

中華民國元年三月九日星期六
隨報附出 不另徵費

電報

萬急孫大總統鑒培等受命歡迎袁君赴甯就職前月二十七日已以此意面達袁君而袁君亦極願南行一俟擬定留守之人即可就道不期二十九夕北京兵變擾及津保連日袁君內撫各處軍民外應各國駐使恢復秩序鎮定人心其不能遠離北京不特北方人民同聲呼籲即南方聞之亦當具有同情故培等據所見聞迭電陳述茲承電示知袁君委託副總統黎君代赴南京受職是培等歡迎之目的已經消滅似應回南面陳一切謹先電聞并祈即復元培等魚

（北京來電一百〇六）

蔡元培等关于迎袁专使请求南返致孙中山电．临时政府公报，
1912 年 3 月 9 日，第 33 号：附录－电报:1.

臨時政府公報

附錄

中華民國元年三月九日星期六

隨報附出　不另徵費

北京六國飯店蔡元培等鑒魚電悉前提議袁大總統不必南行委由副總統代赴南京惟以內外屬望至殷副總統或不能遽來仍恐有稽時日昨提出參議院經院決議電允袁總統在北京受職是黎副總統來寗代表一節可以取消惟袁總統得參議院電復認

可之日舉行儀式應由專使等代表民國接受誓詞賚交參議院保存以昭隆重專復併
請達商袁大總統孫文虞　（南京去電一百十五）

孙中山关于袁世凯在京受职由专使接受誓词致蔡元培等电.临时政府公报,1912年3月9日,第33号:附录－电报:1−2.

南京孫大總統參議院國務各總長各省都督同鑒此次南京特派專使來燕凱赴南京受職凱極願南行藉與諸君相見共籌國家大計惟以北方秩序需人維持正在擬議留守之人不期變生倉猝京師騷擾波及京津自維撫馭非易致使閭閻受驚殊深惶悚連日布置差幸秩序漸復人心漸安惟自經此變北方商民愈不欲凱南行函電籲留日數千起而南京政府亦鑒北事之方殷諒南行之宜緩連日籌商辦法以凱既暫難南來應請黎副總統代赴南京受職而內閣總理俟凱與孫大總統黎副總統商定其人協行提交參議院請求同意庶幾大局早定人心早安對內而謀統一對外而謀承認以完全鞏固中華民國之基礎是所深望特此電聞袁世凱魚

北京來電一百十六)

袁世凯关于因北京兵变请黎元洪代赴南京受职致孙中山等电.
临时政府公报,1912年3月9日,第33号:附录－电报:2.

北京袁大總統鑒魚電悉支日因專使來電知公不能刻日南行故有商請黎副總統到甯代公受職之電同日接各界來電期望至殷言之迫切因恐黎副總統鎭守武昌不能遽來仍稽時日是以將專使要求各條提交參議院當經院議決公在北京受職其辦法

六條除由參議院電知外今日一再電專使轉達尊處請黎副總統代行一節可以取消尤望卽依參議院所開手續正式受職速電國務總務總理員名俾參議院同意刻日派遣來甯接收交代早定大局無任切盼孫文陽

（南京去電一百十二）

孙中山关于北京受职致袁世凯电．临时政府公报，1912年3月9日，第33号：附录－电报：2–3.

武昌黎副總統鑒聞軍界各同志與軍務部部長孫武起衝突經副總統令孫武辭職而論者依然不靖且有購擊之說按前武昌軍務部長孫武奔走光復之事累年此次武昌起義厥功甚著縱使行事用人或有偏頗而解職以去用避賢路副總統可謂持之平允矣至謂孫武有何罪狀則當由副總統正式宣布豈容蜚語四出極其所之致使望門投止狀類逋逃文以爲甚非所以待有功者之道敬請副總統爲各界告戒無傷同氣無害功能天下幸甚孫文叩虞

（南京去電一百十四）

孙中山关于孙武辞职致黎元洪电．临时政府公报，1912 年 3 月 9 日，第 33 号：附录－电报：3.

南京臨時政府總統前在奉被拘禁十九人僅陽歷二月東督釋放二人其餘十七人仍在獄內務祈速即電致東督以全生命云黃貴電

（奉天來電一百〇七）

臨時政府公報　第三十三號　附錄　三

黄贵关于请东督释放被拘禁十七人致孙中山电．临时政府公报，1912年3月9日，第33号：附录－电报:3.

孫大總統各部總次長參議院武昌黎副總統各省都督各軍司令鈞鑒今日疊接京津

各電據稱北京已平靜秩序漸復使舘衛兵增至二千自江日頒布軍律正法甚衆洋兵

亦整隊出巡入夜禁備尤嚴搶案於是絕迹南京代表四人即日回南京津亂兵已向正定滄州一帶竄掠英兵調往豐台者陸續遣回天津京中電線已通聞保府此次蹂躪頗甚府南電綫尚未修復不知消息昨聞因改政起鬨現已平靜各省均安請勿廑念陳其美叩歌

（上海來電一百〇八）

陈其美关于北京兵变已平致孙中山等电．临时政府公报，1912 年 3 月 9 日，第 33 号：附录－电报：3–4.

孫大總統參議院均鑒國都及臨時政府地點應在北其理由早經各報暨莊都督詳細說明卽旅北商民亦公電贊同因日久相持人心不定致肇京津保定之變商業損失益巨倘再遷延易啓外人干涉良用危懼務懇迅賜協商允妥亟就北京組織完全政府建定國都以期南北統一列邦早日承認庶幾內政外交均易措手民國幸甚申報新聞報時報神州報時事新報民立報天鐸報愛國報民報大共和報民聲報公叩

（上海來電一百〇九）

《申报》等关于定都北京致孙中山等电．临时政府公报，1912 年 3 月 9 日，第 33 号：附录－电报：4.

咨

參議院咨覆議決統一政府辦法文

本日准大總統咨開蔡專使電擬統一政府組織辦法四條又政府所開辦法四條當經本院開會詳細討論茲將議決各條列左

一由參議院電知袁大總統允其在北京受職

二袁大總統接電後卽電參議院宣誓

三參議院接到宣誓之電後卽覆電認爲受職并通告全國

四袁大總統受職後卽將擬派國務總理及各國務員姓名電知參議院求其同意

五國務總理及國務員任定後卽在南京接收交代事宜

六孫大總統於交代之日始行辭職

以上各條除電達袁君請其照辦并電知蔡專使等外特此通告又北京近狀本院極欲詳悉請卽電召汪君兆銘來寗報告一切此咨

参议院咨覆议决统一政府办法文．临时政府公报，1912 年 3 月 10 日，第 34 号：咨 :6.

法制

大總統宣布參議院議決臨時約法公布

茲准參議院咨送議決臨時約法前來合行公布

孫文〔印〕

中華民國元年三月十一日

中華民國臨時約法

第一章　總綱

第一條　中華民國由中華人民組織之

第二條　中華民國之主權屬於國民全體

第三條　中華民國領土爲二十二行省內外蒙古西藏青海

第四條　中華民國以參議院臨時大總統國務員法院行使其統治權

第二章　人民

第五條　中華民國人民一律平等無種族階級宗教之區別

第六條　人民得享有左列各項之自由權

一　人民之身體非依法律不得逮捕拘禁審問處罰

二　人民之家宅非依法律不得侵入或搜索

三　人民有保有財產及營業之自由

四　人民有言論著作刊行及集會結社之自由

五　人民有書信秘密之自由

六　人民有居住遷徙之自由

七　人民有信教之自由

第七條　人民有請願於議會之權

第八條　人民有陳訴於行政官署之權

第九條　人民有訴訟於法院受其審判之權

第十條　人民對於官吏違法損害權利之行為有陳訴於平政院之權

第十一條　人民有應任官考試之權

第十二條　人民有選舉及被選舉之權

第十三條　人民依法律有納稅之義務

第十四條　人民依法律有服兵之義務

第十五條　本章所載人民之權利有認爲增進公益維持治安或非常緊急必要時得依法律限制之

第三章　參議院

第十六條　中華民國之立法權以參議院行之

第十七條　參議院以第十八條所定各地方選派之參議員組織之

第十八條　參議員每行省內蒙古外蒙古西藏各選派五人青海選派一人其選派方法由各地方自定之

參議院會議時每參議員有一表决權

第十九條　參議院之職權如左

一　議決一切法律案
二　議決臨時政府之豫算決算
三　議決全國之稅法幣制及度量衡之準則
四　議決公債之募集及國庫有負擔之契約
五　承諾第三十四條三十五條四十條事件
六　答覆臨時政府諮詢事件
七　受理人民之請願
八　得以關於法律及其他事件之意見建議於政府
九　得提出質問書於國務員並要求其出席答覆
十　得咨請臨時政府查辦官吏納賄違法事件
十一　參議院對於臨時大總統認爲有謀叛行爲時得以總員五分四以上之出席出席員四分三以上之可決彈劾之
十二　參議院對於國務員認爲失職或違法時得以總員四分三以上之出席

出席員三分二以上之可決彈劾之

第二十條　參議院得自行集會開會閉會

第二十一條　參議院之會議須公開之但有國務員之要求或出席參議員過半數之可決者得秘密之

第二十二條　參議院議決事件咨由臨時大總統公布施行

第二十三條　臨時大總統對於參議院議決事件如否認時得於咨達後十日內聲明理由咨院覆議但參議院對於覆議事件如有到會參議員三分二以上仍執前議時仍照第二十二條辦理

第二十四條　參議院議長由參議員用記名投票法互選之以得票滿投票總數之半者為當選

第二十五條　參議院參議員於院內之言論及表決對於院外不負責任

第二十六條　參議院參議員除現行犯及關於內亂外患之犯罪外會期中非得本院許可不得逮捕

第二十七條　參議院法由參議院自定之

第二十八條　參議院以國會成立之日解散其職權由國會行之

第四章　臨時大總統副總統

第二十九條　臨時大總統副總統由參議院選舉之以總員四分三以上出席得票滿投票總數三分二以上者爲當選

第三十條　臨時大總統代表臨時政府總攬政務公布法律

第三十一條　臨時大總統爲執行法律或基於法律之委任得發布命令並得使發布之

第三十二條　臨時大總統統帥全國海陸軍隊

第三十三條　臨時大總統得制定官制官規但須提交參議院議決

第三十四條　臨時大總統任免文武職員但任命國務員及外交大使公使須得參議院之同意

第三十五條　臨時大總統經參議院之同意得宣戰媾和及締結條約

第三十六條　臨時大總統得依法律宣告戒嚴

第三十七條　臨時大總統代表全國接受外國之大使公使

第三十八條　臨時大總統得提出法律案於參議院

第三十九條　臨時大總統得頒給勳章並其他榮典

第四十條　臨時大總統得宣告大赦特赦減刑復權但大赦須經參議院之同意

第四十一條　臨時大總統受參議院彈劾後由最高法院全院審判官互選九人組織特別法庭審判之

第四十二條　臨時副總統於臨時大總統因故去職或不能視事時得代行其職權

第五章　國務員

第四十三條　國務總理及各部總長均稱爲國務員

第四十四條　國務員輔佐臨時大總統負其責任

第四十五條　國務員於臨時大總統提出法律案公布法律及發布命令時須副署之

第四十六條　國務員及其委員得於參議院出席及發言

第四十七條　國務員受參議院彈劾後臨時大總統應免其職但得交參議院覆議一次

第六章　法院

第四十八條　法院以臨時大總統及司法總長分別任命之法官組織之
法院之編制及法官之資格以法律定之

第四十九條　法院依法律審判民事訴訟及刑事訴訟
但關於行政訴訟及其他特別訴訟別以法律定之

第五十條　法院之審判須公開之但有認爲妨害安甯秩序者得秘密之

第五十一條　法官獨立審判不受上級官廳之干涉

第五十二條　法官在任中不得減俸或轉職非依法律受刑罰宣告或應免職之懲戒處分不得解職懲戒條規以法律定之

第七章　附刖

第五十三條　本約法施行後限十個月內由臨時大總統召集國會其國會之組織及

選舉法由參議院定之

第五十四條　中華民國之憲法由國會制定憲法未施行以前本約法之效力與憲法等

第五十五條　本約法由參議院參議員三分二以上或臨時大總統之提議經參議員五分四以上之出席出席員四分三之可決得增修之

第五十六條　本約法自公布之日施行

臨時政府組織大綱於本約法施行之日廢止

大总统宣布参议院议决临时约法公布．临时政府公报，1912年3月11日，第35号：法治：1－9.

令示

大總統宣布新選袁大總統宣誓電文

武昌黎副總統各省都督督撫各司令官全國各界團體公鑒初六已將參議院決定統一政府組織辦法六條通告各省頃得參議院咨稱本日接到袁世凱君電傳誓詞其文曰民國建設造端百凡待治世凱深願竭其能力發揚共和之精神滌蕩專制之瑕穢謹守憲法依國民之願望蘄達國家於安全強固之域俾五大民族同臻樂利凡茲志願率

履勿踰俟召集國會選定第一期大總統世凱即行解職謹掬誠悃誓告同胞大中華民
國元年三月初八日袁世凱云云謹此奉聞並乞即行通電全國爲盼等因爲此通電佈
告全國臨時大總統孫文佳

大总统宣布新选袁大总统宣誓电文 . 临时政府公报 ,1912 年 3 月 12 日 ,
第 36 号 : 令示 :2−3.

大總統令內務部轉飭遵照參議院議決南京府官制辦理文

茲據參議院咨到同意議決之南京府官制一案合行令仰該部轉飭遵照辦理可也官制幷發此令

大总统令内务部转饬遵照参议院议决南京府官制办理文．临时政府公报，1912年3月12日，第36号：令示:3.

孫大總統各部總長黎副總統各省都督督撫各司令官各民政長各都督鑒上月廿九駐京第三鎮之砲輜兩營因誤會致變焚掠商民延及津保當即通電奉告連日竭力鎮撫分別調遣布置幸已就緒刻下京師秩序漸復津保亦就敉平知關廑注用特電聞袁世凱魚

（北京來電一百二十三）

袁世凯关于京津保秩序渐复致孙中山等电．临时政府公报，
1912年3月12日，第36号：附录－电报:2.

咨

大總統咨參議院開臨時議會議決新舉袁大總統電派唐紹儀爲國務總理文

頃接新舉臨時大總統袁電開參議院擬決第四條辦法擬派國務總理姓名電知參議院求其同意等因現國務總長擬派唐君紹儀國基初定萬國具瞻必須華洋信服閱歷中外者始足膺斯艱鉅唐君此其選也公如同意請將此電送交參議院求其同意并希示復稍俟卽將擬派國務員再行電商袁世凱初八日印云云査組織統一政府刻不容緩相應照錄全電咨請貴院卽開臨時會議決咨覆以憑轉復此咨

大总统咨参议院开临时议会议决新举袁大总统电派唐绍仪为国务总理文．临时政府公报，1912年3月13日，第37号：咨：1.

大總統批江甯自治公所請飭代理莊都督移駐甯垣並留徐衛戍總督暫緩赴北呈

呈悉據稱臨時政府地點已定北京及裁撤衛戍總督等情均係傳聞之誤所請電飭代理莊都督移駐江甯一節礙難立予照准惟保衛地方約束軍隊乃政府應盡之責自應妥爲部署以靖閭閻該商民等務須各安生業切勿誤信謠傳致滋紛擾此批

大总统批江宁自治公所请饬代理庄都督移驻宁垣并留徐卫戍总督暂缓援赴北呈．临时政府公报，1912年3月13日，第37号：令示:5.

中華民國元年三月十三日星期三

隨報附出 不另徵費

臨時政府公報 附錄

南京孫大總統鑒因首都地點之故以致遷延時日恐遭危險復派覃振由甯赴燕陳商組織中央政府事宜到時祈接談一切元洪陽印

（武昌來電一百三十二）

黎元洪关于派覃振赴燕陈商组织中央政府事宜致孙中山电.临时政府公报,1912年3月13日,第37号:附录－电报:1.

臨時政府公報

附錄

中華民國元年三月十三日星期三

隨報附出 不另徵費

孫大總統鑒昨電告此間擬推二人偕袁所派人往奉天調查想荷鑒及今已推定范熙績譚學夔二君於午後四時啓行謹聞元培等青

（北京來電一百三十三）

蔡元培等关于推二人偕袁所派人往奉天调查致孙中山电. 临时政府公报，1912年3月13日，第37号：附录－电报：1.

臨時政府公報 附錄

中華民國元年三月十四日星期四

隨報附出 不另徵費

電報

北京袁大總統鑒據軍商各界呈稱易迺謙王遇甲丁士源徐孝剛等前在漢口慘殺軍民絕滅人道鄉里切齒咸欲得而甘心共和成立以后又對於南方代表謾詆共和故意挑起南方惡感南方將士皆稱應行宣布死刑應請逕電袁總統先行停止委用等語自係實在情形即希查核辦理孫文叩侵

（南京去電四）

孙中山关于停止委用易乃谦等致袁世凯电. 临时政府公报, 1912 年 3 月 14 日, 第 38 号: 附录－电报:1.

臨時政府公報 附錄

中華民國元年三月十五日星期五
隨報附出 不另徵費

電報

奉天諮議局華俄草約並無抵押之說前後經參議院多數決議通過惟此約因少數議員宣布已歸無效此覆孫文元（南京去電五）

臨時政府公報 第三十九號 附錄 一

孙中山关于华俄草约无效致奉天谘议局电．临时政府公报，1912 年 3 月 15 日，第 39 号：附录－电报：1.

萬急南京孫總統暨參議院諸君鑒昨日報載北京政府現議每月向外國銀行借七百萬兩俟財政機關完全成立始止等語民國初立百廢待舉項城借款之舉當非得已惟四國債團根據舊約日俄加入實具野心若但計便利略無限制飲酖止渴立見其亡埃及前車至堪借鑒究竟此次借款條件若何報紙語焉不詳已電項城切詢辦法事關全

局利害幸審慎圖之譚人鳳叩文（上海來電八）

谭人凤关于袁世凯借款致孙中山等电．临时政府公报，1912年3月15日，第39号：附录－电报：2-3.

武漢死義諸烈士追悼會幹事廣告

旅甯鄂入定於三月十七日下午一時在三牌樓勸業場內第一舞台爲武漢死義諸烈士開追悼大會務祈各界偕臨以光盛舉如蒙錫以聯誄香花尤爲感禱

臨時政府公報　第三十九號　附錄　三

武汉死义诸烈士追悼会斡事广告．临时政府公报，1912 年 3 月 15 日，第 39 号：附录－告白：3.

咨

大總統咨送袁大總統選派國務員姓名請參議院查照文

得北京袁大總統來電云按照初六經參議院議決第四條受職後將擬派各國務員姓名電知參議院求其同意等因國務總理經參議院電復同意茲將擬派國務員開列於下外交部陸徵祥內務部趙秉鈞財政部熊希齡教育部范源濂陸軍部段祺瑞海軍部藍天蔚司法部王寵惠農林部宋教仁工業部陳榥商業部劉炳炎交通部陳其美郵電部梁士詒以上各員伏乞酌核如不合者卽希更正咨送參議院求其同意等因准此合行咨請貴院查照辦理此咨

臨時政府公報　咨　第四十號　一

大总统咨送袁大总统选派国务员姓名请参议院查照文．临时政府公报，1912 年 3 月 16 日，第 40 号：咨：1.

令示

大總統通令統一財政限制各省辦理公債文

據財政部呈稱竊維行政以統一為先理財以核實為要本部此次發行債票不獨補助軍需亦以統一財政惟自軍興以後百務方新各省度支均憂匱乏誠不得不以借貸之謀為挹注之計其在中央債票未發行以前有以地方名義在各該省自行募集公債者中央債票既發行以後有以軍需不繼為詞一再來部請領債票漫無限制者殊不知公債發行在吾國為未有之創舉既關民國信用又繫外人觀聽一紙無異現銀償還即在

轉瞬間不宜自爲風氣尤不可稍涉虛靡本部前以鄂軍政府滬軍政府發行債票有礙統一先後呈准飭令停止發行在案惟查各省尚以地方名義募集公債而其性質又非地方公債者不獨鄂滬兩地現在中央債票發行自應援照鄂滬成案將各省所發之債票一律停止況本部定章各省所得債款半留中央半歸本省原屬內外兼權在各都督體念時艱通籌全局自必樂於贊成但各省光復未久軍書旁午待理萬端發行債票事又煩瑣兼顧之難自在意中應由本部遴選委員分往各該省隨時稟承都督暨會同財政司辦理債票一應事宜所募之欵除將一半解部其餘一半留存該省撙節動用惟如何用途須由各省分別報部靜候指撥嗣後不得藉口餉械短絀逕自來部請領債票以示限制除分咨各部長各都督外相應呈請察核辦理並乞通令一體遵照等由前來查現在大局底定財政亟應整理該部所陳債票辦法係爲統一財政起見應予通令一體遵行爲此令仰該都督查照辦理可也切切此令

大总统通令统一财政限制各省办理公债文．临时政府公报，
1912年3月17日，第41号：令示:2－3.

陸軍部批中華民國赤十字社董事胡琪等請批准立案呈

來呈暨辦事清摺均悉溯自武漢軍興以來各地慈善團體發大宏願組織各赤十字會分赴戰地拯救傷患各處軍隊之受惠者殊非淺尠該董事等推民胞物與之懷拯顛沛傷夷之厄廣立支部遠涉千里殺力熱誠深堪嘉佩倘能力圖進行成績當尤可觀惟呈

請批准立案認爲中華民國赤十字社一節應俟南北統一政府成立後再行詳查核定

可也

陆军部批中华民国赤十字社董事胡琪等请批准立案呈．临时政府公报，1912 年 3 月 17 日，第 41 号：令示：9-10.

臨時政府公報 附錄

中華民國元年三月十七日星期

隨報附出 不另徵費

電報

各省衙門均鑒本日臨時大總統誓詞民國建設造端百凡待治世凱深願竭其能力發揚共和之精神滌蕩專制之瑕穢速定憲法副國民之願望藉達國家安全强固之域俾五大民族同臻樂利凡兹志願率履勿渝俟召集國會選定第一期大總統袁世凱即行解職謹掬誠悃誓告同胞大中華民國元年三月初十日袁世凱命令本日臨時大總統令國體變更首在蕩滌繁苛與民更始我國民積受專制官吏之弊失教罹罰政多未平陷於囹圄或非其辜當兹民國初基正宜湔除舊染咸與維新凡自中華民國元年三月初十日以前我國民不幸而罹於罪者除眞正人命及强盜外無論輕罪重罪已發覺未發覺已結正未結正者皆除免之我國民其自納於軌物懷兹刑辟毋蹈匪彝以保我同胞之身命榮名於無極此令臨時大總統令我國民積苦專制重罹兵禍農民損失甚鉅豈宜催督逋欠重滋擾累所有中華民國元年以前應完地丁正雜錢糧漕糧實欠在民

者皆予除免有司毋得追索我國民其勤於農業務培根本蘄進於富庶維新之邳治此令臨時大總統令現在民國法律未經議定頒布所有從前施行之法律及新刑律除與民國國體牴觸各條應失效力外餘均暫行援用以資遵守此令臨時大總統令本大總統於中華民國元年三月初十日舉行受職禮訖自念綿薄能鮮膺茲重任兢兢業業惟以隕越是懼維我民國建設伊始統一政府初立所以策安全求幸福者千端萬緒肇造維艱是皆賴我內外文武各應協力同心共擔義務諸君皆具愛國之熱誠爲斯民所倚託當此瘡痍未復責望正殷苟有可以破除私見保持公安謀秩序之整齊籌政事之統一者本大總統當與諸君竭力圖之并當相見以誠相規以善以期互維大局奠我邦基是則本大總統所孳孳焉願與諸公共勉者也此令臨時大總統令本大總統辱承國民推舉今當受職禮成之日爰抒所見勗我同袍民國建義我海陸軍人共效勳勞然此不過維持國家之初基目下改革告終締造伊始我軍人應建之事業應負之責任實尚不知凡幾其重且大蓋遠過於破壞之時未容以前此之成功視爲滿足所望我愛國軍人曠觀大局益矢血誠萬衆一心皆以鞏固我民國初基爲的凡所舉動務服從中央命令

以期實行統一至於軍士尤當恪遵上官命令養成整肅之精神保全光大之名譽毋或敷衍怠忽以玷全體而廢半途庶不負我軍人前此之苦心孤詣而諸君勳業亦當與國基而偕永矣此令京眞

（北京來電）

临时大总统誓词、大赦令、免税令、暂行援用前清法律及暂行新刑律令、勉励内外文武协力同心、勉励海陆军人等袁大总统令．临时政府公报，1912年3月17日，第41号：附录－电报：1-3.

臨時政府公報 附錄

中華民國元年三月十九日星期二
隨報附出 不另徵費

電報

南京孫大總統武昌黎副總統臨時議會各省都督督撫各報館均鑒武昌臨時議會宋馬二君電均悉統籌全局倡建臨時議會云云如下倡建臨時議會翼贊共和謀國邦本殊爲欽佩惟政體初定待理萬端鄙意擬在漢口發起議會早定憲法查憲法乃一國政治之根源治亂安危關係極重現奠都地點已定在北京臨時國民議會發起於漢口相距窵遠聲息懸隔揆之各國公例未有國會所在之地與政府分離者宋電所言首都地點定後即行接往曷若直赴北京更爲簡當各民國憲法大統領固無召集國會之權此就經常通例言之我國今日赤手開創與各民國相較一則組織於完全之後一則萌芽於破壞之初似宜籌權宜辦法以濟其變各省議會及諮議局雖係一隅之代議機關然或已解明或未成立況蒙古回藏各處向無此種議會所論由各省議會諮議局選舉一

層諸多窒碍不易推行且憲法關係興廢須待正式國會成立方能編訂臨時議會未便從事鄙意第一次臨時政府斟酌全國現狀草訂簡略選舉方法通行召集庶無隔閡此會成立即行編制正式國會選舉章程現時內政財政各種問題并可暫由該會解決則進可爲監督政府之機關退可爲國會發生之胎胚待正式國會成立再行纂訂憲法以定國是而昭大信謹陳管見伏望裁奪山東巡撫張廣建暨共和進行籌備處士紳公復眞印　（濟南來電十六）

张广建等关于倡建临时议会致孙中山等电．临时政府公报，1912年3月19日，第42号：附录－电报:1－2.

紀事

大總統追悼武漢死義諸烈士文

維中華民國元年三月十七日國民公僕孫文謹致祭于武漢死義諸烈士之靈而告以文曰

中夏不弔滿夷竊亂盜憎主人府尤叢怨豈曰無人摧仇奮患時不可爲熱血空濺乃及辛亥火中成軍武漢飈發胡虜士崩既攻既擊椓我弟昆雖椓我昆大功則成人生有死死有重輕死以爲國身毀名榮漠漠沙場烈骨所暴蔪蔪新國烈士所造千祀萬禩俎豆

馨香魄歸蒿鄉魂在帝旁伏維尚饗

大总统追悼武汉死义诸烈士文．临时政府公报，1912 年 3 月 20 日，第 43 号：纪事：15−16.

孫大總統參議院鑒培等昨晚抵漢口卽赴武昌謁黎副總統報告在北京經過事件今夕乘金陵輪船赴南京謹聞元培光銘咸

（漢口來電二十八）

臨時政府公報　第四十三號　附錄　三

蔡元培等关于昨晚赴武昌谒黎今夕赴南京致孙中山等电．临时政府公报，1912 年 3 月 20 日，第 43 号：附录－电报：3.

咨

大總統咨參議院特派秘書長賫送袁總統在北京受職誓書文

茲由蔡專使元培等賫回袁大總統在北京受職誓書特派秘書長胡漢民送交貴院保存此咨

大总统咨参议院特派秘书长赍送袁总统在北京受职誓书文.临时政府公报,1912年3月21日,第44号:咨:1.

內務部批胡琪等創設赤十字社請立案呈

呈及紀實均悉查武漢起義以來東南各省死傷相藉該社以私人團體無尺寸之憑依辦理治療掩埋救濟各善舉其對於民國之功績久爲各界所公認似此熱忱毅力勉爲善舉所請立案一節自應照准以昭勸善之至意并仰將該社章程呈案查核可也此批

内务部批胡琪等创设赤十字社请立案呈. 临时政府公报,1912年3月21日,第44号:令示:5.

財政部爲另刊新模鑄紀念幣電鄂粤等省各造幣廠文

湖北廣東等省各造幣廠長鑒新國既成幣制宜速統一惟統一必自定本位始然金本位或金匯兌本位皆須先有大宗儲金萬難猝辦當此新舊交換時代惟有暫就舊章另刊新模鑄作紀念幣俟時局大定儲金有着再行籌酌現在規定紀念幣鋼模造就卽行寄交照鑄財政部陽

财政部为另刊新模铸纪念币电鄂粤等省各造币厂文．临时政府公报，1912年3月21日，第44号：纪事:11.

臨時政府公報 附錄

中華民國元年三月二十一日星期四

隨報附出 不另徵費

電報

北京袁大總統鑒郵政總辦帛黎前於郵票上蓋印臨時中立字樣經外交部交通部令其抹去此四字加印中華民國字樣於上惟伊現在仍不將臨時中立四字抹去遂成中華民國臨時中立八字實屬有碍國體聞已頒發數省應請卽令帛黎轉電各處必須無臨時中立字樣方許發行盼覆孫文皓

（南京去電三十四）

臨時政府公報 第四十四號 附錄 一

孙中山关于邮票必须无临时中立字样方许发行致袁世凯电．临时政府公报，1912年3月21日，第44号：附录－电报：1.

臨時政府公報

附錄

中華民國元年三月二十二日星期五

隨報附出　不另徵費

電報

萬急北京袁大總統鑒茲得參議員吳景濂谷鍾秀彭占元李槃劉星南函稱前議決接收北方統治權案當經咨由大總統照辦昨報載袁總統今已將原有督撫各省改爲都督是議决案之第一項已施行惟都督必須由本省人民公舉其如何公舉如何委任皆於該議决案內載明請將該案電達袁總統以免施行時與議案齟齬再公舉都督必須爲一般所屬望之人始能勝任昨接直隸諮議局來電已公舉駐甯第三軍軍長卽廣西副都督王君芝祥爲直隸都督並逕電袁大總統卽請電致袁大總統照案加以委任不勝禱盼之至等情特此電聞孫文哿附參議院原咨據本院議員提議關於接收北方各省統治權辦法一案茲於十六日會議議决以淸帝退位滿淸政府亦既消滅北方各省統治權勢必由中華民國迅卽設法接收以謀統一合將議决辦法另錄附呈卽請查照

施行此咨大總統附接收北方統治權辦法五條一未立都督各省將原有之督撫撤除另設都督爲該省之行政長官以昭劃一二各省都督由各該省人民公舉其未舉定以前即由臨時政府電委原有之督撫爲臨時都督暫代其職但各該省有督撫與都督併立者仍應各守其現領區域三即由臨時政府通電各省諮議局改爲臨時省議會限一月以內招集臨時大會公舉都督四臨時省議會既將都督舉定應電請臨時政府承認後即日視事並由大總統補給委任狀五以上所言各省係指東三省直隸河南山東甘肅新疆各省而言

（南京去電三十九）

孙中山关于接受北方统治权案致袁世凯电．临时政府公报，1912年3月22日，第45号：附录－电报:1-2.

孫大總統黃陸軍總長黎副總統鈞鑒蔚自共和告成屢經辭職早已分電在案十七日
奉袁大總統電云烟台藍都督十四十五兩電悉執事關心大局化除意見深堪嘉尚取
消都督一節已電商孫大總統酌量辦理一面將所部軍隊妥爲收束其關於關外民黨
恤死救生之舉亦應迅速辦理已由唐總理撥交奉天聯合急進會代表朱錫麟張英華

銀一萬元并派員赴奉料理希卽由該都督派員商明東三省趙都督辦理總期力勸黨
人消釋前嫌共謀共和幸福免滋擾亂是爲至要執事深諳兵事倚任方殷前日已電商
參議院求其同意希卽迅速部署一切事竣後來京襄助大總統袁鈐印等因蔚除電請
袁大總統遴員蒞烟并懇預示啓行日期以便接待是所至禱藍天蔚叩嘯
（煙台來電四十）

蓝天蔚关于电请袁大总统遴员莅烟等事宜致孙中山等电．临时政府公报，1912年3月22日，第45号：附录－电报：4－5．

南京總統府參議院各省都督府暨各省臨時議會各報館公鑒前清山東巡撫張廣建陽認共和陰行專制暴戾恣睢日以捕拏政黨爲事煽兵殃民十室九擾魯省紳士不堪其虐相率來烟組織臨時議會現已完全成立正式公舉胡君爲山東都督省議會特派代表范君之杰丁君惟魯安君學賢丁君惟汾暨議員周君樹標王君志勳晉京面謁袁大總統要求罷斥張廣建飭胡都督赴濟履新誠以權力相爭不達目的不止特此通告

山東臨時議會周慶恩等全體議員公叩元 （烟台來電四十一）

山东临时议会关于组织临时议会推举胡瑛为都督致南京总统府等电．临时政府公报，1912年3月22日，第45号：附录－电报:5.

咨

參議院咨覆妥存袁大總統受職誓書文

本日准大總統咨開茲由蔡專使元培等賫回袁大總統在北京受職誓書特派秘書長胡漢民送交本院保存云云當經本院將此項誓書一紙收到妥存此咨

参议院咨覆妥存袁大总统受职誓书文. 临时政府公报,1912年3月23日,第46号:咨:1.

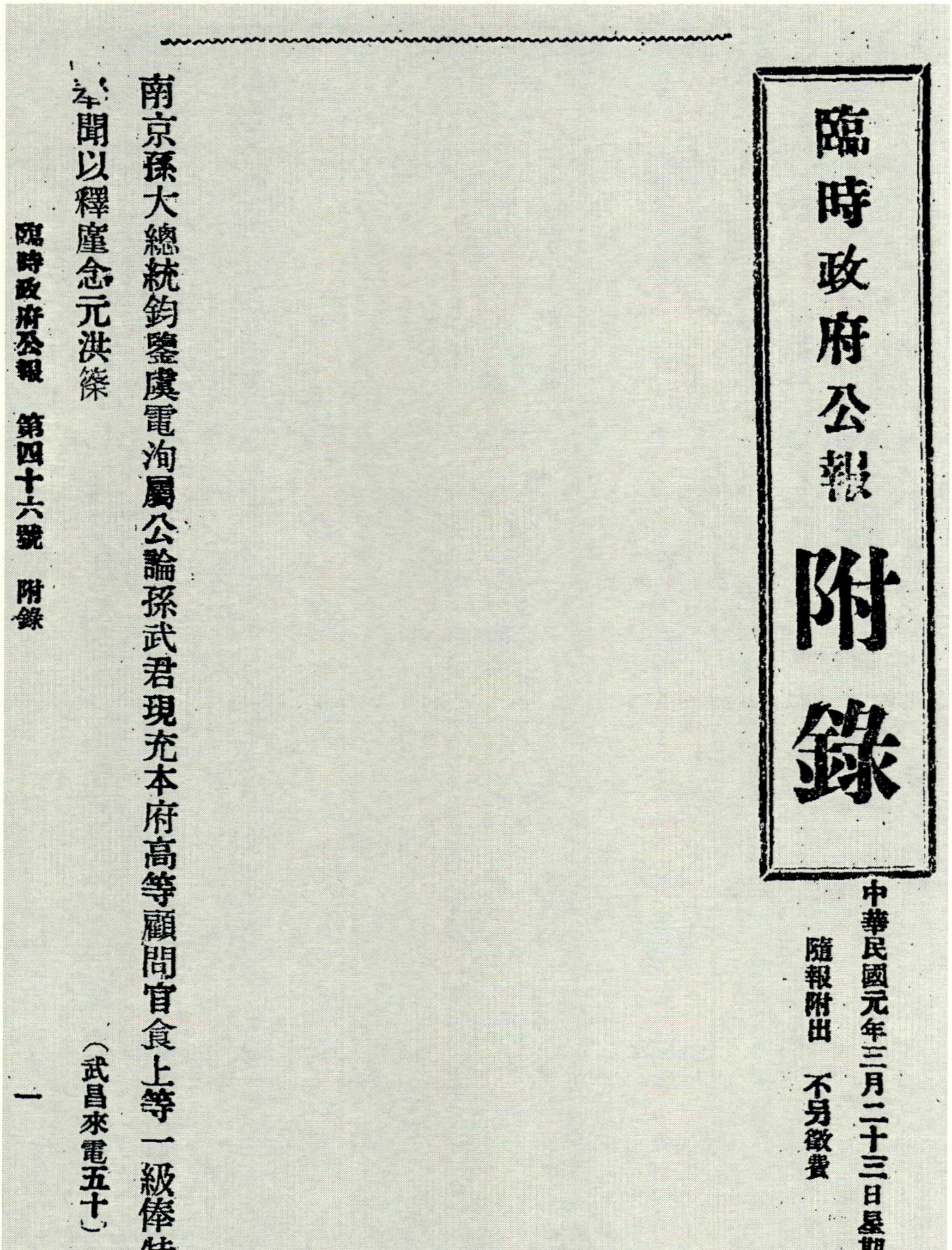

臨時政府公報

附錄

中華民國元年三月二十三日星期六

隨報附出　不另徵費

南京孫大總統鈞鑒虞電洵屬公論孫武君現充本府高等顧問官食上等一級俸特電

奉聞以釋廑念元洪篠（武昌來電五十）

臨時政府公報　第四十六號　附錄　一

黎元洪关于孙武任总统府高等顾问致孙中山电．临时政府公报，
1912 年 3 月 23 日，第 46 号：附录－电报：1.

臨時政府公報

附錄

中華民國元年三月二十六日星期二
隨報附出　不另徵費

北京袁大總統南京孫大總統參議院各省都督各軍司令北京天津上海各報館均鑒
文登土匪慘殺民黨已經月餘近由烟台軍政府派重兵解散始克復數城將近城各地

搜獲無辮髮之尸身無數皆斷首斷足甚或支解數十段野蠻殘殺大背人道威海英人聞之亦爲不平今於匪首王嘉禾家搜出萊州府知府楊某於本月初間致該匪首函件始知此次匪亂實由某前淸官吏所主使全魯人士同聲憤恨吾魯自取消獨立以來全省官吏日以捕殺民黨爲事諸城即墨各地之殘殺動逾千萬乃萊州府知府於南北統一宣布共和一月之後猶敢煽動匪亂演出此次文登殘殺之慘劇以致魯省人民畏官吏如虎狠平日稍有維新之名者均漂流四方不敢復歸故里在專制時代尙無此殘暴今乃見之於共和期內實堪悲痛倘猶執維持現象之說仍用一般惡劣官吏則山東人民豈復尙有噍類各省皆享共和幸福魯省獨終此黑闇哀哀魯人何以至此倘魯省問題一日不解決恐大局亦終無解決之一日諸公若爲大局計當速設法援救以共維民國基礎魯人幸甚大局幸甚山東同盟會徐鏡心謝鴻燾丁惟汾蔣洗凡等及全體會員哀叩效

（五十九）

山东同盟会关于山东匪乱实由前清官吏所主使致袁世凯、孙中山等电．临时政府公报，1912 年 3 月 26 日，第 48 号：附录－电报：1－2.

孫大總統鈞鑒胡都督瑛奉命來烟軍民愛戴全省臨時議會又正式公舉爲山東都督
張廣建殘虐暴戾煽兵擾民己成亂象屢電袁總統懇其斥退以仁易暴未邀允准前總

統委任都督後總統當然有繼續效力乞電袁大總統速罷張撫令胡都督赴濟履新以順輿情而救民困不勝盼禱山東臨時議會周慶恩張應東劉機暨全體議員公叩巧

（烟臺來電六十）

山东临时议会关于乞电袁大总统速罢张广建令胡瑛赴济履新致孙中山电．临时政府公报，1912 年 3 月 26 日，第 48 号：附录－电报:2–3.

咨

大總統咨參議院議決袁大總統大赦命令文

據司法部總長伍廷芳呈稱案據江寧地方審判檢察廳呈稱三月十七日讀臨時政府公報電報欄內載有大中華民國元年三月十一日袁大總統命令今國體變更首在蕩滌煩苛與民更始我國民積受專制官吏之弊失罹罰政多未平陷於囹圄或非其辜當茲民國初基正宜滌除舊染咸與維新凡自中華民國元年三月初十日以前我民國不幸而罹於罪者除眞正人命及强盜外無論輕罪重罪已發覺未發覺已結正未結正者皆除免之我國民其自納於軌物懷茲刑辟毋蹈匪彝以保我同胞之身命榮名於無極此令等因查法律命令効力發生期間前奉規定公布無論遠近各衙門以奉到公報後五日爲施行期間所有袁大總統此項命令所定範圍是否包括南北一律施行現在北京政府正在組織之中南京政府又尙存在是否認此命令爲有效本廳所受訴訟三月初十日以前除眞正人命盜犯不在赦免之列已結正未結正者共計五十八人是否應遵袁大總統此項命令並予除免本廳長等未便擅主相應備文呈請示遵等情到部據此查南北雖已統一而內閣正在組織南京臨時政府尙未交卸袁大總統此項命令曾否咨由大總統轉發臨時公報飭令南北通體遵照本部未奉明文不敢臆斷相應據情呈請

鈞核以便飭遵施行等情前來查臨時約法第四十條臨時大總統得宣告大赦特赦減刑復權但大赦須經參議院之同意又同法第五十六條本約法自公布之日施行袁總統前項命令查係三月初十日所發布在約法施行之前須得貴院之追認方能有效合就咨請貴院迅賜議决咨覆可也此咨

大总统咨参议院议决袁大总统大赦命令文．临时政府公报，1912年3月27日，第49号：咨：1–3.

大總統批司法部請示袁大總統大赦辦法呈

呈悉查臨時約法第四十條臨時大總統得宣告大赦特赦減刑復權但大赦須經參議院之同意又同法第五十六條本約法自公布之日施行袁總統前項命令查係三月初十日所發布在約法施行之前須得參議院之追認方能有效已咨照參議院候議決咨覆時再行飭遵可也此批

臨時政府公報　令示　第四十九號　五

大总统批司法部请示袁大总统大赦办法呈．临时政府公报，1912年3月27日，第49号：令示：5.

臨時政府公報 附錄

中華民國元年三月二十七日 星期三

隨報附出 不另徵費

電報

孫大總統黃陸軍總長參議院黎副總統各報館鈞鑒鵬翮叠奉黎副總統諭報東三省同志又奉孫大總統面諭聽候關外藍都督調遣承藍都督委任鵬翮爲關外義勇軍總司令永和爲統制任事以來聯絡同志幾遍東三省正擬約期大舉一旦光復適共和宣布迭奉黃總長通飭南北一家不得再有爭戰鵬翮等凛遵命令潛伏不動乃趙爾巽張作霖猶在鉄嶺開原等處仍以兵力驅逐民軍殘殺同志哈爾濱道李家鰲陸軍統領□品三殺我同志梁漢等十七人斷肢挖心慘無人道陽奉共和陰逞殘殺而我軍進則有碍共和退則爲兵所阻惟有散布各處以山林爲穴草根爲糧困苦情形不堪言狀其家產盡絕逃來烟台避難者不下數千人永和在庚子年統兵數萬橫行東三省舊政府官吏餌我爵祿始終却之此次出山實感藍都督之知遇冀爲民國盡心力招集舊部已至

萬人張作霖等後進小輩擢之甚易徒以五色旗懸有礙進行不曾明季燕王砲擊濟南城鐵鉉懸明太祖神主以退敵致使我軍公憤私仇均無所洩對旗痛哭可謂傷心永和年逾七旬又有何求惟軍士等皆同藍都督以求復仇今聞藍都督辭職歸田軍士聞之如乳兒之失慈母均以沉冤未報當自圖之爲言倘使藍都督解組而去實無人可以駕馭萬一潛伏各軍自出復仇實非鵬翮等所能勸阻特此聯名電懇切勿任藍都督竟浩然而去倘實無可挽留亦乞商令藍都督將死者如何撫恤生者如何保全已集軍士如何交替潛伏各軍如何彙集統爲安置妥協以固人心否則死者無以瞑目生者無以爲生飢寒所迫挺而走險鵬翮實不能任其咎尚乞袁大總統有以善處之不勝幸甚關外義勇軍總司令官吳鵬翮統制官劉永和第一混成協統夌翹第二協統張愷及同志蕭恭寅孫其翼等暨軍士一萬人同叩藍代皓

（烟台來電六十四）

蓝天蔚代吴鹏翮等关于联名挽留蓝天蔚致孙中山等电．临时政府公报，1912年3月27日，第49号：附录－电报：1－2.

孫大總統鑒今日漢冶萍開股東會全場一致反對合辦茲將致盛電錄呈鈞鑒電文曰今日開股東會到會股東四百四十人共二十萬八千八百三十八股投票開會公同驗視全場一致反對合辦已逾公司全股十分之八照章有議決之權草約同自無效請速取消云云漢冶萍股東會公電

（上海來電六十七）

汉冶萍股东会关于反对中日合办致孙中山电．临时政府公报，1912 年 3 月 27 日，第 49 号：附录－电报：3.

南京大總統鈞鑒頃接烟台電錄如下南京參議院各省都督府暨臨時議會均鑒本會完全成立以後昨日第一次開會全體補行正式公舉以胡瑛爲山東都督濟南各團體已爲煌官勒令消滅此後除烟台臨時議會外如有濟南發電關於全體名義者皆張撫偏冒本會决不承認特此併聞山東全省臨時議會叩銑印等因觀此電則不受政府命令各省將自爲風氣矣鎮芳轉篠

（天津來電大十八）

臨時政府公報　第四十九號　附錄　三

张镇芳关于烟台临时议会致孙中山电．临时政府公报，1912年3月27日，第49号：附录－电报：3.

臨時政府公報

附錄

中華民國元年三月二十八日 星期四
隨報附出 不另徵費

孫大總統黃總長胡都督頃接烟台同盟會徐鏡心等電稱山東不幸禍亂未已軍民洶洶秩序擾亂無非張廣建等所致只有聯合父老兄弟進兵濟南剪除民賊等語山東情形節經派員訪查兩造報告多不相符茲據該會電稱進兵似此舉動實與大局治安有碍望執事就近約束勿令暴動究竟濟南如何擾亂及張廣建等有無殘虐情事刻再派

員前往秉公查辦一俟查明必有正當辦法此時務須靜候命令萬勿自由行動以免驟亂全局袁世凱漾

（北京來電七十一）

袁世凯关于山东祸乱致孙中山等电．临时政府公报，1912 年 3 月 28 日，第 50 号：附录－电报：1–2.

教育部批達彩康等請組織共和宣講團呈

呈悉該黨員等組織共和宣講團以輔助社會教育事屬可行應即准予立案惟地方民智通塞不一宣講時務宜和平剴切善爲勸導不宜稍涉鹵莽切切此批

教育部批达彩康等请组织共和宣讲团呈．临时政府公报，1912 年 3 月 29 日，第 51 号：令示：13.

各省衙門均鑒本日臨時大總統命令達賴喇嘛班禪額爾德呢哲布尊丹巴呼圖克圖分駐蒙藏爲黃教宗主歷輩相傳咸深信仰凡我蒙藏人民率循舊俗作西北屏藩安心內向近年邊疆大吏措施未善每多壓制甚且有一任官吏敲詐剝削以致惡感叢生人心渙散言念及此不禁慨然現在政體改建共和五大民族均歸平等本大總統堅心毅力誓將一切舊日壓制弊政悉行禁革蒙藏地方尤應體察輿情保守治安茲據駐京札薩克喇嘛等公懇組織蒙藏統一政治改良會核其宗旨係爲宣布五族平等伸我蒙藏人權起見應准其先行立會自茲以往內外札薩克蒙古各盟旗暨兩藏地方歷來疾苦之事應候查明次第革除并望各王公呼圖克圖喇嘛等於中央大政及各該地方應興應革事宜各抒政見隨時報告用備採擇務使蒙藏人民一切公權私權均與內地平等以昭大同而享幸福是所至望此令京有印

（北京來電七十七）

臨時政府公報　第五十二號　附錄　三

临时大总统袁世凯劝谕蒙藏令．临时政府公报，1912 年 3 月 30 日，第 52 号：附录－电报：3.

南京孫大總統武昌黎副總統南京參議院各省都督各軍司令公鑒本會已於三月廿五日開成立大會議決會綱幷派員赴甯促成統一政府甯蘇浙豫皖奉吉黔粤鄂燕魯晉十三省又蒙古臨淮江北熱河察哈爾上海等處代表共五十九人均與會軍界統一會有印

（北京來電八十）

军界统一会关于三月二十五日议决会纲并派员赴宁促成统一政府致孙中山等电．临时政府公报，1912年3月30日，第52号：附录－电报：5.

法制

大總統宣布參議院議決參議院法公布

茲准參議院咨送議決參議院法十八章共一百零五條前來合行公布

孫文印

中華民國元年三月二日

內務總長程德全副署

參議院法目錄

第一章　總綱
第二章　參議員
第三章　議長副議長
第四章　委員
第五章　會議
第六章　委員會
第七章　選舉

參議院法

第一章　總綱

第一條　參議院設於臨時政府所在地
第二條　參議院以約法第十八條所定各地方有五分三以上派參議員到院即行開會
第三條　參議院開會期間至解散之日爲止
第四條　參議院經議長提議參議員過半數可决得休止開會但休會期間不得過十五日
休會期中有緊急應議事件議長得通告開會
第二章　參議員
第五條　中華民國之男子年齡滿二十五歲以上者得爲參議員但有左列條件之一者卽失其資格
一剝奪公權者及停止公權者
二吸食鴉片者
三現役海陸軍人

四現任行政職員及現任司法職員

第六條　參議員有不合資格之疑者他參議員得陳請審査由院公選委員九人審定報告議長付院議决定

第七條　參議員於選定通知到院後六十日內不報到者應卽取消由院咨請另選但甘肅新疆西藏靑海內外蒙古各處參議員不在此限

第八條　參議員到院須提出委任狀於議長但原選地方先有通知者委任狀得於日後補交

第九條　參議員既到院者原選地方非得參議院同意不得取消

第十條　參議員任期以參議院解散之日爲限

第十一條　參議員辭職須具理由書請參議院許可參議院許可辭職時應卽通告該原選地方於一定期間內另行選派

第十二條　參議院認參議員辭職理由爲不當時得勸告留任但勸告後七日間猶無確答者應卽解職

第十三條　參議員非有正當理由不得請假假期間在五日以內者得由議長許可五日以上者須付院議決定

第十四條　參議員不得任意缺席違者分別懲罰

第十五條　參議員不受歲費

第三章　議長副議長

第十六條　議長維持參議院秩序整理議事對於院外代表參議院

第十七條　議長得任免秘書長及其下各職員並指揮監督之

第十八條　議長於常任委員會及特別委員會均得出席發言但無表決權

第十九條　議長有事故時副議長代理其職

第二十條　議長副議長均有事故時得另選臨時議長行議長之職務其選舉方法准用臨時約法第二十四條

第二一條　議長副議長任期與參議院同

第二二條　議長副議長因故請假或辭職須提出理由書付院議決定但請假期間在

五日以內者不在此限

第二三條　議長副議長有違法徇私情節經參議員十人以上提議得交懲罰委員會審查後付院議決定如多數認爲不稱職時即解職另舉

第四章　委員

第二四條　本院設全院委員常任委員特別委員三種

第二五條　全院委員以全院參議員充之

第二六條　常任委員分設法制財政庶政請願懲罰五部各擔任審查本部事件由參議員用無記名連記投票法互選之其各部員數由院議決定

第二七條　特別委員擔任審查特別事件由議長指定或本院選出之

第二八條　常任委員得兼任特別委員

第二九條　凡被選或被指定爲委員者非有正當理由不得辭職

第三十條　全院委員長由本院選定但議長副議長不在被選之列常任委員長及特別委員長由各委員會互選之

第五章　會議

第三一條　參議院除休會外每星期一至星期五上午九時至十二時爲尋常會議時間但有緊急事件特別開會不在此限

第三二條　參議院議事日程由議長編定先二日通知各參議員並登載公報

第三三條　參議院非有到院參議員過半數之出席不得開會但臨時約法及本法關於出席員數有特別規定者從其規定

第三四條　參議院會議時以出席參議員過半數之所決爲準但臨時約法及本法關於表決員數有特別規定者從其規定

第三五條　參議院議決可否同數時應依議長之所決

第三六條　參議員於議案有關係本身及其親屬者不得參預表決

第三七條　凡未出席參議員不得反對未出席時所議決之議案

第三八條　關於法律財政及重大議案須經三讀會始得議決但依政府之要求或議長議員之提議經多數可決得省畧三讀會之順序

第三九條　政府提出之議案非經委員審查不得議決但緊急之際由政府要求經多數可決者不在此限

第四十條　政府提出之議案未經本院議決以前無論何時得修正或撤回之

第四一條　議員提出法律案須有十人以上之贊成者其他提議除別有規定者外須有三人以上之贊成者會同署名先期交議長通告各參議員

第四二條　參議員於議場上臨時動議附議在一人以上者成議題得請議長付討論

第四三條　委員於議場得自由發表意見不受該委員會報告之拘束

第四四條　參議院會議須公開之但有左列事由經多數可決者不在此限

一　依政府之要求

二　依議長或參議員之提議

第四五條　開秘密會議時議長得令旁聽人退席

第四六條　參議院會議之結果按期編成速記錄議事錄決議錄惟秘密會議事件不得宣布

第四七條　參議院議事細則另行規定

第六章　委員會

第四八條　參議院遇有重要問題由議長或參議員十人以上之提議經多數議決者得開全院委員會審議之

第四九條　常任委員會遇有同一問題須有兩部以上協同審查時得由該數部之同意開連合委員會審査之

第五十條　全院委員會非有委員三分一以上出席常任委員會及特別委員會非有該委員半數以上出席不得開會

第五一條　凡委員會均禁止旁聽

第五二條　常任委員會及特別委員會得許參議員蒞場旁聽但得議決禁止

第五三條　各委員長須將委員會議決之結果報告於參議院

第七章　選舉

第五四條　依臨時約法第二十九條選舉臨時大總統或副總統時參議院應於五日

前將開選舉會日期布告全國

第五五條　施行選舉之前一日參議員以十人以上之連署得推舉臨時大總統或副總統候補人

第五六條　施行選舉以前由議長延請院外相當之行政官或司法官屆期臨場檢驗選舉票

第五七條　選舉用無記名投票法其對於候補人以外之投票作爲無效

第五八條　選舉會投票既畢卽將票櫃封鎖以後入場者不得投票

第八章　彈劾

第五九條　彈劾大總統案非參議員二十人以上之連署彈劾國務員案非參議院十人以上之連署不得提出

第六十條　決定彈劾案須用無記名投票法表決

第六一條　彈劾大總統案通過後卽日將全案通告最高法院限五日內互選九人組織特別法廷定期審判

第九章　質問

第六二條　參議員對於政治上有疑義時得以十人以上之連署提出質問書由參議院轉咨政府

第六三條　關於前條之轉咨應酌量緩急限期咨覆

第六四條　政府咨覆後如提出質問者認爲不得要領時由參議院咨請國務員限期到院答辯

但國務員如有不得已事故不能到院時得委員代理

第十章　建議

第六五條　建議案非有參議員五人以上之連署不得提出

第六六條　建議案通過後卽日將全案咨告政府

第六七條　已通過之建議案政府不能採用時不得再以建議方式提出於參議院

第十一章　請願

第六八條　國民請願書非有參議員三人以上之介紹不得受理

第六九條　請願書當付請願委員會審查如委員會認爲不符格式時議長應交介紹人發還之

第七十條　請願委員作請願事件表錄其要領每七日報告一次請願事件如有委員會或參議員十人以上之要求得提付院議

第七一條　除法律上認爲法人者外以總代之名義請願者不得受理

第七二條　請願書對於政府或參議院有侮辱之語者不得受理

第七三條　參議院不受變更臨時約法之請願

第七四條　參議院不受干預司法及行政裁判之請願

第十二章　國務員及政府委員

第七五條　國務員及政府委員無論何時得到院發言但不得因此中止議員之演說

第七六條　國務員及政府委員於委員會審查議案時得到會陳述意見

第七七條　委員會得經議長要求國務員或政府委員之說明

第七八條　國務員及政府委員於各會議均不得參與表決

第十三章　參議院與人民官廳及地方議會之關係

第七九條　參議院不得向人民發布告示

第八十條　參議院不得因審查事件召喚人民

第八一條　參議院爲審查事件得向政府要求報告或調集文書政府除事涉秘密者外不得拒絕

第八二條　參議院審查關係地方之政務得諮詢該地方議會令其答覆

第十四章　警察及紀律

第八三條　參議院院內警察權依本法及本院所定規則由議長行之

第八四條　參議院設守衛警護全院聽議長指揮

第八五條　參議員於會議時有違背院法及議事規則或紊亂議場秩序者議長得警告制止之或取銷其言論若仍不聽從得禁其發言或令退出

第八六條　議場騷擾不能維持秩序時議長得中止會議或宣告散會

第八七條　旁聽人有妨害會議者議長得勒令退席或發交警廳若旁聽席騷擾不能

制止時議長得令旁聽人全體退出

第八八條　參議員於議場不得用無禮之言辭

第八九條　參議員於議場或委員會受誹毀侮辱時得訴之參議院求其處分不得私相報復

第十五章　懲罰

第九十條　參議院對於參議員有懲罰之權

第九一條　凡懲罰事件必交懲罰委員會審查經院議決定始得宣告

第九二條　懲罰之種類如左

一　於公開議場謝罪

二　一定之期間內停止發言

三　一定之期間內停止出言

四　除名

第九三條　參議員無故缺席連續至五日者應酌定五日以上之期間停止其發言一

月內無故缺席至七日以上者除名

第九四條　參議員携帶兇器入議場者除名

第九五條　前二條懲罰事件得由議長提議其他懲罰事件須由參議員五人以上之提議統照九十六條規定辦理

請付懲罰之提議須於懲罰事件發生後三日內行之

第十六章　秘書廳

第九六條　參議院設秘書廳掌本院文牘會計編製各種記錄并辦理一切事務

第九七條　參議院秘書廳設秘書長一人秘書員若干人此外必要職員由議長酌定

第九八條　秘書長承議長之命管理本廳一切事宜

第九九條　秘書員承秘書長之命分掌各科事務

第一百條　秘書廳辦事細則由秘書長擬訂呈由議長核定施行

第十七章　經費

第百一條　參議院經費由國庫支出

第百二條　參議院經費除開辦費外其款目如下

一　參議員公費及旅費

二　議長副議長津貼費

三　秘書廳經費及守衛經費

四　雜費及預備費

第百三條　前條所列各款經費其數目別以支給章程定之

第百四條　前條所列各款經費除旅費外由參議院按月制定預算表咨請財政部撥交參議院分別支給

第十八章　附則

第百五條　本法自公布之日施行

大总统宣布参议院议决参议院法公布．临时政府公报，1912年4月2日，第55号：法治：1-16.

參議院旁聽規則

第一章　旁聽券旁聽席

第一條　參議院頒發旁聽券執此券者始得入旁聽席但券面汚損不能辨認者無效

第二條　旁聽劵有效期間分爲一次及長期二種明載劵面

第三條　旁聽席分爲特別席外賓席普通席新聞記者席

第二章　旁聽劵之頒發

第四條　各官署人員請求旁聽須有所屬官廳介紹各省議會議員請求旁聽須有參議員介紹統由秘書長承議長命酌定員數須與特別席旁聽劵其有效期間由議長酌定

第五條　外國人員請求旁聽須有外交部介紹由秘書長承議長命酌定員數須與外賓席旁聽劵其有效期間由議長酌定

第六條　公衆請求旁聽須有參議員一人介紹卽由該議員給以普通席旁聽劵普通席旁聽劵限一次有效其每次應發劵數由秘書承議長命預行核定均分於各議員

第七條　在京各日刊新聞報館應須與長期旁聽劵其劵總數由秘書長承議長命核定依各報館協定之率分配之

京外各日刊新聞報館有請求旁聽者由秘書長承議長命定其員數須與長期旁聽券

第八條　須給各報館之旁聽券須記其館名於券面

第九條　參議員介紹旁聽人須將旁聽人及本人姓名記於券面

第三章　旁聽人應守之紀律

第十條　凡旁聽人應以旁聽券示守衛從守衛指引就其席

第十一條　一次旁聽券入場時應交守衛截角長期旁聽券應聽守衛按日查驗並附名刺

第十二條　凡携帶凶器及酒醉者不得入旁聽席

第十三條　在旁聽席應守左列各項

（一）不得携帶雨具洋傘水旱烟具等物

（二）不得飲食吸烟及唾涕於地

（三）不得對於議員言論表示可否並不得互相談笑

(四)不得闌入議場

第十四條　先期或臨時議決禁止旁聽經本院揭示後凡執旁聽劵者均不得入席旁聽

第十五條　旁聽席騷擾過甚守衛不能卽時制止時議長得命守衛强制旁聽人一律退出

第十六條　旁聽人有妨碍議場秩序者議長得令其退出重者或發交警署

参议院旁听规则 . 临时政府公报 ,1912 年 4 月 2 日 , 第 55 号 : 法治 :16–19.

臨時政府公報 附錄

中華民國元年四月二日 星期二

隨報附出 不另徵費

電報

北京袁大總統段軍統軍界統一聯合會黎副總統各省都督司令各報館鑒北京軍界統一聯合會養電悉現在共和成立南北一家自應消除意見免啓猜疑努力同心爲中華民國前途同謀幸福斷不致因從前意見之不同復存惡感惟王遇甲易迺謙丁士源徐孝剛等前在漢口濫殺無辜越出戰鬪範圍以外例如降兵數百王遇甲易迺謙以機關槍慘殺之白髮老翁數齡稚子丁士源亦指爲漢奸縛樹槍斃停戰中徐孝剛親以海軍大砲轟擊民軍鄉民無辜冤死者難以數計天怒人怨鬼哭神號凡有血氣者莫不痛恨非因意見不齊抵抗民軍者可比暴戾如此實屬慘無人理此人道之罪人也王遇甲等均係南產以南人而慘戮南人鄉里目爲戾氣婦孺不共戴天試問遇甲等得心快殺之時亦曾有南人本是一家之感否此鄉黨之罪人也南北未經統一以前尚云意見歧

異及至共和宣布以後王遇甲等對於南方代表謾詆共和故意挑起南北惡感其意何居此共和之罪人也以上三罪有一即不能容於民國何況三罪俱備南方各界咸稱罪大惡極應行宣布死刑如仍舊委用將何以平服生者安慰死者竊恐意外之虞不久發現誰將任其咎貴會既云以國家爲先提自應爲民除害今反爲少數惡人辯護使數萬萬人之人心仍不能安南方之危局仍不能保竊恐焉貴會之名既爲全國軍界統一會則南方軍界應有發言之權況四凶均屬南人事實在南見聞確實萬無誣蔑之理請速將王遇甲等逐出軍界統一會不然南方軍界決不承認貴會南方軍界同人叩總統府代

南方军界请将王遇甲等逐出军界统一会致袁世凯等电．临时政府公报，1912年4月2日，第55号：附录－电报:1–2.

咨

大總統咨參議院報告解職日期文

前由貴院議決統一政府辦法第六條孫大總統於交代之日始行解職今國務總理唐君南來國務員已各任定統一政府業已完全成立於四月二日在南京交代本總統即於是日解職此後國中一切政務悉取決於統一政府本總統受任以來夙夜憂懼深恐弗克負荷有負國人付託之意今幸南北一家共和確定本總統獲免於戾退居林泉長爲自由國民爲幸多矣此咨

大总统咨参议院报告解职日期文．临时政府公报，1912 年 4 月 3 日，第 56 号：咨：1.

咨

參議院請更正參議院法條文咨文

查參議院法十八章一百零五條業經由本院議決於本月二十九日咨送公布在案茲查前送參議院法第十五章第九十五條第一項內統照九十六條規定辦理一語其九十六條之六字原係一字因繕寫時錯誤合行咨請更正并將此條全文另錄如左

第九十五條　前二條懲罰事件得由議長提議其他懲罰事件須由參議員五人以上之提議統照九十一條規定辦理此咨

参议院请更正参议院法条文咨文.临时政府公报,1912年4月3日,第56号:咨:1.

令示

大總統通告解職令文

前由參議院議決統一政府辦法第六條孫大總統於交代之日始行解職令國務總理唐君所來國務員已各任定統一政府業已完全成立於四月初一在南京交代本總統卽於是日解職是用宣布周知此後國中一切政務悉取決於統一政府本處各部辦事人員仍各照舊供職以待新國務員接理勿得懈怠推諉致多曠廢本總統受任以來慄慄危懼深恐弗克負荷有負付託賴國人之力南北一家共和確定本總統藉此卸責得以退逸之身享自由之福私心自慶無以逾此所願吾百僚執事公忠體國勿以私見害大局吾海陸軍士謹守秩序勿以共和昧服從吾五大族人民親愛團結日益鞏固奮發有爲宣揚國光俾吾艱難締造之民國與天壤共立於不敝本總統雖無似得以公民資格勉從國人之後爲幸多矣此令

大总统通告解职令文．临时政府公报，1912年4月3日，第56号：令示:2.

咨

參議院咨追認袁大總統宣布大赦令請查照文

三月初十日袁大總統宣布大赦一令前准三月二十三日咨略開查臨時約法第四十條臨時大總統得宣布大赦特赦減刑復權但大赦須經參議院之同意又同法第五十六條本約法自公布之日施行袁大總統前項命令查係三月初十日所發布在約法之前須得本院之追認方能有效合就咨請迅賜議決咨復等因當經本院開會宣布交法律審查會審查茲據審查報告復於本月二十九日常會討論僉以袁大總統大赦命令係三月初十日所發布而約法則在三月十一日公布中華民國既經成立施行大赦以示與民更始之意自屬可行應即追認以符約法第四十條同意之規定除將議決情形電達袁大總統外爲特咨請大總統查照此咨

参议院咨追认袁大总统宣布大赦令请查照文．临时政府公报，1912年4月5日，第58号：咨:1.

紀事

內務部薦任各員辭職呈

內務部次長居正參事田桐于德坤林長民吳永珊秘書長張大義秘書張友棟董嘉梁馬伯援洪章張皓鄭毅棟民治司長蕭翼鯤科長鍾震川錢崇固易象張家鎮警務司長孫潤宇科長沈復朱家璧熊開先朱文焯禮教司長杜關科長林學衡袁朝佐楊光湛土木司長史青工監王慶幸科長萬葆元疆理長高魯工監程光鑾科長李光駟衛生司科長伍晟趙世縉趙燏黃梁國棟禁烟總理石瑛科長朱侗潘宗瑞等呈爲正等前蒙總統不遺葑菲委任今職本不敢濫竽充數祇以彼時革命戰爭成敗未決當新舊絕續之際正危疑震撼之秋草野哲人既褰裳于歧路清廷故吏復眷戀夫舊恩高蹈爭操未肯效用正等外怵敵焰內痛瘡痍既造因發難于先自不能不堅持力任于後蓋恐臨時政府遲一日之組成卽國民前途多一日之危險用是不揆愚蒙遂承一時之乏計自受任以來互相勗勵日夜兢兢深懼隕越今在國務總理已經發表人材輩出缺乏無虞正等自愧樗庸敢請解職以讓賢能俾本部事務得以重加整頓無任屏營之至此呈

内务部荐任各员辞职呈. 临时政府公报, 1912 年 4 月 5 日, 第 58 号: 纪事:2–3.